Marketing turístico

Marketing turístico

C. DELIA OJEDA GARCÍA · PATRICIA MÁRMOL SINCLAIR

Paraninfo

Marketing turístico

Gerente Editorial
María José López Raso

Equipo Técnico Editorial
Paola Paz Otero
Sofía Durán Tamayo

Editora de Adquisiciones
Carmen Lara Carmona

Producción
Nacho Cabal Ramos

Diseño de Cubierta
Ediciones Nobel

Preimpresión
Alejandra García Blázquez

3.ª edición, 2022

C/ Sierra de Guadarrama 35. Naves 2, 3, 4 y 5
Polígono Industrial San Fernando II
28830 San Fernando de Henares, Madrid
Teléfono: 914 463 350
clientes@paraninfo.es / www.paraninfo.es

ISBN: 978-84-1366-525-2
Depósito legal: M-10265-2022
(24.035)

Impreso en España /*Printed in Spain*
Gráficas Eujoa
(Asturias)

La editorial recomienda que el alumnado realice las actividades sobre el cuaderno y no sobre el libro.

- Stanton, Etzel y Walker proponen la siguiente definición de marketing: «el marketing es un sistema total de actividades de negocios ideado para planear productos satisfactores de necesidades, asignarles precios, promover y distribuirlos a los mercados meta, a fin de lograr los objetivos de la organización».
- Santesmases define el marketing como «un modo de concebir y ejecutar la relación de intercambio, con la finalidad de que sea satisfactoria a las partes que intervienen y a la sociedad, mediante el desarrollo, valoración y promoción por una de las partes de los bienes, servicios o ideas que la otra parte necesita».
- La *American Marketing Association* (AMA) (Asociación Americana de Marketing) ha propuesto varias definiciones, entre las que se señalan las dos últimas:
  - En el año 2004 la definición fue: «el marketing es una función de la organización y un conjunto de procesos para crear, comunicar y entregar valor a los clientes, y para manejar las relaciones con estos últimos, de manera que beneficien a la organización y sus partes interesadas».
  - En el año 2007, define al marketing como: «la actividad, conjunto de instituciones y procesos para crear, comunicar, entregar e intercambiar ofertas que tienen valor para los clientes, usuarios, socios y la sociedad en general».

Estas definiciones ponen de relieve **tres perspectivas** o puntos de vista desde los cuales se puede estudiar el concepto de marketing:

- El **marketing como filosofía.** Enfoque global que debe impregnar a toda la empresa u organización y define la misión de la misma. Consiste en la manera de concebir y de entender la relación de intercambio que se establece entre la empresa o entidad que ofrece sus productos o servicios (oferta) y sus mercados (demanda), partiendo de las necesidades y los deseos de los consumidores, con el objetivo de obtener la satisfacción del modo más beneficioso, tanto para el consumidor como para la empresa u organización.
- **El marketing como estrategia.** Reflexión sobre el entorno competitivo de la empresa, el análisis exhaustivo del mercado actual y potencial, y de las necesidades de los clientes como paso previo a su satisfacción. Establece los objetivos en el largo y corto plazo y planifica las estrategias adecuadas para lograrlos.
- El **marketing como función.** Forma específica de ejecutar la relación de intercambio, es decir, el conjunto de instrumentos, técnicas y actividades orientadas a anticipar, identificar y satisfacer las necesidades del consumidor, que permiten ejecutar las acciones concretas que conduzcan al cumplimiento del objetivo de satisfacción de los consumidores y facilitar el logro de los objetivos de la empresa de forma rentable.

Recuerda

Actualmente, el marketing no es tan solo una estrategia y función de la empresa; es además una filosofía, una forma de pensar y de hacer negocios que tiene que impregnar a toda la organización.

Sabías que...

El marketing no crea las necesidades, pues estas son inherentes a las personas; el profesional de marketing orienta los deseos y estimu[la] la demanda de determina[do] producto y marca.

Actividad propuesta 1.1.

Analiza las anteriores definiciones de marketing y señala los aspectos comunes a dos o más de dichas definiciones.

gura 1.6. El concepto
ducto engloba todo aquello
e puede ser ofrecido
por un mercado.

Figura 1.4. Función del marketing.

1.1.2. Terminología básica

Para entender el concepto de marketing hay que tener en cuenta una serie de términos. Siguiendo a Kotler *et al.*, cabe destacar los siguientes:

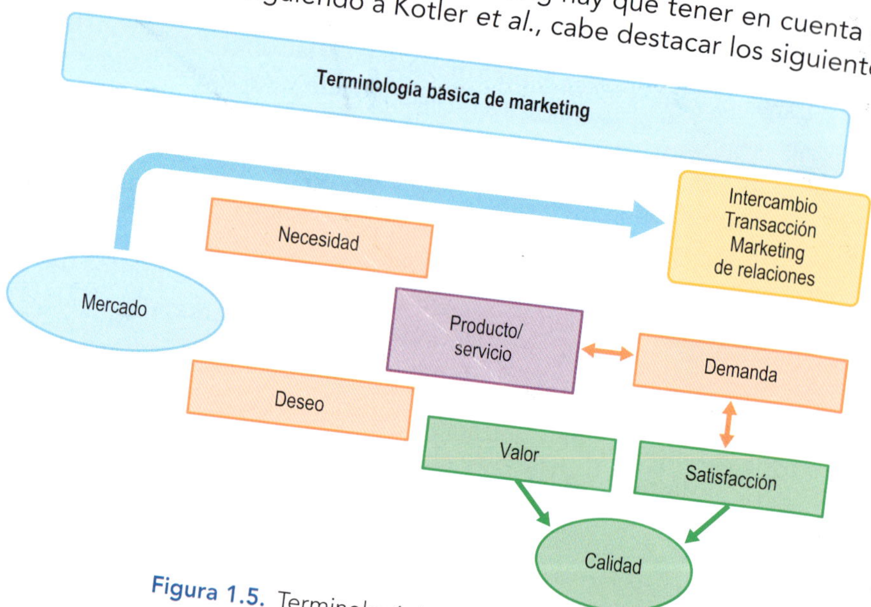

Figura 1.5. Terminología básica de marketing.

a) Necesidad, deseo y demanda

La **necesidad** es un estado de carencia percibida, propio de la condición humana, provocado cuando no existe un equilibrio entre lo requerido y lo que se tiene o posee. Las necesidades son limitadas.

El **deseo** es la manera en que las personas comunican sus necesidades. Es la forma de satisfacer una necesidad. Los deseos son ilimitados y conforme va evolucionando una sociedad los deseos de sus miembros aumentan. El marketing influye en los deseos, pero no crea necesidades.

La **demanda** es el deseo de adquirir un producto específico en función de la capacidad de compra determinada, es decir, cuando los deseos están respaldados por un poder adquisitivo suficiente, se convierten en demanda.

b) Producto

Es todo aquello que puede ser ofrecido en un mercado para su compra, utilización o consumo y que puede satisfacer una necesidad o un deseo. El concepto de **producto** no se limita a productos ta...

Paraninfo

Presentación

Este libro desarrolla los contenidos del módulo profesional de Marketing Turístico, de los Ciclos Formativos de grado superior en Agencias de Viajes y Gestión de Eventos, en Gestión de Alojamientos Turísticos y en Guía, Información y Asistencias Turísticas, pertenecientes a la familia profesional de Hostelería y Turismo.

Las unidades del libro se acompañan de distintos **recursos didácticos** que ayudarán al futuro profesional a comprender la materia y acercarlo a su inminente realidad laboral:

- Esta **nueva edición** ha sido revisada y actualizada, ampliando los contenidos y adaptándolos a los constantes cambios y a las nuevas tendencias, así como a las necesidades actuales del alumnado y del profesional en activo. Se incluyen numerosas actividades renovadas que permiten que el lector refuerce lo aprendido y le acerquen a la realidad laboral de este ámbito profesional.
- Lenguaje claro y sencillo que favorece la comprensión.
- Gran cantidad de ilustraciones, esquemas y tablas explicativas que acercan al alumnado a la realidad de su especialidad.
- Actividades propuestas y resueltas intercaladas con la teoría.
- Recuadros con información complementaria.
- Legislación revisada y actualizada.
- Casos prácticos resueltos y propuestos.
- Mapas conceptuales y resúmenes al final de cada unidad para repasar.
- Actividades finales de repaso, de comprobación tipo test y actividades de aplicación y ampliación en todas las unidades.
- Enlaces web de interés.
- Bibliografía actualizada al final del libro.

Este libro cuenta con los siguientes **materiales y recursos** disponibles en línea para el **profesorado que confirme su adopción como libro de texto** para impartir la materia:

- Programación didáctica.
- Solucionario.
- Presentación en PowerPoint.
- Examina.
- LDP (Libro Digital Proyectable).

Contenido

4 Marketing-mix: la gestión de la distribución y de la comunicación

1

Introducción

El **marketing** es una disciplina que se ha desarrollado a lo largo del siglo XX, pero ha sido en sus últimos años y en el siglo XXI cuando la palabra marketing se ha convertido en una de las más utilizadas en el ámbito empresarial, desempeñando un papel cada vez más importante.

La actividad turística ha experimentado en las últimas décadas un crecimiento espectacular. Los cambios constantes y rápidos que se dan en los mercados actuales, entre los que destacaremos la globalización, la elevada y fuerte competencia y la revolución tecnológica (cuyo principal exponente es internet), están dando lugar a un nuevo entorno empresarial, remodelando los mercados y los negocios y, a su vez, influyendo en la manera de actuar de las empresas. Si a esto añadimos la evolución de las necesidades y las demandas de los clientes, las empresas turísticas no escapan a la exigencia de la **aplicación del marketing** para mejorar en la forma de hacer las cosas, de modo que la empresa alcance sus objetivos y el cliente satisfaga sus deseos y necesidades. Si bien el marketing es relativamente nuevo en el sector turístico, su aplicación va en aumento, convirtiéndose en una de las herramientas más efectivas y de mayor uso en la gestión de un negocio o, incluso, de un destino turístico, siendo impresc[...] empresas que quieran mantenerse y desta[...]

Caracterización del marketing turístico

Contenidos

Objetivos

- Reconocer la importancia del marketing.
- Analizar el concepto y los instrumentos del marketing turístico.
- Identificar las características de los servicios y los productos turísticos.
- Analizar la evolución de la función del marketing.
- Distinguir los enfoques de la dirección del marketing.
- Comprender las tendencias y el futuro del marketing.

1.1. Marketing. Concepto y terminología básica

Figura 1.1. El marketing desempeña un papel cada vez más importante en el ámbito empresarial.

El marketing es una de las herramientas de mayor utilidad en la gestión de las empresas. Permite desarrollar acciones para lograr mayor competitividad y favorece la orientación al cliente, satisfaciendo sus necesidades de una manera prolongada con la finalidad de fidelizarlo y lograr así una rentabilidad para la empresa.

1.1.1. Concepto de marketing

El término **marketing** es de origen inglés y se deriva de la palabra *market*. Se empezó a utilizar por primera vez en EE. UU. en la segunda década del siglo XX. Desde entonces han sido innumerables los intentos de los autores para dar una definición de este término, evolucionando mucho el concepto desde sus orígenes, debido a que el mercado se enfrenta a la creciente oferta, a la enorme competitividad, a las necesidades de la demanda cada vez más informada y exigente, y a las nuevas tecnologías.

Figura 1.2. Intercambio de productos y servicios.

Figura 1.3. Profesionales de un departamento de marketing de una empresa.

A continuación, se reproducen varias **definiciones** de marketing de reconocidos expertos en la materia:

- Entre las muchas definiciones dadas por Philip Kotler (considerado por algunos el *padre del marketing*), junto con otros autores, se aportan las siguientes:
  - «El marketing es un proceso social y administrativo mediante el cual grupos e individuos obtienen lo que necesitan y desean a través de generar, ofrecer e intercambiar productos de valor con sus semejantes».
  - «Marketing es la ciencia y el arte de captar, mantener y hacer crecer el número de clientes rentables».
- Según Jerome McCarthy, «el marketing es la realización de aquellas actividades que tienen por objeto cumplir las metas de una organización, al anticiparse a los requerimientos del consumidor o cliente y al encauzar un flujo de mercancías aptas a las necesidades y los servicios que el productor presta al consumidor ...

Sabías que...

La tarea del marketing no es encontrar clientes adecuados para el producto o servicio, sino encontrar productos o servicios adecuados para el cliente y así satisfacer sus necesidades y deseos mejor que los competidores.

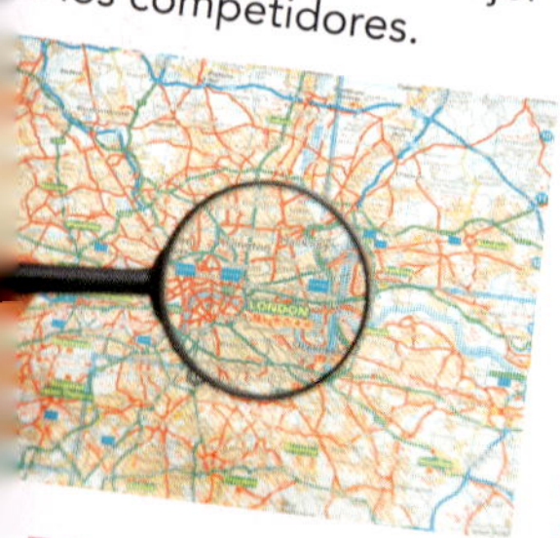

también productos intangibles tales como servicios, destinos, actividades, experiencias, ideas, etcétera.

c) Valor, satisfacción y calidad

El **valor** es la estimación que realiza el consumidor de la capacidad del producto para satisfacer sus necesidades, es decir, la diferencia que se establece entre los beneficios que obtiene por poseer o utilizar un producto y los costes (tanto económicos como de tiempo y esfuerzo) que representa adquirirlo.

La **satisfacción** es el resultado de comparar la percepción de los beneficios recibidos con las expectativas que se esperan recibir. Es el grado de adecuación entre el deseo y el producto que compramos.

La **calidad** es la totalidad de las características de un producto o servicio que tiene que ver con su capacidad para satisfacer las necesidades del cliente. La calidad está estrechamente relacionada con el valor y la satisfacción del cliente.

d) Intercambio, transacción y marketing de relaciones

El **intercambio** es el acto de obtener un producto deseado de una empresa ofreciendo algo a cambio.

La **transacción** se produce cuando una relación de intercambio llega a término.

El **marketing de relaciones** se centra en establecer una relación estable y duradera con los clientes rentables para la empresa. La mayoría de las empresas sabe que es más rentable mantener a los clientes actuales que captar nuevos.

e) Mercado

El concepto de transacción lleva al concepto de **mercado.** Pueden definirse desde dos perspectivas:

1. Lugar en que se encuentran la oferta y la demanda o los clientes y las empresas.
2. Conjunto de compradores reales y potenciales de un producto que pueden operar con un vendedor.

Actividad propuesta 1.2.

Los consumidores se encuentran normalmente frente a un amplio abanico de productos y servicios que pueden satisfacer una necesidad dada.

a) ¿Cómo eligen entre esos múltiples productos y servicios?

b) ¿De qué depende la satisfacción del consumidor?

c) ¿Qué importancia tiene la calidad?

Actividad propuesta 1.3.

¿Consideras que el marketing crea necesidades? Razona la respuesta.

Sabías que...

Los destinos y las empresas turísticas están prestando cada vez más atención al marketing, dada su necesidad de competir con eficiencia en los difíciles mercados actuales.

Figura 1.7. El valor.

Recuerda

El **valor** es la diferencia que establece el consumidor entre los beneficios que obtiene por poseer o utilizar un producto y los costes que representa adquirirlo.

1.2. Marketing turístico

Figura 1.8. Marketing turístico.

El **marketing turístico** permite conocer y comprender el mercado para llegar a formar una oferta realmente atractiva, competitiva, variada y capaz de conseguir clientes dispuestos a consumir el producto o servicio turístico.

1.2.1. Concepto de marketing turístico

El **marketing turístico** guía la comercialización de los productos o servicios de las empresas y organizaciones que integran el sector turístico. Tiene, por tanto, dos proyecciones generales: la de las grandes organizaciones (estado, subsectores, etc.) y la de las empresas turísticas individuales (alojamientos, transportes, restauración, etcétera).

El **marketing turístico** es la rama del marketing que concibe y ejecuta la relación de intercambio entre la industria turística y el usuario (turista) con la finalidad de que sea satisfactoria para ambas partes. Para satisfacer al turista, la empresa turística debe maximizar el servicio frente a sus competidores, a través de la aportación de valor, y así conseguir los objetivos de rentabilidad de la misma.

Figura 1.9. Satisfacción del turista.

Figura 1.10. Dimensiones del marketing.

1.2.2. Instrumentos del marketing turístico

En el concepto anterior se ha hecho referencia a las estrategias y acciones de marketing. En este apartado se explica que la gestión del marketing presenta **dos dimensiones:** la estratégica y la operativa.

El **marketing estratégico** está más centrado en la «dimensión de análisis» de los mercados y del entorno, y en su previsible evolución futura. Se refiere a la orientación de la empresa a mantener o aumentar sus ventajas competitivas; esto lo hará mediante el establecimiento de objetivos a conseguir y las estrategias para lograrlos, tales como la investigación de mercados; la segmentación de mercados; el análisis de los comportamientos del consumidor, de la competencia y de sus productos, etc. El horizonte temporal es a medio o a largo plazo.

Recuerda

Los cuatro elementos del marketing operativo o marketing-mix también se conoce con el nombre de variables controlables.

El **marketing operativo,** también denominado **marketing-mix,** es la «dimensión de la acción» sobre el mercado. Está orientado al diseño y a la ejecución de todas aquellas acciones concretas de marketing que la organización o empresa debe llevar a cabo para la consecución de las estrategias previamente planteadas. Para diseñarlas, la empresa dispone de unos instrumentos básicos que combinados adecuadamente permiten conseguir los objetivos previstos. El horizonte temporal es a corto plazo. Estos instrumentos son los elementos del marketing-mix, las denominadas «4 P» de McCarthy (Figura 1.12).

Figura 1.11. El producto turístico.

Estos cuatro elementos del marketing operativo o marketing-mix, también se conoce con el nombre de **variables controlables**, llamadas así porque la empresa puede planificar y decidir sobre las mismas. Cualquiera de ellas puede ser modificada de acuerdo con las necesidades de la empresa, dependiendo exclusivamente de su gestión.

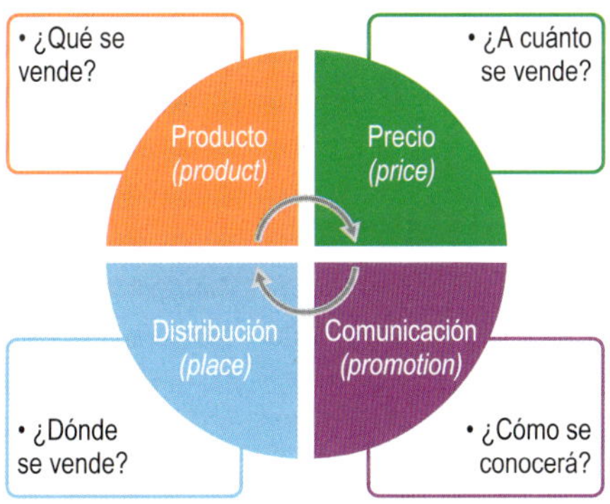

Figura 1.12. Marketing operativo, marketing-mix o «**4 P**» de McCarthy.

1.2.3. Relación con el sector de la hostelería y el turismo

El mercado turístico es un mercado muy complejo debido a la gran cantidad de servicios que deben ser prestados a un mismo turista por diferentes empresas, unas situadas en el lugar de origen del viaje y otras, en el destino. Las empresas que prestan servicios a los turistas deben planificar su actividad para responder adecuadamente a los mismos cuando deciden viajar. En este contexto, el papel del marketing turístico es fundamental y deberá requerir de profesionales de marketing que puedan identificar y responder a las necesidades y deseos cambiantes de los consumidores mediante estrategias creativas basadas en unos conocimientos de marketing sólidos. Los destinos y las empresas turísticas están prestando cada

Recuerda

Las empresas turísticas requieren profesionales de marketing que puedan identificar y responder a las necesidades y deseos cambiantes de los consumidores, mediante estrategias creativas basadas en unos conocimientos de marketing sólidos.

Figura 1.13. Variabilidad, inseparabilidad, caducidad e intangibilidad de los servicios.

vez más atención al marketing, dada su necesidad de competir con eficacia en los difíciles mercados actuales.

El marketing en la empresa turística se ha enfocado durante mucho tiempo en basar su estrategia en la comercialización de productos y servicios en el mejor lugar y al mejor precio. Esta concepción, desde el punto de vista contemporáneo, resulta insuficiente, si se trata de establecer una relación actual y moderna entre el marketing y el sector del turismo. De ahí la necesidad de introducir nuevas variables en la aplicación del marketing en las empresas del sector de la hostelería y el turismo. Las empresas turísticas están diversificando su oferta frente a la escasez de clientes; el cliente ha variado sus gustos adecuando su viaje a su tiempo y economía y, además, se trata de establecer una relación directa con el usuario de servicios turísticos y la sociedad del lugar que visita.

Actividad resuelta 1.1.

De los cuatro elementos del marketing-mix, determina cuáles son instrumentos estratégicos o a largo plazo y cuáles tácticos o a corto plazo.

SOLUCIÓN

El producto y la distribución son instrumentos estratégicos o a largo plazo porque las decisiones sobre los mismos se toman a largo plazo. Implican un período de maduración largo y las consecuencias se alargan, incidiendo sobre los resultados. Son elementos que no se pueden modificar de modo inmediato ni con facilidad y su utilización debe ser convenientemente planificada.

El precio y la comunicación son instrumentos tácticos o a corto plazo porque las decisiones sobre los mismos se toman a corto plazo. Son elementos que se pueden modificar, dentro de unos límites, con relativa rapidez y facilidad.

Actividad propuesta 1.4.

Existe una serie de variables que suele afectar no solo a una empresa, sino al conjunto de empresas que desarrollan su actividad en un mercado, que escapa al ámbito de control de la empresa, conocidas con el nombre de variables incontrolables.

Investiga cuáles son estas. Confecciona un cuadro en el que figure cada una de las variables investigadas, con ejemplos de cada una de ellas.

1.3. Características de los servicios y los productos turísticos

Los servicios turísticos poseen una serie de **características comunes** con el resto de los servicios que, a su vez, los diferencian claramente de los productos físicos: intangibilidad, inseparabilidad, variabilidad y caducidad.

Asimismo, los servicios turísticos presentan una serie de **características específicas** que, aunque pueden darse en otro tipo de servicios, se manifiestan más claramente en el caso de los servicios turísticos: estacionalidad y fluctuaciones de la demanda, interdependencia de los servicios y elevados costes fijos en comparación con los variables (Figura 1.14).

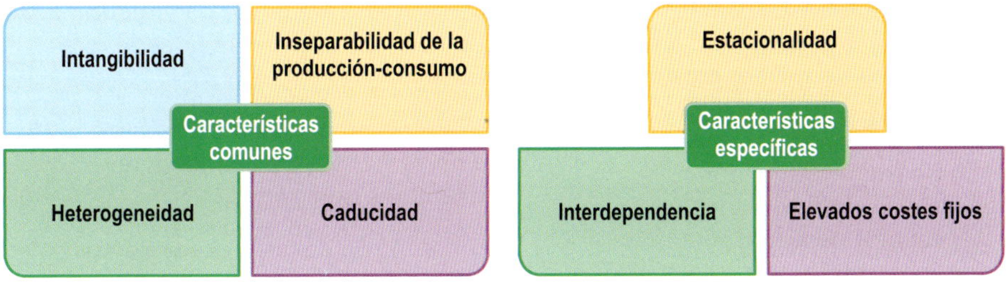

Figura 1.14. Características de los productos y servicios turísticos.

Estas características de los servicios influyen en la dirección y la gestión del marketing, por lo que los profesionales del marketing turístico deben conocerlas y centrar su atención en las mismas, para comprender las implicaciones, consecuencias o problemas resultantes de dichas características, así como para plantear las acciones potenciales a seguir, tal como se muestra en las Tablas 1.1 y 1.2.

Tabla 1.1. Características comunes de los productos/servicios turísticos

Características comunes	Implicaciones para el marketing	Acciones potenciales
1. Intangibilidad	• Dificultad de percibir, detectar o experimentar los servicios por medio de los sentidos, antes de su compra. • Mayor grado de incertidumbre para el consumidor por la dificultad de evaluar o probar el producto o servicio antes de la adquisición o la experiencia, sabiendo que resulta imposible devolverlo tras su consumo. • Dificultad para promocionar el producto turístico. • Dificultad en la fijación y en la justificación de los precios. • Dificultad de diferenciación.	• Tangibilizar lo intangible, resaltando los elementos que sirven de soporte al servicio (ubicación, instalaciones, mobiliario, etcétera). • Crear una imagen fuerte del servicio que proporcione al cliente garantía de su calidad. • Adoptar el enfoque del marketing relacional para establecer relaciones estables y duraderas con los clientes, y que sean los propios clientes satisfechos quienes promocionen el servicio.
2. Inseparabilidad y simultaneidad de producción y consumo	• El cliente es el que se mueve o desplaza hasta donde se produce la prestación del servicio. • En la mayoría de los servicios, su producción y consumo se producen de forma simultánea en el tiempo, en las instalaciones del proveedor del servicio y en presencia del cliente, interactuando este con el personal de contacto (empleados). Cliente y personal forman parte del servicio. • Comunicación y distribución con muchos elementos en común. • Importancia de la interrelación entre transporte y turismo. Las acciones de marketing de los transportistas pueden afectar a las acciones de marketing de otros operadores, como los de alojamientos y destinos turísticos.	• Uso intenso de la nuevas tecnologías (internet, GDS, etcétera). • **Gestión de los empleados:** se selecciona, forma y motiva al personal de contacto. • **Gestión de los clientes:** se espera que los clientes se conviertan en «empleados». La empresa debe formar a los clientes igual que forma a los empleados. • Acciones de marketing conjuntas con los transportistas, dada la interrelación entre el transporte y el turismo.

Características comunes	Implicaciones para el marketing	Acciones potenciales
3. Variabilidad o heterogeneidad	• Los servicios dependen de muchas variables (quién los proporciona, circunstancias del momento, persona que los recibe, etcétera). • Dificultad de estandarización. • Distinta percepción de cada consumidor, consecuencia de factores como las expectativas de cada cliente, los estados de ánimo de empleado y cliente, etcétera.	• Incremento de los esfuerzos para reducir la variabilidad del servicio intentando que este sea homogéneo. » Formación y preparación del personal, para hacer frente y responder ante las diferentes situaciones. » Estandarización de los procedimientos de trabajo (modo en que el personal debe realizar cada una de sus tareas en cada momento). » Medición sistemática del grado de satisfacción del cliente.
4. Caducidad o carácter perecedero	• Los servicios turísticos no se pueden almacenar. Un servicio no vendido o utilizado (capacidad no vendida) es una pérdida que no puede ser recuperada. • Dificultad de equilibrar la oferta y la demanda.	• Tratar de ajustar el binomio demanda-capacidad, estabilizar la demanda con una correcta gestión de la capacidad. » Estrategias o tácticas de precios, como los precios diferenciales (distintos precios por el mismo servicio). » Combinación de demanda con distintos comportamientos, intentando captar segmentos de mercado cuyos flujos de demanda no coincidan en el tiempo. » Diseño de medidas que permitan la estabilización de los flujos de demanda para intentar dirigirla hacia la de los servicios disponibles.

Tabla 1.2. Características específicas de los productos y servicios turísticos

Características específicas	Implicaciones para el marketing	Acciones potenciales
1. Estacionalidad y fluctuaciones de la demanda	• Grandes fluctuaciones de la demanda según las estaciones del año, provocando problemas de gestión de la capacidad. • Las fluctuaciones de la demanda tienen mucha relación con la caducidad de los servicios: un exceso de capacidad no vendida en un determinado momento son ingresos perdidos para siempre.	• Aprovechar la tecnología para facilitar la desestacionalidad de la actividad turística. • Tratar de estimular las ventas durante los períodos de bajas demandas. • Tratar de estabilizar los flujos de demanda, reduciendo las fluctuaciones y ajustándolas a la capacidad existente mediante: » Estrategias o tácticas de precios, como precios diferenciales para incentivar la demanda en épocas bajas. » Combinación de las demandas con distintos comportamientos, intentando captar segmentos de mercado cuyos flujos de demanda no coincidan en el tiempo.

Características específicas	Implicaciones para el marketing	Acciones potenciales
2. Interdependencia	• Al existir una gran interdependencia entre los distintos prestadores de servicios resulta difícil obtener la satisfacción del cliente en cada uno de ellos. Una experiencia negativa en uno de los servicios puede influir negativamente en el resto. • La interdependencia también existe entre las empresas y los organismos públicos responsables del turismo en el destino en que se ubican las empresas.	• Reforzar las estructuras de cooperación y asociación entre los distintos operadores turísticos (empresas) y entre estos y los organismos públicos responsables del turismo en el destino.
3. Elevados costes fijos en comparación con los variables	• Los beneficios varían en función de la capacidad vendida. Los costes fijos son elevados, ya que al hablar de servicios, lo realizan las personas y es la partida de coste más importante. • Los reducidos costes marginales provocan una elevada propensión a rebajar precios cuando queda capacidad excedente.	• Consecución de elevadas tasas de ocupación se convierte en un objetivo fundamental. • Correcta gestión de los precios, mediante sofisticados sistemas de precios diferenciales, para al menos cubrir los costes fijos. • Adecuación, con la mayor exactitud posible, de los precios que los consumidores están dispuestos a pagar por cada producto o servicio, con la utilización de herramientas como el *Yield Management* o el *Revenue Management*.

Actividad propuesta 1.5.

Una de las características de los servicios es su intangibilidad y la misma crea incertidumbre en el comprador o consumidor, ya que no está seguro de lo que compra, ni del beneficio que realmente va a obtener cuando consuma el producto o servicio.

Averigua qué podrán hacer el comprador y el proveedor del servicio para reducir la incertidumbre.

Sabías que...

Suele ser el propio consumidor, una vez obtenido un cierto nivel de vida, el que comienza a preocuparse por el bienestar social, surgiendo movimientos como el ecologismo o el consumerismo.

Figura 1.15. Estacionalidad de la demanda.

Actividad resuelta 1.2.

El producto o servicio turístico total está compuesto por numerosos productos turísticos específicos: transporte, alojamiento, oferta complementaria (restaurantes, tiendas, etc.), atracciones, etc., existiendo una gran interdependencia o interrelación entre las distintas empresas u operadores que ofrecen dichos productos. La satisfacción del turista no depende exclusivamente de una empresa o de un operador turístico. Además, una parte importante de dichos operadores turísticos está formada por pequeñas y medianas empresas que deben distribuir y promocionar sus servicios en mercados internacionales. Si las decisiones de marketing de las empresas se toman de manera coordinada y se combinan sus respectivos esfuerzos, se pueden obtener importantes sinergias.

Averigua qué podrían hacer para lograrlo.

SOLUCIÓN

Se podrían integrar en asociaciones, hecho imprescindible para lograr objetivos comunes aunando esfuerzos. Además, es muy importante poder contar con el respaldo de los organismos públicos en acciones de investigación de mercado o acciones promocionales.

Figura 1.16. Orientación al consumidor.

1.4. Evolución de la función del marketing: orientación hacia el consumidor

La **evolución** de la función del marketing hace referencia a la **evolución** en la forma en que las empresas u organizaciones acometen sus actuaciones y sus relaciones de intercambio con los mercados. Dicha evolución ha estado determinada, básicamente, por el grado de competencia existente en los mercados, por lo que se puede afirmar que cuanto mayor es el nivel de competencia, mayor es la probabilidad de aplicación del marketing. Se pueden diferenciar cinco etapas, enfoques u orientaciones de las empresas hacia el mercado, pero no todos los destinos ni todas las empresas se encuentran en la misma etapa; no poseen el mismo enfoque de marketing. Estas etapas serán explicadas en el Apartado 1.5.

Según Kotler *et al.*, son muchos los factores que contribuyen a que un negocio tenga éxito. Sin embargo, las empresas que hoy tienen éxito en todos los niveles están muy **orientadas hacia el cliente o consumidor** y muy comprometidas con el marketing. De ahí la importancia de la orientación hacia el consumidor. La finalidad de un negocio es conseguir y mantener clientes rentables. Se atrae y se retiene a los clientes cuando se satisfacen sus necesidades. Por tanto, la satisfacción del cliente, que lleva al beneficio, es el objetivo central del marketing turístico. Esto lleva a las empresas y organizaciones a centrar sus esfuerzos en el conocimiento de las necesidades y deseos del consumidor, con el fin de lograr productos que lo satisfagan. Es importante implicar a todos los miembros de la empresa u organización de esta filosofía moderna de marketing que pone al cliente en el centro de atención de todas sus acciones, siendo una responsabilidad importante del departamento de marketing.

Recuerda

Kotler propone cinco enfoques de la dirección de marketing:

1. Enfoque de producción.
2. Enfoque de producto.
3. Enfoque de ventas.
4. Enfoque de marketing (orientación al consumidor).
5. Enfoque de marketing social.

1.5. Enfoques de la dirección del marketing

Siguiendo a Kotler *et al.*, la dirección de marketing es el análisis, la planificación, la ejecución y el control de los programas diseñados para crear y mantener intercambios rentables con los compradores objetivo con el fin de alcanzar los objetivos de la empresa.

Kotler propone **cinco etapas, enfoques** u **orientaciones de la dirección de marketing,** desarrollados en la Tabla 1.3.

Tabla 1.3. Enfoques de la dirección de marketing

Enfoque	Características
1. Enfoque de producción	• Aparece en las situaciones caracterizadas por un mínimo o nulo nivel de competencia, siendo la demanda superior a la oferta. • Sostiene que los consumidores buscan los productos que estén disponibles y para los que dispongan de renta suficiente. • Los directivos centran sus esfuerzos en la producción y en la distribución: » En la producción, disponiendo del suficiente producto, ya que al ser mayor la demanda que la oferta, todo lo que se produce se vende. » En la distribución, con una amplia y eficiente distribución. • El marketing juega un papel mínimo o limitado, pues se reduce a la distribución de lo producido. Las empresas se preocupan únicamente de producir la máxima cantidad posible de producto, introduciendo mejoras con la aplicación de las nuevas tecnologías que les permitan incrementar la eficiencia, reducir costes, mejorar la rentabilidad, etc. y no se preocupan de las necesidades reales de aquellos que desean comprar.
2. Enfoque de producto	• Se produce cuando aumenta la competencia y existe un mayor equilibrio entre la oferta y la demanda, ya que el crecimiento de la oferta es muy significativo. Las empresas comienzan incluso a acumular excedentes de producción. • Sostiene que los consumidores prefieren los productos y las formas de producto existentes. El trabajo de la dirección consiste en desarrollar buenas versiones de estos productos. Además, los consumidores buscan aquellos productos que ofrezcan la mejor relación calidad/precio. • Los directivos centran sus esfuerzos en hacer buenos productos y mejorarlos a lo largo del tiempo. Los esfuerzos de las empresas se dirigen a mejorar la calidad del producto. • Este enfoque, que aún se aplica actualmente, puede conducir a lo que Levitt (1960) denominó «miopía del marketing», es decir, centrarse excesiva o exclusivamente en el producto o servicio, perdiendo de vista las necesidades que este debe satisfacer.
En la medida en que la competencia es cada vez mayor y la oferta comienza a superar la demanda, las empresas pueden adoptar tres enfoques básicos hacia el mercado: enfoque de ventas, enfoque de marketing (de orientación al consumidor) y enfoque de marketing social.	
3. Enfoque de ventas	• La competencia es fuerte, ya que la oferta es superior a la demanda. • Sostiene que los consumidores no demandarán una cantidad suficiente de los productos de la empresa, a no ser que esta haga un esfuerzo de ventas y de promoción intenso. La base de este enfoque ya no es producir, sino vender todo lo que se produce. • En la medida en que la calidad no es suficiente para que el producto sea demandado, los directivos centran sus esfuerzos en llevar a cabo políticas de venta y promoción «agresivas» para que el mercado conozca las ventajas del producto. La idea de este enfoque es que hay que persuadir, incitar y estimular a los consumidores para que compren. El objetivo es vender lo que hay y no el ofrecer lo que los clientes o consumidores necesitan o desean.
4. Enfoque de marketing (de orientación al consumidor)	• Se produce cuando existe una gran competencia, por el espectacular crecimiento de la oferta, que supera en gran medida a la demanda. • Sostiene que conseguir las metas de la empresa depende de determinar las necesidades y los deseos de los mercados objetivo, y de ofrecer la satisfacción deseada de manera más eficaz y eficiente que los competidores. • Se centra en las necesidades del consumidor y tiene como finalidad producir lo que se puede vender, es decir, lo que el mercado necesita y demanda, poniendo el énfasis en la satisfacción de las necesidades del consumidor. • Por ello, las empresas deben identificar previamente las necesidades de los consumidores, tratando de desarrollar los productos capaces de satisfacerlas.
5. Enfoque de marketing social	• Supone un paso más con respecto al anterior enfoque, al tener en cuenta no solo las necesidades del consumidor individual, sino también el bienestar y los intereses a largo plazo de los consumidores y de la comunidad local (sociedad), mejorando su calidad de vida. La empresa, por tanto, debe considerar tres puntos de vista: a) Los beneficios y la rentabilidad de la empresa. b) La satisfacción de las necesidades y los deseos de los consumidores. c) Los intereses públicos y sociales a largo plazo, en los que se desarrolla la actividad de intercambio.

Recuerda

Hay que equilibrar tres aspectos a la hora de establecer las políticas de marketing: satisfacción de los deseos de los consumidores, beneficios de la empresa e interés público.

Figura 1.17. En el enfoque de marketing social, la empresa debe considerar los intereses sociales.

Actividad resuelta 1.3.

Relaciona las afirmaciones que se enumeran a continuación con los enfoques de la dirección de marketing:

a) Las empresas se preocupan por la calidad conforme aumenta la competencia debido a la aparición de otros destinos.

b) Durante una serie de años en los que apenas existía competencia, los destinos turísticos españoles se centran en aumentar la capacidad y mejorar la eficiencia.

c) Las empresas se preocupan por el medioambiente, por el bienestar social, por la defensa de los intereses de los consumidores, etcétera.

d) Los destinos se centran en satisfacer las necesidades de los consumidores intentando ofrecer productos que les satisfagan.

SOLUCIÓN

a) Enfoque de producto.

b) Enfoque de producción.

c) Enfoque de marketing social.

d) Enfoque de marketing u orientación al consumidor.

Actividad propuesta 1.6.

A pesar de la evolución en la aplicación del marketing, todavía es frecuente encontrar empresas con enfoques al producto o a las ventas. El tiempo va demostrando cómo ninguna empresa ha conseguido el éxito de forma continuada si no atiende las necesidades de sus clientes. Los resultados positivos de gestión de una empresa dependen del grado de satisfacción de sus clientes. Si el cliente está satisfecho continuará relacionándose con la empresa, incluso atraerá nuevos clientes. Por otro lado, las empresas también deben responder ante la sociedad, asumiendo responsabilidad social, atendiendo tanto las necesidades de los clientes como el interés y el bienestar de la sociedad en general.

A la vista de lo anterior, ¿qué enfoque o enfoques de marketing consideras que son los que deben aplicar las empresas actualmente? Razona la respuesta.

Actividad propuesta 1.7.

En el enfoque de marketing social, los esfuerzos del marketing se centran en la satisfacción del cliente y la contribución al bienestar de la sociedad en su conjunto, a través de sus actuaciones encaminadas al compromiso con los valores sociales, surgiendo movimientos como el ecologismo y el consumerismo.

a) ¿Cómo consideras que afecta el enfoque del marketing social al sector turístico?

b) ¿Crees que los destinos y empresas turísticas aplican el enfoque de marketing social? Razona la respuesta con ejemplos reales del sector turístico.

1.6. Tendencias y futuro del marketing

El mundo evoluciona, presenta cambios constantes y rápidos en los mercados actuales (incremento de la competencia entre las empresas, cambios en el comportamiento de compra de los consumidores, los avances tecnológicos, la preocupación por la calidad, etc.), dando lugar a una nueva realidad y planteando nuevas **tendencias** de marketing. Entre las principales tendencias que están transformando el panorama del marketing destacan las siguientes:

Sabías que...

En la actualidad, las empresas gastan cinco veces más en atraer nuevos clientes que en conservarlos, y la aspiración de los directivos que aplican el marketing relacional es transformar masas de personas anónimas en clientes permanentes de la empresa, es decir, persiguen fidelizar al cliente.

1. Marketing relacional

La evolución del mercado (un mercado totalmente competitivo, donde los productos son cada vez más parecidos y los clientes cada vez más exigentes y escasos) ha hecho que del marketing transaccional se pase al marketing relacional. El primero se centra en crear transacciones a través de la captación de nuevos clientes, y persigue satisfacer las necesidades de estos cumpliendo con los objetivos de la empresa y haciendo básicamente lo que ha hecho el marketing durante mucho tiempo: intercambiar productos y servicios. El segundo, el **marketing relacional,** es un proceso social que va mucho más allá del marketing transaccional, ya que su principal objetivo es el de construir relaciones duraderas en el tiempo con sus clientes y, para ello, las empresas centran todo su foco y atención en crear vínculos que beneficien a todas y cada una de las partes involucradas en el proceso.

Para ello se centra en identificar a los clientes más rentables, conocer sus necesidades en profundidad, para así poder ir evolucionando el producto a lo largo del tiempo, adaptándose a las necesidades del cliente y así lograr su fidelización. El marketing relacional también persigue captar clientes, diferenciarlos por tipo de mercado y terminar fidelizándolos. Para realizar un marketing relacional ordenado, la empresa debe organizar y analizar todos los datos de que dispone e implementar una estrategia de gestión de las relaciones con los clientes o CRM (*Customer Relationship Management*).

Sabías que...

El marketing relacional fue utilizado por primera vez por Theodore Levitt en 1983.

También se denomina CRM al *software* que permite a las empresas desarrollar sus estrategias de marketing relacional para fidelizar a los clientes actuales y potenciales.

El CRM ayuda a las empresas a mantenerse en contacto con los clientes, a realizar un seguimiento personalizado analizando su comportamiento, a tener un conocimiento más profundo del mismo y a planificar las acciones que mejor se ajusten a sus demandas. En definitiva, a mejorar la gestión, la atención y a aumentar la rentabilidad de la empresa.

Figura 1.18. CRM, tecnología que facilita el fortalecimiento de las relaciones cliente-empresa a través de la atención personalizada.

Con la llegada de las nuevas tecnologías las posibilidades del CRM se amplían y se transforma en eCRM (*Electronic Customer Relationship Management*), gestión electrónica de las relaciones con clientes.

El CRM ha dado un paso más hacia el social CRM (utilización de los medios sociales). Para ello es necesario comprender el concepto de medios sociales. Se trata de plataformas de comunicación social en línea con contenido creado por los usuarios o por un social *media manager*, utilizando las tecnologías que facilitan la edición, la publicación y el intercambio de información. Los formatos más empleados son las conversaciones, fotografías, imágenes, vídeos y pistas de audio. Entre los medios sociales más utilizados se encuentran los siguientes: las redes sociales, los blogs y microblogs, los foros, los medios sociales móviles y los servicios de multimedia compartidos.

Actividad resuelta 1.4.

Contar con un **CRM en turismo** se ha convertido en una herramienta fundamental para poder obtener beneficio de todos los datos recopilados y almacenados de los clientes. Con esta información las empresas serán capaces de crear experiencias personalizadas y adaptadas a los intereses del cliente.

Sin embargo, el CRM tradicional ya no es suficiente. Se ha pasado de la simple captación de datos a la necesidad de establecer un perfil adecuado de lo que le interesa al cliente. El CRM tradicional ha evolucionado hacia el Social CRM/ sCRM (social *Customer Relationship Management*).

a) Averigua en qué consiste el Social CRM o sCRM.

b) Averigua qué añade el Social CRM al CRM tradicional.

SOLUCIÓN

a) **El Social CRM (sCRM) / CRM social** (utilización de los medios sociales) es una estrategia de negocio usada por las empresas para captar a futuros clientes y para interactuar con los usuarios/clientes, a través de plataformas sociales. Con el sCRM se busca gestionar de forma más efectiva al cliente al ser capaz de escuchar, satisfacer e incluso anticiparse a cualquier necesidad que requiera, con el fin de mantener relaciones a largo plazo y fidelizarlo Ha tomado protagonismo porque supone una oportunidad para obtener datos sobre los usuarios de los medios sociales, donde se encuentran los clientes actuales y potenciales. Gracias a los datos que aportan los usuarios, la organización podrá obtener mayor información acerca de sus gustos, deseos y necesidades, para archivarla en su base de datos con previsiones de futuras estrategias de marketing. Dicha información se organiza y analiza y, así, se personaliza la atención, la oferta y la relación con los clientes, consiguiendo un compromiso profundo con los mismos. Todo ello provoca que el usuario/cliente comparta contenidos de la empresa, producto o marca a través de los medios sociales.

b) **El CRM social** añade la posibilidad de intercambio y conversación con los clientes. Mediante la conexión constante y el registro de la información de la actividad, la empresa lleva un seguimiento de cada uno de sus contactos a los cuales se les provee de información y soporte, se los avisa de nuevas activaciones y propuestas, y se los recompensa por producir contenido positivo. Esto conduce a un constante *feedback*, pues los clientes tienen la posibilidad de opinar y compartir mediante medios sociales, que permiten conocer los gustos y preferencias de los mismos. La producción de contenidos se vuelve cada vez más personalizada y relevante, profundizando la relación con los clientes.

Junto al marketing relacional han surgido nuevos enfoques o tendencias, ligados al mismo:

a) **Marketing emocional** (*emocional branding*) o marketing experiencial o vivencial (*experience marketing*).

Se dirige a ofrecer al consumidor una experiencia de consumo única, estableciendo una vinculación con la marca, producto o empresa, basada en las emociones, sentimientos o pensamientos, entre otros aspectos, que despierta el producto en el consumidor.

Intenta atraer al consumidor desde el plano afectivo. Se centra en aportar valor al cliente a través de la vinculación emocional que se produce por el disfrute las experiencias que los productos y servicios ofrecen, en generar una experiencia agradable no solo en el momento de la compra, sino también en el consumo y el posconsumo.

Las experiencias suponen la verdadera motivación y el estímulo en la decisión de compra. Conectan al cliente con la marca y la empresa. Las experiencias se convierten en vivencias irrepetibles que alejan al turista de lo cotidiano creando recuerdos memorables.

Figura 1.19. Marketing relacional.

Actividad propuesta 1.8.

Encuentra los cuatro pilares del marketing emocional y comenta el resultado con tus compañeros.

Figura 1.20. Marketing experiencial.

b) Marketing de compromiso (*engagement marketing*)

Es una herramienta que se utiliza para conseguir enganchar y fidelizar a los clientes, haciéndolos partícipes de la marca o producto, a través de la interacción y el diálogo entre cliente y empresa, lo que crea un fuerte vínculo entre ellos.

Se produce cuando se consigue que los clientes se sientan identificados, y así lograr la confianza con la marca o producto y favorecer su aceptación y consumo en el largo plazo. Cada vez más los clientes han dejado de ser meros espectadores y han pasado a ser parte activa de las marcas. Los clientes adoptan una serie de comportamientos hacia la empresa, que van más allá de la acción de compra, comportamientos que aun siendo no transaccionales (no generan ingresos de manera inmediata), resultan especialmente valiosos para las empresas, ya que mejoran su imagen e influyen en otros consumidores a largo plazo.

Por ejemplo, a través de los blogs, los consumidores llegan a comprometerse y a participar con las empresas a través del *feedback* obtenido en los *post* (artículos que se publican en un blog), llegando incluso a formar parte del proceso del diseño de algunos productos, dando lugar al término cocreación de valor.

En algunas ocasiones se dice que el marketing relacional es una mezcla de las relaciones públicas y el marketing directo.

Figura 1.21. Responsabilidad social corporativa.

2. La responsabilidad social corporativa (RSC)

Según la OIT (Organización Internacional del Trabajo), la **responsabilidad social corporativa** (RSC), también denominada **responsabilidad social empresarial** (RSE), es *una nueva manera de hacer negocios, en la que las empresas tratan de encontrar un estado de equilibrio entre la necesidad de alcanzar objetivos económicos, financieros y de desarrollo, con el impacto social o ambiental de sus actividades. La RSC o RSE es una iniciativa voluntaria, impulsada desde la empresa y se refiere a las actividades que van más allá del cumplimiento de la ley.* Este modelo de gestión una vez implementado en los departamentos de las empresas turísticas, así como en su cadena de valor, genera no solo beneficios a las empresas que lo gestionan, sino también impactos positivos al destino.

Las empresas que apuestan por la *responsabilidad social corporativa* (RSC) la conciben como una inversión y no como un coste. Además, representa una **ventaja competitiva** frente a los competidores que no la aplican.

Actividad propuesta 1.9.

Las empresas y destinos turísticos deben adquirir un sólido compromiso con el entorno en el que operan, el cual puede ser social, económico o medioambiental.

Averigua los principales beneficios o ventajas por las que las empresas y destinos turísticos deberían implementar una estrategia de RSC.

3. La era del marketing digital

Las nuevas tecnologías de la información y la comunicación (TIC) han revolucionado la forma en que las personas se relacionan y comunican.

Herramientas como internet, el comercio electrónico, los *smartphones*, las redes sociales, las pantallas digitales en los aeropuertos, etc., suponen un reto y una oportunidad para los responsables de marketing.

Figura 1.22. La era del marketing digital.

La utilidad de dichas tecnologías se ha manifestado en la realización de numerosas actividades comerciales, tales como:

- La comercialización de productos sin intermediarios.
- Las acciones de comunicación.
- La realización de sondeos de mercado.
- La construcción de una imagen de marca.

De hecho, estas nuevas tecnologías y, especialmente, las posibilidades de la red internet, se han consolidado como un elemento de vital importancia para el desarrollo de las actividades de marketing.

El marketing digital está en constante evolución. Esto hace necesario estar al día en todas las tendencias, lo que da lugar a que surjan diferentes tipologías dentro de este área, tal como se muestra en la Figura 1.23.

***Inbound marketing* o marketing de atracción**	Metodología que integra técnicas de publicidad y marketing digital no intrusivas con el objetivo de comunicarse con el usuario al principio del proceso de compra y acompañarlo hasta la conversión o venta final.
Marketing de contenidos	Enfoque estratégico de marketing orientado a atraer clientes, utilizando todo tipo de medios digitales (blog corporativo, web empresa, vídeos, infografías, etc.) con los que crea contenidos relevantes y de gran valor adaptándose a lo que el usuario necesita y a las cualidades del canal.
Marketing de buscadores	Conjunto de técnicas usadas para mejorar y aumentar la visibilidad y el posicionamiento de una página web usando tanto métodos naturales u orgánicos (SEO) como métodos de pago (SEM).
Permission marketing	Es aquel en el que el propio consumidor da permiso de manera voluntaria para que se le envíe publicidad sobre una marca o producto determinado.
E-mail marketing	Consiste en hacer uso del correo electrónico para el envío de información a clientes (habituales o potenciales) para promocionar un producto o servicio, o para relacionarse con los mismos.
Marketing automatizado	Conjunto de herramientas que automatizan y aceleran el proceso de conversión de visitantes a clientes fidelizados.
Marketing en redes sociales	Actividades realizadas con el fin de promover una marca a través de redes sociales y facilitar la interacción de la marca con su público objetivo de manera personalizada y dinámica.
Influencer marketing	Consiste en lograr una serie de vínculos de colaboración entre las marcas y empresas, para hacer llegar el mensaje o propuesta comercial a su público objetivo, a través de personas de gran visibilidad en internet.
Marketing omnicanal	Estrategia que combina canales digitales, analógicos y físicos para interactuar con los clientes.

Figura 1.23. Tipologías en el marketing digital.

4. El marketing holístico

Las empresas necesitan nuevas ideas sobre cómo operar y competir en el entorno actual de marketing. Los expertos del marketing del siglo XXI reconocen, cada vez más, la necesidad de aplicar un enfoque más completo que supere las aplicaciones tradicionales del enfoque de marketing.

Figura 1.24. Las nuevas tecnologías son un complemento ideal para las actividades de marketing.

El marketing holístico es un término desarrollado por P. Kotler, que lo definió como «el desarrollo, diseño e implementación de programas, procesos y actividades de marketing que reconocen la amplitud e interdependencia del entorno de marketing actual». El marketing holístico busca reconocer y reconciliar el alcance y la complejidad de todas las actividades de marketing.

Existen cuatro componentes del marketing holístico (véase Figura 1.26):

- **Marketing relacional:** o marketing de relaciones, es el responsable de construir, gestionar y fortalecer relaciones sólidas y sostenibles entre la empresa y todos los actores (consumidores, empleados, distribuidores, accionistas, etc.), tanto internos como externos, que interactúan directa o indirectamente con la organización. Las relaciones pueden ser de carácter económico o social.
- **Marketing integrado:** propone herramientas para conseguir los objetivos de marketing de una empresa. Al integrarlas permite planificar, ejecutar y comunicar una estrategia que genere valor para los clientes. Por otra parte, el marketing integrado propone no solo la responsabilidad del departamento de marketing en este proceso, sino que involucra a todos los departamentos de una empresa, para que trabajen y colaboren en sincronía hacia la satisfacción del cliente, a través de un mensaje común, para lograr o fortalecer el reconocimiento de la marca y la fidelización del cliente.
- **Marketing interno:** se ocupa de las acciones de marketing dirigidas a los actores internos (empleados) de la empresa para fomentar un clima laboral de bienestar y una cultura organizacional que promueva valores de servicio y atención al cliente. Supone contratar, formar, entrenar y motivar al personal adecuado con el objetivo de que se implique y ofrezca productos satisfactorios a los clientes.
- **Marketing social:** su finalidad es que la empresa tome en cuenta las implicaciones éticas, ambientales y sociales de sus decisiones y se preocupe del bienestar del consumidor y de la sociedad no solo en el corto plazo, sino también a largo plazo. Toda la empresa debe ser consciente de que las acciones de marketing van más allá de la empresa o el cliente final, involucran a toda la sociedad.

Figura 1.25. Implicaciones éticas del marketing social.

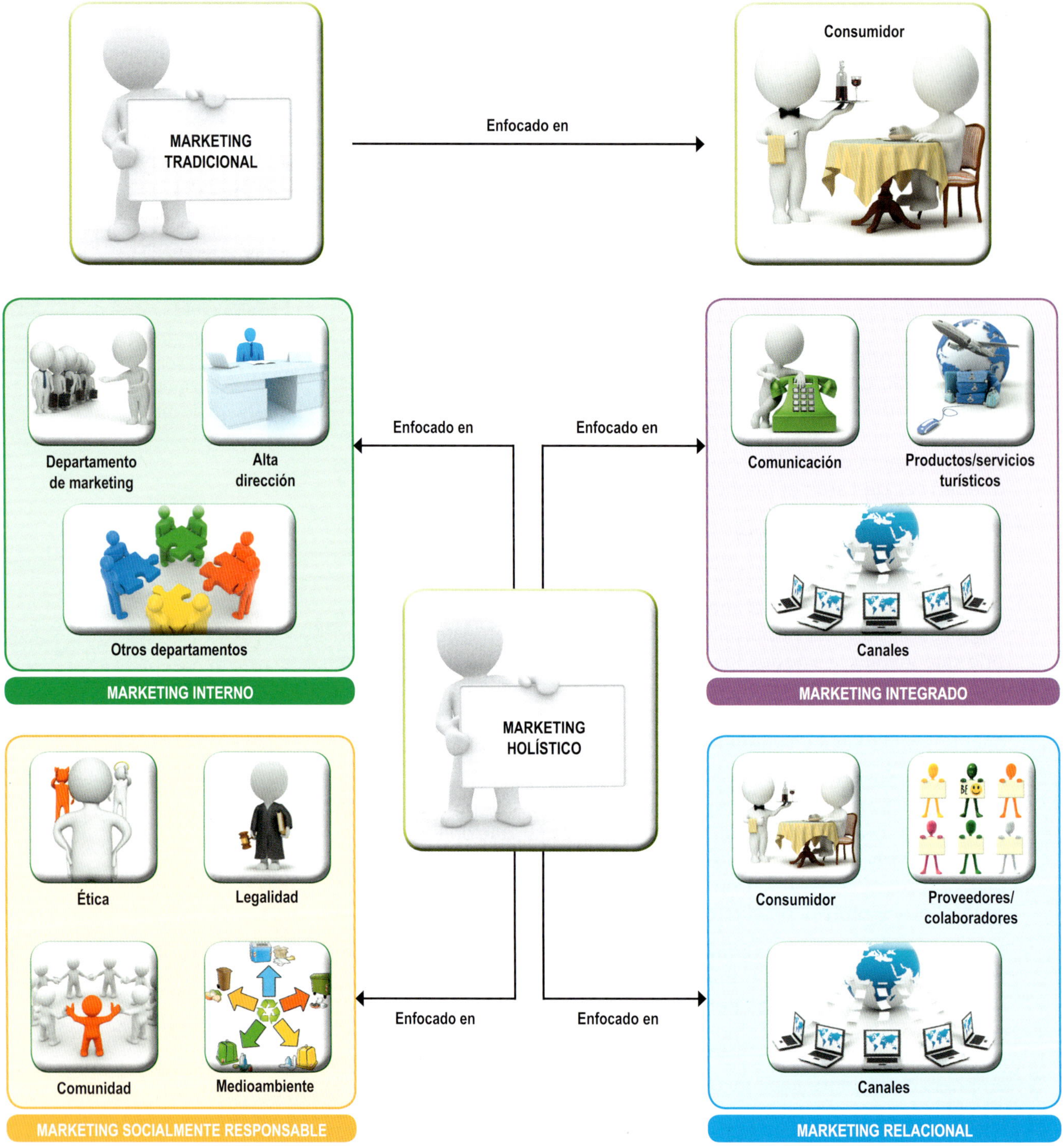

Figura 1.26. Elementos del marketing holístico.

5. El marketing global

El marketing global es el conjunto de técnicas basados en una estrategia de ventas de un producto o servicio para acceder al conjunto global de su público objetivo. Esta disciplina trata de llegar a un mercado global, pero para ello debe integrar a los consumidores con necesidades en común y adaptar el producto para que se perciba como atractivo en otros mercados.

Muchas empresas se relacionan globalmente con sus clientes y socios de marketing, sobre todo, gracias a las nuevas tecnologías, favoreciendo colaboraciones y alianzas con otras empresas del sector turístico en todo el mundo. El objetivo es potenciar la presencia y la implantación de dichas empresas en el mundo. Las empresas que trabajan en uno o más mercados extranjeros deben decidir si adaptan el marketing-mix a las condiciones de cada mercado o utilizan un marketing-mix estandarizado. Casi todas las empresas adaptan sus productos, precios, canales de distribución y comunicación a los deseos de los consumidores de cada país, de cada grupo de consumidores objetivo. Muchos expertos de marketing defienden una estrategia «glocal» (*pensar globalmente, actuar localmente*), en la que la empresa estandariza ciertos elementos del marketing y adapta localmente otros.

Figura 1.27. Marketing global.

6. El marketing sin ánimo de lucro

Desde hace algunos años el marketing también se está aplicando en muchas organizaciones sin ánimo de lucro para incrementar sus ingresos. Las razones que explican esta situación provienen de la reducción drástica de las subvenciones gubernamentales, de las donaciones de las corporaciones locales, así como de las donaciones de filántropos.

Figura 1.28. Marketing sin ánimo de lucro.

Actividad propuesta 1.10.

Estamos asistiendo a numerosos cambios en las áreas del marketing y la comunicación que dan lugar a la aparición de diferentes términos, que hacen referencia a nuevas tendencias y planteamientos en materia de marketing.

Busca, al menos, tres nuevas tendencias de marketing, diferentes a las estudiadas en el Apartado 1.6. Por ejemplo: marketing viral, *street marketing,* marketing de guerrilla, neuromarketing, etcétera.

a) Explica en qué consiste cada una de las tendencias buscadas.

b) Busca en internet (YouTube o similar) un vídeo en el que se aprecie la aplicación práctica de alguna de las tendencias encontradas en el punto anterior.

Caso práctico RESUELTO

Trabajas en una agencia de viajes. Una pareja tras el confinamiento debido a la COVID-19 acude a la misma para hacer realidad el ansiado viaje que había pospuesto.

Una vez recibida la solicitud, la empresa se enfrenta al desafío de diseñar un producto único adaptado a las necesidades del cliente.

La agencia de viajes ha decidido poner en práctica la estrategia de marketing relacional, para tratar de establecer con los clientes una relación estable y duradera.

Te han solicitado que establezcas el procedimiento a seguir para poner en práctica la estrategia de marketing relacional y así ofrecer una propuesta de valor, que sea única y personal, que aporte emociones, sensaciones y sentimientos que el cliente obtenga mientras disfruta del producto turístico elegido.

Solución

En este caso concreto la empresa actuaría de la siguiente forma:

- Escucha activamente las necesidades del cliente y diseña la mejor propuesta para el mismo.
- Establece una conexión muy personal, consiguiendo que los clientes dejen de ser tratados como meros consumidores para pasar a ser considerados personas con necesidades únicas y personales.
- Personaliza el mensaje que desea hacerles llegar con base en los datos que los clientes van dejando detrás de sí, que indican sus preferencias y necesidades, lo que va conformando su propia historia. Para llevar esto a cabo la agencia decide implementar un CRM (*Customer Relationship Management*) un programa informático que permita controlar, en todas sus fases, la relación con el cliente.
- Busca entre los proveedores aquellos que puedan atender las necesidades y motivaciones del cliente.
- Localiza proveedores que responden a la solicitud del cliente y envía al cliente un correo electrónico con las opciones recibidas. El cliente una vez estudiadas las opciones recibidas, decide elegir una de ellas y la comunica a la agencia de viajes para que proceda a formalizar los documentos del viaje.
- Ofrece asesoramiento al cliente a través de SMS, WhatsApp o redes sociales, una vez comenzado el viaje, manteniendo la relación empresa-cliente.
- Continúa en contacto con el cliente una vez finalizado el viaje, siendo este sistemático y periódico, y pudiendo enviarle todo tipo de información acorde a su perfil con el objeto de fidelizarlo.

Caso práctico PROPUESTO

El marketing ha ido evolucionando de forma imparable, adaptándose a los avances de la tecnología. Esto ha cambiado nuestra forma de vida, la forma de comunicarnos, de vender, de relacionarnos con los clientes. Vivimos en una sociedad hiperconectada, y en este tiempo el marketing ha pasado por varias etapas, evolucionando del marketing 1.0 al 5.0.

Como director del departamento de marketing de una empresa turística, necesitas adaptarte a esta evolución, saber en qué etapa se encuentra la empresa. Le solicitas a tu equipo de trabajo que investigue las características de cada una de las etapas.

1 Caracterización del marketing turístico

- Marketing. Concepto y terminología básica
  - Concepto de marketing
  - Terminología básica
- Marketing turístico
  - Concepto de marketing turístico
  - Instrumentos del marketing turístico
  - Relación con el sector de la hostelería y el turismo
- Características de los servicios y los productos turísticos
- Evolución de la función del marketing: orientación hacia el consumidor
- Enfoques de la dirección del marketing
- Tendencias y futuro del marketing

Resumen

Caracterización del marketing turístico

El **marketing** es una disciplina que se ha desarrollado a lo largo del siglo XX, pero muy especialmente en sus últimos años y en este siglo XXI. Los cambios constantes y rápidos que se dan en los mercados actuales, entre los que se destacan la globalización, la elevada y fuerte competencia, la revolución tecnológica y la evolución de las necesidades y demandas de los clientes, exigen la **aplicación del marketing** para satisfacer las necesidades y deseos del consumidor y para que la empresa alcance sus objetivos.

Para entender el concepto de marketing hay que tener en cuenta una serie de **términos:** necesidad, deseo y demanda; producto; valor, satisfacción y calidad; intercambio, transacción y marketing de relaciones; y mercado.

El **marketing turístico** guía la comercialización de los productos o servicios de las empresas y organizaciones que integran el sector turístico. El marketing turístico es la rama del marketing que concibe y ejecuta la relación de intercambio entre la industria turística y el usuario (turista) con la finalidad de que sea satisfactoria para ambas partes.

La gestión del marketing presenta **dos dimensiones:** la estratégica y la operativa. El **marketing estratégico** está más centrado en la «dimensión de análisis» de los mercados y del entorno, y en su previsible evolución futura, mientras que el **marketing operativo** es la «dimensión de la acción» sobre el mercado; está orientado al diseño y a la ejecución de todas aquellas acciones concretas de marketing que la organización o empresa debe llevar a cabo para la consecución de las estrategias previamente planteadas. Para diseñarlas, la empresa dispone de unos instrumentos básicos, que combinados adecuadamente permiten conseguir los objetivos previstos, y que son los siguientes: producto, precio, distribución y comunicación. Estos instrumentos son los elementos del marketing-mix, las denominadas «4 P» de McCarthy. Estos cuatro elementos del marketing operativo o marketing-mix también se conocen con el nombre de **variables controlables,** llamadas así porque la empresa puede planificar y decidir sobre las mismas.

El papel del marketing turístico es fundamental, y deberá requerir profesionales de marketing que puedan identificar y responder a las necesidades y deseos cambiantes de los consumidores mediante estrategias creativas basadas en unos conocimientos de marketing sólidos.

Los servicios turísticos poseen una serie de **características comunes** con el resto de los servicios, y que, a su vez, los diferencian claramente de los productos físicos:

1. Intangibilidad.
2. Inseparabilidad.
3. Variabilidad.
4. Caducidad.

Asimismo, presentan una serie de **características específicas** que, aunque pueden darse en otro tipo de servicios, se manifiestan más claramente en el caso de los servicios turísticos:

1. Estacionalidad y fluctuaciones de la demanda.
2. Interdependencia de los servicios.
3. Elevados costes fijos en comparación con los variables.

Estas características de los servicios influyen en la dirección y la gestión del marketing, por lo que los profesionales del marketing turístico deben conocerlas y centrar su atención en las mismas, para comprender las implicaciones, consecuencias o problemas resultantes de dichas características, así como para plantear las acciones potenciales a seguir.

La **evolución de la función del marketing** hace referencia a la evolución en la forma en que las empresas u organizaciones acometen sus actuaciones y sus relaciones de intercambio con los mercados. Dicha evolución ha estado determinada, básicamente, por el grado de competencia existente en los mercados. Se pueden diferenciar cinco etapas, enfoques u orientaciones de las empresas hacia el mercado, pero no todos los destinos ni todas las empresas se encuentran en la misma etapa. Kotler propone cinco etapas, enfoques u orientaciones de la dirección de marketing:

1. **Enfoque de producción:** mínimo o nulo nivel de competencia, siendo la demanda superior a la oferta; los consumidores buscan los productos que puedan pagar. El marketing juega un papel limitado, ya que se reduce a la distribución de lo producido.
2. **Enfoque de producto:** aumenta la competencia y existe un mayor equilibrio entre la oferta y la demanda; los consumidores buscan aquellos productos que ofrezcan la mejor relación calidad/precio; la empresa se esfuerza en mejorar el producto, pero pierde de vista las necesidades que este debe satisfacer.
3. **Enfoque de ventas:** fuerte competencia, ya que la oferta es superior a la demanda; la base aquí ya no es producir, sino vender todo lo que se produce; las empresas centran sus esfuerzos en llevar a cabo políticas de venta y promoción «agresivas»; hay que persuadir, incitar y estimular a los consumidores para que compren.

1 Caracterización del marketing turístico

4. **Enfoque de marketing (de orientación al consumidor):** existe una gran competencia, por el espectacular crecimiento de la oferta, que supera en gran medida a la demanda; la empresa tiene como meta determinar las necesidades y deseos del mercado objetivo para ofrecer un mejor servicio que sus competidores, y tiene como finalidad producir lo que se puede vender.
5. **Enfoque de marketing social:** es un paso más con respecto al anterior enfoque, al tener en cuenta no solo las necesidades del consumidor individual, sino también el bienestar y los intereses a largo plazo de los consumidores y de la comunidad local.

En los **dos primeros enfoques** el nivel de competencia es mínimo y, por tanto, el papel del marketing es limitado. En los **tres enfoques siguientes** la competencia es cada vez mayor y la oferta comienza a superar la demanda por lo que el papel del **marketing** adquiere relevancia.

El mundo evoluciona, presentando cambios constantes y rápidos en los mercados actuales (incremento de la competencia entre las empresas, cambios en el comportamiento de compra de los consumidores, los avances tecnológicos, la preocupación por la calidad, etc.), dando lugar a una nueva realidad y planteando nuevas **tendencias de marketing:**

1. **El marketing relacional:** es un proceso social que va mucho más allá del marketing transaccional (captación de clientes nuevos), ya que su principal objetivo es el de construir relaciones duraderas en el tiempo con sus clientes y así lograr su fidelización. Para realizar un marketing relacional ordenado, la empresa debe organizar y analizar todos los datos de que dispone e implementar una estrategia de gestión de las relaciones con los clientes o CRM (*Customer Relationship Management*). Junto al marketing relacional han surgido nuevos enfoques o tendencias, ligados al mismo.
   a) Marketing emocional (*emocional branding*) o marketing experiencial o vivencial (*experience marketing*).
   b) Marketing de compromiso (*engagement marketing*).
2. **La responsabilidad social corporativa:** es una nueva manera de hacer negocios, en la que las empresas tratan de encontrar un estado de equilibrio entre la necesidad de alcanzar objetivos económicos, financieros y de desarrollo, con el impacto social o ambiental de sus actividades.
3. **La era del marketing digital:** las nuevas tecnologías de la información y la comunicación (TIC) han revolucionado la forma en que las personas se relacionan y comunican.

   Esto hace necesario estar al día en todas las tendencias, lo que da lugar a que surjan diferentes tipologías dentro de este área tales como, *inbound marketing,* marketing de contenidos, *E-mail marketing, influencer marketing,* marketing omnicanal, etcétera.
4. **El marketing holístico:** según Kotler es «el desarrollo, diseño e implementación de programas, procesos y actividades de marketing que reconocen la amplitud e interdependencia del entorno de marketing actual».
5. **El marketing global:** es el conjunto de técnicas basadas en una estrategia de ventas de un producto o servicio para acceder al conjunto global de su público objetivo.
6. **El marketing sin ánimo de lucro:** muchas organizaciones sin ánimo de lucro están aplicando técnicas de marketing para incrementar sus ingresos, debido a la falta de subvenciones gubernamentales, de donaciones de las corporaciones locales así como de donaciones de filántropos.

Actividades de comprobación

1.1. La aplicación del marketing permite, principalmente:

a) Aumentar las ventas potenciales de una empresa.

b) Satisfacer las necesidades y deseos del consumidor.

c) Llevar a cabo acciones de inventario.

d) Ninguna de las respuestas anteriores es correcta.

1.2. Indica la afirmación correcta relativa a los términos básicos del marketing:

a) El deseo es la expresión concreta de una necesidad humana.

b) Los deseos de satisfacer una necesidad son limitados, y no varían según las características de las personas.

c) Para que un deseo se materialice en la demanda de un producto basta con que el consumidor tenga voluntad de comprarlo.

d) Cuando el valor percibido de un producto es negativo se favorece el intercambio.

1.3. La investigación de mercados, la segmentación de mercados y el análisis de la competencia corresponden al denominado:

a) Marketing operativo.

b) Marketing transaccional.

c) Marketing estratégico.

d) Marketing integrado.

1.4. Entre las características específicas de los productos o servicios turísticos indicamos que los costes fijos en el sector servicios son elevados porque:

a) El género utilizado es caro.

b) Los alquileres en zonas turísticas son altos.

c) El coste de personal es muy alto.

d) Ninguna de las respuestas anteriores es correcta.

1.5. La empresa que tiene éxito en la aplicación del marketing en la actualidad está orientada hacia el cliente. Indica la respuesta correcta:

a) El cliente influye en la política de marketing de la empresa de forma directa.

b) La empresa solo estudia los gustos de un tipo de cliente.

c) La empresa busca satisfacer las necesidades y deseos del cliente.

d) Ninguna de las respuestas anteriores es correcta.

1.6. Una cadena hotelera ofrece a sus clientes una tarjeta de fidelización y les envía periódicamente a sus domicilios un boletín con ofertas, novedades, nuevos servicios y noticias de las ciudades en las que se ubica la cadena. ¿Qué tipo de marketing está aplicando?

a) Marketing transaccional.

b) Marketing de responsabilidad social.

c) Marketing de relaciones.

d) Marketing interno.

1.7. El marketing interno en una empresa:

a) Forma parte del marketing operativo de la empresa.

b) Consiste básicamente en planes de motivación y retención de los mejores clientes para la empresa.

c) Consiste básicamente en planes de motivación y retención de los mejores distribuidores e intermediarios para la empresa.

d) Implica contratar, entrenar y motivar al personal adecuado para servir a los clientes.

1.8. Indica la respuesta correcta. Los productos tangibles:

a) Transmiten la propiedad del producto.

b) No existe transferencias de la propiedad.

c) No se pueden almacenar.

d) Tienen mayor límite de producción.

1.9. El diseño y ejecución de todas aquellas acciones concretas de marketing que la organización o empresa debe llevar a cabo para la consecución de las estrategias previamente planteadas corresponde al:

a) Marketing estratégico.

b) Marketing operativo.

c) Marketing-mix.

d) Las respuestas b) y c) son correctas.

1.10. Entre las características comunes de los productos o servicios turísticos indicamos la variabilidad o la heterogeneidad de los mismos, que significa que:

a) Los servicios son fáciles de estandarizar.

b) Los servicios son difíciles de estandarizar.

c) Los servicios dependen de pocas variables.

d) Todos los consumidores tienen la misma percepción.

Actividades de aplicación

1.11. Existen tres perspectivas desde las que se estudia el concepto de marketing. Nombra y explica cada una de ellas.

1.12. Hemos estudiado dos dimensiones en la gestión del marketing. Nombra, explica e indica en qué se diferencian.

1.13. Indica cuáles son los instrumentos del marketing-mix. ¿Con qué otros nombres se conoce al marketing-mix?

1.14. Una de las características comunes de los servicios en su intangibilidad y la misma crea incertidumbre en el comprador o consumidor, ya que no está seguro de lo que compra, ni del beneficio que realmente va a obtener cuando consuma el producto. Averigua qué harán el comprador y el proveedor del servicio para reducir la incertidumbre.

1.15. Los servicios turísticos poseen una serie de características específicas. Explica brevemente cada una de ellas.

1.16. Durante el período de evolución del mercado se ha pasado del marketing transaccional al marketing relacional. Explica qué ha originado este cambio y en qué consiste el marketing relacional.

1.17. Busca una empresa turística comprometida con la Responsabilidad Social Corporativa. Averigua algún programa llevado a cabo por la empresa elegida.

1.18. Elige una empresa turística española que opere en ámbito internacional y averigua qué cambios ha realizado en uno o varios de los elementos del marketing-mix para adaptarse a alguno o algunos de los países en que opera.

1.19. Averigua qué relación de interdependencia existe entre las empresas turísticas de tu zona o país y las asociaciones y los organismos públicos relacionados con el turismo.

1.20. Investiga con la ayuda de internet las razones por las que la Administración Pública ha asumido funciones turísticas.

Actividades de ampliación

1.21. El eCRM despierta gran interés entre las empresas y destinos turísticos ya que, a diferencia de los sistemas de CRM que utilizan los canales de comunicación convencionales, permite organizar toda la información relativa a los clientes y evaluar las campañas que se llevan a cabo utilizando las tecnologías de la información y la comunicación (TIC).

Analiza las ventajas que el uso del eCRM puede aportar a las empresas o destinos turísticos. Busca una empresa o destino turístico que lo esté utilizando.

1.22. Localiza en la página de *American Marketing Association* un evento para realizar en el campo del marketing, anota el lugar de celebración, la fecha, el tema central que tratar y debate con tus compañeros de clase.

1.23. Averigua por qué el sCRM es un paso más en el marketing turístico en las relaciones con los clientes en empresas turísticas.

Enlaces web de interés

www.emprendedoresnews.com
www.marketingdeservicios.com
www.puromarketing.com
www.tudecides.com.mx/noticias/marketing
www.youtube.com/watch?v=XFtSTwh94c4
www.asociacionmkt.es
www.ama.org
www.promonegocios.net
www.hosteltur.com
www.entornoturistico.com
www.dataestur.es
www.preferente.com
www.redalyc.org
www.riunet.upv.es

2

Introducción

Con el aumento de la competitividad de los mercados y de las exigencias de los consumidores, las empresas deben adaptar el producto o servicio a la demanda de los distintos grupos existentes en el mismo. En un mercado hay diferentes compradores que tienen gustos distintos, siendo poco probable que con un único producto o servicio se pueda satisfacer a todos los compradores, pero, a su vez, sea imposible ofrecer a cada cliente un producto personalizado. Para dar solución a este tema, se puede optar por la segmentación de mercado, es decir, por dividir un mercado en diferentes segmentos y ofrecer un producto o servicio diferenciado a cada uno.

Un **segmento de mercado** está constituido por un conjunto de compradores potenciales con unas condiciones específicas para formar un grupo homogéneo. Por ejemplo: personas mayores de 40 años, mujeres con nivel de renta elevado, estudiantes, etcétera.

Mediante la segmentación de mercados se detectan y analizan las oportunidades que ofrece el mercado y se pueden descubrir segmentos que están sin atender. También permite conocer los deseos y gustos de los consumidores y adecuar los productos y las políticas de marketing a sus preferencias.

Segmentación de mercados turísticos

Contenidos

Objetivos

- Identificar el concepto de la segmentación del mercado.
- Reconocer la utilidad de la segmentación de mercados.
- Analizar las variables de segmentación más utilizadas en turismo.
- Definir los requisitos para que la segmentación sea efectiva.
- Investigar el posicionamiento del producto o servicio turístico en el mercado.

Sabías que...

El aumento de la competencia y de las exigencias de los consumidores obliga a la mayoría de las empresas a ofertar sus productos diferenciados a grupos definidos de consumidores denominados segmentos de mercado.

Figura 2.1. La segmentación de mercados consiste en dividir el mercado total de un producto o servicio.

Sabías que...

La segmentación de mercado es una forma de buscar nuevas oportunidades en el mercado total a través del conocimiento real de los consumidores, mediante su división en subgrupos homogéneos.

2.1. Concepto de segmentación y su utilidad

Es importante que los profesionales del marketing comprendan el proceso que deben seguir para seleccionar del mercado aquellos segmentos o grupos de clientes para los que diseñarán una estrategia comercial y dirigirán su oferta, con el fin de desarrollar productos más competitivos, al conocer la facilidad y la rapidez con la que cambian los gustos de los consumidores en la actualidad.

2.1.1. Concepto de segmentación

La segmentación de mercados es un proceso que consiste en **dividir el mercado total de un producto o servicio** en varios grupos más pequeños de compradores homogéneos, con la finalidad de llevar a cabo una estrategia comercial diferenciada para cada uno de ellos que permita, por un lado, satisfacer de forma más efectiva sus necesidades, intereses y preferencias y, por otro, alcanzar los objetivos comerciales de la empresa. Cada uno de los grupos resultantes se denomina **segmentos de mercado.**

Figura 2.2. División del mercado en subgrupos de compradores homogéneos.

2.1.2. Utilidad de la segmentación

La segmentación de mercados es útil tanto para la **empresa** como para los **consumidores.**

Figura 2.3. Utilidad de la segmentación.

De forma genérica, la segmentación de mercados facilita el ajuste de las ofertas a las necesidades y los deseos específicos de los segmentos identificados.

La **utilidad** o las ventajas de la segmentación radican en que su aplicación permite la reducción del riesgo que conlleva la tarea de tomar decisiones, proporcionando a la empresa los elementos suficientes para desarrollar una actuación eficaz y eficiente en el proceso de dirección de marketing. Las **ventajas de segmentación se pueden clasificar** según las **tres etapas básicas en dicho proceso de decisión** de la dirección de marketing:

Figura 2.4. El análisis de mercado permite descubrir y atender segmentos de mercado insatisfechos o desatendidos.

1. Análisis del mercado:

- Detecta oportunidades de negocio, al descubrir segmentos del mercado desatendidos o insatisfechos.
- Facilita el análisis de la competencia, al identificar más fácilmente a las empresas competidoras que se dirigen al mismo segmento, es decir, a las que actúan en los mismos mercados objetivo.
- Ayuda a establecer un orden de prioridad en los segmentos, al identificar los segmentos más rentables y aquellos en los que la competencia es más débil. La empresa tiene la posibilidad de elegir a cuál o cuáles de ellos va a dirigirse prioritariamente, escogiendo el segmento o los segmentos que más le interesan y concentrando sus esfuerzos de marketing en ellos.

Figura 2.5. Una de las ventajas de la segmentación es establecer un orden de prioridad en los segmentos.

2. Desarrollo de la ejecución de las acciones:

- Diferencia la actuación comercial de la empresa, ya que, al analizar a la competencia, identifica sus estrategias y así puede diseñar sus propias estrategias.
- Optimiza el programa de marketing de la empresa (las combinaciones más adecuadas del marketing-mix), para poder así posicionarse mejor en función de las características de sus mercados objetivo.
- Facilita la adaptación de las distintas estrategias de marketing.
- Contribuye a aplicar las prioridades identificadas anteriormente, es decir, a escoger el segmento que más le interese. Como los recursos son limitados, la empresa tiene la posibilidad de elegir a cuál o a cuáles de ellos va a dirigirse prioritariamente, adaptando su programa de marketing a las características de cada segmento, de acuerdo con determinados criterios, que son:
  - » Potencial de compra del segmento.
  - » Atractivo estructural.
  - » Facilidad de acceso.
  - » Complementariedad con otros mercados servidos.
  - » Recursos y capacidades disponibles.

Figura 2.6. Control de progreso del marketing.

3. Control de progreso del marketing:

- Mejora la relación de la empresa con sus clientes.
- Adapta continuamente la oferta a las necesidades de los consumidores.
- Contribuye al reposicionamiento y rediseño del producto.

Sabías que...

La segmentación es una estrategia que emplean las empresas para concentrar, y, por tanto, optimizar sus recursos dentro de un mercado general.

- Ayuda a reasignar los presupuestos de publicidad, promoción, producción, etcétera.
- Aumenta la eficacia de la acción comercial, con los beneficios conseguidos por la empresa al aplicar la segmentación, incrementando así su rentabilidad.

2.1.3. Segmentación de los mercados turísticos

En la actualidad, las empresas y los destinos turísticos tienen que hacer frente a significativos cambios en la demanda, por la gran diversificación que se ha producido en las características, las necesidades, los deseos, las preferencias y los gustos de los turistas. Es por esta razón que la segmentación de mercados constituye **el primer paso en el desarrollo de una estrategia de marketing efectiva.**

En el caso particular del mercado turístico, el proceso de segmentación entraña un mayor grado de dificultad porque un mismo cliente puede recibir un producto o servicio que prestan diferentes empresas turísticas (por ejemplo, los paquetes turísticos).

El **mercado turístico** es el punto de encuentro entre compradores y vendedores turísticos, pudiendo ser estos tanto turistas como agentes de viajes, operadores, hoteleros y todos los prestatarios de servicios turísticos.

Ningún mercado es homogéneo; por eso la segmentación persigue identificar en el mercado los diferentes grupos de consumidores que poseen unas necesidades y deseos homogéneos y son más sensibles a la utilidad del producto turístico o mezcla de ofertas que se quieren vender. Cada uno de los integrantes de esos grupos, en su calidad de consumidor, guarda entre sí una cierta homogeneidad. Es decir, que frente a un mismo estímulo reaccionarán de forma similar, porque todos ellos buscan en el producto o servicio el mismo conjunto de atributos.

Figura 2.7. Ejemplos de segmentación turística.

Ninguna empresa u organización turística puede tener la pretensión de satisfacer el conjunto de necesidades del mercado, ya que no todos los clientes tienen el mismo perfil, las mismas necesidades o los mismos ingresos; por tanto, no se puede tratar a todos de la misma forma. Ante el mismo producto, los clientes no sienten el mismo nivel de satisfacción o de insatisfacción.

El **objetivo** fundamental de la segmentación de mercados turísticos es definir las características de un grupo específico de clientes o público objetivo (mercado que le interesa a la empresa turística y por el cual va a competir), y así desarrollar estrategias para crear o modificar productos o servicios que satisfagan las necesidades del segmento al que va a dirigir sus productos. Para ello, debe acondicionar la oferta a sus gustos y a sus posibilidades económicas, dirigiendo específicamente las campañas de comunicación hacia dicho segmento.

2.1.4. Segmentación de mercados para internet

El concepto genérico de **segmentación de mercados** suele mostrarse insuficiente para las acciones *online*, debiendo adaptarse a la forma de moverse que tiene el consumidor (o empresa compradora) en la **red,** respetando sus intereses, recogiendo sus inquietudes y permitiéndole un cierto grado de participación (objetivos claros de las redes sociales).

El objetivo de una campaña basada en la segmentación *online* es incrementar su efectividad, optimizar recursos y costes e incrementar la satisfacción por parte de los clientes.

A través de internet las empresas pueden llegar a grupos de consumidores cada vez más pequeños (microsegmentos), lo que les permite diseñar estrategias específicas para cada uno de ellos. Acciones efectivas en la línea de la microsegmentación permiten atacar e influir en aspectos que generan expectativas ante el lanzamiento de un producto o su mejora, una oferta puntual o una promoción conjunta.

La **clave de la segmentación** *online* es el **dinamismo.** Los segmentos deben revisarse y adaptarse a las novedades de mercado de forma constante y periódica en cada campaña que se realice, ya que los cambios de percepción, prestigio y referencia varían con mucha rapidez, especialmente en productos disponibles en internet, en los que la aparición de comentarios, evaluaciones y referencias constantes a todo tipo de productos pueden exigir acciones que contrarresten problemas o aprovechen corrientes favorables.

Sabías que...

Las variables conductuales analizan los comportamientos de los clientes ante un producto o servicio evaluando aspectos como precio, uso, valor, conocimiento, etcétera.

Actividad resuelta 2.1.

¿Crees que las redes sociales constituyen bases de segmentación efectivas? ¿Cuáles?

SOLUCIÓN

Sí. La afinidad social, expresada a través de los vínculos de amistad en redes sociales, es un indicador mucho más preciso como base de segmentación que la proximidad espacial. Las redes sociales tienen el potencial para desarrollar bases de segmentación más efectivas.

Las redes sociales, además de para intercambiar información, fotos y opiniones, son un poderoso campo para el estudio de mercado con datos segmentados de más de mil millones de consumidores en todo el mundo. Esto lo hace especialmente atractivo para las empresas.

Las investigaciones también están mostrando que las personas pueden tener comportamientos sociales diferentes en la red frente a las interacciones que realizan *offline*. Por ejemplo, aunque varios estudios han mostrado que las redes sociales de los hombres en sus interacciones cotidianas son más poderosas que las de las mujeres, los análisis realizados a partir de la información de Facebook indican que las redes construidas por las mujeres dentro de internet son más diversas y más heterogéneas que las de formadas por hombres, lo que podría darles mayores ventajas en un mundo en el que la competitividad es aportada en forma creciente por el conocimiento y la creatividad.

Actividad propuesta 2.1.

El sector turístico es un sector muy digitalizado. Saber que los clientes se encuentran en la red contribuirá a que las empresas recurran a la observación para avanzar con la investigación sobre los posibles clientes. Si una empresa observa dónde consultan información, dónde comentan, qué buscan podrá crear un perfil perfecto para el *buyer persona* de su empresa. En las estrategias de marketing digital, y más concretamente si la empresa se embarca en un proyecto de *inbound marketing,* debe conocer a los usuarios finales. Por todo ello, se recomienda conocer a fondo tanto el mercado como el producto que se va a ofrecer para así definir un *buyer persona* lo más realista posible.

a) Averigua qué son los *buyer personas*.

b) ¿Qué datos son necesarios para su identificación?

c) Busca las diferencias entre el público objetivo y el *buyer persona*.

Actividad propuesta 2.2.

Busca en internet o en revistas especializadas en turismo dos empresas hoteleras competidoras que se dirijan al mismo segmento, es decir, que actúen en los mismos mercados objetivo. Especifica el nombre de las empresas, a qué segmento se dirigen y cómo lo hacen.

2.2. Requisitos para que la segmentación sea efectiva

Para que la segmentación sea efectiva los segmentos deben reunir los siguientes requisitos, tal como muestra la Figura 2.8.

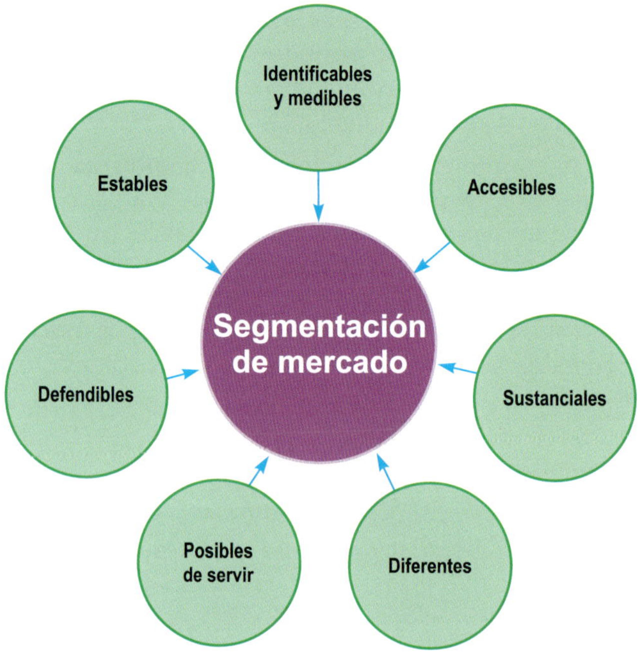

Figura 2.8. Requisitos para que la segmentación sea efectiva.

Recuerda

Los requisitos que deben reunir los segmentos para que la segmentación sea efectiva son los que aparecen en la Figura 2.8.

- **Ser identificables y su potencial de compra, medible.** Para distinguir quiénes forman los diferentes segmentos se deben utilizar criterios que permitan conocer, aunque sea a grandes rasgos, quiénes componen y en qué número dichos segmentos. Por ejemplo, el tamaño, el poder adquisitivo y los perfiles, las motivaciones, etc. de los segmentos se deben poder identificar y medir.
- **Ser accesibles a la empresa.** Para hacer posible que la empresa pueda llegar a todos los miembros de cada segmento, conocerlos y atenderlos. Además, han de permitir que la empresa se concentre y mejore sus esfuerzos de marketing y de comunicación sobre los segmentos escogidos, no malgastando recursos en clientes no potenciales.
- **Ser sustanciales.** Implica que los segmentos de mercado seleccionados deben estar formados por un número de integrantes lo suficientemente amplio para que sean rentables y justifique establecer una estrategia de marketing específica, con el objetivo de maximizar los beneficios de la empresa.

Figura 2.10. Segmentación por sexo.

Figura 2.9. Los segmentos tienen que ser sustanciales para ser medibles.

- **Ser realmente diferentes.** Los individuos seleccionados deben poseer características similares (homogeneidad) entre sí, pero diferentes al resto, es decir, han de mostrar comportamientos distintos en sus hábitos de compra, experiencias turísticas demandadas o uso del producto o servicio con respecto a los integrantes de otros segmentos.
- **Ser posibles de servir.** La empresa debe considerar sus recursos y capacidades y determinar si realmente puede desarrollar una oferta diferenciada para el segmento existente.
- **Ser defendibles.** La empresa debe tener en cuenta si tiene los recursos o las ventajas suficientes para defenderlos frente a las entradas de nuevos competidores.
- **Ser estables.** Implica que las características de los segmentos elegidos se mantengan el tiempo suficiente para que la empresa u organización pueda recuperar la inversión realizada.

Recuerda

Un criterio o una variable de segmentación es alguna característica de los individuos que componen el mercado según la cual este se puede dividir en grupos o segmentos.

2.3. Criterios o variables de segmentación

Cuando una empresa **ofrece un producto o servicio al mercado** debe conocer qué tipo de personas demanda el producto o servicio concreto, para saber a qué clientes debe dirigirse. Para determinar quiénes lo necesitan y lo comprarán, en sus estudios de mercado las empresas realizan una **segmentación de mercado** acorde a unos criterios o variables específicas, para clasificar a sus clientes.

2.3.1. Concepto de criterio o variable de segmentación

Se denomina **criterio** o **variable de segmentación** a alguna característica de los individuos que componen el mercado y con base en la cual se puede dividir al mismo, de tal manera que haya homogeneidad entre sus integrantes y, a su vez, haya heterogeneidad respecto a los miembros de otro segmento.

El método de selección para utilizar una u otra variable o criterio de segmentación dependerá de los objetivos perseguidos. Existen numerosos criterios o variables de segmentación de mercados. Su uso se puede realizar en forma aislada o combinada. Los mercados pueden segmentarse a partir de:

- Una sola variable: ofrece la ventaja de ser más simple y fácil de usar.
- Varias variables: es más precisa.

Recuerda

Existen numerosos criterios de segmentación de mercados cuya selección dependerá de los objetivos perseguidos por la empresa.

Actividad propuesta 2.3.

Uno de los segmentos de mercado que ha resultado atractivo para las empresas turísticas es el segmento *adults only*.

a) Averigua quiénes componen el segmento *adults only*.

b) Busca en revistas especializadas en turismo un artículo que haga referencia al segmento *adults only*.

c) Localiza al menos tres cadenas hoteleras y un turoperador especializados en dicho segmento.

Sabías que...

Las diferencias en cuanto a necesidades, productos comprados, calidad de estos, comportamiento de compra y vacacional y las respuestas ante determinados estímulos de marketing pueden ser muy importantes en función de las características socioeconómicas de los consumidores.

2.3.2. Clasificación de los criterios o variables de segmentación de mercados

Los criterios o variables de segmentación pueden clasificarse de la forma mostrada en la Figura 2.11.

A) CRITERIOS GENERALES

- Son independientes de la utilización del producto o servicio y de su proceso de compra o consumo y sirven, por tanto, para segmentar (dividir) cualquier población o grupo de personas.
- Se pueden aplicar a todos los mercados turísticos. Reflejan características propias y generales del cliente al margen del producto turístico que se comercializa.

B) CRITERIOS ESPECÍFICOS

- Están relacionados con el uso del producto o servicio y su proceso de compra, es decir, tienen una relación directa con la adquisición del servicio.
- Solo se emplean para segmentar un mercado turístico concreto.

A la vez, tanto los criterios generales como los específicos, pueden clasificarse en:

a) Objetivos:

- Son muy operativos.
- Son más fáciles de aplicar y medir.
- Hacen referencia a factores directamente observables.
- Dan lugar a una segmentación más identificable y accesible.

b) Subjetivos:

- Entrañan mayor grado de dificultad en su aplicación.
- Son más complicados de medir.
- Versan sobre aspectos internos de los individuos.
- En muchas ocasiones explican mejor el comportamiento de compra y la diversidad del mercado.

Criterios generales objetivos (perfil del cliente)

- Son criterios de segmentación tradicionales.
- Permiten realizar la partición del mercado de referencia de forma sencilla, permitiendo identificar y alcanzar fácilmente a los distintos segmentos.
- Han sido utilizados con gran frecuencia en la segmentación de todo tipo de productos —ya sean bienes o servicios— y, en particular, son ampliamente utilizados en turismo.

Criterios generales subjetivos (variables psicográficas)

- Son más difíciles de aplicar y medir, la frontera que delimita a los individuos pertenecientes a un grupo o a otro es más difícil de fijar.
- Este enfoque es más moderno y ha ganado gran popularidad. Combinados con variables demográficas y socioeconómicas pueden dar relevantes resultados.

Criterios específicos objetivos

- Muy utilizados en turismo.
- Están relacionados con el comportamiento de compra o uso del producto turístico.
- Hacen referencia a factores directamente observables.
- Son de fácil medición.

Criterios específicos subjetivos

- Están relacionados con el comportamiento de compra o uso del producto turístico.
- Tratan los aspectos internos de los individuos.
- Son de difícil medición.

Figura 2.11. Clasificación de los criterios o variables de segmentación de mercados.

2.3.3. Criterios o variables de segmentación más utilizados en turismo

En la Tabla 2.1 se detallan los criterios o las variables de segmentación más utilizados en turismo.

Tabla 2.1. Criterios o variables de segmentación más utilizados en turismo

	A) Criterios generales	B) Criterios específicos
a) Objetivos	• Geográficos (origen de los turistas): – Continente, país, región, provincia o ciudad de procedencia. – Tamaño del área geográfica. – Densidad de población. – Tipo de población/hábitat. – Zonas climáticas. • Demográficos: – Edad. – Sexo. – Estado civil. – Tamaño del hogar o familia. – Ciclo de vida familiar: solteros, casados con hijos, etcétera. • Socioeconómicos: – Renta disponible. – Ocupación, actividad o profesión. – Nivel de formación o estudios. – Religión.	• Motivo o propósito del viaje. • Duración del viaje. • Sensibilidad al precio/nivel de gasto turístico. • Frecuencia de viajes o de uso del servicio. • Fidelidad a la marca. • Gasto turístico. • Primera visita o repetición. • Canal de comercialización utilizado. • Forma de organizar el viaje. • Tipo de vacaciones. • Tipo de alojamiento utilizado. • Período de antelación en la reserva. • Período de realización del viaje. • Número de personas con las que se viaja. • Medio de transporte utilizado. • Actividades realizadas durante las vacaciones.
b) Subjetivos	• Psicográficos: – Personalidad (líder, tímido, independiente, ambicioso, etcétera). – Estilos de vida (actividades, aficiones, hábitos de vida, intereses, opiniones, preocupaciones, valores, etcétera). – Clase social. • Conductuales: el comportamiento de los usuarios. (Utilización, alcance, interacciones, etcétera).	• Actitudes, percepciones y preferencias del turista. • Intenciones y opiniones hacia un producto turístico. • Beneficios buscados por el turista. • Sensibilidad a las variables del marketing-mix.

Actividad propuesta 2.4.

El grupo de personas pertenecientes al segmento de la tercera edad es cada vez más numeroso y heterogéneo.

a) Realiza una búsqueda de los criterios más utilizados en la segmentación de la tercera edad.

b) Busca nuevas divisiones del mercado dentro de la segmentación anterior.

Actividad propuesta 2.5.

Las tendencias sociodemográficas convierten a los viajeros *singles* en uno de los nichos de mercado más interesantes para la industria turística.

a) ¿Qué ventajas aporta este segmento de mercado al sector turístico?

b) Investiga el nombre de algunas empresas turísticas especializadas en este segmento.

2.4. Aplicación de la segmentación al diseño de la estrategia comercial de las empresas turísticas

La aplicación de la segmentación al diseño de la estrategia comercial de las empresas turísticas se realiza a través de las siguientes **fases:**

a) **Identificar los criterios o las variables para llevar a cabo la segmentación** del mercado.

b) **Describir los perfiles de los segmentos turísticos identificados,** detallando sus características más relevantes, según la investigación de mercados realizada a partir de las necesidades de la empresa y los objetivos señalados por la misma.

c) **Valorar el atractivo de cada segmento.** Existen tres criterios:

- El tamaño potencial de crecimiento del segmento: cuantos más integrantes tenga el segmento, mayor será el potencial de compra del turista y ello redundará en mayores beneficios para la empresa turística.
- El atractivo estructural de un mercado o segmento: Porter identificó cinco fuerzas competitivas que determinan el atractivo a largo plazo de un mercado o segmento:
  - La intensidad de la rivalidad de los competidores existentes.
  - El poder negociador de los proveedores del sector.
  - El poder negociador de los clientes del sector.
  - La amenaza de que nuevas empresas entren a competir en el sector.
  - La amenaza de que aparezcan productos o servicios sustitutivos.
- Los objetivos y recursos de la empresa o del destino: la empresa debe considerar si tiene los recursos económicos y humanos para servir con éxito a los diferentes segmentos de mercado.

d) **Seleccionar el público o públicos objetivo.** El público objetivo es el segmento del mercado al que está dirigido un producto o servicio. Es un grupo de clientes hacia el que la organización trata de priorizar sus esfuerzos de marketing por ser los segmentos más deseables. Se trata del conjunto de compradores que comparten necesidades o características que la empresa decide atender. Otros términos para designar al público objetivo son grupo objetivo, mercado objetivo o mercado meta, así como los anglicismos *target* o *target market*.

e) **Decidir el posicionamiento del producto o servicio o destino para cada segmento.** Consiste en identificar y comunicar aquellos aspectos que contribuirán a diferenciar nuestra oferta de la oferta de la competencia y nos proporcionarán ventajas competitivas entre el público objetivo escogido.

f) **Desarrollar el programa de marketing-mix** lo más adaptado posible a las necesidades y deseos de cada segmento.

Sabías que...

Un nicho de mercado es un grupo más o menos pequeño de consumidores con una serie específica de necesidades que suelen estar dispuestos a pagar un precio adicional a la empresa que se especializa en satisfacer tales necesidades (O'Guinn).

Sabías que...

No existe un único método para segmentar mercados. Se debe tratar de identificar las variables, independientemente o en conjunto, para encontrar la mejor manera de visualizar la estructura del mercado.

Recuerda

Llamamos público objetivo o mercado meta al conjunto de consumidores hacia los que la empresa dirige de manera específica sus esfuerzos de marketing.

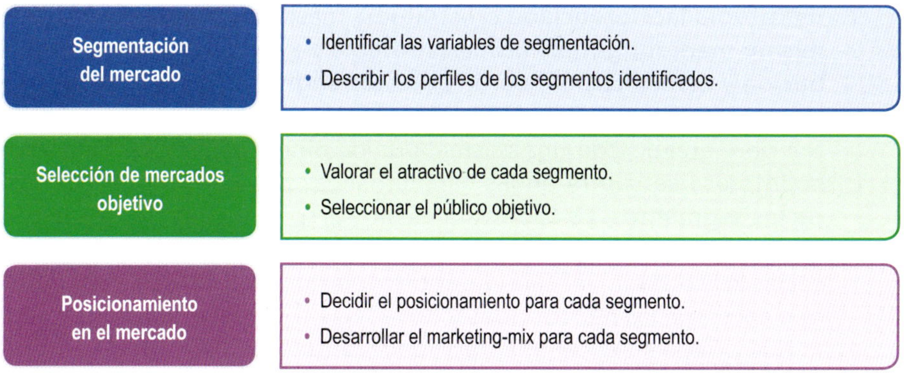

Figura 2.12. Fases de la aplicación de la segmentación.

Figura 2.13. Selección del público objetivo.

Actividad resuelta 2.2.

La implacable competencia por captar clientes (consumidores o empresas) de cualquier sector en el mercado real y virtual, y el incremento de usuarios de internet ha impulsado la reaparición de la técnica de marketing denominada segmentación, que permite definir acciones comerciales personalizadas y mucho más efectivas para el comercio electrónico.

¿Qué requisitos son los que consideras elementales para establecer una segmentación del mercado hotelero español en la red?

SOLUCIÓN

- *Estilos de vida* (psicográficos): permiten clasificar a los clientes con base en su modo de vida, aficiones, personalidad, prescriptores de referencia, etc. Si se emplea para segmentar los usuarios en internet nos permitirá evaluar cuáles son los blogueros más influyentes en cada segmento de mercado, detectar los portales de aficionados más visitados, relacionar actividades complementarias a nuestro negocio, etcétera.
- *Conductuales:* analizan los comportamientos de los clientes ante un producto o servicio evaluando aspectos como el precio, el uso, el valor, el conocimiento, etc. Este análisis permite realizar acciones de marketing encaminadas a producir una reacción concreta de los consumidores ante las promociones del mercado hotelero, como pueden ser inscribirse para un concurso, obtener un descuento por compra rápida, ofrecer ayuda a otros usuarios de un producto tecnológico, etcétera.

En acciones de comercio electrónico estas variables son unas de las más complejas de utilizar, pero también de las más eficientes si se consigue una segmentación a partir de cualquiera de ellas, ya que nos permiten acceder a un microsegmento con una gran efectividad.

2.5. Tipos de estrategias de cobertura del mercado

Una vez se han realizado el análisis de segmentación y la valoración de los distintos segmentos, la empresa debe decidir a cuál o a cuáles es interesante dirigirse y cómo atenderlos. Se plantea la **elección de los segmentos del mercado turístico** y, para ello, puede optar entre *cuatro tipos de estrategias:*

Figura 2.14. Estrategia indiferenciada.

1. **Estrategia indiferenciada** o estrategia masiva. La empresa utiliza el **mismo marketing-mix** (misma estrategia de producto, precio, distribución y comunicación) **para todos los segmentos,** de manera que intenta satisfacer necesidades distintas de cada uno de los segmentos de mercado con una misma y única oferta comercial. Para ello, la empresa se centra en las características comunes (homogéneas) de los segmentos. La cobertura es muy amplia, ya que no existe ninguna diferenciación del mercado y la oferta se lanza a todo el mercado. Presenta la ventaja de ahorro de costes, pero es muy difícil que satisfaga las necesidades y deseos de todo el mercado turístico, lo que puede suponer una debilidad frente a la aparición de empresas turísticas especializadas.
2. **Estrategia diferenciada** o estrategia segmentada. La empresa desarrolla un **marketing-mix distinto para cada uno de los segmentos elegidos** entre todos los detectados y ofrece productos adaptados a las necesidades de cada uno de estos segmentos, intentando conseguir la máxima cobertura de estos. Implica unos mayores costes de producción y de marketing, pero así consigue aumentar la demanda a través de una mejor adaptación a cada segmento. Esta estrategia suele ser usada por las grandes cadenas hoteleras internacionales.
3. **Estrategia concentrada** o estrategia de nicho. La empresa **se especializa en un segmento concreto** del mercado turístico que suele ser de tamaño reducido (nicho), desarrollando todas las actuaciones ajustadas a las demandas de ese segmento concreto. Esta estrategia es la más adecuada para la pequeña y la mediana empresa, porque permite desarrollar una ventaja competitiva y barrera a nuevos competidores. Es la estrategia del especialista, que busca una cuota de mercado elevada en un nicho bien diferenciado. Su mayor

Figura 2.15. Estrategia concentrada.

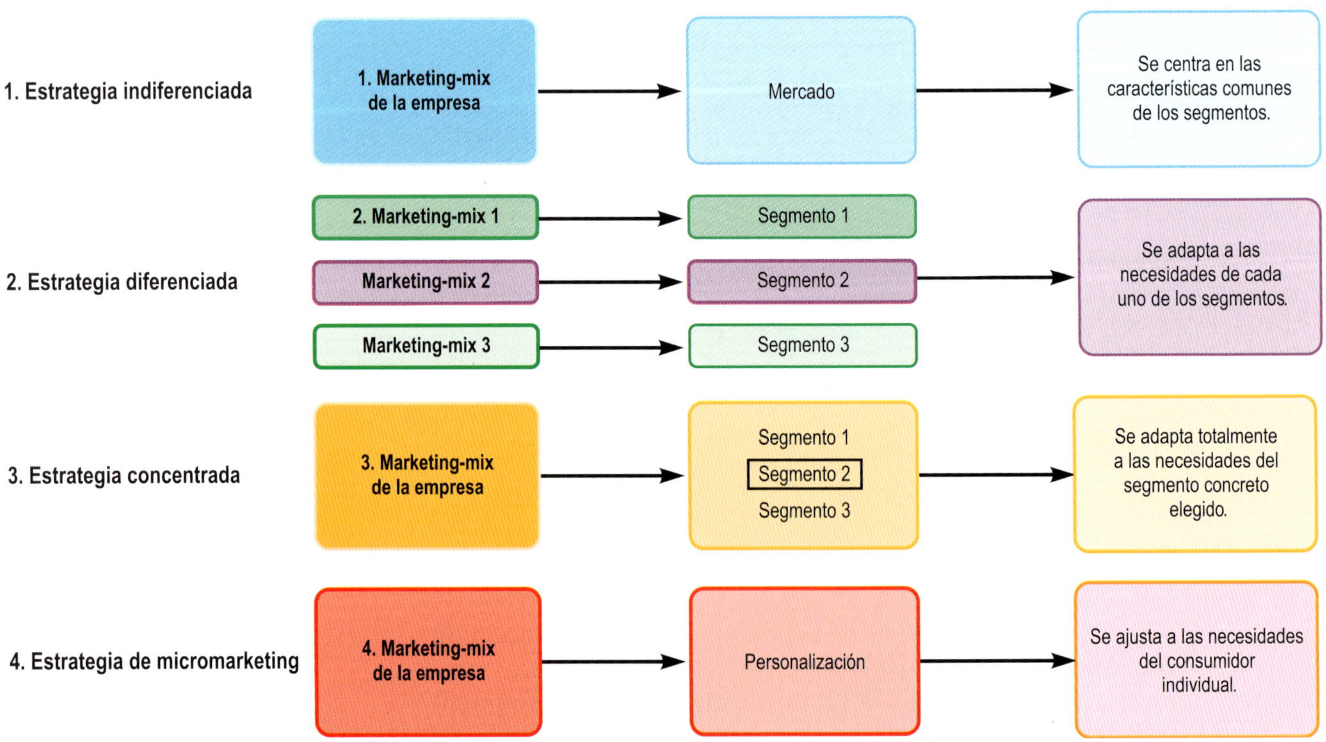

Figura 2.16. Tipos de estrategia de segmentación. *Fuente:* «Marketing: conceptos y estrategias», Santesmases Mestre.

ventaja es poder alcanzar un elevado poder de mercado debido al mayor conocimiento del segmento al que se atiende. El producto se adapta totalmente a las necesidades del segmento elegido. Es muy común cuando se trata de productos o servicios caros o elitistas.

4. **Estrategia de micromarketing o microsegmentación** o estrategia *one-to-one*. Se basa en la **personalización** de las acciones comerciales a personas concretas, por el conocimiento profundo del consumidor individual. Con la llegada de internet, este tipo de estrategia se ha convertido en una práctica habitual y eficiente. La empresa ajusta sus ofertas a las necesidades y preferencias de los consumidores individuales, clientes locales o individuos específicos.

Sabías que...

La aplicación de la estrategia de segmentación indiferenciada implica menor coste, pero también menor efectividad.

Actividad resuelta 2.3.

Algunas empresas encuentran grupos de consumidores distintos, pero atienden solo a uno de ellos. Es el caso de un hotel de lujo especializado en personas que pueden pagar unos precios muy altos para alojarse en él, ¿qué tipo de estrategia de cobertura de mercado aplica?

SOLUCIÓN

La estrategia de cobertura de mercado utilizada es la concentración. La empresa se especializa en un segmento concreto del mercado, busca una cuota de mercado elevada en un nicho bien diferenciado en el que se posee ventaja competitiva.

Recuerda

La estrategia de segmentación diferenciada sirve para ofrecer productos adaptados a las necesidades de cada uno de los distintos segmentos objetivo.

Actividad propuesta 2.6.

En un hotel pueden alojarse distintos grupos de consumidores con características muy dispares, como familias con niños para las cuales el hotel ofrece habitaciones múltiples, programas de animación, etc., a precios razonables, hasta hombres y mujeres de negocios a los que ofrece salas de conferencias, internet en habitaciones y áreas generales, *express check in* y *check out*, recepción 24 horas, etcétera.

¿Qué tipo de cobertura de mercado está aplicando?

Recuerda

Una empresa no debe entrar en un mercado saturado de competidores a menos que tenga una ventaja competitiva sobre las demás empresas de su sector.

Actividad propuesta 2.7.

Un hotel de ciudad importante tiene precios diferentes según la frecuencia de uso de los clientes.

a) ¿Serán más caros o más baratos para las empresas que envían muchos clientes o para los particulares?

b) ¿Qué tipo de segmentación está aplicando? Razona la respuesta.

Sabías que...

Se llama nido vacío o *empty nest* al segmento de parejas mayores sin hijos dependientes.

2.6. Instrumentos comerciales y compatibilidad de los segmentos

La aplicación de estrategias diferenciadas a cada uno de los segmentos de mercados puede alcanzar distintos grados de intensidad en función del número de elementos del marketing-mix en los que centre su actuación. Se puede hablar de distintos tipos de segmentación en relación con los instrumentos comerciales (de marketing-mix), tal como se desarrolla con la Tabla 2.2.

Tabla 2.2. Instrumentos comerciales

Instrumentos comerciales	
Segmentación por producto	La segmentación del mercado por medio del producto es la más corriente. Se aplica usualmente a través de la oferta de modelos, versiones, formatos o presentaciones diferentes del mismo producto para adaptarse mejor a las necesidades de los distintos segmentos, a su situación de uso, a sus nuevos gustos, etc. En algunos casos también consiste en ofrecer productos similares o completamente distintos a través de marcas diferentes denominadas «segundas marcas», en función del segmento al que se dirija la empresa.
Segmentación por precio	Suele acompañar a otras variables de marketing. Generalmente productos diferenciados implican precios distintos. La segmentación por producto suele ir siempre acompañada por un precio, también distinto (adaptado a la sensibilidad de la demanda), pero hay situaciones en las que los productos ofertados son similares o incluso iguales y la diferencia radica única o fundamentalmente en el precio aplicado.
Segmentación por distribución	Con este tipo de actuación, la empresa puede adaptarse a las necesidades del mercado utilizando canales de distribución exclusivos o selectivos para dar más prestigio al producto y para dirigirse a segmentos más elitistas o segmentos muy específicos, o bien para realizar una distribución intensiva para segmentos más sensibles al precio. Suele ir acompañada de una segmentación de precios y de un posicionamiento distinto.
Segmentación por comunicación	Se puede practicar de distintas maneras. Permite dirigirse a los diversos segmentos del mercado a través de las distintas formas que puede adoptar este instrumento de marketing: la publicidad en los medios de comunicación de masas o publicidad directa, las acciones de la fuerza de ventas y la promoción de ventas, dependiendo de las características de sus públicos objetivo, consiguiendo alcanzarlos del modo más efectivo para estimular su demanda. Permite llegar a audiencias o segmentos de mercado distintos.

Actividad propuesta 2.8.

Averigua qué tipo de segmentación aplican las compañías aéreas que ofrecen el mismo producto o servicio a precios diferentes y los factores que lo explican.

Figura 2.17. Posicionamiento en la mente del consumidor.

2.7. Posicionamiento en el mercado

La identificación y la elección de los segmentos de mercado plantea el tener que decidir la posición que la empresa desea ocupar en dichos segmentos de mercado, es decir, elegir un posicionamiento para sus productos. Uno de los factores fundamentales en el éxito de los productos que se enfrentan a mercados competitivos se encuentra en un adecuado posicionamiento. Por tanto, el posicionamiento es un elemento clave a tener en cuenta al diseñar una estrategia de marketing.

2.7.1. Concepto de posicionamiento

El **posicionamiento** en el mercado de un producto o servicio es la manera en la que los consumidores definen un producto a partir de sus atributos importantes, es decir, el lugar que ocupa el producto en la mente de los consumidores frente a los productos de la competencia.

Cuando se habla de producto se debe entender de manera amplia, incluyendo en dicho concepto una marca, una empresa, una organización o, incluso, una persona.

El posicionamiento se puede definir como la **imagen percibida** por los consumidores de un producto en relación con los productos que compiten directamente con él y con los que pueda ofertar la misma empresa. El primer aspecto de importancia es que, efectivamente, el posicionamiento es una **batalla de percepciones** entre el producto o servicio de la empresa y el de los competidores.

El segundo aspecto de interés es que al estar inmerso en el ámbito de las percepciones, **se juega sobre todo en la mente del consumidor.** Es por ello que en el proceso de posicionamiento no solo cuentan las acciones que se desarrollen desde la empresa, sino que también dependerá de los públicos de interés que afecten a su comunicación y de las percepciones del consumidor, así como de las acciones desarrolladas por la competencia. En realidad, son los consumidores a través de su percepción quienes pueden otorgar a un producto, servicio, marca o empresa una posición concreta en el mercado.

El posicionamiento así entendido lleva a la empresa a poner en marcha un proceso de análisis, tanto interno como externo, para conseguir la imagen ideal en la mente del consumidor frente a la competencia. Una de las dudas que pueden surgir ante esta definición es la **diferencia** que existe **entre imagen** y **posicionamiento.**

La diferencia fundamental es que la **imagen** es cómo perciben los consumidores el producto o servicio mientras que el **posicionamiento** es cómo lo perciben los consumidores frente a la competencia. La competencia es el factor que hace que la imagen y el posicionamiento sean diferentes.

Recuerda

La competencia es el factor que hace que la imagen y el posicionamiento sean diferentes.

Figura 2.18. Diferencia entre imagen y posicionamiento.

2.7.2. Estrategias de posicionamiento

Los consumidores posicionan los productos que compiten en el mercado teniendo en cuenta muchos elementos, por lo que es importante que la empresa planifique adecuadamente la estrategia de posicionamiento.

Recuerda

El éxito del producto o servicio que sobresale en un mercado competitivo se basa en un correcto posicionamiento en el mercado por parte de la empresa.

A continuación, se exponen algunas **estrategias** que han sido usadas efectivamente y que se podrían definir como tipos de posicionamiento o de la forma en que se posicionan:

1. **Posicionamiento basado en las características o atributos del producto.** Se trata de resaltar algún atributo que sea superior al ofertado por la competencia. Un producto nuevo puede posicionarse con base en una característica que la competencia no haya valorado. Es muy probable que las empresas traten de posicionarse con más de una característica o atributo, pero las estrategias que incluyen muchos atributos son difíciles de implementar y el consumidor tiende a confundirse, a no recordarlas o perjudica la credibilidad de la empresa; es por ello que lo más recomendable es posicionarse fuertemente destacando un solo punto y reforzarlo en la mente del consumidor.

2. **Posicionamiento con base en la relación calidad/precio.** Algunas empresas se apoyan especialmente en estas cualidades, aportando al producto turístico unos niveles de calidad correctos a precios competitivos.

3. **Posicionamiento con respecto a las ocasiones de uso.** Consiste en ligar el producto con un determinado uso o aplicación.

4. **Posicionamiento basado en la tipología de usuario.** Está asociado con el usuario como tal o con una clase de usuarios. Resalta la clase de persona que utiliza el producto y que la imagen de esa persona se traslade al mismo. Algunas empresas escogen a un personaje famoso con el cual los consumidores quieren identificarse.

5. **Posicionamiento con respecto a las necesidades que satisfacen o los beneficios o emociones que ofrecen.** Algunos productos son posicionados con base en los beneficios del producto o aludiendo a las necesidades que satisface. Existen empresas y organizaciones turísticas que relacionan sus productos con símbolos y valores subjetivos, basando el posicionamiento en la experiencia del turista, generando emociones positivas hacia la marca.

6. **Posicionamiento a través del nombre.** En el momento de posicionarse, el nombre es uno de los factores clave, hasta el punto de que cuando alguien quiere un determinado producto, lo solicita por su nombre o marca, y no por el producto en sí.

   Una empresa nueva en el mercado debe tener un nombre que le permita de inmediato ser identificada con el producto que representa.

7. **Posicionamiento por el estilo de vida.** Las opiniones, intereses y actitudes de los consumidores permiten desarrollar una estrategia de posicionamiento orientada hacia su estilo de vida.

8. **Posicionamiento con relación a la competencia** (comparándolo directamente con otro producto de la competencia). Existen dos razones por las que puede ser importante posicionarse haciendo referencia a la competencia:

   - La primera es que resulta mucho más fácil entender algo cuando se relaciona con alguna otra cosa que se conoce.

Sabías que...

El posicionamiento se mejora creando experiencias al cliente que sean inolvidables, para ello se deben diferenciar de la competencia con productos y servicios no rutinarios y que culminen en una experiencia agradable y memorable.

Sabías que...

El posicionamiento debe ser algo más que una parte de la estrategia de mercado de cada entidad: debe ser la columna vertebral del diseño y del desarrollo de su producto y un pensamiento clave de su plan comercial.

- En segundo lugar, a veces no es tan importante lo que los clientes piensan que el producto es, sino que piensen que es tan bueno como, o mejor que el producto de un competidor determinado.

Posicionarse específicamente con relación a un determinado competidor puede ser una forma excelente de posicionarse con relación a un atributo o característica en particular, especialmente cuando se habla de precio o calidad.

Existen varias maneras de posicionarse con respecto a la competencia, las cuales se analizan a continuación:

Figura 2.19. Posicionarse el primero con respecto a la competencia hace que se obtenga el doble de la participación de mercado que el segundo y el cuádruple que el tercero.

a) **Posicionarse de primero.** Obviamente, el que se posiciona de primero no lo hace con relación a su competencia; sin embargo, se debe hablar del posicionamiento del líder antes de hablar de la competencia, pues es él el que va a marcar la pauta.

   A la hora de posicionarse en la mente del consumidor, el que lo hace primero (está estadísticamente comprobado) obtiene el doble de la participación de mercado que el segundo y cuadruplica al tercero. Los líderes, cuando saben manejar adecuadamente su liderazgo, pueden mantenerse en el tope por muchos años. Sin embargo, el que una marca sea el líder de una determinada categoría no significa que lo será también en otra categoría.

b) **Posicionarse de segundo.** Otras empresas han encontrado que posicionarse como los segundos puede resultar su nicho y representa una ventaja competitiva. Una manera de posicionarse como número dos puede ser la de hacerlo como producto diferente o por debajo del líder.

c) **Reposicionamiento.** Es posible que un producto pueda mantenerse con un posicionamiento determinado por muchos años, pero hoy en día, con tantas innovaciones tecnológicas, en mercados globales cada vez más competitivos, y con economías tan cambiantes, es posible que sea necesario modificar ese posicionamiento y realizar un reposicionamiento. (Nueva propuesta de posicionamiento).

Sabías que...

El posicionamiento de una marca no tiene por qué corresponder con las características reales del producto, sino que refleja simplemente la percepción que los consumidores tienen de él.

Actividad propuesta 2.9.

Asocia cada uno de los siguientes elementos de posicionamiento con la estrategia correspondiente.

1. Paradores escapada de fin de semana	a) Relación calidad-precio
2. Costa Cruceros y artista famosa	b) Ocasiones de uso
3. «Todos los días sale el sol» (Islas Canarias)	c) Tipología de usuario
4. Hoteles *low cost*	d) Emociones

Actividad propuesta 2.10.

Busca en internet una empresa turística que haya utilizado la estrategia de reposicionamiento. Explica el proceso de implementación de dicha estrategia.

2.7.3. Metodología de la estrategia de posicionamiento

El proceso de desarrollo de la estrategia de posicionamiento de un producto consta de cinco pasos, como se explica en la Tabla 2.3.

Tabla 2.3. Metodología de la estrategia de posicionamiento

Pasos	Explicación
1. Identificar los atributos principales que caracterizan al producto	El cliente considera aquellos atributos que caracterizan el producto y que lo ayudan en su proceso de decisión de compra o consumo.
2. Establecer la posición de los competidores en función de los atributos identificados	Se trata de descubrir el posicionamiento de la competencia y alcanzar una valoración de los diferentes atributos identificados en la etapa anterior para cada una de las empresas o marcas que compiten en el mercado.
3. Conocer la importancia y la valoración que los segmentos otorgan a los atributos	Se trata de conocer la valoración y la importancia que cada uno de los segmentos del mercado otorga a los diferentes atributos que caracterizan al producto al realizar la elección del mismo.
4. Seleccionar/definir la estrategia de posicionamiento	En función de los diferentes segmentos identificados y del posicionamiento de las marcas competidoras, la empresa seleccionará la estrategia específica que aplicará a su producto. Normalmente se realizará en función de la ventaja competitiva que pretende destacar y que va a permitir a la empresa diferenciar su oferta de los demás competidores.
5. Comunicar el posicionamiento del producto	Una vez seleccionada la estrategia de posicionamiento, la misma debe ser comunicada al público objetivo elegido, esperando recibir de este un *feedback* que dará a conocer a la empresa si se ha entendido el mensaje y si se consigue el objetivo marcado.

2.8. Mapas perceptuales

El mapa perceptual es una herramienta de investigación que se utiliza para medir el posicionamiento de una marca.

El posicionamiento se utiliza para diferenciar el producto y asociarlo con los atributos deseados por el consumidor. Para ello se requiere tener una idea realista sobre lo que opinan los clientes de lo que ofrece la empresa y también saber lo que se quiere que los clientes meta piensen del marketing de la empresa y el de los competidores. Para llegar a esto se requieren **investigaciones formales** de marketing. Los datos necesarios para la realización del **mapa perceptual** se pueden obtener a través de estudios de imagen y posicionamiento, con entrevistas a personas elegidas al azar, a las que se les hacen preguntas sobre una variedad de productos. Se elabora una pequeña lista de atributos (o cualidades) importantes para cada producto, que deben ser calificados por los participantes.

Recuerda

Los mapas perceptuales son gráficas que representan, de manera sencilla, el lugar que ocupa una oferta turística determinada en la mente de los consumidores o usuarios, según ciertos atributos de valor para ellos.

Los datos resultantes se reflejan en los **mapas perceptuales**, también conocidos con el nombre de mapas de posicionamiento. Son gráficas que representan, de manera sencilla, el lugar que ocupa una oferta turística determinada (productos, servicios, marcas, empresas, personas, etc.), en la mente de los consumidores o usuarios, según ciertos atributos de valor para ellos (normalmente los considerados más importantes para el segmento de consumidores estudiado). Permiten conocer de forma gráfica en qué situación se encuentra una empresa respecto a la competencia. Además, pueden servir para detectar espacios desocupados y que, por tanto, pueden representar una oportunidad de negocio. Identificar la posición propia, la de los competidores y la ideal en la situación actual es esencial para adoptar estrategias de marketing adecuados para lograr los objetivos propuestos.

Al preparar las gráficas para tomar decisiones con respecto al posicionamiento, se pide al consumidor su opinión sobre varias marcas y, entre ellas, su marca «ideal». El mapa perceptual se construye a partir de:

- Las evaluaciones de los atributos más importantes para una categoría de producto.
- Los juicios sobre las marcas existentes con atributos importantes.
- Las calificaciones de los atributos de una marca ideal.

Los mapas perceptuales son herramientas que proporcionan a la dirección de marketing una valiosa información para la toma de mejores decisiones de posicionamiento o de reposicionamiento.

El primer paso, previo a redactar una **declaración de posicionamiento**, consiste en conocer lo que ya existe en la mente de los clientes. Este mapa permite ver claramente la ubicación de las marcas en la mente del público objetivo, con relación tanto a los atributos o beneficios que le ofrecen a su segmento meta como a la ubicación de un producto o servicio ideal, es decir, lo que los entrevistados consideran sería la mejor posición que pudiera existir en el mercado.

El segundo paso consiste en responder a la pregunta: ¿a dónde debe moverse la marca? Existen solo tres estrategias generales:

- Acercarse, ya sea a la marca líder o a la marca ideal.
- Alejarse de las marcas para diferenciarse.
- Redimensionar los ejes de competencia sobre un atributo o beneficio que actualmente no es ofrecido por las demás marcas.

Una vez identificada la posición deseada en la mente de los clientes, el concepto de posicionamiento debe ser único, significativo, preciso y creíble. Además, debe quedar plasmado en una declaración explícita que permita comprobar si la estrategia está dando resultados.

En el mapa perceptual de la Figura 2.20 se muestra el formato clásico, que consiste en dos ejes (horizontal y vertical) que se cruzan y en cuyos extremos se sitúan las dimensiones a analizar. En este caso, se analiza la situación de ocho destinos de acuerdo con cuatro dimensiones: elitista, exótico, de masas y convencional. En el mismo se puede observar cómo,

Sabías que...

Las empresas deberían escoger la posición que les resulte más ventajosa y diseñar el marketing-mix que les permita alcanzarla.

Sabías que...

Actualmente existen empresas consultoras en investigación de mercados que ofrecen la elaboración de mapas perceptuales.

Recuerda

Cuando el consumidor haya identificado el producto o servicio, ese posicionamiento será único, significativo, preciso y creíble.

Sabías que...

La capacidad de identificar una oportunidad de *posicionamiento* es un buen test para conocer las habilidades de un experto en marketing.

por ejemplo, el destino 1 se posiciona como destino convencional a la vez que elitista frente al destino 8 que se sitúa como destino de masas y como exótico.

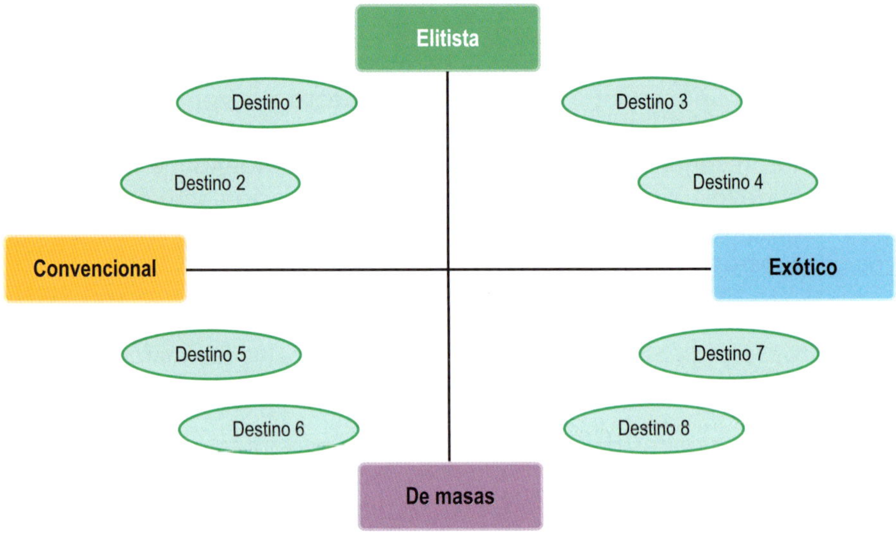

Figura 2.20. Mapa perceptual.

Sabías que...

Si el consumidor encuentra a la venta productos de marca conocida junto con otros sin marca, elegirá primero aquellos, y solo comprará estos cuando se hayan agotado las marcas conocidas o por razones ajenas a su voluntad, como el precio, que no le permitan la adquisición de aquellas.

Actividad resuelta 2.4.

Los consumidores están saturados con información sobre los productos y los servicios. No pueden reevaluar los productos cada vez que toman la decisión de comprar.

a) ¿Qué crees que hacen para simplificar su decisión de compra?

b) ¿De qué depende?

SOLUCIÓN

a) Para simplificar la decisión de compra los consumidores organizan los productos en categorías; es decir, «posicionan» los productos, los servicios y las empresas dentro de un lugar en su mente.

b) La posición de un producto depende de la compleja serie de percepciones, impresiones y sentimientos que tienen los compradores en cuanto al producto y en comparación con los de la competencia. Los consumidores definen un producto o servicio a partir de sus atributos importantes, es decir, el lugar que ocupa el producto o servicio en la mente de los clientes con respecto a los de la competencia.

Actividad propuesta 2.11.

Los estudios de imagen y posicionamiento son una herramienta que proporciona a la dirección de marketing una valiosa información para la toma de mejores decisiones de posicionamiento o de reposicionamiento.

a) Averigua a qué tipo de cuestiones dan respuesta dichos estudios.

b) Busca uno de los resultados más atractivos de este tipo de estudios.

Actividad propuesta 2.12.

Realiza una búsqueda de una cadena hotelera nacional o internacional o de cualquier otra empresa turística que realice segmentación de mercados.

Averigua lo siguiente:

a) A qué segmentos de mercado se dirige.

b) Si utiliza alguna estrategia de segmentación.

c) Si utiliza alguna estrategia de posicionamiento.

Actividad resuelta 2.5.

La marca ofrece del producto, junto con su realidad material, una realidad psicológica, una imagen formada por un contenido preciso, cargado de afectividad: seguridad para unos, prestigio para otros, calidad, etc. En el caso de los servicios turísticos la marca de un establecimiento turístico como el Ritz-Carlton, ¿qué tipo de posicionamiento crees que transmite al cliente?

SOLUCIÓN

Posicionamiento a través del nombre. La marca Ritz-Carlton representa la garantía de una prestación de servicio de lujo y de alta calidad totalmente orientado a las necesidades del cliente, por lo que posee una ventaja competitiva difícilmente alcanzable. Es una marca que ha demostrado ser difícil de imitar, ya que le ha dado valor a la gestión interna de esta. Prioriza su inversión en sus clientes de primera línea: el cliente interno (sus empleados), quien a su vez se convierte en discípulo apasionado de la marca y de su oferta, por lo que transmite los principales atributos de esta y las propuestas de valor para el consumidor.

Figura 2.21. Posición concreta de un producto en el mercado.

Caso práctico RESUELTO

La estacionalidad o temporalidad influye en la segmentación de mercados aplicada al sector turístico, aspecto a tener en cuenta por los destinos turísticos ya que el mercado potencial es distinto según la temporada.

Formas parte del equipo de marketing de un destino turístico y te han encargado resolver esta situación. Para combatir la estacionalidad, dentro de los planes de actuación del destino se incluye dirigirse a segmentos atractivos en el actual entorno tecnológico.

Te han pedido que elabores un informe que dé respuesta a las siguientes apartados:

a) ¿Qué segmento de mercado resulta atractivo para el destino turístico, convirtiéndose así en el turista ideal para ser captado por el mismo?

b) ¿Qué factores del destino pueden atraer al segmento del apartado anterior?

c) ¿Cómo se beneficia el destino que recibe nómadas digitales profesionales?

d) Existen numerosas plataformas en internet en las que los nómadas digitales pueden encontrar destinos donde vivir y trabajar de forma remota. Busca en Nomad List (nomadlist.com) los destinos que por su puntuación figuren entre los seis primeros en España.

Solución

a) Los nómadas digitales y trabajadores en remoto.

b) Entre los factores que atraen al nómada digital se encuentran los siguientes: buen clima, recursos naturales, servicios de primer orden, infraestructuras e instalaciones adecuadas, amplia oferta de ocio y cultural, calidad de vida, sistema de salud, un coste de vida razonable, seguridad, buena conectividad aérea y una óptima conexión a internet de banda ancha.

c) Atraer profesionales digitales implica atraer especialistas y personas muy capacitadas al destino. Este **turismo tecnológico** en alza, **con alta capacidad adquisitiva y largas estancias,** contribuye a **desestacionalizar, atraer nuevas inversiones** y beneficiar a los emprendedores y trabajadores locales.

Este tipo de turista, que se sumerge en el estilo de vida del destino, se convierte en un importante prescriptor del mismo.

d) Según datos consultados en noviembre de 2021, son 23 los destinos que acogen a los nómadas digitales, correspondiendo los seis primeros a las siguientes localidades: Las Palmas de Gran Canaria, Barcelona, Valencia, Santa Cruz de Tenerife, Madrid y Corralejo.

Caso práctico PROPUESTO

Trabajas en el departamento de marketing de un destino turístico que decide apostar por el segmento de turismo LGTB+. Este es un segmento que contribuye a desestacionalizar el destino y con un alto poder adquisitivo. Por tanto, resulta atractivo para los destinos turísticos, englobando a empresas, cadenas hoteleras, compañías aéreas, turoperadores, etcétera.

Identifica destinos españoles que hayan realizado una segmentación de mercado para este tipo de público objetivo.

2 Segmentación de mercados turísticos

- Concepto de segmentación y su utilidad
  - Concepto de segmentación
  - Utilidad de la segmentación
  - Segmentación de los mercados turísticos
  - Segmentación de mercados para internet
- Requisitos para que la segmentación sea efectiva
- Criterios o variables de segmentación
  - Concepto de criterio o variable de segmentación
  - Clasificación de los criterios o variables de segmentación de mercados
  - Criterios o variables de segmentación más utilizados en turismo
- Aplicación de la segmentación al diseño de la estrategia comercial de las empresas turísticas
- Tipos de estrategias de cobertura del mercado
- Instrumentos comerciales y compatibilidad de los segmentos
- Posicionamiento en el mercado
  - Concepto de posicionamiento
  - Estrategias de posicionamiento
  - Metodología de la estrategia de posicionamiento
- Mapas perceptuales

Segmentación de mercados turísticos

La segmentación de mercados es un proceso de **división del mercado** en subgrupos de compradores homogéneos con el fin de llevar a cabo una estrategia comercial diferenciada para cada uno de ellos, que permita satisfacer de forma más efectiva sus necesidades, intereses y preferencias, y se permita al mismo tiempo alcanzar los objetivos comerciales de la empresa.

Cuanto más se sepa acerca del mercado y de sus segmentos, más preparado se estará para diseñar productos y servicios que satisfagan mejor a los distintos grupos a los que dirigir la oferta.

Entre **las ventajas o utilidades** de la segmentación, destacamos las siguientes:

- Pone de relieve las oportunidades de mercado existentes.
- Contribuye a establecer prioridades.
- Facilita el análisis de la competencia.
- Facilita el ajuste de las ofertas de productos o servicios a necesidades específicas.

La segmentación de mercados constituye el primer paso en el desarrollo de una estrategia de marketing efectiva.

El objetivo fundamental de la segmentación de mercados turísticos es definir las características de un grupo específico de clientes o público objetivo (mercado que le interesa a la empresa turística y por el cual va a competir). Por otra parte la clave de la segmentación *online* es el dinamismo, a través de internet las empresas pueden llegar a grupos de consumidores cada vez más pequeños (microsegmentos).

Para que la **segmentación** sea **efectiva** los segmentos deben ser:

1. **Identificables** (los componentes).
2. **Medibles** (el potencial de mercado).
3. **Accesibles** mediante distribución y comunicación.
4. **Sustanciales.**
5. Realmente **diferentes.**
6. **Posibles de servir.**
7. **Defendibles.**
8. **Estables.**

Se denomina **criterio** o **variable de segmentación** a alguna característica de los individuos que componen el mercado y con base en la cual se puede dividir al mismo, de tal manera que haya homogeneidad entre sus integrantes y, a su vez, haya heterogeneidad respecto a los miembros de otro segmento.

Los segmentos de mercado pueden **clasificarse** de acuerdo con los siguientes criterios:

a) **Criterios generales:** son independientes del producto o del proceso de compra o consumo y de la utilización del producto.

b) **Criterios específicos:** están relacionados con el uso del producto o servicio y su proceso de compra.

A la vez, tanto los criterios generales como los específicos pueden clasificarse en:

a) **Objetivos:** los criterios objetivos son más fáciles de aplicar y medir.

b) **Subjetivos:** los criterios subjetivos entrañan mayor grado de dificultad en su aplicación.

Una vez efectuados el análisis de segmentación y la valoración de los distintos segmentos, la empresa debe decidir a cuál o a cuáles es interesante dirigirse y cómo atenderlos. Se plantea el problema de la elección de mercado y para ello puede optar entre **cuatro tipos de estrategias** de cobertura de mercado:

1. **Estrategia indiferenciada** o **estrategia masiva:** la empresa utiliza el mismo marketing-mix para todos los segmentos, es decir, intenta satisfacer a los distintos segmentos de mercado con la misma oferta comercial básica. Presenta la ventaja de ahorro de costes, pero es muy difícil que satisfaga las necesidades y deseos de todo el mercado turístico.
2. **Estrategia diferenciada** o **estrategia segmentada:** la empresa ofrece productos adaptados a las necesidades de cada uno de los distintos segmentos del mercado, intentando conseguir la máxima cobertura de este. Esto implica unos mayores costes de producción y de marketing.
3. **Estrategia concentrada** o **estrategia de nicho:** la empresa se especializa en un segmento concreto del mercado turístico que suele ser de tamaño reducido (nicho), desarrollando todas las actuaciones ajustadas a las demandas de ese segmento concreto.

   Es la estrategia del especialista, que busca una cuota de mercado elevada en un nicho bien diferenciado. Su mayor ventaja es poder alcanzar un elevado poder de mercado debido al mayor conocimiento del segmento al que se atiende.

2 Segmentación de mercados turísticos

4. **Estrategia de micromarketing** o **microsegmentación:** o estrategia *one-to-one*. Se basa en la **personalización** de las acciones comerciales a personas concretas, por el conocimiento profundo del consumidor individual.

La aplicación de estrategias diferenciadas a cada uno de los segmentos de mercados puede alcanzar diferentes grados de intensidad en función del número de elementos del marketing-mix en los que centre su actuación. Se puede hablar de distintos tipos de segmentación en relación con los **instrumentos comerciales** (de marketing-mix).

- Segmentación por producto.
- Segmentación por precio.
- Segmentación por distribución.
- Segmentación por promoción.

Los consumidores están saturados con información sobre los productos y los servicios. No pueden reevaluar los productos cada vez que toman la decisión de comprar.

Para simplificar la decisión de compra los consumidores organizan los productos en categorías; es decir, «**posicionan**» los productos, los servicios y las empresas dentro de un lugar en su mente. El **posicionamiento** es la manera en la que los consumidores definen un producto a partir de sus atributos importantes, es decir, el lugar que ocupa el producto en la mente de los clientes con relación a los productos de la competencia.

Entre las **estrategias de posicionamiento** se citan las siguientes:

- Posicionamiento basado en las características o atributos del producto.
- Posicionamiento con base en el precio y la calidad.
- Posicionamiento con respecto a las ocasiones de uso.
- Posicionamiento basado en la tipología del usuario.
- Posicionamiento con respecto a las necesidades que satisfacen o los beneficios que ofrecen.
- Posicionamiento a través del nombre.
- Posicionamiento por el estilo de vida.
- Posicionamiento con relación a la competencia:
  - **a)** Posicionarse primero.
  - **b)** Posicionarse segundo.
  - **c)** Reposicionamiento.

El proceso de desarrollo de la estrategia de posicionamiento consta de cinco pasos:

1. Identificar los atributos principales que caracterizan al producto.
2. Establecer la posición de los competidores en función de los atributos identificados.
3. Conocer la importancia y la valoración que otorgan los diferentes segmentos de mercado a los distintos atributos.
4. Seleccionar la estrategia de posicionamiento.
5. Comunicar el posicionamiento del producto.

El mapa perceptual es una herramienta de investigación que se utiliza para medir el posicionamiento de una marca. El posicionamiento se representa gráficamente mediante un **mapa perceptual**, en el cual se puede observar tanto la posición de nuestro producto como la de nuestros competidores. El mapa perceptual se construye a partir de:

- Las evaluaciones de los atributos más importantes para una categoría de producto.
- Los juicios sobre las marcas existentes con atributos importantes.
- Las calificaciones de los atributos de una marca ideal.

Actividades de comprobación

2.1. La segmentación de mercados es un proceso de división del mercado en subgrupos de compradores:

a) Heterogéneos.

b) Homogéneos.

c) Diversificados.

d) Ninguna de las respuestas anteriores es correcta.

2.2. El mercado objetivo de una empresa es el grupo de compradores:

a) Del producto de la competencia.

b) Que adquirieron el producto en el pasado.

c) A los que la empresa dirige su oferta y que constituyen la demanda potencial a la que se enfrenta.

d) Ninguna de las respuestas anteriores es correcta.

2.3. Señala la afirmación incorrecta. Para que la segmentación sea efectiva los segmentos deben ser:

a) Identificables.

b) Accesibles.

c) Defendibles.

d) Indiferentes.

2.4. Los criterios de segmentación generales:

a) Tienen una relación directa con la adquisición del producto o servicio.

b) Son independientes de la utilización del producto o servicio y de su proceso de compra o consumo.

c) Son dependientes del comportamiento del cliente.

d) Están formados por actitudes, percepciones y preferencias.

2.5. La aplicación de la segmentación al diseño de la estrategia comercial de las empresas turísticas:

a) No nos permite valorar el atractivo de cada segmento.

b) Ayuda a decidir el marketing-mix para cada segmento.

c) No identifica variables de segmentación.

d) Ninguna de las respuestas anteriores es correcta.

2.6. Una empresa, dentro de su línea de productos, tiene como estrategia ofrecer exclusivamente productos de alta calidad y precio, dirigidos a consumidores situados en las clases sociales medias y altas. Esto supone una estrategia de segmentación:

a) Concentrada.

b) Diferenciada.

c) Indiferenciada.

d) Ninguna de las respuestas anteriores es correcta.

2.7. La segmentación es una operación previa a:

a) Posicionar el producto.

b) Renovar el catálogo.

c) Subir el precio del producto.

d) Ninguna de las respuestas anteriores es correcta.

2.8. Los mapas perceptuales representan gráficamente:

a) Las ventas de un producto.

b) Las modificaciones en el precio de un producto.

c) El ciclo de vida de un producto.

d) El posicionamiento de un producto en el mercado.

2.9. Uno de los factores fundamentales en el éxito de los productos que se enfrentan a los mercados competitivos es el siguiente:

a) La segmentación de mercados.

b) El posicionamiento.

c) El análisis del mercado.

d) Las respuestas a) y b) son correctas.

2.10. Señala la respuesta correcta:

a) La segmentación de mercado es útil cuando se diseña una única estrategia de marketing-mix.

b) Con la segmentación de mercados se identifican oportunidades de negocio.

c) Las variables psicográficas segmentan el mercado por grupos de renta.

d) La edad no es una variable relevante en la segmentación de mercados.

Actividades de aplicación

2.11. ¿Qué es la segmentación de mercados? ¿Qué ventajas reporta a la empresa?

2.12. ¿Cuál es la diferencia fundamental entre los criterios de segmentación generales y los específicos?

2.13. ¿Cuál es la diferencia entre las variables de segmentación objetivas y las subjetivas?

2.14. ¿Con qué otros nombres se denomina al público objetivo?

2.15. Las personas que pueden acudir a restaurantes de lujo, pagarse viajes a países exóticos, viajar en clase preferente en los transportes públicos y acudir a hoteles de lujo, ¿a qué variable de la segmentación de mercados responden? Razona la respuesta.

2.16. Explica la diferencia que existe entre las distintas estrategias de cobertura de mercado.

2.17. Los criterios generales y específicos, resultado de la clasificación de los segmentos de mercado, pueden ser objetivos o subjetivos, siendo los últimos los más fáciles de aplicar y medir. ¿Verdadero o falso?

2.18. Interpreta este mapa perceptual de diversos destinos turísticos. Indica la posición del destino A con respecto a los otros destinos.

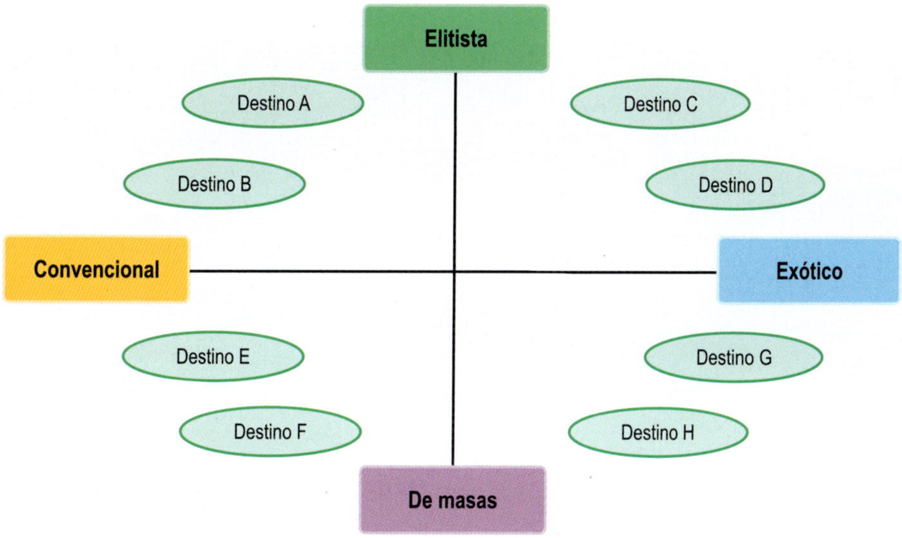

Actividades de ampliación

2.19. El número de turistas internacionales que viaja por el mundo crece cada año. Esta tendencia de crecimiento es paralela a la tendencia de fragmentación de la demanda, que divide y subdivide los grupos de consumidores, obligando a empresas y destinos a revisar sus estrategias.

Averigua los nuevos segmentos y los nichos de demanda para la industria turística.

2.20. Los *millennials* son la generación del «ahora». Buscan la rapidez y la inmediatez. Nacieron entre 1980 y mitad de los años 90. Su mundo está interconectado, es tecnológico y global. Buscan información en tiempo real, hacen comentarios, consultan distintas fuentes antes de reservar, les gustan las experiencias locales y demandan wifi de acceso gratuito y de alta calidad.

Investiga cómo puede una empresa turística atraer a este segmento de mercado.

2.21. La cadena Melia Hotels Internacional ofrece una amplia variedad de alojamientos hoteleros que tratan de resultar atractivos para diferentes segmentos de mercado, a través de sus marcas. Averigua qué ofrece cada una de las marcas y a qué segmento del mercado se dirige.

Enlaces web de interés

www.promonegocios.net/mercadotecnia/segmentacion-del-mercado.htm

www.puromarketing.com

www.youtube.com/watch?v=60WZWn1_OyU

www.hosteltur.com

www.ceupe.com/blog

www.innovtur.com

www.dialnet.unirioja.es

www.revistas.um.es/turismo

3

Introducción

Generalmente las empresas, a partir de la información existente, fijan objetivos que se deben cumplir en un determinado período de tiempo. Los responsables de marketing deberán decidir entre diferentes estrategias que les permitan, mediante acciones concretas, obtener resultados representativos.

Una vez establecida la estrategia habrá que constituir qué variables pueden ser utilizadas para llegar al mercado con eficacia. Dichas variables han de combinarse adecuadamente con el fin de desarrollar la estrategia comercial y alcanzar los objetivos previstos.

Cualquier actividad empresarial requiere un **producto** o un servicio que la empresa ofrecerá al mercado. Si desea venderlo, deberá ante todo fijar un **precio.** Dado que los mercados suelen estar apartados del centro de actividad de la empresa, también habrá que realizar un proceso de **distribución** del producto. A continuación, deberá comunicar la existencia de ese producto o servicio, dándolo a conocer a través de los medios de **comunicación** más adecuados.

En esta unidad, conociendo la importancia de los elementos del marketing-mix, se analizarán el producto y el precio, para pasar a analizar en la siguiente unidad la distribución y la comunicación.

Marketing-mix: la gestión del producto y del precio

Contenidos

Objetivos

- Identificar el concepto de marketing-mix y sus elementos.
- Explicar el concepto de producto o servicio y de producto o servicio turístico.
- Distinguir los elementos que componen el producto turístico.
- Conocer los elementos que forman parte del sistema de servucción.
- Analizar las diferentes fases del ciclo de vida del producto.
- Estudiar el desarrollo y el lanzamiento de los nuevos productos turísticos.
- Reconocer las marcas en el sector turístico.
- Comprender el concepto de precio.
- Valorar la importancia de la variable precio dentro del marketing-mix y dentro de la gestión de la empresa.
- Detectar los condicionantes que influyen en el precio.
- Entender los métodos de fijación de precios y las estrategias de precios.

Sabías que...

Las variables del marketing-mix de forma aislada no son efectivas. No son independientes, sino que interactúan, por lo que se precisa una gestión conjunta que potencie sus resultados y favorezca las sinergias.

3.1. Marketing-mix

El marketing-mix es el conjunto de herramientas de marketing, tácticas y controlables, que la empresa combina para generar la respuesta deseada y para alcanzar sus objetivos de marketing en el mercado meta. El término *mix* no debe ser interpretado solo en el sentido de mezcla, sino como una combinación coordinada.

3.1.1. Concepto de marketing-mix

El marketing-mix puede definirse como la capacidad de escoger y combinar, de forma adecuada, los distintos **instrumentos** (también conocidos como variables, herramientas o elementos) de que dispone la empresa, en función de la información existente y con el fin de conseguir los objetivos empresariales establecidos.

Estas variables, combinadas coherentemente y con sus respectivas estrategias, sirven para que la empresa pueda competir en los diferentes mercados.

3.1.2. Elementos del marketing-mix

Los especialistas en marketing utilizan una serie de herramientas para implantar las estrategias de marketing y alcanzar las metas (los objetivos empresariales) que se hayan fijado a través de su combinación o mezcla (*mix*), mediante el uso selectivo de las mismas. Fue McCarthy quien, a mediados del siglo xx, lo denominó **la teoría de las «4 P»**, ya que utiliza **cuatro variables**, cuyas iniciales en inglés empiezan por «p».

1. *Product* → **Producto.**
2. *Price* → **Precio.**
3. *Place* → **Distribución.**
4. *Promotion* → **Comunicación.**

Sabías que...

Un programa de marketing integrado combina todos los elementos del marketing-mix y se diseña para alcanzar los objetivos de marketing de la empresa y ofrecer valor a los clientes.

El marketing-mix es un **conjunto de elementos** sobre los cuales es necesario **tomar decisiones** para **definir las estrategias** específicas relativas a las decisiones siguientes:

- Decisiones de producto.
- Decisiones de precio.
- Decisiones de distribución.
- Decisiones de comunicación.

A continuación, en la Tabla 3.1, se detallan las cuatro variables del marketing-mix:

Tabla 3.1. Variables del marketing-mix

Producto	Se asigna al marketing la tarea de diseño y concepción del producto o servicio que se comercializará, sus características y los condicionantes. Tiene que ver con las decisiones sobre lo que la empresa ofrece al mercado objetivo: un bien o producto tangible, un servicio (intangible) o una combinación de ambos.
Precio	Establece el valor de los productos o servicios. Corresponde a las diferentes políticas que puede adoptar una empresa respecto a los precios de los productos o servicios, condiciones de pago y descuentos.
Distribución	Se refiere a los diferentes canales o vías empleados para poner al alcance del consumidor el producto o servicio comercializado. A través de dichos canales se comercializarán y distribuirán los productos de la empresa, así como se establecerán las condiciones de venta.
Comunicación	Comprende las acciones de comunicación encaminadas a estimular la demanda. Son todas las decisiones respecto a los métodos que se utilizarán para emitir mensajes al exterior e interior de la empresa y para proyectar la imagen de la misma.

Estas cuatro variables o elementos del **marketing-mix** son herramientas que, combinadas y bien definidas, desarrollan todas las estrategias del marketing. Se deben ajustar al mercado, es más, están dirigidas al mismo. Según Kotler, la estrategia óptima de marketing implica sintonizar perfectamente los niveles de las variables del marketing-mix con el mercado que se toma como meta.

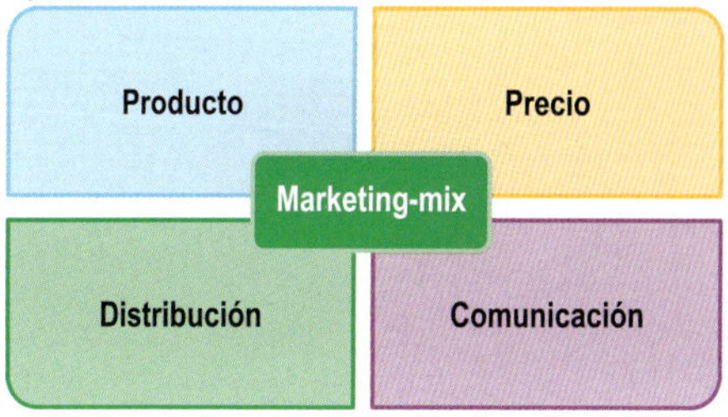

Figura 3.1. Combinación de las cuatro variables del marketing-mix.

Figura 3.2. Elementos del marketing-mix y su sintonización con el mercado meta.

Todos los **elementos** del marketing-mix deben ser coherentes con los objetivos establecidos, así como entre ellos. **Coherencia** significa que este conjunto necesita «tener sentido» para el consumidor final. Un producto o servicio, que presente un determinado beneficio por un precio compatible, es ofrecido al público meta específico, en los lugares que él frecuenta, comunicado por medios que él más consulta y orientado para sus características de comportamiento de consumo.

Recuerda

Se denomina marketing-mix a la capacidad de escoger y combinar las diferentes variables o los elementos de los que dispone y controla la empresa, con el fin de conseguir los objetivos establecidos.

Actividad propuesta 3.1.

Al introducir un producto en el mercado o al pretender cambiar uno ya introducido se deben analizar las variables fundamentales sobre las cuales hay que trabajar. Recordemos que dichas variables deben ser combinadas adecuadamente y que la forma en que se combinan estas cuatro variables se denomina marketing-mix.

Planteamos el siguiente ejercicio: selecciona un producto o servicio turístico de tu localidad y trata de descubrir cómo, a grandes rasgos, se hacen presentes las cuatro variables.

Figura 3.3. Producto o servicio turístico.

3.2. El producto o servicio y el producto o servicio turístico

Figura 3.4. El concepto de producto no se limita a objetos físicos.

El producto es un instrumento de importancia fundamental: constituye el punto de partida de la estrategia comercial. Si no se dispone del producto adecuado para estimular la demanda, no es posible llevar a cabo de modo efectivo ninguna otra acción comercial.

3.2.1. Concepto de producto

Desde el punto de vista del marketing, el **producto** es la primera de las variables del marketing-mix. El producto constituye la base de todo el sistema de marketing; por tanto, tener un diseño de producto adecuado es la actividad más importante.

Philip Kotler (2004) define el producto como «aquello que puede ofrecerse a la atención de un mercado para su adquisición, uso o consumo, y además pueda satisfacer un deseo o una necesidad. El concepto de producto no se limita a objetos físicos... en sentido más amplio, los productos incluyen también servicios, experiencias, personas, lugares, organizaciones e ideas».

Un producto se define como el conjunto de atributos físicos y psicológicos (tangibles e intangibles) que el consumidor considera que tiene un determinado bien o servicio (o la combinación de ambos) para satisfacer sus deseos o necesidades. La parte **tangible** la constituye el producto en sí, tal como es ofrecido por los productores. La parte **intangible** está vinculada directamente a la percepción que los consumidores o usuarios tienen de los productos-servicios.

Generalmente, a partir de su percepción y de la información de que disponen, los consumidores generan expectativas, imaginan cómo es el producto, qué uso le darán y qué resultados esperan obtener. Por consiguiente, la parte intangible, la que depende de la percepción del consumidor, es más importante que la tangible.

Resulta difícil obtener una definición clara de **producto turístico,** fundamentalmente debido a los siguientes aspectos:

Figura 3.5. Turismo deportivo.

- Intervienen multitud de componentes en su definición, ya que el producto turístico es la suma de diferentes bienes y servicios (alojamiento, transporte, restauración, equipamientos atractivos, contacto personal, compra de productos locales, etc.), que representan los posibles actos de consumo del turista.
- La compra de un producto turístico es la compra de expectativas y del deseo de satisfacerlas.
- El producto turístico, como algo intangible, es una experiencia.

En resumen, el producto turístico es el conjunto de atributos tangibles e intangibles reunidos en una forma identificable, con un nombre que lo describe, que genera utilidades o beneficios al cliente y que el mismo puede aceptar como satisfactorio de una o más necesidades.

El producto turístico está formado por el conjunto de bienes y servicios que se ofrece al mercado en forma individual o en una gama muy amplia de combinaciones, con el fin de satisfacer las necesidades, requerimientos o deseos de un consumidor al que se denomina turista. Podría decirse que el producto turístico es la respuesta a unas necesidades a través de experiencias.

Si conocer el mercado es importante, dominar las características del producto turístico es vital para una política de marketing turístico. Saber presentar el producto, ofertarlo en el momento oportuno, combinarlo, relanzarlo bajo nuevas condiciones y crear nuevos productos forman parte de los aspectos a considerar en el *mix* del producto turístico.

Sabías que...

Para obtener una ventaja competitiva en el producto es necesario partir de un concepto del mismo centrado en las necesidades que satisface y no en las características específicas del producto o servicio ofertado.

3.2.2. Niveles del producto turístico

Siguiendo a Kotler, los profesionales del sector turístico, para desarrollar las estrategias de marketing vinculadas al producto, tienen que pensar en el producto o servicio desde cinco niveles en los que un producto se ubica o se ve desde la percepción del consumidor, según se detalla en la Tabla 3.2.

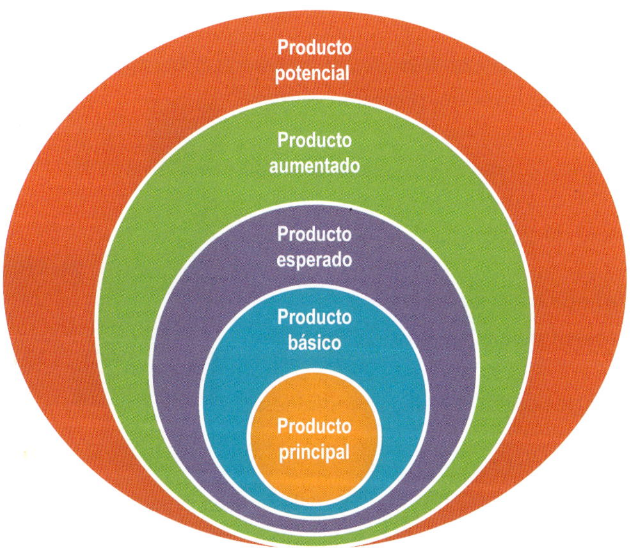

Figura 3.6. Niveles del producto turístico.

Recuerda

Es difícil definir el producto turístico por lo siguiente:

- El producto turístico es la suma de diferentes bienes y servicios.
- Su compra es la compra de expectativas y del deseo de satisfacerlas.
- El producto turístico, como algo intangible, es una experiencia.

Tabla 3.2. Niveles del producto turístico

1. Producto principal o beneficio esencial	Es el servicio o beneficio principal que busca el cliente y que la empresa diseña para satisfacer sus necesidades. Es el nivel más básico por el que se ha creado el producto o servicio y por el que se compra o demanda el servicio. Es el enfoque principal del negocio, la razón de ser del mismo. El turista no compra productos, sino los beneficios que puede obtener de los mismos para satisfacer alguna necesidad.	
2. Producto básico o genérico	Se refiere a una versión genérica del producto que contiene solo las características esenciales para prestar el servicio. La empresa tiene que convertir el producto principal o beneficio esencial en un *producto genérico,* es decir, en una versión básica del producto.	
3. Producto esperado	Consiste en aquellos bienes o servicios esenciales que deben estar presentes para que el cliente pueda usar o disfrutar del producto. Es lo que efectivamente el cliente compra o recibe por el precio pagado y que se describe, de la mejor forma posible, a través de folletos, catálogos, páginas web o similares. Es necesario tener presente que una de las principales características del producto turístico es su intangibilidad en el momento de la compra, por lo cual una descripción real y adecuada es un factor esencial para generar su venta.	
4. Producto aumentado	Consiste en los beneficios adicionales que añaden valor al producto y que lo ayudan a diferenciarlo de la competencia. El producto aumentado debe coincidir o superar las expectativas de los clientes para que puedan tener un efecto positivo. Un producto aumentado ayuda a posicionar el producto en el mercado y ofrece una ventaja competitiva solo si se planifica e implementa acertadamente. El objetivo es entregar algo que supera el nivel anterior.	
5. Producto potencial	El producto potencial apunta una evolución continua. Las empresas investigan de forma intensiva nuevas formas para satisfacer a sus clientes y diferenciar sus ofertas. Son atributos o servicios que todavía no tiene el producto, pero que podría tener y que se obtienen de la coparticipación del cliente con el servicio. Incluye las mejoras y transformaciones que se podrían incorporar al producto en un futuro, agregándole valor.	

Actividad resuelta 3.1.

Identifica en un hotel de negocios, de cuatro estrellas, a qué nivel del producto corresponden las siguientes situaciones:

a) Una estancia de tres noches en habitación doble con pensión completa, pudiendo disfrutar de las demás instalaciones del hotel (*spa*, gimnasio, piscina, etcétera).

b) Servicio wifi gratuito de alta velocidad, amplio espacio de trabajo con iluminación adicional, silla ergonómica, albornoz, etcétera.

c) Descansar por la noche, asearse, poder trabajar en la habitación, etcétera.

d) El personal de recepción proporciona información acerca de aspectos de utilidad para el cliente, como los puntos de interés de la ciudad.

e) El hotel ofrecerá, en breve, una zona de reuniones de negocios con espacios *mindfulness*.

SOLUCIÓN

a) Producto esperado.
b) Producto básico o genérico.
c) Producto principal o beneficio esencial.
d) Producto aumentado.
e) Producto potencial.

Actividad propuesta 3.2.

Responde a cuál de los cinco niveles del producto corresponde cada una de las siguientes preguntas fundamentales que se debe hacer un empresario.

a) ¿Qué servicio o beneficio principal busca el cliente para satisfacer sus necesidades o deseos?

b) ¿Cómo ganar y mantener la preferencia de la demanda, dándole al producto o servicio un beneficio adicional que le reporta cierta diferenciación?

c) ¿Qué es lo que efectivamente el cliente comprará o recibirá por el precio pagado?

d) ¿Cómo ofrecer el servicio interactuando con el cliente para lograr su satisfacción?

3.2.3. Elementos del producto turístico

El producto turístico se compone normalmente de una serie de productos y servicios, todos ellos necesarios para conseguir la satisfacción del consumidor o usuario.

Se pueden considerar diferentes tipos de elementos, que combinados de forma correcta dan valor al producto turístico global:

a) **Recursos turísticos:** la OMT los definió como «todos los bienes y servicios que, por intermedio de la actividad del hombre y de los medios con los que cuenta, hacen posible la actividad turística y la satisfacción de las necesidades de la demanda». Son la base sobre la que se desarrolla la actividad turística. Diversos autores asocian el concepto de recurso turístico al de atracción turística. Los recursos turísticos pueden generar un interés entre el público, determinar la elección y motivar el desplazamiento o la visita; en definitiva, es el desencadenante del interés inicial por visitar un destino determinado. El desarrollo de una gestión sostenible en el entorno turístico garantiza la conservación de los recursos que aseguran la actividad turística. Los gestores implicados en este proceso deben trabajar para optimizar los beneficios que generan estos recursos sin dañar el medioambiente. En ocasiones, estos recursos actúan como auténticos iconos que identifican a un país o una región concreta; es el caso de las pirámides de Egipto, la torre Eiffel de París, los carnavales de Río de Janeiro o las cataratas del Niágara.

Sabías que...

Un hotel no tendría sentido si las personas no se desplazaran, por uno u otro motivo, a diferentes lugares distintos de los de su residencia habitual.

Figura 3.7. Recursos turísticos.

Sabías que...

La capacidad de carga turística (número máximo de visitantes que puede contener un determinado espacio/recurso/destino turístico) surge como una herramienta de gestión para asegurar el uso sostenible de los recursos turísticos.

Existen múltiples clasificaciones de los recursos turísticos para la realización del inventario de un destino turístico. Entre las más utilizadas en el sector se encuentra la propuesta por la OEA (Organización de Estados Americanos):

- Sitios naturales.
- Museos y manifestaciones culturales históricas.
- Folclore.
- Realizaciones técnicas, científicas y artísticas contemporáneas.
- Acontecimientos programados.

Un mismo recurso turístico puede formar parte de uno o más grupos, y será el técnico que realice el inventario turístico quien decida dónde colocarlo.

b) **Infraestructuras e instalaciones privadas básicas:** se incluyen aquí todas aquellas empresas que proporcionan los servicios turísticos de utilidad básica, que permitan el desarrollo de la actividad turística. Entre este tipo de infraestructuras se encuentran aquellas cuya razón de ser es su dedicación a la actividad turística y que fuera de ese cometido no tendrían razón de ser. Normalmente por sí solas no constituyen una motivación para viajar, pero su ausencia podría limitar el disfrute del viajero. Muchas de estas infraestructuras refuerzan y contribuyen a despertar la motivación de los turistas, puesto que sus características específicas pueden hacerlas especialmente atractivas para un cliente que busque ciertos aspectos diferenciadores entre el conjunto de la oferta disponible. Entre las infraestructuras privadas básicas, el alojamiento destaca por resultar fundamental en los desplazamientos turísticos de más de un día de duración. En definitiva, el alojamiento desempeña un papel fundamental, pero a la vez es muy específico, como parte de un producto turístico de mayores dimensiones. En ocasiones, la planificación e implantación adecuada de infraestructuras puede resultar fundamental para el desarrollo del turismo en determinadas áreas geográficas. En cambio, una deficiente infraestructura hotelera puede contribuir a limitar el desarrollo turístico.

Figura 3.8. Infraestructura aeroportuaria.

Las infraestructuras e instalaciones privadas básicas comprenden, además, transporte terrestre, líneas aéreas o navieras.

c) **Infraestructuras e instalaciones públicas:** permiten el acceso y uso de las infraestructuras básicas y el disfrute de los recursos, así como el desarrollo de la actividad turística en dos vertientes:

- La accesibilidad al área geográfica o destino turístico donde se ubica el recurso turístico: carreteras, aeropuertos, puertos y vías de ferrocarril, además de todas las instalaciones que les sirven de soporte para que puedan mantenerse operativas.
- Otras infraestructuras, tales como servicios sanitarios, limpieza, iluminación y el resto de servicios públicos.

Figura 3.9. Parque acuático.

d) **Elementos complementarios:** generalmente suelen ser de carácter privado, aunque también pueden ser de gestión pública. Como en el caso de las infraestructuras e instalaciones privadas, por sí solos no constituyen una motivación para viajar, pero su inexistencia limitaría el disfrute del viajero. Es el caso de los lugares de ocio, centros comerciales, restauración o esparcimiento, tales como restaurantes, bares, teatros, discotecas, salas de fiesta, instalaciones deportivas, casinos, empresas de visitas guiadas, parques temáticos, etc. Contribuyen a complementar la oferta turística de la que forman parte.

Se observa, pues, la importancia que tienen los diversos componentes del producto turístico y cómo cada uno de ellos puede condicionar la existencia o validez de los demás en un contexto global. La correcta utilización de todos estos elementos da como resultado un producto turístico atractivo.

Por tanto, el producto turístico ha de ofrecer al consumidor un conjunto de utilidades funcionales y psicológicas, siendo las primeras las que satisfacen las necesidades básicas, y las segundas, las relacionadas con el valor simbólico concedido por el turista al lugar o actividad elegida, y al valor social frente a grupos de referencia.

Recuerda

Los elementos complementarios no suponen por sí solos una motivación para el viajero, pero su ausencia sí limita su disfrute.

Actividad propuesta 3.3.

Localiza un recurso turístico de tu localidad, según la clasificación indicada en el texto. Identifica el resto de elementos del producto turístico que puedas encontrar alrededor del recurso localizado.

3.2.4. Servucción

El neologismo o concepto de **servucción** se desarrolló durante la década de los ochenta del siglo XX. Fue acuñado por Pierre Eiglier y Eric Langeard para expresar el proceso de fabricación de un servicio, al entender que no existía vocablo alguno que así lo expresara. El concepto servucción equivale a *producción aplicada a los servicios.* Según dichos autores, la servucción consiste en «organizar de forma sistemática y coherente los elementos físicos y humanos necesarios para la prestación de un servicio de características y calidad predeterminadas».

La planificación y el desarrollo de un servicio dependen de los siguientes seis elementos que forman parte del sistema de servucción, tal como se observa en la Figura 3.10.

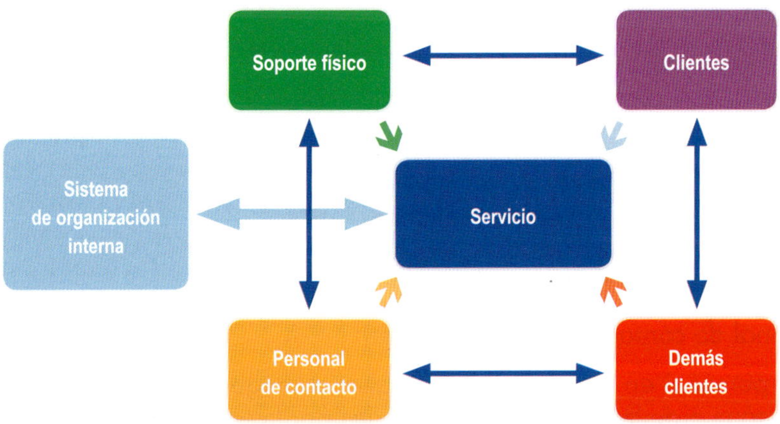

Figura 3.10. Elementos del sistema de servucción.

Sabías que...

La gran diferencia entre la fabricación de un servicio (servucción) y la fabricación de un producto es que el cliente es un integrante clave del sistema de servucción; es uno de los actores de este, ya que es a la vez productor y consumidor.

Figura 3.11. Soporte físico.

Soporte físico (elemento visible)

Reúne todos los elementos de orden material indispensables para la prestación del servicio, que el personal de contacto utiliza para cumplir su tarea y para la buena interacción con el cliente, y de los que se servirá y disfrutará el cliente.

Se pueden distinguir dos tipos de soporte físico, aunque en realidad ambos forman parte de un todo:

1. **Instalaciones e instrumentos necesarios para la prestación del servicio:** edificio, muebles, máquinas, equipos, etc. Tienen un carácter tangible y funcional en la mayoría de los casos.
2. **Entorno:** ubicación, decoración, iluminación, limpieza, etc. Contribuyen a crear un determinado ambiente.

El soporte físico es el marco en el que se «fabrica» el servicio. Los servicios necesitan una puesta en escena que posibilite la interacción entre el personal de contacto y el cliente, ayudando a mejorar las actitudes y comportamientos que condicionan la calidad del servicio.

Actividad resuelta 3.2.

Supongamos que una persona se tiene que desplazar a una gran ciudad por motivos de negocios y debe alojarse dos días en un hotel. Pensemos también que puede elegir, por un precio similar, una de estas dos alternativas:

	Hotel A	Hotel B
Ubicación	Céntrico	Periferia
Aparcamiento	Sí	No
Disponibilidad de ordenador	Sí	No
Disponibilidad de fax	Sí	No
Teléfono directo	Sí	Sí
Camas	Amplias	Pequeñas
Baño	Completo	Completo
Mesa de despacho	Sí	No

Es evidente que existe una diferencia significativa entre ambos hoteles y que, independientemente de otros factores, es fácil decidir qué hotel será el escogido atendiendo exclusivamente a factores relacionados con el soporte físico.

a) ¿Cuál sería el hotel escogido?

b) ¿Qué es lo que ofrece el hotel escogido en el apartado anterior para ser el elegido?

SOLUCIÓN

a) El hotel A puede, *a priori*, prestar un servicio de mayor calidad que el hotel B.

b) El hotel A ofrece:

- Mejor acceso a cualquier parte de la ciudad.
- Facilidad para desplazarse con vehículo propio.
- Posibilidad de utilizar ordenadores y enviar o recibir faxes.
- Mayor confort y descanso.

Personal de contacto (elemento visible)

El personal en contacto según Eiglier y Langeard (1989): «se trata de la persona o de las personas contratadas por la empresa de servicio, cuyo trabajo requiere el estar en contacto directo con el cliente». Se refiere a los empleados, los colaboradores, el cliente interno, aquellos que tienen contacto directo con el cliente externo.

La mayor parte del personal que trabaja en una empresa de servicios entra, de una forma u otra, en contacto con los clientes. Algunos, porque su función es atenderlos directamente y otros, porque realizan actividades que están a la vista de los clientes.

En cualquier caso, es muy importante tener en cuenta que este contacto es fundamental en la prestación del servicio y para la satisfacción del cliente.

Todos los miembros del personal de la empresa son importantes. En todo caso, habrá que prestar una especial atención a aquellos que mantengan una mayor relación con los clientes. En algunas ocasiones es el principal y único enlace personal que tiene el cliente externo con la empresa u organización, de ahí la importancia de considerarlo como un elemento relevante dentro del proceso de servucción.

En definitiva, el contacto entre personal y clientes es un contacto entre personas, y como tal, implica emociones, sentimientos, etcétera.

También hay que tener presente que el personal de contacto es el que mantiene la relación más directa con los clientes y, lógicamente, es uno de los mayores difusores de la imagen de la empresa. Se podría decir que es su personificación, es decir, la cara visible de una empresa.

Dada la importancia que este elemento tiene en el sistema de servucción, la empresa debe definir con exactitud las relaciones del personal de contacto con el soporte físico y, muy especialmente, con los clientes. A su vez, el personal de contacto posee necesidades, deseos, anhelos y aspiraciones que la empresa debe identificar para procurar su satisfacción pues, como se ha reflejado anteriormente, el cliente interno es parte fundamental dentro del proceso de servucción.

Generalmente, al personal de contacto se le atribuyen dos funciones diferenciadas, aunque complementarias:

1. **Función operacional:** esta función está constituida por todas las operaciones que el personal de contacto deberá realizar para ofrecer un servicio al cliente, que son básicas para el correcto funcionamiento del sistema. Por ello, se deben identificar y analizar las diferentes operaciones, se deben presentar gráficamente en un diagrama de procesos y tener en cuenta las posibles eventualidades que pudieran presentarse para darles una respuesta.

   El personal de contacto debe conocer cuáles son sus tareas y responsabilidades para que el proceso se lleve a cabo con eficacia. Deberá además, si es preciso, instruir a los clientes en los procedimientos de uso de los distintos servicios.

2. **Función relacional:** la correcta realización de las funciones del personal de contacto no solo depende de sus conocimientos técnicos, sino también de la forma en que esas funciones sean realizadas. La presencia del cliente requiere que las tareas se realicen de forma eficaz y de manera agradable y satisfactoria para él; de ahí que los aspectos relacionales sean básicos para conseguir el objetivo final de satisfacción. El personal de contacto con el cliente debe realizar una interacción satisfactoria con el mismo, para lo cual debe dominar las técnicas de comunicación verbal y no verbal.

Recuerda

El personal de contacto lo constituyen todos aquellos miembros de la empresa que realizan su labor tratando directamente con los clientes.

Sabías que...

La empresa no solo ha de definir lo que el personal de contacto ha de hacer, sino que además ha de definir la forma de hacerlo, porque influye considerablemente sobre los sentimientos del cliente y su percepción del servicio, transmitiendo un estilo de servicio.

Figura 3.12. Personal de contacto.

Figura 3.13. Función relacional.

Mientras que para el cliente la experiencia en el uso del servicio es única, para el personal de contacto la prestación del servicio puede convertirse en un hecho repetitivo y monótono que lleve a la desmotivación. A este aspecto se le debe prestar especial atención, ya que puede provocar la ruptura de todo el sistema.

Sabías que...

El proyecto Anfitriones del Turismo, promovido por la Secretaría de Estado de Turismo, ofrece diferentes cursos gratuitos. Entre sus itinerarios formativos se encuentra el titulado Mejorando el contacto con el cliente.

El servicio (elemento intrínseco y resultado del proceso)

Es el objetivo del sistema. Conforme lo expresan Eiglier y Langeard (1989) constituye el resultado de la conjunción e interacción de los tres elementos de base: cliente, soporte físico y personal en contacto. Esta resultante constituye el beneficio que pretende satisfacer las necesidades del cliente. El servicio constituye actividades identificables e intangibles que son el objeto principal de una transacción cuyo propósito es satisfacer las necesidades o deseos del cliente.

Sistema de organización interna (elemento no visible)

Es la estructura funcional de la empresa. Es el elemento del sistema de servucción a través del cual se planifican, regulan, organizan y apoyan todas las acciones. Aunque el cliente no lo ve, influye en los elementos visibles para el mismo: el soporte físico y el personal de contacto.

Sin embargo, la prestación individual o colectiva que ambos puedan aportar al servicio viene condicionada por la forma en que todo el sistema de servucción esté organizado internamente.

El sistema de organización interna está constituido por las diferentes funciones de la empresa:

- Explotación.
- Marketing.
- Finanzas.
- Aprovisionamientos.
- Mantenimiento.
- Distribución interna, etcétera.

Es muy difícil que una empresa pueda funcionar sin atender a todos estos aspectos.

El sistema de organización interna de las empresas se plasma en un organigrama.

El cliente

Es el elemento más importante a la hora de diseñar el sistema de servucción, ya que, sin él el servicio no existiría, no se produciría. Su presencia es absolutamente indispensable para que exista el servicio.

Todos los elementos del sistema de servucción giran en torno al cliente.

En las últimas décadas se han producido profundos cambios en el comportamiento de los clientes o usuarios de productos turísticos. El cliente ya no es un elemento pasivo, sino que adquiere un papel protagonista en la producción del servicio. Es, por tanto, una pieza activa dentro de la compleja maquinaria del servicio, es decir, participa de la creación del servicio turístico. Además, el cliente está más conectado e informado, es más exigente, y demanda al sector turístico impulsar la cultura de servicio al cliente.

En algunas ocasiones, la participación del cliente exige por su parte un proceso de aprendizaje. En general, la realización de los diferentes procesos que exigen determinados servicios debe potenciarse con el apoyo de una buena política de comunicación, de forma que los usuarios conozcan, comprendan, se motiven, compren y usen los servicios que se les ofrecen.

Recuerda

El cliente adquiere un papel protagonista en la producción de servicios. Es la parte activa en la prestación de servicios. Su presencia es necesaria y sin ella el servicio no puede existir.

Los demás clientes

El servicio prestado por una empresa u organización no es prestado solo a una persona, es decir, no se tiene un único cliente. Regularmente, el servicio es prestado a varios clientes al mismo tiempo. La presencia de otros clientes puede afectar la percepción del servicio del cliente.

Actividad propuesta 3.4.

Empresas del sector turístico, dada la importancia de que el cliente se lleve una buena experiencia en su relación con la compañía o marca, han optado por implementar una estrategia centrada en el cliente o *customer-centric,* poniendo al cliente por encima del producto/servicio.

a) Averigua en qué consiste una estrategia *customer-centric.*

b) Ventajas de ser una empresa basada en la estrategia *customer-centric.*

Actividad propuesta 3.5.

a) Visita dos establecimientos turísticos del mismo tipo. Puedes elegir entre hoteles, agencias de viajes u oficinas de información turística. Analiza las características del soporte físico (instalaciones, iluminación, espacio, decoración, etc.). Realiza después un análisis comparativo entre ellos en el que destaques las diferencias observadas.

b) Identifica la función operacional y la función relacional que debe realizar un agente de viajes cuando una persona que desea realizar un viaje acude a una agencia de viajes.

Figura 3.14. Ciclo de vida del producto turístico.

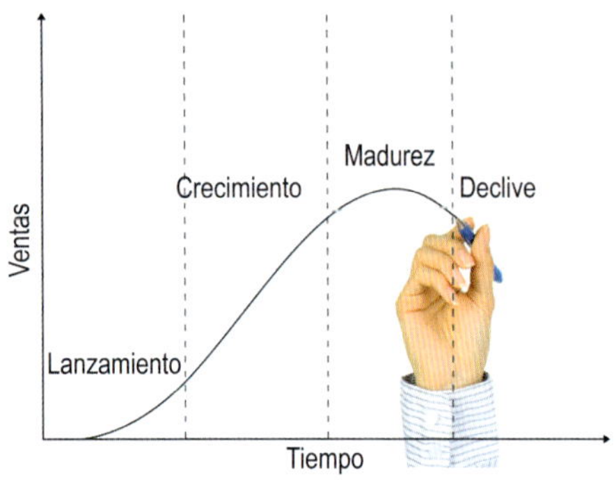

Figura 3.15. Para describir la evolución de un producto en el mercado se utiliza el modelo del ciclo de vida del producto.

Sabías que...

En la fase de crecimiento, es lógico que aparezca la competencia, que trata de conseguir un hueco en la parcela del producto en expansión. También es la fase de aparición de los imitadores, fabricantes que tratan de aprovechar el punto de expansión buscando una penetración cómoda, protegidos por la publicidad y la imagen del producto conocido.

3.2.5. El ciclo de vida del producto y de los destinos turísticos

El **ciclo de vida del producto** (**CVP**) es el proceso mediante el cual los productos o servicios que se lanzan al mercado atraviesan una serie de etapas que van desde su concepción hasta su desaparición y retirada del mercado o la sustitución por otros más actualizados y más adecuados desde la perspectiva del cliente. Las posibles acciones del marketing que llevará a cabo una empresa están condicionadas por el tiempo de vida que se le atribuya a un determinado producto o servicio, que actualmente se suele acortar debido al rápido cambio social y tecnológico. La vida comercial de un producto o servicio se puede clasificar en cuatro **etapas** o **fases:**

- **Lanzamiento o introducción:** es la etapa en la que queda fijada la concepción, la definición y el período de lanzamiento del producto. Se produce en el momento en que el producto o servicio entra en contacto con el mercado y empieza a ser probado produciéndose el acercamiento al consumidor.
- **Crecimiento:** si el producto nuevo satisface al mercado, entra a la etapa de crecimiento. Superados los esfuerzos técnicos, comerciales y de comunicación propios de la fase anterior, el mercado se abre, lo que permite un desarrollo paulatino de sus ventas. En función de cómo se haya desarrollado la fase de lanzamiento, se partirá en esta nueva etapa con más o menos fuerza y rapidez.
- **Madurez y saturación:** toda política de lanzamiento de un producto tiene como objetivo llegar a esta etapa. Por regla general, dura más tiempo que las etapas anteriores y presenta fuertes desafíos para la dirección de marketing. Aunque, al parecer, muchos productos en la etapa madura no cambian durante períodos largos, la mayor parte de los que tienen éxito están evolucionando para satisfacer las necesidades cambiantes de los consumidores. Las empresas deben hacer algo más que solo ir al lado de sus productos maduros o defenderlos. Una buena ofensiva es la mejor defensa.
- **Declive:** todo producto o servicio, con el tiempo, tiende a decrecer en su evolución. Sin embargo, no todas las empresas son conscientes de que han llegado a ello. Por el contrario, hay empresas que antes de que un producto se acerque a esta etapa lo retiran del mercado en plena madurez.

  La empresa se enfrenta, por tanto, a un gran número de tareas y decisiones para asegurar el manejo efectivo de sus productos ya decadentes. En esta situación debe decidir si retirar el producto del mercado o aplicar mejoras e inversiones para relanzar el producto, adaptándose a las expectativas de los clientes. Cuando un producto llega a esta fase, ha de permanecer en ella el mínimo tiempo posible y siempre de forma transitoria, pues las ventas entran en declive, los beneficios disminuyen más por la escasa demanda que por los costes y la imagen de marca empieza a deteriorarse. Todo aquel que supere esta etapa es un gran profesional del marketing, ya que las presiones a las que se ve sometido son inmensas y desde todas las áreas de la empresa, incluso las del capital que, a veces, impiden abandonar o modificar el producto que ha marcado el origen de la empresa.

Pero no todos los productos siguen paso a paso las fases, ni están el mismo tiempo en cada una de ellas. Así, existen productos que se mantienen largo tiempo posicionados en el mercado, consiguiendo clientes fieles, mientras que otros tienen un ciclo de vida muy corto, con un declive y desaparición rápidos. Son los productos que no han sabido adaptarse a los cambios de expectativas y necesidades de los consumidores, modificando o haciendo sobresalir aquellos atributos más apreciados por su público objetivo.

En la Tabla 3.3 se puede apreciar cómo se comportan diversos aspectos en las fases del ciclo de vida del producto.

Tabla 3.3. Ciclo de vida del producto

Aspectos/fases		Introducción	Crecimiento	Madurez	Declive
Ventas		Bajas	Aumento fuerte y rápido	Crecimiento lento y máximo y posterior decrecimiento	Descenso continuado y desaparición del producto/servicio
Costes		Elevados	Se mantienen altos	Se mantienen	Se recortan
Beneficios		Inexistentes o muy bajos	Altos	Nivel máximo. Al final, reducción hasta llegar al punto muerto	Descenso hasta desaparecer
Clientes		Escasos	Ampliación de la cartera	Crecimiento lento hasta estabilizarse	Descenso
Competidores		Nulos o escasos	Aumento	Número elevado, con la retirada de los más débiles	Descenso
Instrumentos de marketing		**Introducción**	**Crecimiento**	**Madurez**	**Declive**
Precio		Según la estrategia de la empresa	Mantenimiento o disminución	Disminución	Se mantiene la disminución
Distribución		Reducida	Intensiva	Continúa siendo intensiva	Descenso
Comunicación		Elevada	Continúa siendo elevada	Moderada	Mínima

El **ciclo de vida de los destinos turísticos** (**CVDT**) fue propuesto por Butler en 1980, quien consideró que el destino turístico, entendido como un conglomerado de productos turísticos, experimenta un ciclo de vida similar al de los productos turísticos El ciclo de vida del destino turístico constituye uno de los temas de mayor importancia en el estudio de la competitividad turística, ya que muestra la evolución del destino en el tiempo. Se trata de un instrumento de análisis que permite conocer la evolución del destino a través de las llegadas turísticas periodificadas.

Sabías que...

Conocer la fase del ciclo en la que se encuentra nuestro producto o servicio nos permitirá diseñar la estrategia más eficaz para alargar su vida en un mercado cada vez más cambiante y rápido.

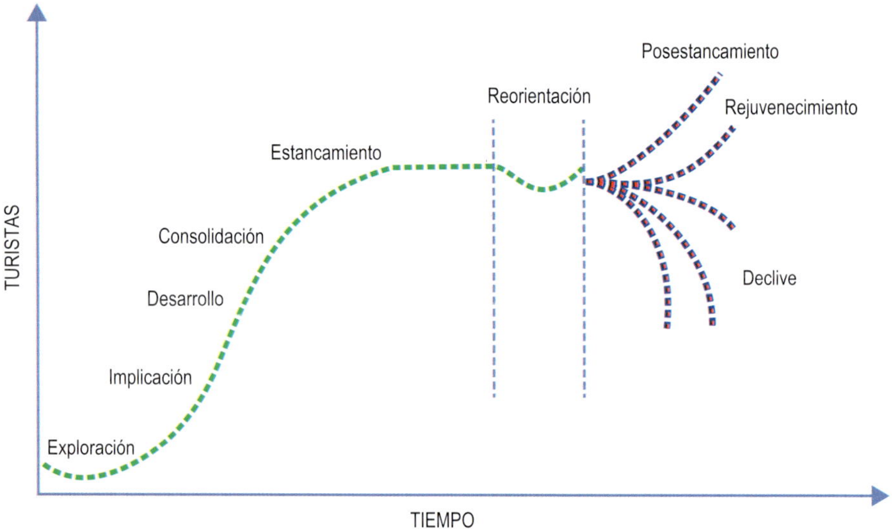

Figura 3.16. Ciclo de vida del destino turístico.

Figura 3.17. Etapa de descubrimiento de un destino turístico.

Según Butler, las fases que atraviesa un destino son las siguientes:

1. **Exploración:** etapa de descubrimiento del destino turístico. Se caracteriza por un bajo número de turistas, con alto poder adquisitivo, y la mayor parte son de tipo explorador. Organizan el viaje de forma individual, buscan aventura y riesgos, atraídos por las características únicas del destino. No existen atractivos diseñados específicamente como oferta para los turistas. El destino no tiene aún una infraestructura turística específica. El contacto con la población local es alto y supone una experiencia agradable. No existen canales de distribución y los turistas llegan de forma no planificada. No existe prácticamente competencia.
2. **Implicación:** el aumento de turistas es constante. Las llegadas tienden a ser positivas, pero lentas. El destino empieza a desarrollar infraestructuras exclusivas para los visitantes. El contacto con la población es aún alto, y surge la iniciativa local en la oferta de actividades turísticas. Comienza a existir un compromiso por parte de los agentes sociales en el desarrollo turístico, cada vez más residentes se implican en los servicios de apoyo.
3. **Desarrollo:** es la etapa con la tasa de crecimiento más alta, siendo el destino frecuentado por un gran número de turistas. El área turística ya está claramente definida. Los primeros turistas que descubrieron el destino comienzan a ser sustituidos por turistas que eligen destinos con cierto grado de conocimiento sobre este. El poder adquisitivo del turista decrece. La oferta crece, diversificándose y especializándose, buscando la diferenciación frente a una competencia bastante alta, con productos más complejos, elaborados y modernos, con

Sabías que...

Es importante reconocer la etapa en la que se encuentra un destino turístico para llevar a cabo una estrategia competitiva más específica y diferenciada que ayude a su desarrollo y a su posicionamiento en el mercado internacional.

frecuencia en manos de agentes externos al destino. La implicación y el control local decrecen rápidamente. Se desarrollan y comercializan atractivos naturales y culturales, que luego se complementan cada vez más con otros artificiales. Los cambios físicos en el destino son notorios y no todos bien acogidos por la población local. Se incorpora personal cualificado que procede de otras zonas o regiones, y se desarrollan empresas auxiliares al sector turístico. Las autoridades y los empresarios invierten intensamente en la publicidad y en atractivos dirigidos al turismo de masas específico, beneficiándose el destino de las cada vez mayores tasas de crecimiento.

Figura 3.18. Masificación turística.

4. **Consolidación:** la tasa de crecimiento cae, aunque el número de turistas sigue aumentando, pero a un ritmo inferior al de la etapa anterior. Para contrarrestar esta variación en la tasa se llevan a cabo amplias campañas de marketing. Gran parte de la economía de la zona está ligada y es dependiente del turismo. El nivel de ventas y los beneficios son altos. El número de agentes externos que controlan la oferta se incrementa (franquicias y cadenas), existiendo, además, un dominio de los canales de distribución. El gran número de visitantes (turismo masivo) y las infraestructuras turísticas pueden causar oposición y descontento entre la población local, especialmente en aquellos no implicados en la actividad turística. La oferta muestra una fuerte especialización, buscando mantener la cuota de mercado mediante la fidelización. Las infraestructuras y los alojamientos comienzan a mostrar síntomas de desgaste, envejecimiento y obsolescencia.
5. **Estancamiento:** el número de llegadas turísticas alcanza su cota máxima, y los niveles de capacidad alojativa se han superado, lo que produce múltiples problemas medioambientales, sociales y económicos. La imagen del destino está bien definida, pero ya no está de moda y decae su atractivo, por lo que cuesta mantener la fidelización de sus principales demandantes, así como atraer nuevos visitantes. Los turistas proceden cada vez con más frecuencia de clases socioeconómicas más bajas y con menor poder adquisitivo, lo que puede provocar reacciones de hostilidad en la población residente. Hay una alta dependencia de turistas repetidores. Los atractivos naturales y culturales han sido en buena medida superados por los artificiales. Es una etapa crucial, ya que si no se toman medidas es iniciadora del declive, según Butler es importante asegurar que la fase de estancamiento se vuelva estable o sostenible para que no se inicie el declive.
6. **Posestancamiento:** en esta etapa existen dos alternativas **declive** y **rejuvenecimiento.**
   a) **Declive:** está asociado con las etapas de estancamiento y posestancamiento y puede ocurrir en cualquiera de las dos etapas. Se suele asociar a un crecimiento desordenado y no controlado y a una sobreexplotación de los recursos, que ha derivado en:
      - Exceso de oferta.
      - Deterioro de los recursos.
      - Congestión y masificación.
      - Reducción en la calidad de vida de la población local.
      - Reducción en la calidad de la experiencia vivida por el turista.

Recuerda

En la fase de declive la empresa se enfrenta a un gran número de tareas y decisiones para asegurar el manejo efectivo de sus productos ya decadentes. Un gran profesional del marketing será aquel que supere esta etapa o tome la decisión de la desaparición y la retirada del producto cuando no tiene vigencia en el mercado.

» Reducción en el número de visitantes y en su gasto.

» Reducción en los fondos dedicados a la conservación y renovación de los recursos.

Se considera que un destino ha entrado en la fase de declive si existe una pérdida de la cuota de mercado debida a la incapacidad de competir con otros destinos emergentes.

Un declive en la calidad medioambiental y, también, sociocultural, siempre lleva a un declive del poder de atracción de un destino. Una menor capacidad de atracción casi siempre conduce a un descenso de visitas, que casi siempre tiene como resultado un menor volumen de ventas, un menor gasto turístico, escasos beneficios para reinvertir en nuevas infraestructuras y servicios y menor empleo e inversión en turismo. Además, la caída en el número de visitantes y pernoctaciones genera, con frecuencia, una bajada en los precios con el fin de incrementar cuota de mercado, lo que a su vez implica una guerra de precios entre competidores, un proceso que puede ser aprovechado por los turoperadores. El resultado es una merma en la calidad, entrando en una espiral de continuado declive. Si no se toman las acciones correctoras necesarias, es extremadamente difícil de frenar y revertir esta tendencia.

El declive de un destino puede ir produciéndose de forma escasamente perceptible, por lo que aparentemente se mantiene en una etapa de estabilidad prolongada gracias a diversas acciones emprendidas para mantener el número de visitantes a través de una acción planificada por las Administraciones Públicas, y en las que el producto no sufra cambios significativos.

Actividad resuelta 3.3.

En la actualidad, los destinos turísticos están sometidos a procesos de globalización que aceleran los cambios en el sector turístico, aumentando los riesgos de obsolescencia de productos y destinos. Butler ha establecido una serie de opciones que se presentan en un destino en declive. Averigua cuáles son las opciones.

SOLUCIÓN

Para Butler, las opciones que se presentan a un destino en declive son:

- No hacer nada y enfrentarse a un declive continuo.
- Continuar con el mismo producto ofertado, buscando nuevos mercados.
- Modificar parte o todo el producto para continuar con el turismo, posiblemente a un nivel menor.
- Cambiar drásticamente la imagen y la oferta con la esperanza de atraer a un nuevo mercado.
- Abandonar completamente la actividad turística.
- Replantear y enfocar el destino hacia diferentes nichos de mercado.
- Reconvertir a otra forma de turismo o cambiar radicalmente la naturaleza del turismo y del mercado.
- Reconvertir parte de la oferta para otros usos (por ejemplo, turismo residencial).

Cuando un destino entra en una fase más pronunciada de declive es bastante difícil conseguir con éxito que pase a una fase de rejuvenecimiento. El motivo, según Butler, está relacionado en parte porque la imagen del destino ha pasado de moda, y el turista percibe que es un lugar para no visitar. Sin embargo, el modelo del ciclo de vida considera que el declive de un destino puede evitarse llevando a cabo acciones correctoras.

b) **Rejuvenecimiento:** el objetivo principal es lanzar de nuevo el destino. Las medidas se basan generalmente en incrementar la competitividad de un destino a través de la reestructuración de la zona turística, enfocando su entorno, economía o sectores específicos que comprenden la industria turística. Suelen implicar la reorganización del producto o la transformación del mismo, con la actuación sobre los factores de atracción en los que se basa el destino, con un cambio de imagen. Es importante conocer qué es lo que piensan los turistas y qué estiman necesario para cambiar su imagen del destino. Los esfuerzos de la Administración Pública y los agentes privados deben ir en la misma dirección. Por ello, la Administración Pública ofrecerá apoyo en investigación de mercados, ayudas a la mejora de infraestructuras turísticas, mejoras en la accesibilidad al destino, nuevos servicios de información en destino, ayudas para la comunicación del destino, etc. Los agentes turísticos, por su lado, deben buscar la mejora continua a través de la innovación, la formación del personal, la adaptación a las tendencias del mercado, etcétera.

Un mismo destino puede estar en una determinada etapa para un mercado emisor y en otra etapa para otro mercado.

Agarwal (1994), en su revisión del modelo de Butler, introduce una etapa intermedia entre el estancamiento y el posestancamiento que denomina **etapa de reorientación,** más que de rejuvenecimiento, en la que existe la posibilidad de una reorientación de los atractivos turísticos, una revalorización de aspectos medioambientales o un reposicionamiento del destino turístico en el mercado. Esta etapa puede repetirse indefinidamente para evitar el declive.

Sabías que...

Las estrategias relacionadas con el rejuvenecimiento se basan principalmente en una reorganización del producto, a través de inversiones, cambio tecnológico, alianzas, y especialización del producto o con una transformación del producto, aumentando la calidad del producto, diversificando, mejorando el medioambiente, etcétera.

Actividad resuelta 3.4.

El producto no tiene vida por sí mismo; es el mercado el que se la atribuye. Cuando se dice que un producto está en crecimiento, por ejemplo, no es que el producto en sí crezca, sino que la demanda de ese producto se incrementa progresivamente. Si se quiere conocer en qué fase del ciclo de vida se encuentra un destino turístico, ¿qué habría que hacer?

SOLUCIÓN

Habría que averiguar el nivel de demanda de ese destino de forma global en el mercado, es decir, el volumen de ventas de todas las agencias que venden el producto a nivel nacional, regional o local, dependiendo del ámbito escogido, y determinar si está creciendo en referencia a los últimos años o, por el contrario, decrece o está estabilizado.

Actividad propuesta 3.6.

Localiza un caso de reconversión o recalificación de hotel o destino turístico maduro y explica las causas y las líneas de actuación para lograr su reconversión.

3.2.6. Desarrollo y lanzamiento de los nuevos productos turísticos

El proceso de desarrollo y lanzamiento de nuevos productos turísticos es un proceso secuencial complejo que comprende las siguientes etapas mostradas en la Figura 3.19.

Figura 3.19. Desarrollo y lanzamiento de los nuevos productos turísticos.

1. **Búsqueda y generación de ideas:** es el primer paso en el desarrollo de un nuevo producto. Generalmente, para encontrar las mejores ideas la empresa tiene que generar muchas. La empresa debe detallar el mercado al que se quiere dirigir y los objetivos que quiere conseguir con el nuevo producto. Las ideas se pueden obtener a partir de diferentes fuentes:
   - Fuentes internas: el personal de la empresa que está en contacto directo con los clientes.
   - Fuentes externas: los clientes, a través de sus sugerencias y con las encuestas, escucha y observación de los mismos.
     - La competencia: análisis de los productos de los competidores. Se utiliza el *benchmarking*, que abarca tanto el intercambio de información de forma voluntaria por ambas partes como la obtención de información mediante el espionaje.
     - Distribuidores y proveedores: al estar próximos al mercado pueden informar a la empresa sobre las posibilidades de nuevos productos.
     - Otras fuentes: empresas de investigación de mercado, institutos de investigación turística, revistas del sector, ferias y seminarios, etcétera.
2. **Selección de ideas.** Si con la etapa anterior se recoge un gran número de ideas, en esta se reducen, eligiendo las que más se adapten a los intereses de la empresa. El objetivo de esta etapa es elegir las buenas ideas y desechar las malas lo antes posible. Se trata de un análisis superficial de cada idea.
3. **Definición y test (prueba) del concepto.** En esta etapa las ideas seleccionadas en la etapa anterior se deben conceptualizar (organizar). Se pueden tener varios conceptos de una misma idea, por

lo que se realizará el denominado test o prueba del concepto a un grupo de consumidores objetivo, para saber qué producto o servicio es el que prefieren los clientes.

4. **Desarrollo de la estrategia de marketing.** En este punto se elaborará la estrategia de marketing para introducir el nuevo producto/servicio en el mercado, que consta de tres partes. La primera, se refiere al mercado objetivo, el posicionamiento deseado del producto, las ventas, la cuota de mercado y los beneficios esperados para los primeros años. La segunda, consiste en determinar el precio de los productos, la distribución, la comunicación y el presupuesto de marketing para el primer año. La tercera, se refiere a los planes de venta a largo plazo, beneficios objetivo y otras estrategias de marketing-mix.

Figura 3.20. Pasos previos al análisis de viabilidad del producto: búsqueda de ideas, selección de ideas, definición y test de concepto y desarrollo de estrategia de marketing-mix.

5. **Análisis de viabilidad.** Una vez desarrollado el concepto del producto y la estrategia de marketing, se estará en condiciones de evaluar si el producto es o no atractivo. Para ello, se deben obtener datos de las ventas futuras y, al tratarse de un nuevo producto o servicio, no se dispone de datos históricos, por lo que hay que basarse en encuestas o analizar la evolución de productos similares. Asimismo, se tendrán en cuenta los costes futuros, con lo que se podrá analizar la rentabilidad o los beneficios del proyecto para determinar si satisfacen los objetivos de la empresa.
6. **Desarrollo del producto.** Si el concepto de producto o servicio supera la etapa anterior, estará preparado para su desarrollo y ser utilizado como prototipo. Un inconveniente, al desarrollar un prototipo en el sector servicios, es que el mismo está limitado al producto básico y no puede incluir aspectos intangibles del producto, como, por ejemplo, la función del personal.
7. **Test o prueba de mercado.** Es la etapa en la que se realiza una comercialización real del producto nuevo a escala reducida en un mercado de prueba, en situaciones de mercado reales. Permite determinar cómo es aceptado tanto el producto o servicio como las actividades de marketing que se realicen. Esto permite hacer las modificaciones oportunas e incluso, en casos extremos, el no lanzamiento a escala global del producto. Para efectuar el test de mercado es frecuente realizar viajes de familiarización o *fam trips.*
8. **Comercialización y lanzamiento del producto.** Si en todas las etapas anteriores los resultados han sido satisfactorios, el nuevo producto se lanzará finalmente al mercado.

   Al lanzar el producto se ultimará la estrategia comercial, lo que supondrá la determinación definitiva de los mercados objetivos, las previsiones de ventas, etcétera.

   La estrategia diseñada deberá contemplar sus posibles cambios y adaptaciones a la evolución del producto a lo largo de su ciclo de vida.

Sabías que...

El desarrollo de productos turísticos es la implementación o puesta en valor de un recurso natural (materia prima), cultural, arqueológico —o ambas cosas a la vez— para ser visitado por el turista.

Figura 3.21. Desarrollo del producto.

3.2.7. Políticas de marcas en el sector turístico

La marca, además de constituir un instrumento de identificación y protección, puede ser también una forma muy efectiva de diferenciar un producto o servicio, constituyendo un valor añadido.

Figura 3.22. La marca de España (izquierda), la marca de las Islas Canarias (derecha-arriba) y la marca de Gran Canaria (derecha-abajo).
Fuente: (izquierda) Instituto de Turismo de España, (derecha-arriba) Turismo de Canarias, (derecha-abajo) Patronato de Turismo de Gran Canaria.

Es un signo distintivo de un producto o servicio en el mercado, convirtiéndose en un potente instrumento de marketing. La marca es, sin duda, un activo esencial para la empresa turística, sea del tamaño que sea. Es un valor intangible.

La Ley de Marcas española (Ley 17/2001, de 7 de diciembre) en el artículo 4 define la marca como todo signo susceptible de representación gráfica que sirva para distinguir en el mercado los productos o servicios de una empresa de los de otras.

La marca es un nombre, un símbolo o un diseño, o una combinación de ellos, que sirve para identificar un producto o servicio específico. La elección del nombre es la primera decisión de la marca, que debe tener las siguientes características: sonido agradable, no prestarse a dobles interpretaciones, de fácil lectura y pronunciación, fácil de reconocer y de recordar, evocadora de las cualidades del producto y aplicable en los mercados extranjeros.

La marca tiene una doble función:

- Al consumidor/usuario le facilita la identificación del producto o servicio turístico y la decisión de compra.
- Al productor lo ayuda a diferenciarse de sus competidores y a posicionarse en el mercado.

La marca es la percepción de la empresa ante sus clientes. Más que un logo, un nombre o un emblema, es la suma de todos los sentimientos, experiencias, pensamientos y recuerdos (positivos y negativos) que tienen las personas acerca de una empresa, producto o servicio. Representa y comunica la personalidad de la empresa, producto o destino turístico.

En **el caso de los destinos turísticos,** la marca sirve para identificarlo, para fijarlo en la mente de los consumidores, para señalarles los atractivos, sensaciones o beneficios de un determinado lugar. Es por eso que la marca debe mantenerse, ser longeva, para darle tiempo al mercado para asimilarla y fijarla en su memoria.

Aquellas empresas que han desarrollado una política de marca suelen estar en mejores condiciones para diseñar un canal de distribución por diversos motivos. Por un lado, existirá una mejor disposición por parte de los intermediarios a colaborar con la distribución de sus productos y, por

Recuerda

La marca es el activo más importante en una empresa. Se trata de un signo distintivo de un producto o servicio en el mercado, por lo que se convierte en un poderoso instrumento de marketing.

Sabías que...

Los clientes han de percibir, vivir y sentir la marca y los productos asociados a ella. La marca transmite emociones y ahí reside su poder de comunicación, por lo que se convierte en un soporte fundamental para desarrollar la publicidad de un producto o servicio.

Recuerda

El uso de la marca paraguas requiere el consenso público y privado.

Sabías que...

Actualmente abundan las marcas turísticas institucionales de distinto nivel que, apoyándose en microproductos y microdestinos, dispersan y diluyen el verdadero valor y el sentido de los símbolos y de los mensajes de marketing, lo que origina confusión en muchos casos o, incluso, el efecto contrario al pretendido.

otro lado, ante el mayor nivel de conocimiento por parte del mercado objetivo, será más factible desarrollar un canal de distribución directo o corto. Esto permitirá, al mismo tiempo, poder controlar la manera en que sus productos son presentados al mercado, de forma que sea más difícil que una incorrecta actuación de los intermediarios pueda dañar la imagen de marca conseguida. La marca debe estar presente en todos los lugares y materiales.

La importancia de la marca radica en el hecho de que el usuario final de los productos o servicios turísticos está dispuesto a pagar más por algo que percibe que tiene un valor diferencial, un valor añadido.

Las **estrategias de marca** son las líneas de intervención en el terreno de las marcas y constituyen un elemento importante a tener en cuenta. En el sector turístico se trabaja con las siguientes estrategias de marcas:

- **Marca única:** consiste en asignar la misma marca a todos los productos y servicios de la empresa, contribuyendo a un ahorro en promoción y publicidad. Presenta la ventaja de ofrecer al cliente una imagen fuerte; si se ha conseguido fidelizarlo, el volumen de ventas crecerá sin gran esfuerzo. Sin embargo, tiene el inconveniente de que si un producto nuevo no ofrece la misma calidad o no colma las expectativas del cliente o consumidor, puede perjudicar la imagen corporativa y afectar a todos los productos de la empresa. Teniendo una marca identificada en el mercado, el traslado del valor de esta a otro producto con las mismas propiedades fuera del territorio habitual de dicha marca es relativamente sencillo. Por ejemplo, añadir un hotel a una cadena hotelera y marcarlo de la misma manera que el conjunto equivale a trasponer los atributos de la marca originaria al nuevo producto. Aquellos que ya conocen la marca estarán dispuestos a asumir lo nuevo con los mismos atributos de identidad.
- **Marca múltiple:** la empresa asigna una marca distinta a cada tipo de producto y servicio, permitiendo una mejor segmentación de mercado. A veces es conveniente, y en ocasiones necesario, utilizar varias marcas que respondan a las necesidades y posibilidades económicas de los consumidores a los que se dirigen. Dentro de un mismo grupo, existe también la posibilidad de disponer de marcas públicas o segundas marcas para cubrir distintos niveles del mercado, compitiendo incluso entre ellas; a pesar de que se pueda producir cierto grado de «canibalismo», esta estrategia será eficaz si se alcanza el volumen de ventas deseado, se mantiene la cuota de mercado o se penetra en el segmento pretendido.
- **Marca paraguas:** combina lo mejor de las dos propuestas anteriores. Consiste en asignar a cada producto o servicio una marca diferente, pero con elementos en común. Para entrar en nuevos mercados es conveniente utilizar la marca paraguas y más, aún, si es conocida. Debe existir una jerarquización de marcas, de manera que, desde la de nivel más bajo hasta la de más amplio espectro, se puedan utilizar unas u otras según el mercado al que se dirige el producto o destino y según el tipo de comercialización pretendido. En el caso de destinos turísticos, España es una marca paraguas para los diferentes productos y destinos turísticos del país. Si en el mercado en el que se desea operar alguna de las marcas de ámbito menor se identifica mejor que las más amplias, se usará también como paraguas de estas, ofreciendo de esta manera información sobre la identidad del producto o destino que se comercializa. Pero, en general, serán más efectivas en mercados de proximidad y

Recuerda

Debe existir una jerarquización de marcas, de forma que desde la de más bajo hasta la de más alto nivel se puedan utilizar, unas u otras, en función del mercado o destino al que se dirige el producto y del tipo de comercialización pretendido.

Figura 3.23. Marca paraguas.

deberán utilizarse sobre todo para fidelizar a los clientes. El uso de la marca paraguas requiere el consenso público y privado, y debe ser un referente que acoja y agregue valor a las restantes marcas del territorio.

Actividad propuesta 3.7.

Averigua las ventajas y las desventajas de la marca única y de la marca múltiple. A continuación, realiza una tabla en la que reflejes dichas ventajas y desventajas.

Actividad resuelta 3.5.

La marca turística España, con el logotipo y el isotipo diseñado por Miró, fue creada en 1983 bajo la dirección de Ignacio Vasallo, de Turespaña. Se trata de una marca paraguas para los diferentes productos y destinos turísticos del país. Desde sus orígenes se decidió elaborar el primer plan de marketing turístico de España.

a) Averigua cuál es el logotipo de la marca turística España.

b) ¿Conoces los eslóganes que ha tenido la marca España desde 1983?

SOLUCIÓN

a) El logotipo de la marca turística España es el sol de Miró.

b) Los eslóganes han sido los siguientes:

- «Todo bajo el sol»; durante los 10 primeros años fue el mensaje permanente.
- «España es diferente».
- «España es simpatía».
- «Pasión por la vida».
- «Bravo, España».
- «España marca».
- «Sonríe, estás en España».
- «I need Spain» («Necesito España»).
- «Spain is part of you» («España forma parte de ti»).

Figura 3.24. El precio es la cantidad de dinero que el consumidor está dispuesto a pagar.

3.3. El precio

Cualquier estrategia de precios debe ajustarse a la forma en que se manejen los demás elementos del marketing-mix para alcanzar los objetivos de la empresa. El precio es una preocupación constante en los responsables de marketing. Las empresas deben reflexionar sobre las decisiones relativas a la fijación de precios, ya que influyen en la demanda de los productos o servicios.

3.3.1. Concepto de precio

Desde el punto de vista del marketing se puede definir el precio como la: «cantidad de dinero que el consumidor está dispuesto a pagar, por la adquisición o utilización de un producto o servicio». Es la cantidad de dinero que el comprador desembolsa a cambio de un producto del cual espera que le proporcione unas ventajas y satisfacciones que compensen el sacrificio que representa el gasto realizado. El precio no es solo lo que se paga por el producto o servicio, sino que debe ser un concepto más amplio que engloba, además, el sacrificio del consumidor, sacrificio entendido no solo por su aspecto cuantitativo (dinero), sino también por los esfuerzos no monetarios asociados a la compra y al consumo (el tiempo utilizado en todas las fases del viaje para obtener el producto o servicio, el esfuerzo requerido y las molestias que ocasiona el conseguirlo).

Sabías que...

Los acuerdos entre empresas de un sector que limiten la competencia están penalizados. La Comisión Nacional de la Competencia (CNC) se ocupa en España de este punto.

3.3.2. Importancia del precio

El precio tiene una gran importancia por las razones que se recogen en la Tabla 3.4.

Tabla 3.4. Importancia del precio

1. Es el único instrumento que proporciona ingresos	Los restantes instrumentos del marketing-mix suponen costes para la empresa, ya que requieren una inversión previa. La fijación del precio del producto o servicio incide directamente en los ingresos y beneficios de la empresa.
2. Es un instrumento a corto plazo (táctico)	Es un instrumento con el que se puede actuar a corto plazo y dentro de unos límites, con rapidez, facilidad y flexibilidad superiores a la de otros instrumentos del marketing. Además, su modificación permite incrementar las ventas y los beneficios teniendo efectos casi inmediatos.
3. Es un poderoso instrumento competitivo	Sus efectos son inmediatos frente a la competencia. Su utilización puede resultar altamente peligrosa si se llevan a cabo acciones agresivas en precios. Una extrema competencia en precios puede provocar una guerra de precios, llegando a una situación en la que ninguna empresa salga beneficiada (solo el consumidor).
4. Es, en muchas decisiones de compra, la única información de la que dispone el consumidor	A la hora de elegir entre diferentes alternativas de compra, el consumidor no posee, en muchas ocasiones, de otra información del producto o servicio que su precio, o bien no tiene capacidad para evaluar las características o prestaciones del producto o servicio.
5. Es un indicador de la calidad del producto o servicio ofrecido por la empresa	Muchos consumidores tienden a asociar la calidad de un producto o servicio con su precio. Al mismo tiempo, permite reducir el grado de incertidumbre del consumidor en la decisión de compra de productos o servicios turísticos, al no poder experimentarlos o probarlos antes de su consumo.
6. Sirve como elemento de diferenciación de la oferta de una empresa con respecto a la de sus competidores	El precio puede contribuir al desarrollo de la imagen y el posicionamiento deseados por la empresa. Se convierte en un valioso indicador de la calidad del producto, del prestigio o de la imagen de la marca o empresa, etcétera.
7. Actúa como regulador de la demanda	La modificación del precio permite incidir sobre la intensidad de los flujos de demanda y sobre el volumen de demanda en un período dado.
8. Actúa como filtro de selección del tipo de clientes	En determinadas circunstancias es una cuestión importante debido a la dificultad de compatibilizar clientes con comportamientos y características muy distintas.

Recuerda

El precio es el único instrumento del marketing-mix que genera ingresos, por lo que incide directamente en los beneficios de la empresa.

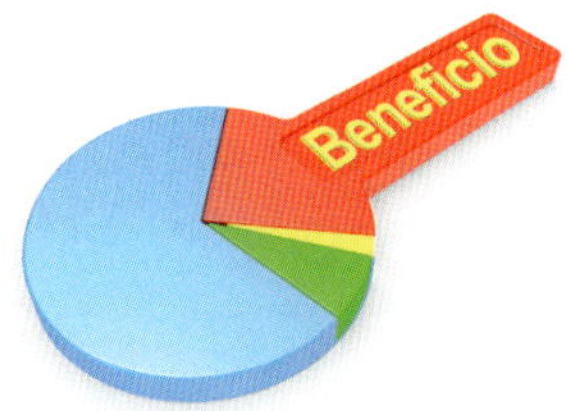

Recuerda

A la hora de fijar el precio de venta de un producto o servicio turístico hay que tener en cuenta una serie de factores condicionantes del mismo, que pueden ser de carácter interno o externo, dependiendo de su localización dentro de la empresa o en su entorno.

3.3.3. Condicionantes del precio

En la determinación del precio influyen factores condicionantes que deben ser tenidos en consideración a la hora de fijar el precio de venta del producto o servicio turístico. Dichos factores pueden ser de carácter interno o de carácter externo, dependiendo de su localización dentro de la empresa o en el entorno de la misma (Figura 3.25).

Recuerda

Una adecuada fijación de precios acorde a los objetivos de la empresa es el punto de partida para que una empresa pueda producir beneficios.

Figura 3.25. Factores que condicionan la fijación del precio.

Sabías que...

Si el objetivo de una empresa es conseguir una fuerte participación de mercado, el precio será bajo; si es conseguir mayores beneficios, el precio será más alto. El conflicto viene cuando la empresa tiene varios objetivos a la vez.

Factores internos

a) **Objetivos de la empresa:** constituyen un factor decisivo en el proceso de fijación de precios y son la base y punto de partida para la formulación de las estrategias de marketing. Una empresa puede perseguir los siguientes objetivos:

- Maximizar el beneficio a corto y largo plazo.
- Obtener un determinado rendimiento de la inversión.
- Mantener y mejorar la participación del mercado.
- Impedir la entrada de competidores.
- Conseguir el liderazgo en la calidad del producto o servicio.
- Mantener la capacidad.
- Estabilizar los precios.
- Conseguir la supervivencia.
- Recuperación de la inversión.
- Crear o mantener la imagen de la empresa o producto.

b) **Estrategia corporativa:** la fijación de precios se ve condicionada por decisiones estratégicas que la empresa toma con respecto a aspectos tales como la imagen y el posicionamiento del producto o servicio, así como la elección del público objetivo. Son decisiones que influyen en los precios de los productos y los servicios de una empresa turística, imponiendo los límites máximos y mínimos entre los que podrá moverse.

Figura 3.26. Maximizar beneficios es uno de los objetivos de la empresa.

c) **Estructura de costes en la empresa y curva de experiencia:** el punto de partida para que una empresa pueda producir beneficios y mantenerse debe ser una adecuada fijación de precios acorde a los objetivos establecidos por la empresa. La empresa al fijar el precio del producto/servicio está influenciada por los **costes totales.** Por tanto, el análisis de los costes es fundamental para el establecimiento del precio, ya que indica el precio mínimo a establecer.

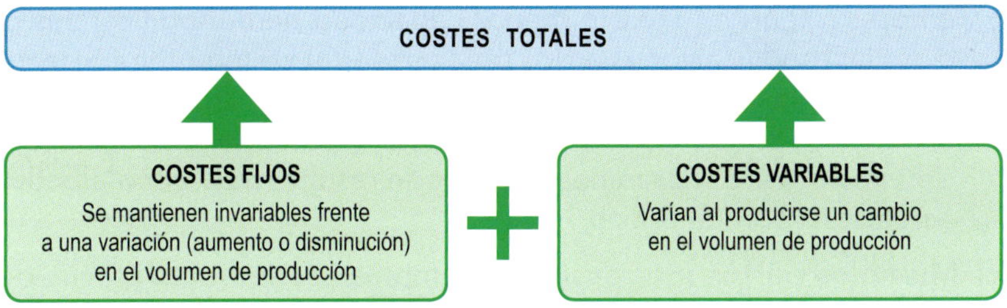

Figura 3.27. Costes totales.

Figura 3.28. La situación económica condiciona la fijación de los precios.

Los **ingresos** son difíciles de predecir por depender de la demanda del mercado. Los **costes**, en cambio, son de más fácil determinación porque dependen en mayor medida de los planes de la empresa. El **beneficio** es la diferencia entre el ingreso total y el coste total. En principio, los ingresos totales deben superar a los costes totales; la empresa no puede vender por debajo de sus costes.

A medida que la empresa adquiere experiencia, los costes de producción tienden a reducirse. La **curva de experiencia** refleja la disminución en los costes unitarios de producción a medida que aumenta el volumen de esta. La disminución en los costes permite a la empresa reducir precios manteniendo la misma rentabilidad o bien aumentar el nivel de servicio. Como resultado, la empresa aumenta su competitividad en el mercado.

d) **Estrategia de marketing en la empresa:** debe existir una clara interacción y coherencia entre todos los instrumentos del marketing-mix, que deben estar coordinados y alineados en el momento de fijar el precio. El precio es, por tanto, una variable derivada, ya que cualquier acción sobre las otras variables del marketing influye en el mismo.

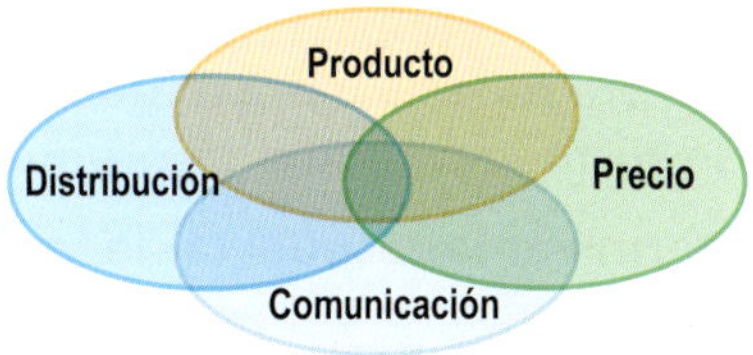

Figura 3.29. Interacción entre los instrumentos del marketing-mix.

Sabías que...

La bajada de precios se ha convertido en un arma habitual para atraer clientela a las empresas turísticas. Ello provoca guerras de precios. Los expertos del sector consideran que esa no es la solución.

Factores externos

a) **El macroentorno:** la empresa al fijar los precios ha de tener en cuenta factores como los usos y costumbres sociales, las autoridades, la situación económica y los factores sociopolíticos. Estos elementos no solo condicionan la fijación de precios de los productos o servicios ofrecidos, sino que también los modifican con el propósito de aumentar o mantener el volumen de las ventas. En situaciones de crisis, las empresas de alojamiento, transporte aéreo, etc. modifican sus precios a la baja. En situaciones de bonanza los precios suben acorde a la demanda creciente del momento. La inestabilidad política también provoca la modificación de los precios, al disminuir la llegada de turistas.

b) **Competencia:** si la empresa tiene información de los precios y ofertas de la competencia, puede usar dicha información como punto de partida para determinar sus propios precios. Además, la competencia condiciona en buena medida las decisiones sobre fijación de precios. Según la situación competitiva en que se encuentre la

Figura 3.30. Distintos públicos interesados.

Figura 3.31. Precios y descuentos.

Figura 3.32. La importancia de la forma de pago.

Actividad propuesta 3.8.

En la actualidad, es interesante destacar que para un mismo servicio se pueden consultar numerosas páginas de internet, lo que determina el tiempo de reacción de una empresa al cambio del precio de la competencia.

Busca ejemplos de empresas turísticas que reaccionan ante la modificación de precios de la competencia.

empresa, tendrá mayor o menor capacidad para modificar sus precios. Las modificaciones en los precios tendrán diferentes consecuencias según la reacción de la competencia. Si esta no reacciona o tarda en hacerlo, puede obtenerse una ventaja sustancial de una variación del precio. Pero si es inmediata, puede resultar muy poco efectiva la actuación sobre el precio.

c) **Múltiples partes interesadas:** la empresa se enfrenta en sus decisiones de fijación de precios a las reacciones que pueden suscitarse entre los distintos públicos interesados. Además de los propios clientes, las modificaciones de precios pueden afectar a las expectativas de los públicos siguientes:

- Competidores.
- Intermediarios y distribuidores.
- Accionistas y trabajadores.
- Proveedores.
- Acreedores.
- Directores de los departamentos de la empresa.
- Organizaciones de consumidores y usuarios.
- Sociedad.

En el caso del turismo, tanto los intermediarios y distribuidores como los proveedores son relevantes en la fijación de precios al generar costes para la empresa, a la vez que influyen en la calidad y prestación del servicio.

d) **Interdependencia de las demandas de los productos ofertados:** cualquier modificación en el precio de un producto o servicio puede alterar la demanda de otro u otros de la gama de productos o servicios ofrecidos. Este fenómeno, conocido como **elasticidad cruzada** de la demanda, se produce cuando existe una relación de complementariedad o de sustitución entre los productos o servicios.

e) **Dificultad de determinar la respuesta de la demanda:** que es muy cambiante entre segmentos y entre temporadas turísticas, lo que dificulta determinar la elasticidad de la demanda y fijar el precio óptimo. La cantidad demandada de un bien y servicio, y el precio están inversamente relacionados, lo que significa que, manteniendo todo constante, cuando el precio de un producto aumenta, la cantidad demandada baja; asimismo, cuando el precio del producto baja, la cantidad demandada aumenta. Además, la demanda no es igual en todos los momentos ni para todos los compradores.

f) **La percepción del consumidor:** la decisión de fijar el precio precisa del reconocimiento del mercado objetivo y de las diferencias entre los consumidores. Si el consumidor percibe el precio como indicador de calidad del producto, una reducción del mismo podría ser desfavorable para la empresa.

g) **Ciclo de vida del producto:** la fase del ciclo de la vida en que se encuentre el producto o servicio de la empresa puede también condicionar el precio a fijar. En la etapa de introducción el precio del producto o servicio suele ser alto, con el fin de recuperar lo invertido en el nuevo producto, a la vez que se aprovecha la exclusividad del mismo. En las fases de madurez y declive es habitual que la empresa baje sus precios con el propósito de aumentar las ventas.

Actividad resuelta 3.6.

Además de los condicionantes del precio estudiados en el apartado anterior, en el sector turístico existen unos condicionantes que influyen en el proceso de fijación de precios. ¿Podrías determinar cuáles son?

S O L U C I Ó N

a) Caducidad de la oferta. Que se combate con precios de última hora —*last minute*—, para vender antes de que caduque la oferta (una cama de un hotel que no se vende una noche, ya no puede volver a venderse, se pierde para siempre), o ventas con descuentos anticipados para asegurarlas con bastante antelación —*early booking* o *early bird*—.

b) Decisiones de precio tomadas con mucha antelación a la compra o la venta. En ocasiones, como en el caso de la contratación de los vuelos, o los alojamientos que formarán un paquete turístico, el precio se puede fijar hasta un año antes de salir al mercado.

c) Distribuidores con limitado poder de decisión. No asumen riesgos. Por ejemplo, los agentes de viajes no comparten ningún riesgo, ya que la caducidad no los afecta directamente, sino al oferente.

d) Alta estacionalidad. Especialmente en algunos destinos y mercados, que hace que existan grandes variaciones en el precio.

e) Frecuentes variaciones tácticas. El precio de una plaza de avión o de hotel varía constantemente, incluso en cuestión de minutos, para adaptarse a las nuevas situaciones del mercado y de ventas. Existe una alta probabilidad de guerra de precios.

f) La importancia del pago: momento, forma y proceso. No es solo importante considerar la cantidad del precio a pagar, sino también el momento (por ejemplo, pago demorado a noventa días) por las implicaciones financieras; la forma de pago, que puede suponer otros gastos financieros (tarjeta, acciones, intercambio de servicios, etc.), y el propio proceso de facturación y cobro.

g) Alta vulnerabilidad a los cambios de la demanda, consecuencia de inesperados acontecimientos en países del entorno.

Actividad propuesta 3.9.

Realiza una búsqueda de acontecimientos recientes (conflictos, olimpiadas, etc.). Analiza la situación e indica la repercusión en el precio de los productos turísticos.

Actividad resuelta 3.7.

La empresa se enfrenta en sus decisiones de fijación de precios a las reacciones, no solo de los clientes, sino de otros públicos interesados. ¿De qué manera las modificaciones de precios pueden afectar a las expectativas de dichos públicos?

S O L U C I Ó N

- Competidores: si la empresa cambia los precios, tendrá que intentar prever la reacción de la competencia.
- Intermediarios: si la empresa distribuye mediante intermediarios, no tiene control total sobre sus precios.
- Accionistas y trabajadores: si la empresa sube los precios, esperarán mayor remuneración.
- Proveedores: si la empresa sube el precio, puede que exijan mayor pago por sus suministros.
- Acreedores: pueden ver mal una reducción del precio.
- Directores departamentales de la empresa: el director comercial preferirá posiblemente precios bajos; el financiero los preferirá altos.
- Organizaciones de consumidores y usuarios: querrán intervenir en la fijación de los precios y denunciarán las elevaciones.
- Sociedad en general: la subida de precios es impopular y la bajada puede desacreditar la marca.

Actividad propuesta 3.10.

Realiza una búsqueda en internet de los precios ofertados de un hotel de tu elección para una habitación doble con desayuno incluido para el próximo puente. Compara los precios de al menos cuatro proveedores del mismo alojamiento.

3.3.4. Métodos de fijación de precios

Las empresas deben tener en cuenta diferentes métodos para determinar el precio de venta adecuado de sus productos. Son compatibles y se pueden combinar, de manera que se pueda optimizar el mejor precio.

Los tres principales métodos a considerar son los siguientes:

1. **Métodos basados en los costes:** garantizan a la empresa lograr un margen de beneficio siempre que el precio sea superior a los costes unitarios del producto. Tienen la ventaja de ser sencillos y fáciles de calcular y aplicar.

   Los procedimientos más conocidos de cálculo de precios basados en los costes son los siguientes:

   - Coste total unitario más un margen de beneficio sobre este coste total unitario, para obtener el precio de venta final.
   - Punto de equilibrio, umbral de rentabilidad o punto muerto. El beneficio es cero. Indica la cantidad de unidades (volumen de ventas) de un producto que una empresa tiene que vender para igualar los costes totales con los ingresos totales por venta. El precio se fija para cubrir los costes o para obtener el margen de beneficio deseado.

2. **Métodos basados en la demanda:** se refieren al precio que un cliente está dispuesto a pagar por el producto o servicio. Las empresas turísticas deben basarse en dos aspectos a la hora de fijar los precios:

   - El valor percibido por el cliente del producto o servicio ofertado: la percepción por parte del consumidor del valor del producto establece el precio límite máximo y mínimo que está dispuesto a pagar. A la empresa le interesa conocer dicha percepción para fijar el precio adecuado. Si el precio fijado es mayor que el valor percibido, la empresa deberá reducir el precio o efectuar acciones promocionales que acentúen el valor del producto. Si el precio fijado está por debajo del valor percibido, la empresa está desaprovechando una oportunidad de obtener beneficios mayores, ya que los clientes estarían dispuestos a pagar un precio mayor.
   - La elasticidad de la demanda: mide la intensidad con la que responden los compradores (demanda) a una variación en el precio. La demanda puede ser elástica, cuando la cantidad demandada varía en una proporción mayor que el precio; demanda de elasticidad unitaria, cuando la cantidad demandada varía en la misma proporción que el precio; y demanda inelástica, cuando la cantidad demandada varía en una proporción menor que el precio.

3. **Métodos basados en la competencia:** la actuación de los competidores es la referencia para fijar el precio, estableciendo un precio similar al del sector para asegurarse alcanzar su objetivo de cuota de mercado. Este se fija en función de la posición de la empresa en el mercado. Las grandes empresas suelen ser líderes y fijan los precios que siguen las empresas más pequeñas. Este método es muy utilizado en el sector turístico debido a las dificultades de diferenciación de algunos servicios. Si se efectúa una reducción de precios a corto plazo, puede ser fácilmente imitada por los competidores, con lo que se puede entrar en una guerra de precios, lo que resultará muy perjudicial para todos los competidores.

Recuerda

Las empresas turísticas deben basarse, a la hora de fijar los precios según la demanda, en dos aspectos:

a) El valor percibido por el cliente del producto o servicio ofertado.

b) La elasticidad de la demanda.

3.3.5. Estrategias de precios en el sector turístico

La elección adecuada de una estrategia de precios es un paso fundamental dentro del proceso de fijación de precios, ya que establece las directrices y los límites para la fijación del precio inicial y los precios que se irán fijando a lo largo del ciclo de vida del producto.

Las estrategias de precios más comunes utilizadas en el sector turístico son las siguientes:

1. **Estrategias específicas de nuevos productos:** la elección de una estrategia adecuada en el lanzamiento de un producto permite crear una imagen del producto en la mente del consumidor y esto marcará su trayectoria a lo largo de su ciclo de vida. Las opciones más usadas son las siguientes:

   - **Fijación de precios en función de una imagen de prestigio:** consiste en establecer precios altos, para posicionarse como producto o servicio de lujo, de forma que los consumidores se sientan atraídos por el producto y lo compren. Se debe mantener el precio a lo largo del ciclo de vida del producto. Si este disminuye, la empresa debería reposicionarse.
   - **Fijación de precios por descremación o desnatado del mercado:** consiste en fijar un precio alto o muy alto inicialmente a un producto innovador, que será adquirido por quienes realmente deseen y puedan pagar ese precio (mercado insensible al precio). Satisfecho este segmento y conforme avanza el ciclo de vida del producto, la empresa podría ir reduciendo el precio, aprovechando otros segmentos sensibles al mismo.
   - **Fijación de precios de penetración del mercado:** consiste en fijar un precio inicial bajo atrayendo a un gran número de compradores para conseguir una penetración de mercado rápida y eficaz. Así alcanza un elevado volumen de ventas que reduce los costes de producción (a través de las economías de escala), permitiendo a la empresa bajar aún más sus precios. Una vez afianzados los productos en el mercado, la tendencia de los precios suele ser al alza.

2. **Estrategias de paquetes de productos:** se denomina paquete turístico a la combinación de dos o más productos o servicios turísticos individuales ofrecidos al consumidor de forma conjunta y a un único precio, que resulte menor a la suma de los componentes por separado. La finalidad es estimular al consumidor a comprar el paquete en lugar de buscar y adquirir cada componente del mismo de forma independiente, ahorrando en precio y en tiempo. Algunas de estas estrategias son las siguientes:

   - **Precios todo incluido (*all inclusive*):** es un sistema en el que se establece un precio único por un conjunto de servicios, de forma que el cliente percibe claramente el precio total de sus vacaciones. Esta estrategia se utiliza frecuentemente en la industria hotelera. Si bien es una ventaja para el cliente, no lo es para la oferta complementaria del destino turístico, porque el turista concentra su gasto en el establecimiento hotelero.
   - **Transporte, alojamiento y excursiones:** las agencias de viaje suelen diseñar paquetes combinando el servicio de transporte y alojamiento con el de excursiones y visitas a lugares de interés.

Sabías que...

La estrategia de precios desnatados consiste en iniciar la vida del producto con unos precios muy altos, para que se perciba el producto como caro, innovador y altamente valorado.

Sabías que...

La comercialización del paquete turístico en su modalidad de *todo incluido* ha aumentado considerablemente durante los últimos años. El aumento en la contratación del *todo incluido* puede interpretarse como una estrategia de precios de los turoperadores. Además, esta opción supone un gasto diario total netamente inferior al efectuado por las otras modalidades de contratación de paquetes turísticos.

Figura 3.33. Precios de todo incluido.

- **Vuelo más alquiler de vehículos (*fly & drive*):** es un paquete que combina el billete aéreo de ida y vuelta, y el alquiler de un vehículo para viajar a un destino determinado.

Figura 3.34. Precio según el momento de compra o según la temporada.

3. **Estrategias de precios adaptados (ajuste del precio demanda-capacidad):** las empresas adaptan los precios teniendo en cuenta diferencias entre los clientes y entre las situaciones de compra. Es una de las estrategias de mayor utilización por parte de empresas del sector turístico.

   Entre las estrategias de precios adaptados se encuentran las siguientes:

   - **Estrategia de descuento por cantidad:** se aplican descuentos o precios especiales cuando aumenta el volumen de compras, para atraer a clientes dispuestos a adquirir un gran número de unidades (por ejemplo, cupo de reserva elevado).
   - **Estrategia de precios diferenciales:** también conocida como diferenciación de precios, supone la aplicación de precios diferentes para un producto o servicio sin que ello venga motivado por ninguna variación en los costes de producción/prestación, sino por una demanda diferente. En ocasiones, los productos sobre los que se aplica el precio no son necesariamente idénticos, sino similares, bien porque son productos distintos (habitaciones con vistas al mar frente a habitaciones interiores) o bien por situaciones diferentes (garantías de reserva o políticas de cancelación).

     Entre las modalidades de precios diferenciales se encuentran las siguientes:

     - **En función del período o temporada (alta o baja):** pretende estabilizar los flujos de demanda, reduciendo las fluctuaciones al máximo.
     - **En función de la fidelidad:** algunas empresas turísticas aplican precios más reducidos (tarifas especiales) tanto a los operadores turísticos como a los clientes con los que llevan operando mucho tiempo.
     - **Según el momento de compra:** las empresas turísticas ofrecen descuentos en sus precios, dependiendo de la antelación con la que se adquiera o reserve el producto o servicio (por ejemplo, ofertas de última hora).
     - **Según el tipo de comprador y/o consumidor:** para las empresas, aplicar tarifas diferentes a distintos consumidores representa una ventaja, dado que les permite obtener unos ingresos superiores que en el caso de ofrecer una única tarifa.

       Por ejemplo, la tarifa de un billete de avión para un niño es diferente a la que paga un adulto, o en el caso de un crucero en que los niños suelen viajar gratis acompañados de un adulto.

   - ***Yield management* y *revenue management*** (se explicarán en el apartado siguiente): son de las estrategias más sofisticadas entre las estrategias de ajuste demanda-capacidad.

4. **Estrategia de precios psicológicos:** busca apelar a la emoción del cliente para aumentar el número de ventas. Se basa en fijar precios

Actividad propuesta 3.11.

El futuro de las **agencias de viajes *online*** (**OTA**) precisa una reconversión que pasa por su adaptación a la venta de productos de mayor rentabilidad que el billete de avión o las reservas hoteleras. Entre las alternativas más rentables, se encuentra el **paquete dinámico.**

a) Averigua en qué consiste el paquete dinámico.

b) Busca empresas turísticas que lo estén implementando.

según el modo en que los clientes perciben los precios asignados a un producto y en la asociación entre estos precios y los atributos del producto.

Entre las modalidades de precios psicológicos se encuentran los siguientes:

a) **Precios de prestigio:** esta estrategia toma como referencia el hecho de que los consumidores utilizan el precio como indicador de calidad, de modo que se establece un precio elevado para asociarlo con la calidad del producto o servicio.

b) **Precios con terminación par e impar:** pequeñas variaciones en precios que pueden sugerir valor o calidad. Los precios pares se suelen asociar con productos de calidad superior. Sin embargo, hay que tener en cuenta dos aspectos:

   » En ocasiones, un número redondeado puede dar la impresión de que se ha redondeado al alza y, por tanto, que el precio fijado es superior al real, lo que generaría desconfianza en los clientes.

   » Determinados precios redondeados representan límites psicológicos a partir de los cuales los consumidores cuestionan fuertemente las posibles variaciones en el precio.

Los precios impares se asocian a productos en promoción que aprovechan la ilusión del consumidor con precios que sugieren mayor valor del real.

5. **Estrategia de precios promocionales:** las empresas reducen temporalmente el precio de un producto o servicio para estimular la demanda a corto plazo. Muy utilizado durante la temporada baja o en ciertos días de eventos especiales. Sin embargo, esta estrategia puede tener efectos negativos para la empresa: reducción de ingresos, guerra de precios entre competidores, generación del comprador que espera a última hora para obtener el producto deseado a precios más reducidos, etcétera.

3.3.6. *Yield management* y *revenue management*

El *yield management* (YM) se entiende como la gestión del beneficio, mientras que el *revenue management* (RM) es la gestión del ingreso; por lo que se puede afirmar que el RM es la evolución del YM hacia la gestión de la demanda, que es analizada de forma exhaustiva respecto a su comportamiento.

La aparición de las nuevas tecnologías ha sido fundamental para el desarrollo de estos sistemas.

En el nuevo entorno *online* la fijación del precio debe hacerse de forma continua y a tiempo real. Una fijación de precios eficiente requiere la aplicación de nuevos sistemas como el *yield management* y el *revenue management.*

El *yield management* o gestión del beneficio es el conjunto de acciones que tiene por objeto maximizar los ingresos mediante la modificación constante de precios en función de las características y comportamiento de la demanda. La aplicación del *yield management* se fundamenta en la

Figura 3.35. ***Yield management,*** sistema de gestión cuyo objetivo es maximizar beneficios.

Recuerda

El *yield management* y el *revenue management* son sistemas de gestión basados en análisis de datos y en la realización previsiones sobre el comportamiento de la demanda para ajustar los precios permanentemente con el objeto de maximizar los beneficios.

fijación de determinadas tarifas junto con un número de unidades disponibles de cada tarifa, para lo que se realizan análisis de datos y previsiones con base en los mismos. Una aplicación eficaz del *yield management* implica que las previsiones de la empresa sobre el comportamiento de la demanda deben ser lo más precisas y exactas posible, para así ajustar o modificar los precios permanentemente. Lo que se pretende es vender cada producto o servicio turístico al cliente que esté dispuesto a pagar el máximo posible por él en cada momento.

El *yield management* ha sido ampliamente implementado en algunos sectores de servicios tales como las compañías aéreas y el sector hotelero, pero poco a poco se ha ido aplicando a todo tipo de productos/servicios turísticos.

El *revenue management* se centra en el conocimiento del comportamiento de los turistas. Conocer al cliente permitirá prever cuánto está dispuesto a pagar por el producto o servicio, de tal manera que no se perderán ingresos por haber ofrecido el mismo a clientes que estaban dispuestos a pagar más, ni se dejará de vender, por haber fijado tarifas demasiado elevadas. Así, el *revenue management* implica la creación de un plan de tarifas que tenga en cuenta el tipo de cliente que consume un tipo determinado de producto o servicio.

Revenue management es una técnica que se basa en analizar datos y en realizar previsiones con base en la información obtenida y analizada, con el fin de maximizar el beneficio. En el caso de un establecimiento hotelero se logra ofreciendo la habitación correcta (no todas son iguales) al cliente correcto (no todos se comportan igual ni tienen la misma sensibilidad al precio), en el momento adecuado (las reservas se producen con diferente antelación) a un precio correcto (si mantenemos una misma tarifa lineal todo el año podría darse el caso de que fuera muy elevada para períodos de baja ocupación) para la fecha correcta (un cliente determinado puede venir bien en temporada baja, pero no en temporada alta porque hay clientes que no están dispuestos a pagar una tarifa superior).

El *revenue management* engloba varias dimensiones: la gestión de precios, la gestión de la capacidad, la gestión de canales, el *overbooking* y las previsiones.

Actividad propuesta 3.12.

El *revenue management* está ganando relevancia y se está implantando en muchas empresas del sector turístico. Esta técnica sirve para la optimización y gestión de ingresos de cualquier empresa de servicios (hoteles, alquiler de coches, parques de atracciones, etcétera).

a) Busca una empresa que haya tenido éxito aplicando *revenue management*.

b) ¿Cómo se denomina la persona que realiza estas gestiones en la empresa?

c) ¿Qué funciones tiene asignadas en su departamento?

Actividad propuesta 3.13.

Averigua qué significa paridad de precios y qué países de la Unión Europea han regulado legalmente este concepto.

Caso práctico RESUELTO

El **turismo** se enfrenta a nuevos desafíos, en un entorno en que la economía es global, hiperconectada y consciente de la sostenibilidad social, económica y ambiental. Por una parte, la masividad y el agotamiento de destinos y productos tradicionales; por otra, las exigencias de los turistas. Cada vez se basa menos en la propiedad de las cosas y más en vivir **experiencias** y en el consumo de servicios, eso sí, pagando por ellos.

El **turismo** es una industria de servicios, que siempre ha producido **experiencias,** pues su oferta se basa en lo que viven las personas al visitar un destino, pero estas están cada vez más interesadas en productos innovadores y sensaciones más vibrantes.

Trabajas como responsable en el departamento de marketing de una empresa turística, en la que han decidido diseñar e implementar productos turísticos que pongan en valor el patrimonio gastronómico, arquitectónico, cultural y natural de la zona.

Se te ha pedido que elabores un informe que dé respuesta a las siguientes cuestiones:

a) ¿Qué componentes se deben incorporar a esta oferta para convertirla en una experiencia para el cliente?

b) ¿En qué tipo de recursos turísticos debe basarse?

Solución

a) La oferta turística requiere incorporar nuevos componentes y atributos, principalmente desde una **dimensión emocional y experiencial**, para **incrementar el valor** percibido por el turista. Esto requiere ampliar y diversificar la oferta de productos, servicios y experiencias turísticas, diseñando vivencias irrepetibles que resulten atractivas, únicas y singulares a la vez que memorables para, así, crear vínculos emocionales y afectivos con los turistas. En la actualidad se deben incorporar a esta oferta dos elementos primordiales, que son la seguridad y la tranquilidad del destino. El contenido de estas experiencias, así como la duración, la intensidad o los esfuerzos requeridos deberán adecuarse a las características del cliente.

b) La oferta turística debe basarse en sus recursos naturales y culturales, y constituirse como una oferta diversa, sofisticada, de calidad y capaz de captar mercados de intereses especiales que generen un aumento de turistas interesados en estas nuevas experiencias que le ofrece el destino.

Caso práctico PROPUESTO

Trabajas en el departamento de marketing de una renombrada asesoría turística. Uno de sus clientes ha venido aplicando la estrategia del *customer centric.* Sin embargo el turismo es un hecho social y cultural en el que se produce un encuentro de personas y diferentes culturas que cambia a medida que lo hace su entorno.

El cliente nos solicita una estrategia que se base en un compromiso de todos los participantes de la cadena de valor turística, por lo que le indicamos la posibilidad de aplicar una nueva estrategia denominada *human centric.*

Busca el significado de la estrategia *human centric* y averigua cuáles son los beneficios que supondría para la empresa la aplicación de esta nueva estrategia.

Marketing-mix: la gestión del producto y del precio

- **Marketing-mix**
  - Concepto de marketing-mix
  - Elementos del marketing-mix

- **El producto o servicio y el producto o servicio turístico**
  - Concepto de producto
  - Niveles del producto turístico
  - Elementos del producto turístico
  - Servucción
  - El ciclo de vida del producto y de los destinos turísticos
  - Desarrollo y lanzamiento de los nuevos productos turísticos
  - Políticas de marcas en el sector turístico

- **El precio**
  - Concepto de precio
  - Importancia del precio
  - Condicionantes del precio
  - Métodos de fijación de precios
  - Estrategias de precios en el sector turístico
  - *Yield management* y *revenue management*

3 Marketing-mix: la gestión del producto y del precio

El **marketing-mix** puede definirse como la capacidad de escoger y combinar, de forma adecuada, los distintos **instrumentos** (también conocidos como variables, herramientas o elementos) de que dispone la empresa, en función de la información existente y con el fin de conseguir los objetivos empresariales establecidos. Fue McCarthy quien a mediados del siglo XX lo denominó la **teoría de las «4 P»**, ya que utiliza **cuatro variables**, cuyas iniciales en inglés empiezan por «p».

1. Product → Producto.
2. Price → Precio.
3. Place → Distribución.
4. Promotion → Comunicación.

Estas cuatro variables o elementos del **marketing-mix** son herramientas que combinadas y bien definidas desarrollan todas las estrategias del marketing.

Desde el punto de vista del marketing, el **producto** es la primera de las variables de marketing-mix. El producto constituye la base de todo el sistema de marketing; por tanto, tener un diseño de producto adecuado es la actividad más importante. Un producto se define como el conjunto de atributos físicos y psicológicos (tangibles e intangibles) que el consumidor considera que tiene un determinado producto o servicio (o la combinación de ambos) para satisfacer sus deseos o necesidades.

Si conocer el mercado es importante, dominar las características del **producto turístico** es vital para una política de marketing turístico. Saber presentar el producto, ofertarlo en el momento oportuno, combinarlo, relanzarlo bajo nuevas condiciones y crear nuevos productos, forman parte de los aspectos a considerar en el *mix* del producto turístico.

Siguiendo a Kotler, a la hora de estructurar un **producto turístico** hay que tener en cuenta los **cinco niveles** de que se compone:

- El producto principal o beneficio esencial.
- Producto básico o genérico.
- El producto esperado.
- El producto aumentado.
- El producto potencial.

El producto turístico se compone normalmente de una serie de productos o servicios, todos ellos necesarios para conseguir la satisfacción del consumidor o usuario. Se pueden considerar diferentes tipos de **elementos** que combinados de forma correcta dan valor al **producto turístico global:**

- Recursos turísticos.
- Infraestructuras e instalaciones privadas básicas.
- Infraestructuras e instalaciones públicas.
- Elementos complementarios.

La correcta utilización de todos estos elementos da como resultado un producto turístico atractivo. El producto turístico ha de ofrecer al consumidor un conjunto de utilidades funcionales y psicológicas, siendo las primeras las que satisfacen las necesidades básicas, y las segundas las relacionadas con el valor simbólico concedido por el turista al lugar o actividad elegida, y al valor social frente a grupos de referencia.

El concepto **servucción** equivale a la producción aplicada a los servicios. Consiste en «organizar de forma sistemática y coherente los elementos físicos y humanos necesarios para la prestación de un servicio de características y calidad predeterminadas».

La planificación y el desarrollo de un servicio dependen de los siguientes seis elementos, que forman parte del sistema de servucción:

- Soporte físico.
- Personal de contacto.
- Servicio.
- Sistema de organización interna.
- Cliente.
- Demás clientes.

El **ciclo de vida del producto** (**CVP**) es el proceso mediante el cual los **productos** o servicios que se lanzan al mercado atraviesan una serie de etapas. Las posibles acciones del marketing que llevará a cabo una empresa están condicionadas por el tiempo de vida que se le atribuya a un determinado producto/servicio. La vida comercial de un producto o servicio se puede clasificar en cuatro etapas o fases:

1. Lanzamiento o introducción.
2. Crecimiento.
3. Madurez o saturación.
4. Declive.

En lo que se refiere al **ciclo de vida de los destinos turísticos (CVDT)**, las fases que atraviesa un destino son las siguientes:

1. Exploración.
2. Implicación.
3. Desarrollo.
4. Consolidación.
5. Estancamiento.
6. Posestancamiento. Dos alternativas: a) declive y b) rejuvenecimiento.

Marketing-mix: la gestión del producto y del precio

El proceso de **desarrollo y lanzamiento de nuevos productos turísticos** es un proceso secuencial complejo que comprende las siguientes etapas:

1. Búsqueda y generación de ideas.
2. Selección de ideas.
3. Definición y test de concepto.
4. Desarrollo de una estrategia de marketing.
5. Análisis de la viabilidad.
6. Desarrollo del producto.
7. Test de mercado.
8. Comercialización y lanzamiento del producto.

Las **marcas**, además de constituir un instrumento de identificación y protección, pueden ser también una forma muy efectiva de diferenciar un producto o servicio, constituyendo un valor añadido. La marca es, sin duda, un activo esencial para la empresa, sea del tamaño que sea. Es un valor intangible y un elemento clave del marketing. La marca es un signo distintivo de un producto o servicio en el mercado, convirtiéndose en un potente instrumento de marketing. Es la percepción de la empresa ante sus clientes. Más que un logo, un nombre o un emblema, la marca es la suma de todos los sentimientos, experiencias, pensamientos y recuerdos (positivos y negativos) que tienen las personas acerca de una empresa producto o servicio.

Las **estrategias de marca** son las líneas de intervención en el terreno de las marcas y constituyen un elemento importante a tener en cuenta. En el sector turístico se trabajan con las siguientes estrategias de marcas:

- Marca única.
- Marcas múltiples.
- Marcas paraguas.

Desde el punto de vista del marketing se puede definir **el precio** como la «cantidad de dinero que el consumidor está dispuesto a pagar, por la adquisición o utilización de un producto o servicio».

El **precio** tiene una gran importancia por las siguientes razones:

1. Es el único instrumento que proporciona ingresos.
2. Es un instrumento a corto plazo (táctico).
3. Es un poderoso instrumento competitivo.
4. Es, en muchas decisiones de compra, la única información de la que dispone el consumidor.
5. Es un indicador de la calidad del producto o servicio ofrecido por la empresa.
6. Sirve como elemento de diferenciación de la oferta de una empresa con respecto a la de sus competidores.
7. Actúa como regulador de la demanda.
8. Actúa como filtro de selección del tipo de clientes.

En la determinación del precio influyen **factores condicionantes** que deben ser tenidos en consideración a la hora de fijar el precio de venta del producto o servicio turístico.

Factores internos:

a) Objetivos de la empresa.

b) Estrategia corporativa.

c) Estructura de costes de la empresa y la curva de experiencia.

d) Estrategia de marketing de la empresa.

Factores externos:

a) Macroentorno.

b) Competencia.

c) Múltiples partes interesadas.

d) Interdependencia de las demandas de los productos ofertados.

e) Dificultad para determinar la respuesta de la demanda.

f) La percepción del consumidor.

g) Ciclo de vida del producto.

Las empresas deben tener en cuenta diferentes **métodos para determinar el precio de venta** adecuado de sus productos:

1. Métodos basados en los costes.
2. Métodos basados en la demanda.
3. Métodos basados en la competencia.

La elección adecuada de una **estrategia de precios** es un paso fundamental dentro del proceso de fijación de precios. Las estrategias de precios más comunes utilizadas en el sector turístico son las siguientes:

1. Estrategias específicas de nuevos productos. Las opciones más usadas son las siguientes:
   - Fijación de precios en función de una imagen de prestigio.
   - Fijación de precios por descremación o desnatado del mercado.
   - Fijación de precios de penetración del mercado.

3 Marketing-mix: la gestión del producto y del precio

2. Estrategias de paquetes de productos. Algunas de estas estrategias son las siguientes:
   - Precios todo incluido (*all inclusive*).
   - Transporte, alojamiento y excursiones.
   - Vuelo más alquiler de vehículos (*fly & drive*).
3. Estrategias de precios adaptados (ajuste del precio demanda-capacidad):
   - Estrategia de descuento por cantidad.
   - Estrategia de precios diferenciales.

     Modalidades de precios diferenciales:
     - En función del período o la temporada.
     - En función de la fidelidad.
     - En función de la cantidad.
     - Según el momento de compra.
     - Según el tipo de comprador.
   - *Yield management* (YM) y *revenue management* (RM).
4. Estrategia de precios psicológicos.
5. Estrategia de precios promocionales.

Actividades de comprobación

3.1. El término marketing-mix se interpreta en el área de marketing:

a) Como la palabra mezcla exclusivamente.

b) Como el término mixto.

c) Como combinación coordinada.

d) Ninguna de las respuestas anteriores es correcta.

3.2. Se conoce como producto aumentado:

a) El servicio que se contrata con la empresa.

b) La oferta que se le hace al turista.

c) El servicio extra que se le da a la empresa para darle mayor valor comercial.

d) Los beneficios adicionales que añaden valor al producto central.

3.3. La servucción:

a) Es la producción de servicios.

b) Sus elementos básicos son: el cliente, el soporte físico y el personal en contacto.

c) Es la creación de un servicio y consta de seis fases.

d) Todas las respuestas anteriores son correctas.

3.4. En la fase de crecimiento del producto:

a) Aparecen los innovadores.

b) Hay un rápido incremento de ventas y consumidores.

c) Se actúa sobre el punto de venta preferentemente.

d) Existe un crecimiento lento y un posterior decrecimiento de las ventas.

3.5. En la fase de posestancamiento del ciclo de vida del destino turístico, existen dos alternativas:

a) Consolidación y estancamiento.

b) Declive y estancamiento.

c) Declive y rejuvenecimiento.

d) Rejuvenecimiento y consolidación.

3.6. La marca turística:

a) Es un activo esencial para la empresa.

b) Constituye un elemento de identificación legal relativa.

c) En sí misma no es objeto de comercio.

d) Ninguna de las respuestas anteriores es correcta.

3.7. Para abrir o ampliar mercado se utilizan:

a) Precios elevados.

b) Precios de mercado.

c) Precios bajos.

d) Precios todo incluido.

3.8. El sistema de gestión a través de programas informáticos, basado en las previsiones de la demanda, que permite maximizar los beneficios, es:

a) El precio diferencial.

b) El *yield management*.

c) El *revenue management*.

d) Las respuestas b) y c) son correctas.

3.9. Las estrategias de precios diferenciales:

a) Consisten en fijar un precio alto a un producto nuevo.

b) Suponen una variación de precio en el producto o servicio sin que exista variación en los costes de producción.

c) Consisten en fijar un precio inicial bajo para conseguir una rápida penetración en el mercado.

d) Ninguna de las respuestas anteriores es correcta.

3.10. El método de precios basado en la competencia es muy utilizado en el sector turístico debido a:

a) Que el consumidor fija unos límites máximos para adquirir el producto.

b) Que el precio total está compuesto por el precio de venta más un margen.

c) Las dificultades de diferenciación de algunos servicios.

d) Las respuestas b) y c) son correctas.

Actividades de aplicación

3.11. ¿En qué fases del ciclo de vida estimas que se hallan los siguientes productos: agencia de viajes *online* de aventuras; hotel tradicional de ciudad; restaurante ecológico; bar-cafetería de pueblo?

3.12. Define las principales características de las cuatro variables del marketing-mix.

3.13. De las siguientes variables: producto, entorno, competencia, distribución y clientes, ¿cuáles son controlables por la empresa?

3.14. Define y enumera los elementos que forman parte del sistema de servucción.

3.15. Nombra al menos cuatro recursos turísticos de tu zona que concentren un gran número de visitantes.

3.16. ¿Qué propósito persigue un organigrama?

3.17. Siempre que sube el precio, aumenta la demanda de un determinado servicio turístico.

a) Verdadero. **b)** Falso.

3.18. La estructura de costes de la empresa y la curva de experiencia son factores condicionantes en la fijación de precios.

a) Verdadero. **b)** Falso.

3.19. Encuentra el paralelismo entre las fases del ciclo de vida del producto y las fases del ciclo de vida del destino turístico.

3.20. Busca al menos dos marcas turísticas que se usan en tu comunidad autónoma y analiza cada una de ellas.

Actividades de ampliación

3.21. Averigua qué son los clubes de productos, cuáles son sus objetivos y busca ejemplos de clubes de productos españoles.

3.22. La estrategia de marca múltiple asigna marcas diferentes a los productos comercializados por una empresa turística.

a) Busca un caso de empresa que asigne marcas diferentes a sus productos turísticos.

b) Averigua qué finalidad persigue la empresa con la estrategia de marca múltiple.

3.23. Empresas de la industria turística también se plantean, como parte de su estrategia en la era poscoronavirus, entrar en nuevos negocios diversificando su oferta, para sacarle provecho a la tendencia de la economía colaborativa en turismo, dando a conocer la siguiente gran tendencia en turismo, el *coliving*.

a) Averigua en qué consiste el *coliving*.

b) Indica empresas que ofrecen esta modalidad en sus establecimientos turísticos.

3.24. Respecto a los precios en un escenario pospandemia, la sensación de cambio de tendencia es clara. Y eso lo detectan los sistemas de ventas que captan las variaciones al instante.

La demanda está creciendo, nadie quiere dejar de viajar, y la oferta aún no se ha terminado de adaptar, pero la casi totalidad de la oferta turística, sea de alojamiento, de vuelos o incluso de coches de alquiler, es tremendamente flexible y permite cancelaciones hasta en el último momento.

a) ¿Qué ocurre con los precios en este escenario de reactivación incompleta pos-COVID-19?

b) Averigua qué provoca esta flexibilidad en las cancelaciones en el sector.

3.25. Existen dos estrategias de ventas para multiplicar ingresos en el sector turístico, el *upselling* y el *cross-selling*.

a) Averigua en qué consisten y cuáles son sus objetivos.

b) ¿Cuándo se pueden llevar a cabo estas estrategias de venta en el caso de los alojamientos turísticos?

Enlaces web de interés

- www.hosteltur.com
- www.preferente.com
- www.ithotelero.com/blog
- www.tecnohotelnews.com
- www.smarttravel.news
- www.nexotur.com

4

Introducción

Uno de los aspectos más importantes en la política de marketing hace referencia al **diseño de la comercialización** de los productos o servicios de las empresas. Su función básica es la venta. Existen otras funciones asociadas a la venta que convierten la comercialización en una herramienta poderosa dentro del marketing-mix de la empresa.

La **distribución turística,** por una parte, es uno de los aspectos más importantes para la comercialización del sector. Hay que tener en cuenta los distintos canales y estrategias de distribución existentes y las características e implicaciones que la elección de la estrategia puede suponer para la empresa. La distribución se planificará en función de la estrategia global de la empresa, y siempre en estrecha relación con el resto de variables de marketing-mix, ya que está especialmente vinculada con la comunicación.

La **comunicación turística,** por otra parte, implica dar a conocer la oferta de la empresa o el destino turístico, destacando las características distintivas de su oferta respecto a la de la competencia y, de este modo, estimular la demanda. La comunicación es una herramienta estratégica dentro de toda empresa y forma parte del éxito de esta. Desde luego, sin comunicación, hoy en día, una empresa o un destino turístico están fácilmente abocados al fracaso.

Marketing-mix: la gestión de la distribución y de la comunicación

Contenidos

4.1. La distribución turística
4.2. La comunicación turística

Objetivos

- Reconocer la importancia de la distribución y la comunicación en turismo.
- Identificar los canales de distribución en el sector turístico.
- Detectar nuevas tendencias en canales de distribución turística.
- Distinguir las funciones de la comunicación turística.
- Conocer los distintos instrumentos del *mix* de comunicación en el sector turístico.

4.1. La distribución turística

En turismo, la distribución implica incrementar la accesibilidad del potencial consumidor a los productos y servicios turísticos facilitando su reserva.

4.1.1. Concepto de distribución

La distribución es el instrumento de marketing que relaciona la producción con el consumo, siendo su objetivo poner el producto o servicio a disposición del consumidor final en el momento en que lo necesite y en el lugar donde desee y pueda adquirirlo a cambio de un precio.

Kotler y Middelton definen la **distribución** como un «conjunto de organizaciones interdependientes envueltas en el proceso de facilitar que un producto o servicio esté disponible para su uso o consumo (normalmente lejos del lugar de producción)».

Figura 4.1. La distribución es el instrumento de marketing que relaciona la producción con el consumo.

Figura 4.2. La distribución consiste en acercar el producto al cliente.

4.1.2. Funciones de la distribución

La **función básica de la distribución** es llevar o acercar el producto o servicio de la empresa al mercado o ponerlo a disposición del cliente:

- En el momento en que lo necesita.
- En la cantidad exacta demandada.
- En el lugar oportuno.
- De la forma más atractiva posible para el comprador o consumidor del servicio, todo ello al menor coste total para el que oferta el producto o servicio.

El empresario puede:

- Implantar su propio sistema de distribución.
- Utilizar los servicios de un intermediario.

Sabías que...

El proceso de distribución debe ser gestionado a fin de conseguir aportar el máximo valor posible al cliente y, con ello, su satisfacción y fidelidad.

Sabías que...

Debido a la intangibilidad de los servicios, no es posible efectuar su distribución física ni el almacenamiento o su transporte.

Un servicio no vendido no se recupera con una venta posterior, es una pérdida. Por esta razón, la distribución en el sector turístico es, si cabe, más importante que en el sector industrial.

A continuación, en la Tabla 4.1, se muestran las **principales funciones que desarrollan los canales de distribución.**

Tabla 4.1. Principales funciones de los canales de distribución

Funciones	Explicación	Ejemplo
1. Información	• Las investigaciones de mercado reúnen y transmiten información al mercado y, desde este, sobre las principales características del cliente y su comportamiento. • Distribuyen información sobre los productos turísticos para facilitar la posibilidad de elección al consumidor.	Estudios de mercado realizados por las oficinas españolas de turismo en origen y los agentes turísticos en destino. A través de folletos.
2. Contacto	• Buscan nuevos clientes potenciales y se comunican con ellos. • Consolidan relaciones y ventas. • Facilitan al consumidor el acceso al producto o servicio.	La labor diaria desarrollada en los puntos de venta de las agencias de viajes.
3. Adaptación o adecuación entre oferta y demanda	Estructuran la oferta, la modifican y adaptan en función de las necesidades específicas de los consumidores, ofreciendo incluso un servicio personalizado.	Catálogos y ofertas específicas de los turoperadores para cada segmento de mercado, ofreciendo distintos paquetes especializados, pudiendo llegar a ofrecer paquetes personalizados.
4. Negociación	No solo transfieren la posesión o el usufructo del bien al cliente, sino que en muchas ocasiones negocian y establecen acuerdos sobre el precio final u otros aspectos vitales de la oferta.	El precio del paquete turístico establecido por el turoperador previa negociación con la empresa turística proveedora de cada uno de los servicios de dicho paquete.
5. Realización de actividades comunicativas	Crean y transmiten comunicaciones persuasivas, realizando actividades promocionales y publicitarias, complementando la de los productores.	Por dos noches de hotel, *spa* gratuito para la pareja. Niños gratis en crucero compartiendo camarote con dos adultos.
6. Distribución física	Al aplicar este concepto al turismo acercan y entregan documentos de derecho de uso y disfrute de los servicios turísticos (bonos, billetes) que justifiquen que se ha adquirido el producto turístico.	El bono que da derecho a alojarse en un hotel, el billete de avión o la entrada que permite acceder a un parque temático.
7. Financiación de los distribuidores al cliente y a los proveedores	• Permiten al cliente que pueda adquirir el producto o servicio turístico y abonarlo a plazos. • A los proveedores o productores, a los que efectúan el pago de antemano mediante depósitos y garantías.	Contratación de un crucero tres meses antes de la salida y pago en doce meses, financiado por la empresa expendedora, bien a través de ella misma, o bien en colaboración con una entidad financiera.
8. Ofrecimiento y prestación de servicios adicionales	• Realizan labores de asesoramiento. • Se implican en la resolución de quejas y reclamaciones. • Tramitan todo tipo de documentación.	Un viaje a un país exótico en el que la agencia de viajes asesora al cliente, lo informa sobre las vacunas obligatorias para entrar en el país en cuestión y la petición de visados. Ofrecen información acerca de la necesidad de llevar consigo un certificado digital emitido según modelo de la Unión Europea que demuestre que el viajero ha sido vacunado como se ha solicitado durante la pandemia COVID-19.
9. Creación de un producto global	Los intermediarios pueden reunir en un único producto distintos tipos de servicios turísticos, con lo que los consumidores no necesitan contactar con cada proveedor de servicios.	Los viajes combinados o paquetes turísticos que ofrecen las agencias de viajes.
10. Reducción del número de transacciones	A través de un único contacto con la agencia de viajes, permiten al cliente realizar la contratación de todos los productos o servicios que este necesita en sus vacaciones.	La compra en una agencia de viajes de varios productos o servicios turísticos para un viaje.

Sabías que...

Intermediario es cualquier empresa u organización independiente que actúa de enlace entre el oferente o productor del servicio y el cliente.

El cliente puede ser el consumidor final (consumidor individual) o una organización (turoperador, asociación, etcétera).

Actividad resuelta 4.1.

Además de las funciones señaladas anteriormente, existen otras funciones específicas de la distribución turística. Descubre cuáles son.

SOLUCIÓN

1. Transmisión del derecho de uso del producto o servicio turístico.
2. Emisión de documentos que permiten el uso del producto o servicio turístico (billetes de transporte, bonos de alojamiento, etcétera).
3. Cobro de las ventas y transmisión de ingresos para el pago a los proveedores del producto o servicio turístico.

4.1.3. Concepto de canal de distribución en el sector turístico

Para llegar del productor del servicio al consumidor final, el bien o servicio elaborado debe pasar a través de algún medio. Este medio es el **canal de distribución**. El término «canal» sugiere un **camino** o **ruta** por el que circula el flujo de productos o servicios desde su creación en el origen hasta llegar a su consumo o uso en el destino final. En definitiva, el canal es el camino que **pone en contacto al productor del servicio con el consumidor final.** Suele estar integrado por intermediarios que actúan en los mercados emisores.

Figura 4.3. El término canal sugiere un camino por el que circula el flujo de servicios.

Dentro del marketing turístico, los canales o redes de distribución son la estructura que se forma en un mercado turístico por el conjunto de empresas y organizaciones, con el objetivo principal de facilitar y poner a disposición de los potenciales clientes los productos y servicios (producidos en un lugar diferente y distante a la residencia del consumidor), realizando la concreción de la venta, confirmándola y efectuando su cobro.

El poner a disposición de los potenciales clientes los productos y servicios puede producirse a través de puntos de venta físicos o virtuales.

Figura 4.4. Distribución de billetes de metro a través de máquinas expendedoras.

4.1.4. Canales de distribución directa e indirecta

Un proveedor turístico tiene dos formas básicas de distribuir sus productos o servicios:

a) De forma directa: canal directo (Tabla 4.2).

b) De forma indirecta: canal indirecto (Tabla 4.3).

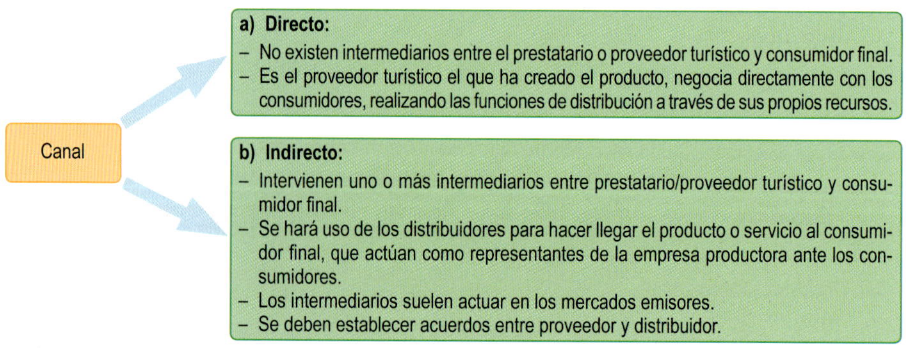

Figura 4.5. Formas básicas de canales de distribución.

Actividad propuesta 4.1.

Busca e indica un ejemplo real para cada uno de los canales de distribución directa moderna.

Tabla 4.2. Canales de distribución directa

Clásicos o tradicionales		
a) Las propias empresas prestadoras de servicios	El cliente acude directamente al establecimiento a realizar la reserva (venta personal).	
b) La venta por teléfono o fax	El cliente se pone en contacto telefónico o mediante fax, directamente, con la empresa prestadora del servicio.	
Actuales o modernos		
c) Internet	Es el uso de la red como instrumento básico en la estrategia de distribución de una empresa. A través de esta red el cliente accede al dominio web de la empresa turística a la *app*, Facebook, WhatsApp, etc. y realiza la reserva.	
d) *Vending*	Es una forma de distribución a través de máquinas expendedoras de un producto o servicio turístico de forma automática.	
e) Centrales de reservas de los propios prestadores o productores	Son sistemas de reservas propiedad de los prestadores de servicios turísticos. Pueden ser de un único propietario, como en el caso de la mayoría de las cadenas hoteleras.	
f) Consorcios turísticos	Entidad formada por la agrupación de varias Administraciones Publicas entre ellas o con entidades privadas, asociaciones o personas físicas, con fines de promoción y comercialización de productos o destinos turísticos.	
g) Centrales de reservas de asociaciones empresariales	Son instituciones, sin ánimo de lucro, que, a través de su página web, ponen a disposición de los asociados su web de reservas para facilitar la comercialización de sus establecimientos, permitiendo a los usuarios realizar reservas en las empresas incluidas en sus asociaciones.	
h) *Contact center* o *call center* turístico	Es un servicio de atención telefónica al turista, operado por agentes o teleoperadores, a través del cual se atienden consultas y quejas, se realizan reservas, etc., en diferentes idiomas.	

Figura 4.6. El cliente accede a la web de la empresa y realiza la reserva.

Figura 4.7. Internet como canal de distribución directa.

Figura 4.8. Distribución a través de la web de una compañía aérea.

Actividad propuesta 4.2.

Realiza un cuadro en el que se reflejen las ventajas y desventajas de los canales de distribución directa e indirecta en el sector turístico.

Tabla 4.3. Canales de distribución indirecta

Tradicionales, clásicos u *offline*	
a) Los turoperadores o agencias de viajes mayoristas	Su actividad principal es el diseño, elaboración y distribución de paquetes turísticos que se ponen en el mercado con anterioridad a la demanda. Negocian con los empresarios turísticos el disfrute del servicio ofertado por aquellos, por parte de los turistas. Para ello adquieren, con gran anticipación, grandes cantidades de servicios turísticos, con lo que consiguen buenos precios. Así construyen paquetes turísticos cuyos precios son más bajos que lo que el cliente tendría que pagar si comprase de forma individual cada uno de los productos/servicios que lo componen. Los turoperadores turísticos venden sus paquetes a través de agencias de viajes y al consumidor final, mientras que las agencias mayoristas solo lo hacen a las agencias de viajes minoristas, no pudiendo vender directamente al consumidor final.
b) Las agencias de viajes minoristas	Son aquellas que o bien comercializan el producto de las agencias mayoristas vendiéndolo directamente al usuario turístico, o bien proyectan, elaboran, organizan o venden toda clase de servicios y viajes combinados directamente al usuario turístico; no pueden ofrecer ni comercializar sus productos a través de otras agencias de viajes.
c) Las agencias de viajes mayoristas-minoristas	Son aquellas que pueden simultanear la actividad de las mayoristas y de las minoristas, es decir, pueden vender directamente al usuario final o elaborar sus propios paquetes turísticos y venderlos además a otras agencias.
d) Centrales de reservas independientes de prestadores	Son centrales de reservas a las que se puede adherir cualquier hotel, sirviéndose de ellas para distribuir su oferta a cambio del pago de una comisión o una cuota anual.
e) Centrales de reservas de Administraciones Públicas o entidades gestoras de un destino	Ayudan a las empresas del sector turístico que desean estar en su base de datos e informan a quienes entran en ellas de todas las posibilidades de turismo que existe en su zona. No pretenden sustituir a otros intermediarios turísticos, sino acercar al turista a la reserva.
f) Otros intermediarios mayoristas: *brokers* y *wholesalers*	***Brokers:*** se dedican a comercializar solamente un tipo de producto turístico, en el que son especialistas, actúan como mayorista y ofrecen una amplia gama del producto en cuestión y trabajan con diversos proveedores, a los que representan ante los principales intermediarios mayoristas internacionales. Poseen una alta capacidad de compra, por lo que pueden obtener precios más bajos. Los principales exponentes de este tipo de empresas son los *brokers* aéreos (*air brokers*) que gestionan unidades de transporte aéreo; y los hoteleros (*hotel brokers*), que lo hacen con unidades de alojamiento. ***Wholesalers:*** mayoristas que se anticipan a la demanda adquiriendo (reservando) grandes cantidades de producto turístico en firme para posteriormente negociar con otros intermediarios su derecho de uso. Operan en grandes eventos, como olimpiadas, exposiciones universales, mundiales, festivales internacionales, etcétera.
Tecnológicos, digitales u *online*	
g) GDS *(Global Distribution Systems)*	Sistemas globales de distribución (GDS). Son sistemas informatizados de reservas que evolucionan y se desarrollan a partir de los *Computerized Reservation Systems* (CRS), sistemas computerizados de reservas, que nacieron vinculados al sector aéreo. Los GDS son un nuevo y más amplio concepto de los CRS, que incluyen en sus bases de datos no solo información sobre vuelos, sino también sobre un amplio número de productos turísticos, permitiendo a las agencias de viajes la realización de reservas o bloqueos temporales y la venta de dichos productos turísticos. Además, proporcionan nuevas prestaciones como bases de datos de clientes, agendas, conexión con los programas de gestión interna y ventas o la emisión del billete electrónico.
h) IDS *(Internet Distribution System)*	Son sistemas basados en internet como único canal de distribución y de transmisión de información. Estos sistemas, por la importancia que tienen, se explicarán en el Apartado 4.1.7 de nuevas tendencias de los canales de distribución.

Actividad resuelta 4.2.

La función básica de un GDS es conectar electrónicamente a proveedores y agencias de viaje de manera que, a través de un terminal o PC y un *software* de usuario, el agente de viajes puede consultar la oferta disponible sobre empresas turísticas en todo el mundo, compararla, cotizar precios, reservar servicios e imprimir la documentación de servicios de viaje de múltiples categorías de proveedores y un gran número de ellos representando a cada categoría.

Averigua:

a) El nombre de los principales GDS con los que trabajan actualmente las principales agencias de viajes de todo el mundo.

b) Cuáles son los productos o servicios que componen la oferta de un GDS.

c) El nombre del GDS líder en España.

SOLUCIÓN

a) Los principales GDS son Amadeus, Sabre y Travelport (que compró dos de los principales GDS existentes hasta ese momento de ámbito mundial: Galileo y Worldspan).

b) La oferta de un GDS la compone una gran variedad de productos o servicios turísticos, tales como líneas aéreas, cadenas hoteleras, compañías de alquiler de coches, empresas aseguradoras, cruceros, compañías de ferry, ferrocarriles y turoperadores, reservas de restaurantes, entradas a teatros, etcétera.

c) El GDS líder en España es Amadeus.

Actividad propuesta 4.3.

NDC (*New Distribution Capability*/Nueva Capacidad de Distribución) es una iniciativa creada por IATA (Asociación Internacional de Transporte Aéreo). Su finalidad es permitir a las aerolíneas vender sus productos y servicios, prescindiendo paulatinamente de los grandes GDS y creando su propio lenguaje de reservas de la mano de IATA.

Averigua en qué consiste el NDC en la distribución turística.

Actividad propuesta 4.4.

Responde a las siguientes situaciones de distribución:

a) ¿Qué tipo de canal de distribución puede utilizar un hotel de ciudad que ofrece sus instalaciones a empresas de su localidad para que realicen un evento en las mismas?

b) Si ha sido el cliente (la empresa) quien acudiera a una agencia de viajes y esta realizara la captación y confirmación del evento, contactando para ello con el hotel, ¿qué canal de distribución se está utilizando?

Recuerda

Una de las decisiones de mayor dificultad en el contexto de la distribución turística es la selección de los canales idóneos y el número adecuado de niveles (agentes concretos de ese canal con los que se dispone a trabajar).

4.1.5. Selección de los canales de distribución

Como se ha visto en el apartado anterior, las **alternativas de distribución** con las que se encuentra el productor, proveedor o prestatario de productos o servicios turísticos son numerosas.

La **selección de los canales idóneos para el sistema de distribución** y **el número adecuado de niveles** es una de las decisiones de mayor dificultad en el contexto de la distribución turística. Es necesario decidir, en primer lugar, los canales a utilizar por la empresa y, seguidamente, los agentes concretos de ese canal con los que se dispone a trabajar. Uno de los principales factores a analizar para la elección de los canales de distribución son las características de los intermediarios en cuanto a la disponibilidad, la eficiencia y la compatibilidad de los mismos con los objetivos de la empresa. Es importante considerar que estos canales son casi tan importantes como el propio personal de la empresa, dado que además de realizar la labor propia de distribución, también llevan a cabo tareas de comunicación, informando sobre los productos y servicios comercializados, además de representar la imagen de la compañía ante el cliente.

Figura 4.9. Las agencias de viajes como canal de distribución indirecto.

Figura 4.10. Existen numerosas alternativas de distribución en el sector turístico.

Recuerda

En el momento de seleccionar los canales de distribución se deben definir las tareas y las responsabilidades que asume cada parte de forma muy clara.

La empresa proveedora de productos o servicios turísticos necesita realizar un análisis exhaustivo de los factores que inciden especialmente en la selección de los canales y, por supuesto, los efectos de dicha decisión.

Actividad resuelta 4.3.

¿Qué factores se deben considerar antes de tomar la decisión de seleccionar los canales de distribución?

SOLUCIÓN

Entre los factores más importantes se encuentran los siguientes:

- Las características del mercado o del segmento del mercado al que se dirige la empresa.
- Las características del producto o del servicio a distribuir.
- La política de marca.
- Los objetivos de la estrategia comercial de la empresa.
- Los recursos disponibles, los ingresos esperados y los costes generados.
- El nivel de competencia existente.
- Las cuestiones legales.
- Las relaciones y la compatibilidad entre los distintos canales para evitar conflictos entre ellos.
- Las características de los canales, examinándose una serie de aspectos tales como:
  - La calidad de servicio de los mismos.
  - La compatibilidad de sus objetivos con los del productor del producto o servicio.
  - La adecuación de su imagen a la del productor del producto o servicio.
  - Los costes e incentivos a aplicar (tarifas y comisiones a pagar).
  - La compatibilidad de la oferta de la empresa con la del resto de productos que distribuya el canal.
  - La flexibilidad de los canales.
  - La cobertura de mercado proporcionada.
  - El potencial de ventas, etcétera.

En el momento de realizar dicha selección de canales, se han de definir claramente las tareas y responsabilidades que asume cada parte.

Las distintas posibilidades de canales de distribución **no son necesariamente excluyentes,** pudiendo una empresa simultanear ambos tipos de distribución para distintos mercados e incluso iguales, pero debiéndose considerar siempre los efectos e influencias que anteriormente se han expuesto. En la práctica, la mayoría de productores turísticos combinan la distribución directa con la indirecta, diversificando los canales de distribución e intentando lograr un equilibrio entre los distintos canales.

Figura 4.11. La empresa proveedora de productos o servicios turísticos realizará un análisis de los factores que inciden en la selección de los canales.

El proceso de transformación de la distribución turística ha dado lugar a un nuevo escenario, como resultado de las nuevas tecnologías. Todo ello ha supuesto la aparición de dos estrategias: **multicanalidad y omnicanalidad.** Con la estrategia de multicanalidad el producto llega al potencial comprador por distintos canales, pero sin que haya conexión e integración entre ellos. Esto implica que una vez el cliente inicia su compra por un canal específico, debe finalizar el proceso por ese mismo medio. Sin embargo, la omnicanalidad implica un paso más: permite una interacción y sincronización entre los diferentes canales, es decir, la posibilidad de cambiar de canal para que el cliente disponga de la máxima atención posible y que la experiencia de compra sea lo más gratificante, positiva y personalizada posible. Se trata de atender al cliente dónde, cómo y cuando quiera. Como consecuencia de la evolución del consumidor, que exige una mejor respuesta y atención desde cualquier punto y en cualquier momento, las empresas y organizaciones turísticas deben desarrollar la estrategia de omnicanalidad. Esta interacción entre los diferentes canales debe permitir que el propio cliente comience la experiencia de compra, por ejemplo, en un dispositivo móvil, que pueda pasar por la atención telefónica y terminar la compra en la página web, obteniendo la misma experiencia en cada uno de los canales.

1. Estrategias de cobertura del mercado

a) Intensiva
b) Selectiva
c) Exclusiva

2. Estrategias de relación y negociación con el distribuidor

- *Push*
- *Pull*
- Mixta

Figura 4.12. Estrategias de distribución.

4.1.6. Estrategias de distribución

El departamento comercial o de marketing debe estudiar la forma en que sus servicios llegan a sus clientes potenciales. De la misma forma que en cualquier otra estrategia, las alternativas son múltiples. Todo esto hace que haya que ser especialmente cuidadosos en las decisiones que se deben tomar. Las decisiones se podrían resumir en dos:

1. **Estrategias de cobertura del mercado:** en las que el prestador de servicios decide con qué canales y número de intermediarios va a llegar a sus clientes. En este sentido el prestador de servicios o empresa oferente tiene tres alternativas o modalidades de distribución (véase la Tabla 4.4).

Tabla 4.4. Estrategias de cobertura del mercado

Estrategias	Alternativas de distribución según la cobertura de mercado	Ejemplos
a) Intensiva 	Implica la utilización de un gran número de intermediarios con el objetivo de estar presente en la mayor cantidad posible de puntos de venta. La empresa proveedora de productos o servicios turísticos estará presente en cualquier canal en el que pueda generar ventas. Es más utilizada cuando se trata de productos turísticos estandarizados, que pueden ser de compra frecuente, poco diferenciados y de precios relativamente bajos.	Billetes de avión, hoteles de ciudad, paquetes vacacionales masivos poco diferenciados, etc. Un caso ilustrativo en el sector turístico sería el de un hotel que utiliza todos los canales a su alcance (turoperadores, agencias de viajes, centrales de reserva, página web propia, etc.), para generar ventas de turismo de masas.
b) Selectiva 	Supone utilizar un número limitado de intermediarios o puntos de venta, con unas características que se adapten a los requisitos de la empresa y que pueden ser suficientes para distribuir el producto o servicio turístico. Se elige entre los canales y los puntos de venta disponibles y se opta por un *mix* que se adapte a los objetivos planteados. Se dirige a segmentos más rentables o interesantes del mercado.	El caso de turismo de aventura, que se distribuye únicamente por canales especializados, como agencias de viajes especializadas en dicho turismo de aventura y páginas de internet específicas.
c) Exclusiva 	Es un caso extremo de la estrategia selectiva, en el que se limita la posibilidad de distribución a un único o a unos determinados (pocos) intermediarios mediante acuerdos en exclusividad de venta de un determinado producto turístico o marca, en un territorio o área de mercado concreto. Se suele utilizar para los productos de mayor prestigio y valor, en los que el control de la calidad es crítico o el trato personal así lo exige.	Esta estrategia solo tiene sentido para el caso de algún hotel selecto, de gran lujo y único, o de poca capacidad, como un hotel *boutique* o un hotel arte.

Figura 4.13. Productos turísticos estandarizados. Estrategia intensiva.

Figura 4.14. Turismo de aventura. Estrategia selectiva.

Figura 4.15. Hotel selecto. Estrategia exclusiva.

Recuerda

Cuando se ofrecen al intermediario incentivos elevados, generalmente en forma de comisión, se utiliza la estrategia *push* o empuje.

Figura 4.16. Estrategia ***pull*** o atracción. Regalos atractivos para el cliente.

Sabías que...

Han entrado en el mercado turístico agencias especializadas en reservas de último minuto que, gracias a una aplicación para el móvil, permiten realizar una reserva para esa misma noche (aunque no para más) a precios muy inferiores a los de otros canales.

2. **Estrategias de relación y negociación con el distribuidor:** en las que es el departamento de marketing el que decide la forma en que se relaciona con el canal, el planteamiento y la activación conjunta de la demanda. Atendiendo a dicho grado de relación o interacción con el canal se puede hablar de tres tipos de estrategia:

   - ***Push* o empuje:** ocurre cuando se ofrecen al intermediario incentivos elevados, generalmente en forma de comisión, para que este actúe como prescriptor e influya en los consumidores dirigiendo la demanda hacia los productos de la empresa productora de productos o servicios turísticos. Este enfoque de distribución es planteado por la empresa proveedora hacia el intermediario para que este realice la venta y sea el encargado de captar al cliente. El productor planifica que el canal le sirva como instrumento para promover su producto. Es el caso común de muchos establecimientos que delegan las tareas de distribución en las agencias de viajes a las que recompensan con generosas comisiones.
   - ***Pull* o atracción:** el que oferta el servicio dirige sus esfuerzos y ejerce su presión hacia el cliente final. Puede valerse para ello de su marca (conocida en el mercado), puntos de fidelización o regalos atractivos, entre otras herramientas, de modo que el cliente solicite y exija al canal los servicios o productos de la empresa proveedora, la cual centra su esfuerzo en la notoriedad de la marca y la fidelización del cliente final, y no sobre el intermediario, como ocurría en el caso anterior. Muchas líneas aéreas tratan de implantar una estrategia de atracción, donde el papel de la agencia de viajes pierde protagonismo, al igual que disminuye la comisión que recibe. Para ello recurren, por ejemplo, a las tarjetas de fidelización, que al acumular un número concreto de puntos, dan lugar al regalo de un vuelo gratis.
   - **Mixta:** en la mayoría de las ocasiones se da una combinación de las dos estrategias anteriores, lo que permite una gestión globalizada de la distribución y una participación más activa del cliente e intermediario.

La elección de cualquiera de estas estrategias supone varias implicaciones posteriores, lo que determina que cada empresa debe meditar sobre la mejor opción en función de su caso específico y mejorar la estrategia de distribución e innovar pensando en cómo conseguir mejor sus objetivos y satisfacer al cliente.

4.1.7. Nuevas tendencias de los canales de distribución

Aunque hoy en día se sigue operando con los canales de distribución tradicionales, los cambios sociales y económicos, los avances experimentados por las TIC y la generalización en el uso de internet están provocando cambios constantes y de forma cada vez más rápida en los canales de distribución, modificando la actividad de la intermediación turística. Permiten tanto la aparición de nuevos agentes intermediarios como la adaptación de los modelos de negocio de quienes ya operaban en el sistema turístico. Internet ha posibilitado importantes mejoras, permitiendo llegar al consumidor final, en modo *online* (conexión total) y *ontime* (respuesta inmediata).

El sector turístico no ha sido ajeno a los continuos avances tecnológicos, y es uno de los más influenciados en la actualidad. Las nuevas TIC están transformando los circuitos tradicionales y favoreciendo la creación e implantación de nuevos canales de distribución más dinámicos y eficaces, afectando a todos los agentes a lo largo del canal de distribución.

Entre las **tendencias en el sector** en relación con la evolución de las nuevas tecnologías, cabe destacar los siguientes aspectos:

1. **El desarrollo de internet:** ha modificado la forma tradicional de distribución de los productos turísticos. Las aplicaciones que operan sobre el soporte www (*World Wide Web*) evolucionan con el objetivo de incrementar la participación de los usuarios y el volumen de compras realizado por los mismos a través de internet. Los consumidores hacen cada vez un mayor uso de aplicaciones web cuando planifican y adquieren sus viajes. El conjunto de actividades relacionadas con las transacciones comerciales efectuadas a través de internet se conoce con el nombre de comercio electrónico o *e-commerce*. Se ha convertido en parte esencial de la distribución turística. La mayoría de los intermediarios turísticos tradicionales han adaptado su modelo de negocio con la combinación y complementariedad de la distribución *online* y *offline*. A medida que han ido apareciendo nuevos dispositivos electrónicos se han ido desarrollando **nuevas ramas del *e-commerce*:**

   - **Comercio móvil o *m-commerce* (*mobile commerce*):** alude a las transacciones comerciales realizadas a través de dispositivos de mano inalámbricos como teléfonos móviles, tabletas, PDA (*Personal Digital Assistant*), etc. Los dispositivos móviles se han convertido en un importante canal para la distribución y la venta de productos turísticos. Pueden ser utilizados por todas las empresas, con independencia de su tamaño.
   - **Comercio social o *s-commerce* (*social commerce*):** hace referencia a la distribución y venta de productos o servicios a través de los medios sociales. Además, permite al usuario, cliente o turista dejar comentarios.

   Los IDS (*Internet Distribution System*) incluyen los siguientes canales de distribución:

   - **Webs de empresas turísticas.** Los sitios web de las empresas turísticas han facilitado el contacto directo con el consumidor

Recuerda

Las webs de empresas turísticas han facilitado el contacto directo con el consumidor final y la posibilidad de realizar reservas *online*.

Sabías que...

Debido al importante porcentaje que suponen los viajes de negocios se observa una tendencia creciente por parte de operadores virtuales para ofrecer productos a este importante segmento del mercado formado por los clientes corporativos.

Sabías que...

El *m-commerce* está haciendo que muchos operadores reorienten sus estrategias mediante la creación de portales WAP (*Wireless Application Protocol*) para la comercialización de sus productos.

Figura 4.17. Agencias de viajes virtuales.

final y la posibilidad de realizar reservas *online*, con aplicaciones B2C (*Business to Consumer*), para realizar comercio electrónico con el consumidor final y B2B (*Business to Business*) para realizar comercio electrónico con empresas, agencias de viajes y proveedores.

- **Agencias de viajes virtuales.** También conocidas con el nombre de OTA (*Online Travel Agency*). Solo existen en internet, sin oficinas físicas. Estas agencias cruzan las distintas opciones y precios de gran número de proveedores. Entre las ventajas de estas agencias de viajes destacan la comodidad (el cliente se puede reservar un viaje sin salir de casa), la accesibilidad, la rapidez y la posibilidad de poderse confeccionar su propio viaje, adquiriendo diversos productos turísticos encaminados a satisfacer una necesidad global, como pueden ser el alojamiento, transporte o servicios complementarios, en forma de un único producto total con un precio único y la posibilidad de personalizar cada componente del mismo. El producto resultante se conoce como paquete **dinámico** (*dynamic package*).
- ***Destination Management Company* (DMC).** Son agencias que ofrecen soluciones globales para todo tipo de eventos y viajes corporativos. Se ocupan de planificar todo el programa y las reservas de todos los servicios que conforman el mismo.

Actividad propuesta 4.5.

Localiza al menos ocho de las agencias de viajes *online* más importantes en España.

- **Buscadores** o **motores de búsqueda (*search engine*).** Son sistemas informáticos capaces de realizar una búsqueda lo más rápido posible de un archivo que esté alojado en cualquiera de los servidores web. En el sector turístico existen buscadores especializados, que lanzan las consultas sobre unas bases de datos que contienen información especializada en un campo o área.
- **Infomediarios.** Se denominan infomediarios a un conjunto de nuevos negocios de intermediación turística que plantean modos operativos más característicos del marketing digital.
  - **Metabuscadores o comparadores (*meta-search engine*).** Son sistemas informáticos que localizan información en los motores de búsqueda más usados y comparan un mismo producto o servicio en distintos canales de venta. No suelen tener una base de datos propia, sino que emplean los resultados de otros buscadores. Se suele decir que un metabuscador es un buscador de buscadores.

    Obtienen y organizan grandes cantidades de datos, actuando como intermediario entre los que desean la información y los que la proveen, proporcionando un servicio de búsqueda compleja que lleva a los compradores hacia las opciones más adecuadas a las necesidades y deseos que hayan indicado, en función de los filtros utilizados por los compradores.
  - **Innomediarios.**

    a) **Portales de compra colectiva.** Conectan a los proveedores turísticos con sus comunidades de clientes para que realicen unas ofertas concretas en precio, unidades y duración.

Figura 4.18. La distribución electrónica de servicios turísticos.

b) **Cajas de experiencia.** Reinvención de los paquetes turísticos pero muy tematizados, creando una amplia cartera de posibilidad, que permiten a muchas empresas turísticas llegar a nuevos tipos de turistas. Han generado un nuevo modelo de compra del turismo como producto de regalo. Los proveedores/productores turísticos pueden establecer unas condiciones máximas o cupos para la aceptación de este tipo de paquetes.

- **Subastadores.** Herramienta que ofrece a los productores turísticos la posibilidad de reducir de forma agresiva sus excedentes. El potencial cliente propone un determinado precio. Si el productor lo acepta, se cierra la reserva. Si contesta que no lo acepta, el comprador puede ofrecer un precio superior.

- **Consolidadores.** Son empresas que aportan a las agencias de viajes independientes, calidad de servicio con tecnología de última generación, tanto en el área de transportes (con licencia IATA) como en el de alojamiento. Ofrecen la posibilidad de efectuar reservas y emisiones de forma rápida e intuitiva.

2. **La desintermediación.** Consiste en reducir o eliminar a los intermediarios en el canal de distribución tradicional, de manera que un proveedor turístico puede vender directamente al consumidor final. Esto no implica que la empresa turística deje de funcionar con los canales tradicionales de distribución.

3. **La reintermediación e hipermediación.** La aparición de nuevos agentes *online* en el mapa de la distribución turística nos permite afirmar que se está asistiendo a un proceso de **reintermediación.** Supone la sustitución de varios de los agentes tradicionales presentes en los canales de distribución que son reemplazados por nuevos operadores que actúan *online* a través de internet. Son el resultado de las nuevas tecnologías y la adaptación a los nuevos escenarios. Pueden ser intermediarios de nueva aparición o turoperadores reconvertidos tecnológicamente. La **hipermediación** es el escenario en el que los procesos de intermediación se intensifican, multiplicándose el número de intermediarios, y se vuelven más complejos.

Otras tendencias en los canales de distribución surgen como una forma de competir en el sector turístico ante la globalización de la economía.

La actual situación de enorme competencia en la distribución de productos turísticos favorece que se usen estrategias de control de los canales, siendo la **concentración** y la **integración** las estrategias más usadas para competir en el sector del turismo. La OMT define la integración como «una estrategia de negocios por la que se agrupan, mediante acuerdos de cooperación o asociación a largo plazo, distintas empresas, independientemente del tipo de actividad a que cada una se dedique». Tradicionalmente los canales de distribución han estado formados por empresas independientes. Sin embargo, en los últimos años se ha registrado una tendencia a procesos de integración y concentración. Las estrategias de integración desarrolladas por muchas empresas del sector, que ayudan a aumentar el control global sobre el proceso de distribución y el poder de mercado de la empresa, son las siguientes:

Recuerda

La **reintermediación** es la sustitución de los agentes tradicionales presentes en los canales de distribución por otros agentes que actúan *online* a través de internet, por lo que pueden ser nuevos intermediarios o empresas reconvertidas tecnológicamente.

Sabías que...

El *Channel Manager* simplifica el proceso de distribución y se ha convertido en un *software* imprescindible para el hotelero, ya que le permite administrar y establecer sus precios en todos los canales posibles, así como controlar la paridad.

- **Integración vertical.** Se da cuando se agrupan empresas situadas en distintos niveles del canal de distribución, produciéndose la cooperación entre todas las empresas integrantes.
- **Integración horizontal.** Se produce cuando se agrupan empresas que están en el mismo nivel dentro del canal de distribución, que supone la alianza con la competencia, como podría ser el caso de fusiones de líneas aéreas, cadenas hoteleras compradas por otras o agencias de viajes que se unen y forman un grupo.
- **Integración diagonal.** Consiste en la colaboración o unión entre empresas de distintos sectores. Se basa en el interés de conseguir una mejor competitividad para satisfacer mejor al cliente. Es común que empresas que pertenecen a otras industrias distintas de las turísticas (financieras, construcción, sectores industriales, etc.) participen y diversifiquen su producción, implicándose en el sector turístico, en el que invierten estableciendo acuerdos o adquiriendo negocios.

Actividad resuelta 4.4.

El aumento de los canales de distribución *online* ha hecho que la gestión de cada uno de ellos sea tarea complicada. Por ello han surgido multitud de empresas que ofertan a los establecimientos de alojamiento una herramienta que facilita dicha gestión.

a) ¿Cómo se denomina dicha herramienta y en qué consiste?

b) Averigua los beneficios que se obtienen al disponer de la herramienta del punto anterior.

SOLUCIÓN

a) Se denomina *Channel Manager*. Se trata de una herramienta informática que gestiona de forma centralizada la oferta turística de la empresa en todos los canales de distribución que utiliza [todo el inventario de habitaciones y precios que un hotel tiene con sitios de reservas desde una misma y única plataforma que lo distribuye por todos los canales de distribución *online* que tenga contratados (OTA, IDS, GDS, TT. OO., etc.)]. Unifica todas las plataformas disponibles en una sola pantalla para no tener que ir de una a otra en cada consulta. El objetivo principal de un *Channel Manager* es optimizar la distribución, a nivel mundial, de los productos.

b) Entre los beneficios de disponer de un *Channel Manager* se pueden citar los siguientes:

- Ahorro de costes y tiempo.
- Aumento de los ingresos (las ventas por internet se incrementan, al poderse utilizar muchos más canales de distribución, tanto directos como indirectos).
- Prevención de los *overbookings*.
- Reducción de errores.
- Reducción del tiempo de actualización de los precios y las disponibilidades, de forma eficiente y estructurada.

Actividad propuesta 4.6.

Contesta a las siguientes cuestiones sobre las estrategias de integración:

a) Principales beneficios de las estrategias de integración en general.

b) Localiza ejemplos de integración vertical, de integración horizontal y de integración diagonal en el sector turístico.

4.2. La comunicación turística

La **comunicación** es una herramienta fundamental para la estrategia global en cualquier empresa que anhele estar bien posicionada en el mercado. No supone que la comunicación sea la clave del éxito de una empresa o destino turístico, pero sí que forma una parte muy importante del mismo.

4.2.1. Concepto de comunicación turística

La **comunicación turística** es una de las herramientas más importantes con que cuentan las empresas turísticas y debe ser planificada y gestionada atendiendo a criterios racionales y buscando una coherencia absoluta con los planteamientos estratégicos de la empresa y con los otros elementos del marketing-mix.

Figura 4.19. La comunicación persuade, recuerda y refuerza el producto, servicio o marca turística.

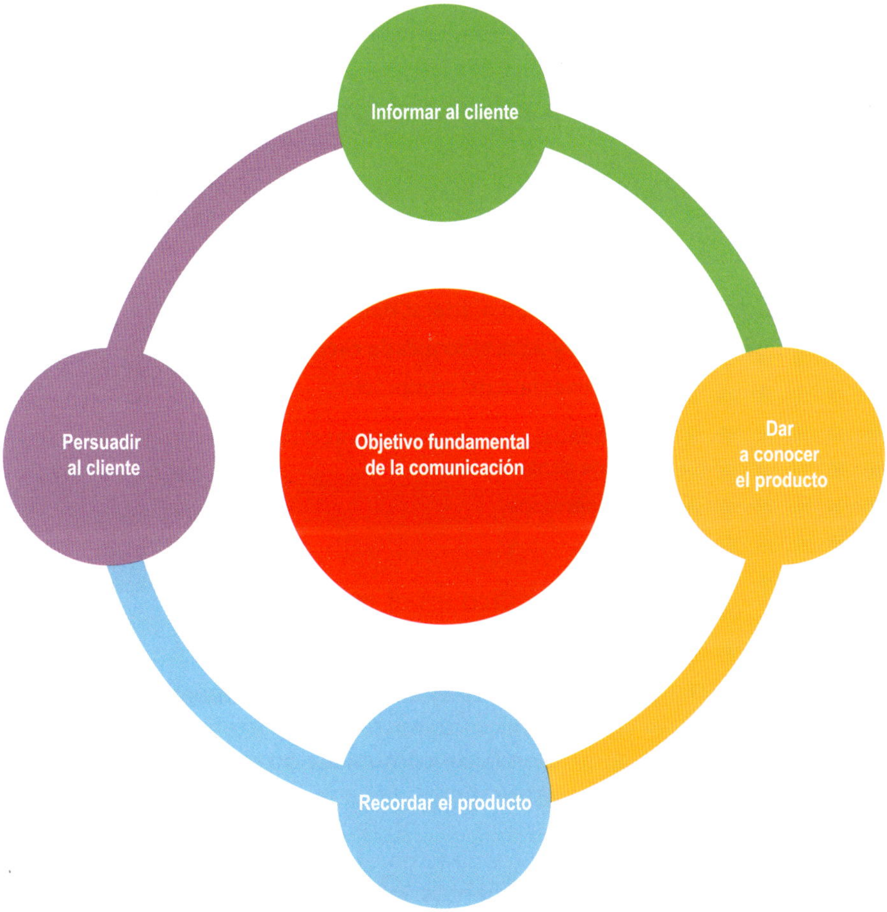

Figura 4.20. Objetivo fundamental de la comunicación.

El objetivo de la comunicación turística persigue:

- Incitar/inducir al cliente a comprar.
- Fidelizar al cliente.
- Crear una imagen de empresa y/o marca.

En turismo la comunicación se establece antes, durante y después de la prestación de los servicios y todos los prestadores de los servicios contribuyen a la imagen que el cliente se forma del producto o destino y de las empresas turísticas que intervienen en el proceso.

4.2.2. Funciones de la comunicación turística

Son las que se muestran en la Tabla 4.5:

Tabla 4.5. Funciones de la comunicación turística

Funciones	Explicación
1. Informar sobre la empresa y sobre sus productos y servicios	• Difundir datos e ideas que lleguen a ser conocidos por los compradores. • Dar a conocer la existencia del producto, sus características, funciones y potencialidades. • Dar a conocer al mercado su valor añadido y potenciar sus características diferenciadoras. • Contrarrestar situaciones negativas y las actividades de la competencia.
2. Persuadir, recordar y reforzar	• Incitar al consumidor a la adquisición del producto o servicio a través de mensajes de carácter positivo, resaltando las fortalezas del mismo. • Recordar los beneficios y atributos distintivos del producto o servicio.
3. Transmitir los canales de distribución a los consumidores	• Dar a conocer a los consumidores la existencia de los diferentes canales de distribución de los productos o servicios turísticos de la empresa.
4. Contribuir al conocimiento y al posicionamiento de la empresa, productos o servicios	• A través de una marca consolidada para destacar en un mercado altamente competitivo, facilitando su identificación y diferenciación. • Acercar el concepto y la imagen de marca de la compañía al público objetivo. • Hacer *branding* (gestión de la marca) de forma que se potencie la imagen de marca de la empresa dentro del sector.
5. Ayudar a los vendedores	• Presentar el producto, ampliar información o aclarar dudas. • Transmitir un mensaje personalizado y adaptado a cada cliente. • Obtener una respuesta directa e inmediata del comprador.
6. Argumentar las posibilidades de los productos o servicios	• Demostrar o justificar las oportunidades que ofrecen los productos o servicios para satisfacer los requerimientos de los consumidores. • Crear interés por los productos o servicios.

Recuerda

El *mix* de comunicación está formado por diferentes instrumentos o herramientas de comunicación comercial que una empresa puede utilizar, para llegar a diferentes tipos de clientes con el fin de informar, dar a conocer, recordar o reforzar una oferta, que directa o indirectamente satisfaga la relación de intercambio entre oferentes y demandantes.

4.2.3. La comunicación turística en el *mix* promocional o *mix* de comunicación

La comunicación o promoción es el elemento del marketing-mix que se refiere a la comunicación al público objetivo de la existencia de los productos o servicios. Se entiende por ***mix* de comunicación** el establecimiento programado de los diferentes instrumentos de la comunicación comercial que una empresa va a utilizar y el grado de cohesión entre ellos. La combinación concreta que cada empresa u organización efectúe, y el peso específico que otorgue a cada uno de los instrumentos, constituyen su ***mix* promocional.**

4.2.4. Instrumentos o herramientas de comunicación en el sector turístico

Las empresas deben combinar y coordinar los instrumentos de comunicación, integrando un determinado *mix* de comunicación para alcanzar a diferentes tipos de clientes, enfrentarse a distintas situaciones competitivas y, en definitiva, conseguir sus propios objetivos del modo más eficiente.

Las principales herramientas o instrumentos del *mix* de comunicación o *mix* promocional que se utilizan en el sector turístico son las que aparecen en la figura 4.21.

Figura 4.21. Instrumentos del *mix* de comunicación o *mix* promocional en el sector turístico.

La publicidad

La **publicidad** es un instrumento de comunicación de masas, de carácter impersonal, unilateral, remunerado y controlado, por el cual una empresa se dirige a un público objetivo, que tiene como finalidad la difusión de informaciones, el desarrollo (producir o cambiar) de actitudes y comportamientos y la inducción a la compra de un determinado producto o servicio. Desde el punto de vista del marketing la publicidad da a conocer o recuerda el producto, servicio o marca.

Características fundamentales de la publicidad

- Instrumento de carácter masivo. Puede hacer llegar el mensaje que se quiere transmitir a la mayoría del público objetivo al que va dirigido, utilizando medios de comunicación de masas.
- Instrumento unilateral (no hay interacción entre emisor y receptor). El emisor controla totalmente el mensaje, es decir, escoge el contenido y la extensión del mensaje, así como los medios de comunicación utilizados y el momento del tiempo y la frecuencia de emisión del mismo.
- Instrumento impersonal. Se dirige a una audiencia anónima, por lo que puede no ser tan persuasivo como la comunicación personal.
- Rapidez y eficacia. Sus acciones obtienen una respuesta inmediata sea cual sea el objetivo propuesto: incremento de las ventas, reconocimiento de marca o notoriedad de la empresa.
- Pagada. El emisor paga la inserción de un anuncio o la utilización de un espacio en los medios de comunicación.
- Desarrollo en un espacio y tiempo limitados. Determinado por los propios medios de comunicación y por el precio que se está dispuesto a pagar.

Sabías que...

El *mix* promocional dependerá del presupuesto disponible, de las características del producto o servicio, del público o del objetivo a los que se dirige, de los objetivos de la campaña de comunicación, de las actuaciones de la competencia y de la estrategia general de la empresa.

Recuerda

Entre las características fundamentales de la publicidad, decimos que su campo de trabajo es un espacio limitado en un tiempo también limitado, y que serán los propios medios de comunicación y el precio que se está dispuesto a pagar lo que determine su duración.

Figura 4.22. Publicidad de producto, servicio o marca.

Recuerda

El soporte es un canal de comunicación específico por el que se puede transmitir un mensaje publicitario, mientras que el medio engloba a un conjunto de soportes homogéneos.

La acción publicitaria

La acción publicitaria se desarrolla en dos etapas:

a) **El desarrollo del mensaje publicitario.** Un mensaje publicitario se confecciona para dar a conocer una marca, producto o servicio, con el objetivo de captar la atención del público al que va dirigido, para que se generen las ventas que pretende conseguir la empresa. Puede ser transmitido a través de algún enunciado, imagen o alguna unión de estos. Para que el mensaje sea efectivo debe tener en cuenta los siguientes aspectos: ser claro, conciso, focalizado, persuasivo, directo y creíble.

b) **El plan de medios y soportes publicitarios.** Los **medios** y **soportes** constituyen todos los vehículos o canales por los cuales se transmiten los mensajes publicitarios. El **soporte** se define como un canal de comunicación específico por el que se puede transmitir un mensaje publicitario, y el **medio** engloba a un conjunto de soportes homogéneos.

En la Tabla 4.6 se pueden apreciar tanto los medios publicitarios como los soportes y las formas publicitarias.

Tabla 4.6. Medios, soportes y formas publicitarias

Medios publicitarios	Soportes	Formas publicitarias
1. Prensa 	Diarios. Revistas. Publicaciones gratuitas. Suplementos.	Anuncios comerciales. Encartes. Anuncios clasificados. Anuncios por palabras. Comunicados. *Bartering*.
2. Radio 	Emisora y programa. Cadena y programa.	Cuñas. Publirreportajes. Microprogramas o microespacio. Consultorios. Patrocinios de programas. *Flash* o ráfaga.
3. Televisión 	Canal y programa. Cadena y programa.	*Spots* publicitarios. Publirreportajes. Infocomerciales. Patrocinios de programas. Sobreimpresiones. *Product placement*. *Bartering*. Telepromociones. Publicidad estática.
4. Cine 	Salas comerciales. Salas restringidas. Salas circunstanciales. Cineclub. Salas particulares.	Películas o *spots*. *Filmets*. Diapositivas. *Product placement*.

Sabías que...

La señalización digital, utilizada como medio publicitario, se puede definir como una red interconectada de pantallas digitales administradas y direccionables (capaces de ser activadas y accedidas remotamente) de manera centralizada para información enfocada, *merchandising*, promoción y publicidad.

Medios publicitarios	Soportes	Formas publicitarias
5. Publicidad exterior 	Vallas. Postes. Lonas. Mobiliario urbano (papeleras, puntos de información, contenedores, marquesinas, etcétera). Cabinas telefónicas. Medios de transporte. Aérea. Elementos móviles y semimóviles. Recintos deportivos. Anuncios luminosos. *Street marketing*.	Luminosos. Textos. Imagen. Imagen + textos.
6. Internet   	Buscadores. Redes sociales. Portales web. Foros/Blogs. Medios de comunicación *online:* • Periódicos *online*. • Televisión *online*. • Radio *online*. • Portales temáticos. • Revistas *online*.	*Banners*. Campaña de *e-mail*. *Web site* y *microsite*. *Intersticial*. *Ciberspot*. Otras formas, intrusivas, la ventana emergente o *pop-up window* y el *roadblock*. Igual que en TV o cine: el patrocinio, el emplazamiento de producto y el *bartering*. Vídeos o presentaciones *online*.
7. Otros medios publicitarios  	Objetos publicitarios. Directorios. Billetes de transportes públicos. Programas festivos. Carteles de actos públicos. Octavillas. Adhesivos. Andenes de metro. Pantallas digitales.	

Figura 4.23. Tipos de soportes publicitarios.

Actividad propuesta 4.7.

En la Tabla 4.6 habrás encontrado multitud de términos. Realiza las siguientes tareas:

a) Busca la traducción al español de todos los términos en inglés.

b) Averigua el significado de los términos que desconoces.

Actividad resuelta 4.5.

Para que una estrategia publicitaria tenga éxito es necesario seguir un proceso en el que se ha de contemplar una serie de aspectos. ¿Sabes cuáles son?

SOLUCIÓN

Los aspectos que ha de tener en cuenta una estrategia de publicidad son los siguientes:

- **Los objetivos específicos de la acción publicitaria:** qué se quiere comunicar. En el caso de la publicidad turística, los principales objetivos publicitarios son los siguientes:
  - Dar a conocer o informar sobre el producto o servicio.
  - Construir imagen de marca y posicionamiento.
  - Tangibilizar el producto.
  - Transmitir «calidad».
  - Desestacionalizar la demanda.
  - Desmontar estereotipos.
  - Resolver o paliar problemas eventuales.
- **Público objetivo:** a quién se quiere comunicar, es decir, el segmento o los segmentos de mercado que se quieren alcanzar con la acción publicitaria. Condicionará la definición del mensaje y el diseño del anuncio.
- **El presupuesto publicitario:** cómo se fija y distribuye. Se fija en función de los objetivos publicitarios establecidos previamente. Este vendrá determinado por una serie de variables, tales como la participación de la marca en el mercado, la diferenciación del producto, la etapa del ciclo de vida del producto y la intensidad de la competencia.
- **El mensaje publicitario:** es la parte creativa en la que se establece qué se dice y cómo se dice. La publicidad tendrá éxito si capta la atención de los consumidores y comunica bien el mensaje, por lo que se debe potenciar la creatividad, pero sin olvidar la eficacia. El mensaje debe destacar los beneficios del producto, diferenciar el producto de la oferta de la competencia y ser creíble. En el sector turístico el problema radica en la intangibilidad del producto (alojamiento, traslados aéreos, restauración, etc.), por lo que la presentación y la descripción del producto turístico en un mensaje supone una tarea bastante compleja.
- **Los medios de comunicación que se van a utilizar:** para ello se debe analizar el perfil de la audiencia de cada medio, así como el coste de cada uno en relación con su impacto sobre el público objetivo. Si una compañía aérea desea insertar un *spot* publicitario en una cadena de televisión debe saber elegir la que sea más adecuada, conocer los hábitos de compra de sus clientes para realizar la publicidad en el momento oportuno, etcétera.
- **El tiempo de la campaña:** cuándo y durante cuánto tiempo se va a comunicar.
- **El control y evaluación de la eficacia publicitaria:** es preciso medir el efecto de la comunicación y averiguar si el anuncio comunica bien el mensaje.

Sabías que...

Los folletos comunican, en forma de imágenes y palabras la existencia de los productos, así como sus características.

Material impreso

El **material impreso** ha sido, y sigue siendo, un instrumento fundamental en la comunicación tanto de productos/servicios como de destinos turísticos.

Normalmente van dirigidos a los consumidores. Los dirigidos a los intermediarios (canal de distribución) tienen un material de carácter más técnico, con el propósito de facilitar su labor de información.

Entre el material impreso, que sirve de apoyo a la variable comunicación en el programa de marketing-mix, se distinguen los siguientes tipos:

1. Los folletos

Los **folletos turísticos** son publicaciones expositivas breves, con elementos informativos y prácticos, que sirven para dar a conocer las características o atractivos principales de un producto o servicio relacionado con el turismo. Generalmente se distribuyen gratuitamente, con finalidad informativa o publicitaria para presentar destinos, exposiciones, museos, monumentos, espacios naturales, hoteles, ofertas turísticas, y un largo etcétera. Usualmente se presentan en forma de díptico, tríptico o similares. Incluyen imágenes que ilustran la información contenida en los textos, así como, de forma complementaria, enlaces web, direcciones, horarios, precios, mapas sencillos o códigos QR. Los folletos tradicionales, en papel, se quedan obsoletos rápidamente. Comportan un elevado coste de impresión, dificultad de modificación/actualización y, a menudo, de distribución.

El avance de las nuevas tecnologías ha permitido pasar del folleto turístico tradicional a una nueva forma denominada **folleto digital y/o interactivo,** que integra las capacidades del entorno digital (vídeo, *flash*, audio y *link*) al mundo de la edición, aportando un enfoque innovador con un contenido más directo, atractivo y de fácil acceso. Garantiza que está siempre y en cualquier dispositivo 24/7 a disposición de la persona interesada y con información actualizada.

Los folletos cumplen una serie de funciones importantes, que se detallan a continuación, en la Tabla 4.7.

Tabla 4.7. Funciones del folleto/catálogo de viajes

Función	Descripción
Sustituto del producto turístico en el punto de venta	Contiene información sobre las características del producto. Es una pieza fundamental a la hora de hacer tangible el producto turístico.
Da a conocer al consumidor las características del producto	Permite al consumidor conocer detalles del producto en profundidad, ya que da a conocer sus características de forma concreta, precisa y detallada.
Soporte para la función de ventas que desempeñan los intermediarios	Facilita al personal de contacto su tarea al contener la descripción de todos los aspectos de un producto/servicio turístico.
Sustituto o complemento de acciones publicitarias o de comunicación	Sirve de refuerzo a otras acciones de comunicación. En los casos de distribución directa entre productor y consumidor, sin la existencia de intermediarios, el papel de los folletos es básico, ya que es una fuente de información para el cliente.
Elemento contractual que actúa como garantía de lo que se va a recibir	Especialmente en el caso de los paquetes turísticos o viajes combinados, la directiva sobre viajes combinados de la Unión Europea establece regulaciones muy concretas sobre el contenido de los folletos, que actúan como prueba legal. Así, el consumidor insatisfecho puede reclamar cuando el producto no responde a lo descrito en esta.
Estimula la compra y demanda del producto o destino turístico	Se puede comprobar cuando se reparten en los mercados emisores, pues se observa un claro incremento de las reservas de viajes.
Mecanismo para facilitar la compra	La mayoría contiene información sobre cómo efectuar la reserva y la compra del producto.
Papel de refuerzo de la compra	Sustituye al producto desde que se efectúa la reserva hasta que se viaja o consume el producto, manteniendo la motivación inicial del consumidor.
Papel educativo	Facilita información básica sobre los lugares que se visita. En ocasiones trata de concienciar sobre cuestiones sociales, culturales y medioambientales.

Recuerda

Los folletos turísticos son publicaciones expositivas breves, con elementos informativos y prácticos, que sirven para dar a conocer las características o atractivos principales de un producto o servicio relacionado con el turismo.

Sabías que...

En los destinos turísticos y hoteles vacacionales, el turoperador asume una gran parte del esfuerzo de comunicación, que realiza a través de los folletos o catálogos.

Actividad resuelta 4.6.

Los folletos sirven de apoyo a diversos tipos de acciones de comercialización, aunque es difícil evaluar la efectividad de los mismos de forma individual, ya que son solo parte de la comunicación emitida por una empresa o entidad. De hecho, a pesar de las nuevas tecnologías, el material impreso se mantiene como un instrumento de comunicación indispensable. Su efectividad dependerá de diversos aspectos, ¿sabes cuáles son?

SOLUCIÓN

- La capacidad que tenga para atraer a un público asfixiado por el elevado flujo de información. La portada debe transmitir el mensaje más importante y el contenido debe ofrecer información fácil de leer y bien organizada. Debe incluir fotos y planos o mapas que ayuden al turista a orientarse.
- Un contenido que transmita el mensaje adecuado, destacando lo que es único y diferenciado de nuestra oferta.
- Una buena distribución: el momento y el lugar adecuado.
- La sinergia con otras actividades de comunicación.

2. *Los catálogos de viajes/turismo*

Publicaciones que tienen un enfoque más profesional y están destinados a la venta. Contienen programas de viaje, ofrecidos como herramienta por agencias de viajes mayoristas y turoperadores para comunicar sus productos y proporcionar material de consulta a las agencias minoristas. Algunas empresas reúnen todos sus programas en una sola publicación; otras realizan catálogos temáticos, organizados por áreas temáticas, tipos de viaje. Su formato tradicional es el de fascículo en papel, más o menos amplio. Además del texto descriptivo (con toda la información posible sobre el producto o servicio turístico) incluye multitud de elementos gráficos, fotografías, tablas, etc. Incorporan los precios de los productos en el mismo catálogo o en un boletín anexo y esto provoca que queden obsoletos a corto plazo, ya que solo sirven para la temporada vigente.

Pueden encontrarse asimismo en formato digital, en la web de las agencias de viajes.

Los folletos y catálogos de viajes han sido una parte fundamental en la comercialización de turismo.

3. *Las guías de turismo*

Publicaciones, con formato de libro, con carácter informativo y que apoyan la promoción de productos turísticos de una manera sencilla y directa, a través de datos, fotos e imágenes que animan a su compra, pero **sin los precios** (guías turísticas locales o regionales, consejos de viajes y directorios).

Figura 4.24. Las guías de turismo.

Existen ediciones de gran calidad, con un contenido amplio, apoyado con elementos gráficos (imágenes fotográficas de gran calidad, mapas, dibujos, etc.) y costes elevados, útiles para proporcionar una imagen de prestigio del producto turístico (por ejemplo, una localidad turística). Su finalidad es proveer a un futuro viajero de toda la información práctica que necesitará para su viajes. Describen con gran detalle los lugares más importantes del destino turístico en cuestión, sus costumbres, medios de transporte a utilizar, itinerarios de viaje, lo que se puede conocer de sus alrededores, etc. Asimismo, describen brevemente cada uno de los lugares mencionados.

4. Las revistas de viajes y turismo

Las revistas de viajes buscan inspirar a los viajeros que deseen experimentar la cultura de los destinos. Cuentan con la información necesaria y excelentes fotografías para emprender un viaje. Los suplementos especializados de los periódicos, e incluso algunas revistas de tipo empresarial (Renfe, Iberia, Binter, etc.) se consideran revistas de viaje. Presentan una amplia variedad de temas. Contienen artículos, reportajes, guías de viajes, anuncios, etcétera.

Las revistas de turismo destinadas al mundo profesional ofrecen reportajes, entrevistas, tendencias y toda la actualidad sobre el sector **turístico.**

Figura 4.25. Las revistas de viajes y turismo.

Actividad propuesta 4.8.

En las empresas turísticas se ha ido fomentando el uso de los folletos y catálogos de viaje digitales interactivos.

a) Busca en internet dos empresas que trabajen con folletos digitales interactivos dedicados al turismo, bien en hoteles o en agencias de viajes.

b) Averigua las ventajas del folleto y catálogo de viaje digital interactivo frente al folleto y catálogo tradicional.

Recuerda

Las relaciones públicas son un instrumento de comunicación constituido por el conjunto de acciones y mensajes planificados y deliberados que tienen como finalidad crear, mantener o mejorar una imagen determinada de producto o servicio o destino turístico ante el público interno o externo.

Las relaciones públicas

El lugar que el marketing le ha asignado a la función de **relaciones públicas** dentro del contexto del *mix* de comunicación es el de un simple apoyo táctico al área comercial o de promoción de la actividad y servicios turísticos.

Las relaciones públicas son un **instrumento de comunicación** constituido por el conjunto de acciones y mensajes planificados deliberadamente realizados por una empresa u organización, que tienen como finalidad difundir información que contribuya a crear, mantener o mejorar su imagen, así como la de sus productos o servicios o del destino turístico, ante el público interno o externo. Se entiende por **público interno** a trabajadores, colaboradores, accionistas, etc.; y como **público externo,** al público objetivo, medios de comunicación, líderes de opinión y sociedad en general. Los medios comunicativos se dirigen tanto a un público general como a uno especializado (turístico).

En un entorno cambiante, en que las preferencias y necesidades de los clientes evolucionan rápidamente, las empresas y entidades del ámbito turístico necesitan de un mayor dinamismo en sus procesos de comunicación para poder responder oportunamente a los retos que enfrentan a diario, contestando no solo de forma reactiva a los comentarios, sino proactiva a las dudas y cercana a los intereses de los clientes. En este escenario las relaciones públicas contribuyen a crear mensajes convincentes para llegar a determinado público y generar un entorno favorable para la organización en momentos en que los viajeros necesitan viajar y tener toda la información precisa para ello.

Figura 4.26. Relaciones con los medios de comunicación.

Recuerda

Las relaciones públicas no buscan una respuesta inmediata, como es el caso de la publicidad, sino el mantenimiento de una actitud favorable por parte del público hacia la empresa o entidad, a largo plazo.

En la **comunicación externa** la empresa puede ser receptora o emisora de información con su entorno. Entre las técnicas o actividades más comunes de relaciones públicas destacan las **relaciones con los medios de comunicación.** Una de las tareas fundamentales de las relaciones públicas es hacer conocer la empresa o entidad, especialmente a través de los medios de comunicación de masas, mediante artículos, entrevistas, noticias «provocadas o inducidas», comunicados, ruedas de prensa, notas de prensa, etc., y que se conoce con el nombre de ***publicity*** una técnica de comunicación con la que una empresa, entidad u organismo genera una información para que sea difundida por un medio de comunicación, libre y gratuitamente. Para la empresa es muy importante el diseño de acciones que permita crear una ***publicity* positiva**. Por ejemplo, una reseña favorable en un periódico de gran difusión y reputación acerca de un determinado hotel, restaurante o centro de convenciones puede ejercer una gran influencia y logra atraer la atención de clientes potenciales. También la celebración de eventos, como, por ejemplo, congresos de ámbito mundial, ha contribuido a crear una *publicity* positiva sobre un destino.

Sabías que...

La *publicity* es un recurso valioso y útil que permite a las empresas, entidades y organismos disponer de forma gratuita de un medio de difusión de mensajes de carácter corporativo, institucional.

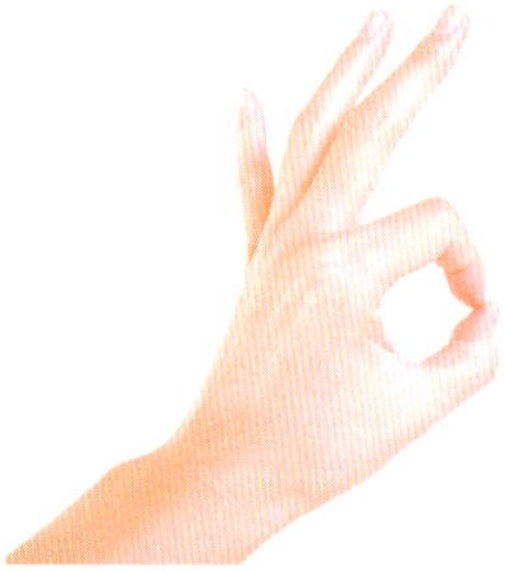

La ***publicity* negativa** consiste en la publicación en prensa o divulgación de noticias negativas, que pueden ser incluso falsas o difundidas de forma sensacionalista, sobre una empresa, entidad o destino turístico. También puede suponer una gran influencia, pero, en este caso, con resultados desfavorables.

Una vez que la empresa u organización ha materializado con éxito el primer contacto con los profesionales de los medios de comunicación debe empezar a ser fuente de información. A diferencia de la publicidad, las relaciones públicas no persiguen una respuesta inmediata ni el incremento directo en ventas, pues buscan proyección y consolidación de una imagen favorable de la organización, constante comunicación bidireccional con sus públicos, difusión en medios de comunicación para ganar exposición, generar opinión pública y gestionar conflictos. En la Tabla 4.8 se muestran los principales **instrumentos** de acceso y la relación con los medios de comunicación.

Sabías que...

La *publicity* es gratuita, pero no así el trabajo de RR. PP. que hay detrás, ya sea porque una agencia de RR. PP. gestiona las relaciones con los medios, o por el coste de las gestiones. Para lograr el objetivo de la notoriedad, se impone una serie de elementos como: constancia, dinamismo, facilidad para las relaciones y trabajo incesante.

Tabla 4.8. Principales instrumentos y relación con los medios de comunicación

Instrumentos	
Comunicado o nota de prensa 	Forma más rápida, frecuente y económica de hacer llegar información generada por la empresa a los medios de comunicación. Se elabora con la pretensión de que su contenido sea publicado estrictamente como se ha remitido. Se trata de un comunicado breve y de actualidad para llamar la atención de los medios de comunicación sobre determinados eventos o combatir la mala propaganda generada por acontecimientos negativos inesperados.
Rueda de prensa 	Se emplea cuando la información a presentar es realmente importante. A diferencia del comunicado, aquí es el periodista el que elabora el contenido, a partir de las preguntas directas realizadas por la prensa durante la rueda de prensa. Por ello se debe: a) Seleccionar cuidadosamente a los medios de comunicación y a los periodistas que van a ser invitados. b) Elaborar un dosier de prensa que será entregado a los periodistas.

<table>
<tr><th colspan="2">Instrumento de acceso</th></tr>
<tr><td>Entrevista
</td><td>Conseguir que los propios medios de comunicación ofrezcan a la empresa u organización la posibilidad de participar en el contenido a través de una entrevista, ya sea en un periódico, una radio o una televisión.</td></tr>
<tr><td>Dosieres y otras publicaciones
</td><td>A modo de complemento de las ruedas de prensa y notas para suplementos o revistas especializadas del sector. El objetivo es reforzar y documentar la información brindada.
Esporádicamente pueden enviarse dosieres y otro tipo de publicaciones para ayudar a los periodistas en la elaboración de reportajes.</td></tr>
</table>

Las relaciones con los medios de comunicación se pueden ver mejoradas ostensiblemente con el uso de las tecnologías de comunicación, ya que aportan inmediatez, versatilidad y son un instrumento multimedia.

Existe comunicación corporativa que puede ser tanto **interna** como **externa,** como se muestra en la Tabla 4.9.

Tabla 4.9. Comunicaciones corporativas internas o externas

<table>
<tr><th colspan="2">Comunicaciones</th></tr>
<tr><td>Boletines de noticias, newsletters o boletines informativos
</td><td>Son publicaciones corporativas producidas por asociaciones, empresas, entidades y organismos públicos que desean mantener un contacto periódico con sus públicos, bien sean socios, empleados o clientes. Permiten a quien los publica, dar a conocer noticias, servicios y personas relacionadas con su actividad. Su objetivo es conseguir actitudes positivas y un comportamiento constructivo por parte de los públicos a los que va dirigido.</td></tr>
<tr><td>Visita o jornadas de puertas abiertas
</td><td>Las externas se refieren a aquellas personas que no tienen relación directa con la organización; las internas incluyen a los empleados y a sus familiares, así como a proveedores, clientes u otros públicos directamente relacionados con la organización.</td></tr>
</table>

La **comunicación interna** sirve como canal de comunicación entre los miembros de la organización. A través de ella se genera un flujo de comunicación que circula en todos los sentidos para informar y ser informado. Los principales instrumentos que se utilizan son los que se detallan en la Tabla 4.10.

Tabla 4.10. Principales instrumentos de comunicación interna

Comunicaciones internas	
Manual del empleado 	Es una guía operacional donde se recogen las normas, las políticas y los procedimientos de una empresa u organización, con el propósito de servir de referencia a sus empleados.
Revista o periódico interno 	Su finalidad es la de dirigirse al conjunto de los miembros de la organización y reunir una serie de funciones que dan sentido a la aplicación de esta herramienta: • Información sobre las principales novedades de la organización. • Aspecto cultural con contenidos sobre cine, libros y otros elementos y que pueden estar realizados por personas de la organización. • Elementos lúdicos y de diversión.
Resumen de prensa 	Es un elemento que muestra informaciones aparecidas en los medios de comunicación referidas a la empresa o sobre aspectos que inciden directamente sobre ella.
Buzón de sugerencias 	Instrumento de comunicación ascendente que tiene como objetivo que los empleados puedan expresar sus opiniones y mejorar aspectos de la empresa.

Hoy en día las relaciones públicas comunicadas por medios tradicionales ya no son suficientes. Los destinatarios de los mensajes, los consumidores, dejaron de ser observadores pasivos para convertirse en virtuales y poderosos protagonistas en red. La web permite a sus usuarios una variedad de canales de información fuertemente segmentados por ejes, gustos o intereses. Las personas solo participan en espacios que traten temas de su entera afinidad, aportando a la construcción de una web más democrática, participativa y altamente parcelada. La facilidad para el acceso a la información, su creación, consumo, crítica y valoración, generan una importante zona para la expresión de las opiniones y puntos de vista de cada uno de los participantes.

Otros instrumentos empleados en el sector turístico como de las relaciones públicas y que también se consideran instrumentos de comunicación en sí mismos, son los siguientes:

- Viajes de familiarización o *fam trips*.
- Patrocinio y mecenazgo.
- Presentaciones directas de productos, empresas o destinos turísticos.
- *Workshops*.

Actividad propuesta 4.9.

Busca eventos que hayan supuesto *publicity* positiva para el destino turístico España, o para el destino turístico de tu comunidad autónoma o localidad. Razona la respuesta.

La promoción de ventas

La **promoción de ventas** se define como aquel instrumento del *mix* de comunicación comercial que ofrece incentivos económicos o materiales, con el fin de estimular la demanda a corto plazo de un producto o servicio, mediante acciones limitadas en el tiempo y dirigidas a un *target* determinado. Puede ir dirigida a distintos **públicos:** consumidores, intermediarios, fuerza de ventas (vendedores) o prescriptores.

Con este elemento de comunicación se pretende lograr los siguientes **objetivos:**

- Obtener una respuesta más sólida y rápida del consumidor.
- Estimular el conocimiento del producto.
- Aumentar el volumen de ventas de un determinado producto o servicio en la duración de la campaña.
- Captar nuevos clientes.
- Atraer y recompensar a clientes fieles y frecuentes.
- Contrarrestar promociones u otras acciones de marketing de los competidores.
- Colaborar con el resto de los instrumentos del *mix* de comunicación de la empresa.
- Apoyar el lanzamiento de un nuevo producto o servicio.

Las promociones de ventas en turismo son muy importantes debido al carácter perecedero de la oferta y a la estacionalidad turística, para responder ante fluctuaciones inesperadas de la demanda.

Dentro de la promoción de ventas es posible encontrar diversos **instrumentos** que se emplearán según el tipo de público al que se dirige la comunicación y los objetivos comerciales de esta. A continuación, en la Tabla 4.11, se presenta una relación de las más importantes técnicas o instrumentos de la promoción de ventas.

Sabías que...

Las promociones de ventas pueden suponer determinados riesgos en el caso de que no se encuentren integradas en la estrategia de marketing y no estén coordinadas con el resto de la comunicación. Además, deben estar limitadas en el tiempo, ya que de no ser así, el público lo entenderá como una característica más del producto y perderá el estímulo.

Figura 4.27. Atracción y recompensa de clientes fieles.

Tabla 4.11. Público objetivo e instrumentos de las promociones de ventas

Público objetivo	Instrumentos	
Consumidores	• Descuentos y ofertas. • Mayor cantidad de producto por el mismo precio. • Cupones y vales de descuento. • Productos complementarios gratuitos o a bajo precio. • Premios y regalos.	• Sistemas de fidelización e incentivos a la clientela. • Concursos, juegos y sorteos. • Promoción del producto en el punto de venta. • Muestras.
Distribuidores e intermediarios	• Comisiones extras y primas. • Competiciones, concursos y premios. • Publicidad y promoción cooperativa.	• Material promocional en el punto de venta. • Recepciones y fiestas. • *Fam trips* (viajes de familiarización).
Fuerza de ventas (vendedores)	• Primas y regalos por la consecución de objetivos de venta. • Concursos de ventas y premios. • Recepciones y fiestas.	• Distinciones. • Viajes. • *Fam trips* (viajes de familiarización).
Prescriptores	• Documentación (folletos, catálogos, etcétera). • Muestras gratuitas. • Documentación técnica.	• Obsequios. • Recepciones y fiestas. • *Fam trips* (viajes de familiarización).

Actividad propuesta 4.10.

De los instrumentos de promoción de ventas a los que se ha hecho mención en el apartado anterior, elige al menos tres de ellos y busca ejemplos de aplicación en empresas del sector turístico.

Sabías que...

Todas aquellas acciones que se desarrollen para presentar el producto o servicio en el punto de venta adquieren un papel de suma importancia en el momento de estimular la compra.
En el caso específico de la industria turística, encierra la exposición y disposición de todo el material promocional presente en el punto de venta (ya sean libros, vídeos, folletos, catálogos, *displays*, DVD, carteles, etcétera).

Figura 4.28. El póster, un clásico de la comunicación turística.

Actividad propuesta 4.11.

Los principales **objetivos** de la promoción de ventas difieren según el público al que se dirige la acción comercial (consumidores, intermediarios, fuerza de ventas (vendedores) o prescriptores. Averigua los objetivos de la promoción de ventas para cada uno de estos públicos.

Los responsables del marketing deben establecer un **programa integral** de la promoción de ventas, lo cual exige analizar los diferentes incentivos y el grado de impacto en los clientes y en el canal de distribución, determinar la duración y la fecha de la promoción, calcular el presupuesto de promoción de ventas, así como evaluar los instrumentos de promoción antes de iniciarlos y también una vez desarrollados.

Merchandising

Se puede definir el *merchandising* como todas aquellas acciones de comunicación que se aplican o se desarrollan en el punto de venta para hacer más atrayente el producto a los consumidores y para motivar y fomentar la compra.

En el caso del turismo, consiste en la presentación activa del producto o servicio utilizando una amplia variedad de mecanismos que lo hacen más atractivo, como son la presentación y colocación del material soporte promocional en el punto de venta, así como la ambientación, la decoración, la animación del local y la distribución del espacio. El punto de venta es, por tanto, un elemento fundamental en el *merchandising*.

El *merchandising* turístico, por otra parte, es realmente importante porque incorpora el valor del «recuerdo» para el visitante. Hace referencia a los artículos personalizados del destino y también de los museos, restaurantes con encanto, hoteles, casas rurales, etcétera.

Las autoridades turísticas competentes son conscientes de la importancia del *merchandising* en su sector y, por ello, destinan parte de su presupuesto a ello.

Los **objetivos básicos** del *merchandising* son:

- Captar la atención del público sobre el producto o servicio, facilitando el acceso y el reconocimiento del producto en el punto de venta.
- Dar información al público para apoyar el lanzamiento de un producto o servicio, como recordatorio del mismo o para anunciar ofertas especiales de tipo promocional.
- Dirigir al cliente hacia el producto.
- Facilitar la acción de compra.
- Animar el punto de venta, completando la decoración y el ambiente del mismo.

La PLV (publicidad en el lugar de venta) es el conjunto de instrumentos y técnicas utilizadas para influir en el comportamiento de compra en el mismo punto de venta-prestación.

Dado el fuerte impacto que ejerce el lugar de la experiencia turística sobre el consumidor, en numerosas ocasiones el propio lugar turístico actúa como punto de venta, por lo que las técnicas de *merchandising* han de llevarse al punto de prestación.

La gran ventaja de esta fórmula es precisamente su capacidad de influir gracias a estar presente durante la ejecución de la compra o la contratación del servicio, ya que al no transcurrir un tiempo indeterminado entre la recepción del mensaje y la compra del producto no da lugar a que el público olvide o reciba otros mensajes que le lleven a cambiar de opinión.

Existen numerosos **soportes** para transmitir un mensaje de PLV. Existen materiales y adaptaciones ya muy trabajadas para maximizar el efecto, unos especialmente adecuados para el **exterior** del punto de venta y otros para cumplir su función en el **interior** del mismo. En la Tabla 4.12 se muestran algunos soportes adecuados para el interior del punto de venta.

Sabías que...

La publicidad en el punto de venta no se limita solo a expositores, *stands* o pantallas digitales, sino que la gestión en el punto de venta del propio producto puede funcionar también como un eficaz instrumento de comunicación publicitaria y, por qué no decirlo, de sentir experiencias.

Tabla 4.12. Soportes de PLV para el interior del punto de venta

Cartel o póster 	Un clásico en la comunicación turística. Puede ubicarse en vitrinas, escaparates o paredes. Supone una forma de presentar, por ejemplo, un destino turístico de forma atractiva por medio de una foto. Se utiliza para decorar agencias de viajes, oficinas de información turística, etcétera.	**Panel tradicional o luminoso** 	Son paneles estáticos o móviles que se encuentran en el punto de venta, pueden contener luces, ser estáticos o con diferentes efectos, con el fin de hacerlos más atractivos y llamativos. Estos mensajes son directos y se dirigen al público comprador en el momento en que este va a tomar la decisión de compra.
Expositor 	Entre los expositores existen modelos de gran tamaño, diseñados para llamar la atención y para ser utilizados en escaparates o a la entrada de los establecimientos, pero también hay pequeños expositores de sobremesa que, a menudo, han sido pensados como portacatálogos. Generalmente son los destinos turísticos, aerolíneas y otras empresas turísticas las que envían expositores promocionales a las agencias de viajes, oficinas de información turística, etcétera.	**Móvil, banderolas** 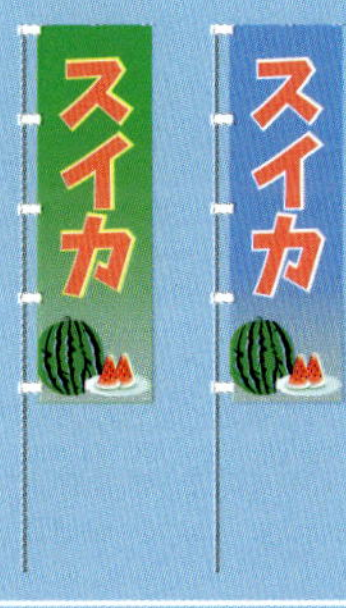	Recursos que se suspenden y se mueven con el aire, para llamar la atención del cliente.
Display 	Es un gran cartel o póster con un soporte que le permite autosustentarse, con fotos impactantes, sobre todo de destinos turísticos. Están sustituyendo a los carteles como material publicitario en el punto de venta, ya que son más versátiles, pueden tener volumen, adoptar formas diversas y presentar acabados de gran calidad, diseño atractivo, con función exclusiva de comunicar publicitariamente un producto, mensaje o servicio específico.	**Cuñas publicitarias** 	A través de los altavoces del establecimiento.
Stop 	Panel que busca que el cliente potencial se pare a ver la información que contiene.	**Proyecciones audiovisuales** 	Se incorporan uno o varios monitores en los que se reproduce una película de tipo promocional como el *spot* o *spots* de la campaña televisiva o un reportaje informativo sobre el funcionamiento y características del producto.

Actividad propuesta 4.12.

Existe un conjunto de instrumentos utilizados en el mismo punto de venta prestación del producto/servicio, para influir en el comportamiento de compra. Localiza al menos tres ejemplos reales de *merchandising* o publicidad en el punto de venta (PLV) en un hotel, en una agencia de viajes o en una oficina de información turística, describiéndolos detalladamente.

Tabla 4.13. Elementos para el exterior del establecimiento

Rótulos 	Permiten identificar a los establecimientos a través de un nombre, logotipo o símbolo de acuerdo a la imagen que se desee proyectar.
Entrada al establecimiento 	Constituye un elemento que separa al cliente del interior del establecimiento. En este sentido, es fundamental que estimule la facilidad de acceso e invite a entrar a los clientes potenciales.
Escaparates 	Existen modas que cambian en el tiempo, pero es recomendable variar un escaparate y adecuarlo a los diferentes eventos anuales. En algunos casos se producen *kits* de escaparatismo con materiales diversos que permiten montar una ambientación especial: expositores, móviles, adhesivos para el cristal, arena, conchas, artesanía, etcétera.

Ferias turísticas

Las ferias turísticas son eventos organizados como foros de contacto o puntos de encuentro entre los distintos operadores del sector turístico (profesionales, empresarios, representantes de administraciones de un destino turístico, etc.). Tienen un carácter eminentemente profesional, aunque no descarta al público en general. Se trata de encuentros anuales de corta duración (unos pocos días, no excediendo normalmente de una semana) que tienen lugar en la misma fecha y lugar. El objetivo de participar en una feria es contactar con los canales de comercialización y potenciar la notoriedad de empresas y destinos turísticos, presentando y promocionando la oferta comercial a intermediarios, prescriptores y público en general. Las ferias juntan un gran número de personas que de otra forma sería muy difícil de reunir en un mismo momento y lugar. A menudo se aprovecha este evento para organizar en el mismo marco de la feria, o paralelamente, conferencias, seminarios, *workshops*, presentaciones o ruedas de prensa dirigidas a los profesionales.

Figura 4.29. Feria turística para profesionales del sector.

Se trata de una herramienta de comunicación muy completa, ya que durante su realización se llevan a cabo las siguientes actividades: publicidad, promoción de ventas, relaciones públicas, comercialización y creación de imagen turística, entre otras.

Dado el elevado coste que puede suponer acudir a una feria de turismo, es necesario planificar esta acción desde la perspectiva global de marketing. No puede ser una actividad rutinaria o improvisada. Además, muchos municipios y empresas acuden a las ferias bajo el paraguas de asociaciones o de los entes oficiales del país o región a los que pertenecen.

Las **funciones** más importantes que se desarrollan en las ferias turísticas son las siguientes:

- **Compraventa:** iniciar contactos, firmar acuerdos, negociar contratos, reafirmar la relación con los clientes, etc. Potencia la comunicación directa entre los distintos colectivos implicados en el sector turístico, desde empresas productoras hasta intermediarios, pasando por los organismos públicos.
- **Comunicación e información:** creación y desarrollo de imagen, presentación de novedades y cambios, ofrecimiento de información general, etc. Se dan a conocer, de manera rápida, los nuevos productos, tecnologías y tendencias en el mercado.
- **Obtención de información del mercado:** análisis del mercado y de tendencias, estudio de la competencia en cuanto a nuevos productos o nuevos planteamientos de comercialización, etcétera.

Figura 4.30. Fitur (Feria Internacional del Turismo). Se celebra en Madrid.
Fuente: Ifema Institucional.

Figura 4.31. Toma de contacto en una feria turística.

Actividad propuesta 4.13.

¿Cuál es la razón por la que los *fam trips* están jugando un papel muy importante en la recuperación turística pos-COVID-19? Busca una empresa turística de tu comunidad autónoma que haya reactivado su establecimiento por medio de esta herramienta.

Workshops

Los ***workshops*** son encuentros profesionales entre empresarios de un destino turístico (ofertantes) y los organizadores de viajes de un mercado emisor (compradores-intermediarios: turoperadores, agentes de viajes, etc.) que se reúnen en un corto espacio de tiempo para hacer negocios. Suelen estar promovidos y organizados por entidades públicas de promoción del destino turístico o por las asociaciones empresariales. Los *workshops* suelen ir acompañados de una presentación del destino turístico en la que se destacan las ventajas de viajar al mismo.

Habitualmente son los empresarios del destino interesados en la promoción los que se desplazan a los mercados emisores, en ocasiones acompañados por algunas autoridades de la Administración Pública. Los empresarios ofertantes suelen pagar los gastos de sus viajes y colaborar en los gastos de organización, pagando una cuota, muchas veces simbólica. Además, han de aportar sus materiales promocionales.

El **objetivo** fundamental de estos encuentros es la contratación de productos o servicios, si bien también puede responder a otros propósitos, como descubrir nuevos mercados o iniciar contactos con determinadas personas.

El éxito de un *workshop* depende de una buena planificación y organización, lo cual exige disponer de tiempo suficiente y de los recursos humanos y materiales necesarios. La **organización** de un acto de estas características requiere, entre otros aspectos:

- La selección de las empresas, instituciones y personas que deberán participar.

Recuerda

Los *workshops* son encuentros de trabajo de carácter comercial, donde los profesionales de la oferta turística negocian con los profesionales de la demanda turística.

- La elección de fechas y del lugar de celebración, que suele ser un hotel de elevada categoría.
- La elaboración de los programas y materiales de soporte.
- La organización de las instalaciones que deberán utilizarse.
- El seguimiento posterior a la celebración del evento.

Figura 4.32. Viaje de familiarización.

Los viajes de familiarización

Son una forma de comunicación de enorme interés en el sector turístico, ya que permite acceder a los mercados de origen de los potenciales turistas dando a conocer un destino turístico.

Se trata de viajes de cortesía que se organizan para profesionales del turismo con el fin de mostrarles, *in situ*, los recursos, productos y servicios del destino para que puedan vivir la experiencia del mismo. Se pueden distinguir tres tipos de viajes de familiarización, dirigidos a los siguientes colectivos:

a) **Viajes de familiarización para agentes de viajes de los mercados emisores (*fam trips*).**

La **organización** de los mismos suele ir a cargo de los entes de promoción de un destino turístico, en colaboración con los empresarios locales, pero también pueden ser organizados por parte de empresas de cierta entidad, como cadenas hoteleras. En primer lugar, deberá fijarse el objetivo que se desea conseguir, en función del cual se definirá el público objetivo.

En ningún caso interesa mezclar profesionales de diferente nivel. Si lo que se pretende es generar interés por incluir nuevos destinos o productos, se invitará a aquellos, del sector turístico emisor, que puedan tomar decisiones al respecto, y se organizará un viaje para directivos, en el que tengan la oportunidad de contactar con empresarios locales.

Ahora bien, si lo que se pretende es inducir a la recomendación y ayudar a la venta a través de las agencias minoristas, se organizará un viaje para el personal de venta en mostrador que tendrá un aire más informal, ya que el objetivo será que conozcan el producto pero, sobre todo, que lo disfruten para que lo recomienden con entusiasmo, y lograr una relación más cercana, mejorando la comercialización del producto o destino en el futuro.

Los viajes de familiarización se han de organizar teniendo en cuenta el calendario de contrataciones de los turoperadores y las épocas de menor trabajo para las agencias. El organizador deberá planificar todos los detalles y asegurarse de que los invitados reciban la mejor acogida y unos buenos servicios. Una vez finalizado el viaje conviene enviar un mensaje, agradeciendo su participación, y ofrecerse para ampliar la información.

Recuerda

Los viajes de familiarización son de enorme interés en el sector turístico, ya que permiten acceder a los mercados de origen de los potenciales turistas dando a conocer la oferta turística de un destino.

b) **Viajes de familiarización para periodistas (*press trips*).**

Son viajes de prensa organizados por destinos turísticos con el objetivo de que los periodistas y medios participantes experimenten en primera persona las sensaciones de visitarlos para que después los puedan dar a conocer, mediante artículos y otros espacios, en diferentes medios especializados. De esta forma los destinos y empresas turísticas obtienen cobertura mediática positiva sin coste alguno, lo que ayuda a promocionarlos para aumentar el número de turistas que los visitarán. Suelen estar promovidos por entes de turismo debido, sobre todo, a su elevado coste. Se organizan de forma individual aunque, a veces, también en grupos pequeños y que no conviene mezclar con agentes de viajes.

Cuando el periodista llega al destino suele ser recibido por representantes de entes turísticos locales. En estos casos, es frecuente contar con los servicios de un guía de turismo que acompañará al periodista o periodistas en su recorrido. Lo que se pretende es que los periodistas se interesen realmente por algunos temas y disfruten de su visita. Si además se les facilita material e información suficiente y se llevan un buen recuerdo, estarán en condiciones de hacer un buen trabajo.

Es muy importante realizar un seguimiento para conocer el resultado de estos viajes. Por ello, los responsables de los entes de turismo que han participado en la organización del viaje han de asegurarse de que consiguen todo lo que se ha publicado para analizarlo y archivarlo en un dosier especial. En caso de que no se publique nada, se deberá averiguar el porqué de ello.

c) **Viajes de familiarización para blogueros (*blog trips*) e influenciadores (*influencers trips*).**

Son viajes que tienen como objetivo que los blogueros e influenciadores visiten y disfruten del destino para que, a cambio, publiquen y compartan sus impresiones, su valoración y toda la información relacionada con la experiencia, es decir, hagan difusión del destino a través de sus propios canales de comunicación en internet (sus propios blogs y las redes sociales) durante el propio viaje, con el objetivo que sus seguidores y demás público que consuma el contenido pueda conocer el destino e influir en la toma de decisiones de los mismos.

Aunque no todos los *blog trips/influencer trips* son completamente gratis para el invitado, lo habitual es que el organizador corra con los gastos relativos, al menos, al alojamiento, manutención y transporte.

Actividad propuesta 4.14.

Los viajes de familiarización para los agentes de viajes son una experiencia enriquecedora para conocer diferentes lugares, aprender de ellos y así estar preparados en el momento de ofrecer una información fidedigna y de calidad. Por tanto, los viajes de familiarización son una buena posibilidad para que los mismos consigan una serie de objetivos.

a) ¿Cuáles crees que son?

b) Busca un ejemplo que demuestre una estrategia efectiva de posicionamiento de un destino turístico, utilizando el *fam trip* como eje estratégico.

Patrocinio

El patrocinio es la comunicación a través de la utilización de determinados eventos o personas que, generalmente, tienen una proyección importante entre el gran público y, especialmente, entre el público objetivo de la empresa o destino. Se realiza a través de un convenio en el que ambas partes involucradas reciben un beneficio. Cuando una empresa o destino realiza una acción de patrocinio persigue una finalidad promocional y de creación de una imagen positiva para adquirir mayor notoriedad y, por tanto, mayor presencia en el mercado.

La **gestión del patrocinio** debe regirse de acuerdo a cuatro principios básicos:

- Establecimiento de los criterios generales de gestión (personalidad de la empresa, estrategia de comunicación, etc.) que ayudarán a la elección del evento.

Recuerda

El patrocinio de un acontecimiento por parte de las empresas turísticas puede repercutir de forma inmediata y directa en el éxito de estas.

- Concreción de las condiciones exigibles al evento objeto de patrocinio (calidad del producto o evento patrocinado, compromiso del patrocinado, etcétera).
- Adopción de la estrategia a seguir en el patrocinio (oportunidades tácticas, ya que la empresa debe adquirir un alto grado de protagonismo, validez del servicio ofrecido por el patrocinado, etcétera).
- Apoyo al patrocinio a través de otras acciones de comunicación (como relaciones públicas, relaciones con la prensa, publicidad, etcétera).

Sabías que...

La esponsorización, adaptación del término inglés *sponsorship*, es la comunicación a través del patrocinio de determinados eventos o personas que, generalmente, tienen una proyección importante entre el gran público y, especialmente, entre el público objetivo de la empresa.

Figura 4.33. Patrocinio de turismo juvenil.

En turismo, el patrocinio de un determinado evento o acontecimiento (cultural, lúdico, deportivo, etc.) por parte de empresas del sector puede repercutir de forma inmediata y directa en el negocio. La rentabilidad y la utilidad del patrocinio dependerán del acierto en la elección del evento patrocinado y del público al que se dirija. Pero la clave del éxito reside en que se asocie la imagen del patrocinador a las cualidades o beneficios del evento patrocinado. Gran parte de las actividades de patrocinio son realizadas por instituciones públicas, sobre todo relacionadas con el turismo. La realización de determinados actos o acontecimientos, que suelen estar muy vinculados a los recursos turísticos, persigue un doble objetivo:

- Enriquecer la oferta turística del destino, ya que dichos actos pueden ser muy atractivos para el turista, y no podrían efectuarse sin la ayuda de las Administraciones Públicas. Generalmente se realizan en temporada baja para contribuir a eliminar la estacionalidad del turismo.
- Dar notoriedad al destino, realizando determinados acontecimientos con una amplia cobertura mediática.

Sabías que...

El contrato de patrocinio es aquel por el que el patrocinado, a cambio de una ayuda económica para la realización de una actividad determinada, se compromete a colaborar en la publicidad del patrocinador coprotagonizando una imagen de marca en sus anuncios publicitarios y acciones de comunicación integral.

Venta personal

Se trata de una forma de comunicación oral e interactiva mediante la cual se transmite información de forma directa y personal a un comprador potencial específico, con el fin de conseguir una venta, y se recibe la respuesta inmediatamente. La venta personal la realiza un equipo humano, que recibe diversas denominaciones: vendedores, personal de ventas, fuerza de venta, agentes o técnicos comerciales, representantes o delegados de ventas, etc. Su papel en la actividad turística es muy importante.

La venta personal puede ser cara a cara, o bien por teléfono, etc. siempre con el objetivo de convencer al comprador potencial de los beneficios que le reportará la compra del producto. Frente a la ventaja de la flexibilidad, la interacción y el conocimiento de la respuesta inmediatamente, está el inconveniente de la complicación de llegar al comprador potencial.

Existen dos tipos de clientes a los que la empresa o la organización turística puede dirigir la venta personal: el cliente individual y el cliente corporativo. Sus distintos comportamientos de compra y consumo requieren una gestión diferente.

Marketing directo

Comprende un conjunto de actividades de comunicación dirigidas a un público objetivo a través de sistemas interactivos y personalizados. La comunicación entre empresa u organización y el cliente actual o potencial se puede mantener en el tiempo gracias a la gestión de información que se realiza a través de las bases de datos y del tipo de medios de contacto utilizados, con el objetivo de crear y explotar una relación directa. Este instrumento facilita la respuesta individualizada, inmediata y medible del posible comprador. Se trata con mayor profundidad en la Unidad 5, el Apartado 5.2, dedicado al marketing directo en turismo y nuevas tecnologías.

Figura 4.34. Internet como fuente de información y planificación.

Internet y las nuevas tecnologías de la información y la comunicación (TIC)

Internet se ha convertido en el principal medio y fuente de información y planificación para el turista y de emisión de información de los agentes del sector turístico (compañías aéreas, turoperadores, destinos, etcétera).

Internet ha cambiado el papel de la comunicación en las empresas y organizaciones turísticas, al igual que la forma en que trabajan las personas debido al papel fundamental que cumple la información. Con internet y las nuevas tecnologías de la información surge una nueva posibilidad para comunicar y difundir información sobre las empresas, a través de los mensajes en los sitios web, redes sociales, blogs, etc. Los sistemas de información basados en la web, además de desempeñar un importante papel en el tratamiento, procesamiento y distribución de la información, resultan esenciales para las organizaciones, dado que permiten nuevas modalidades de negocio y constituyen un importante canal de marketing y comunicación con los clientes.

El uso creciente de internet en la actividad turística, a través de una amplia variedad de dispositivos electrónicos, resulta fundamental en los cambios de paradigmas que se están produciendo. Las tecnologías de la información lideran los cambios en las organizaciones turísticas modernas, logrando más flexibilidad, capacidad de respuesta y mayor enfoque en el mercado, ya que el éxito depende de respuestas rápidas ante las necesidades de los clientes.

Se trata con mayor profundidad en la Unidad 5, en el Apartado 5.1, dedicado al marketing en internet.

Recuerda

El marketing directo utiliza uno o más medios de comunicación y distribución directa para establecer contactos personalizados con clientes individuales que han sido seleccionados, con el objeto de conseguir una respuesta inmediata y de alcanzar relaciones duraderas con ellos.

Actividad propuesta 4.15.

Las empresas turísticas analizan la oportunidad de mejorar en la comunicación. Se han encontrado con la necesidad de actualizarse y reinventarse constantemente en las formas de comunicarse con sus públicos. Esto ha motivado que las empresas pasen del uso de la multicanalidad a la omnicanalidad.

Averigua en qué consiste la multicanalidad y la omnicanalidad en comunicación.

Caso práctico RESUELTO

La expansión de la COVID-19, ha supuesto una transformación de las dinámicas de trabajo habituales, lo que ha afectado a las estrategias de comunicación turística.

Eres el responsable del departamento de marketing de un turoperador y has pensado junto con tu equipo mejorar y poner al día la comunicación de la empresa. Habéis decidido poner en marcha un amplio plan de comunicación 360°, a través de una estrategia única, tanto *online* como *offline*.

Para ello debéis investigar en qué consiste la comunicación 360° y qué acciones/instrumentos de comunicación será necesario implementar.

Solución

La comunicación 360° es una comunicación completa e integral. Se trata de una estrategia con mensajes coherentes y unificados, de forma que exista coordinación entre los mensajes, en los diferentes puntos de contacto del consumidor con la empresa o marca. Mediante esta estrategia las empresas generan conversaciones, agendan temas y movilizan información con sus clientes basándose en los objetivos y metas estratégicas de la organización. Como comunicación integral, se refiere al diálogo constante que existe para mantener la marca, llegando a todos los públicos con los que empresa o marca se involucra, tanto *online* como *offline*. La comunicación 360° trabaja de forma transversal, usando diferentes líneas de comunicación para construir mensajes únicos y una buena imagen de marca.

El departamento de marketing tiene previsto recurrir a un amplio plan de comunicación 360° compuesto de una gran variedad de acciones e instrumentos para conectar con el consumidor y conducirlo hacia la compra del producto o servicio. Entre las acciones e instrumentos a implementar, tanto *offline* como *online*, se encuentran los siguientes:

- Presentaciones en destino.
- Promociones de ventas.
- Asistencia a ferias, jornadas y *workshops*.
- Patrocinios.
- Viajes de familiarización para agentes de viajes.
- Viajes de familiarización para periodistas.
- Visitas técnicas.
- Realización de eventos.
- Medios de comunicación: prensa escrita, sitios web, *apps*, radio, televisión.
- Marketing directo: correo electrónico y *newsletters*.
- Publicidad SEM.
- Estrategia SEO.
- Redes sociales.
- Plataformas web de vídeo: YouTube y Vimeo.
- Comunicación y contenidos por mensajería móvil.
- Publicidad en sitios web.

Caso práctico PROPUESTO

Trabajas en una agencia de comunicación como responsable del área de RR. PP. de empresas y actividades turísticas. Una firma local de alojamientos turísticos decide invertir en estrategias *online* y por ese motivo solicita un informe para conocer las posibilidades de utilizar las relaciones públicas digitales como apoyo al departamento de marketing de sus establecimientos, y así mejorar su reputación, su posicionamiento *online*, y en definitiva su imagen de marca. La dirección de la agencia te asigna esta tarea. En el informe deben figurar los siguientes aspectos:

1. Establecer el concepto de relaciones públicas digitales adaptado a este caso en concreto.
2. Establecer las diferencias existentes entre el sistema de relaciones públicas tradicional frente al sistema de relaciones públicas digital para destacar el uso de este último.
3. Destacar los aspectos clave a tener en cuenta que pueden hacer que la estrategia de PR digital sea todo un éxito para la empresa/cliente.

4 Marketing-mix: la gestión de la distribución y de la comunicación

- La distribución turística
  - Concepto de distribución
  - Funciones de la distribución
  - Concepto de canal de distribución en el sector turístico
  - Canales de distribución directa e indirecta
  - Selección de los canales de distribución
  - Estrategias de distribución
  - Nuevas tendencias de los canales de distribución

- La comunicación turística
  - Concepto de comunicación turística
  - Funciones de la comunicación turística
  - La comunicación turística en el *mix* promocional o *mix* de comunicación
  - Instrumentos o herramientas de comunicación en el sector turístico

4 Marketing-mix: la gestión de la distribución y de la comunicación

Uno de los aspectos más importantes en la política de marketing hace referencia al **diseño de la comercialización** de los productos o servicios de las empresas. Su función básica es la venta. Sin embargo, existen otras funciones o subfunciones asociadas que convierten la comercialización en una herramienta poderosa dentro del marketing-mix de la empresa: la **distribución turística** y la **comunicación turística.**

La **distribución** es el instrumento de marketing que relaciona la producción con el consumo, siendo su objetivo poner el producto o servicio a disposición del consumidor final en el momento en que lo necesite y en el lugar donde desee y pueda adquirirlo a cambio de un precio.

La **función básica de la distribución** es llevar/acercar el producto o servicio de la empresa al mercado o ponerlo a disposición del cliente en el momento en que lo necesita, en la cantidad exacta demandada, en el lugar oportuno y de la forma más atractiva posible para el comprador o consumidor del servicio, todo ello al menor coste total para el que oferta el producto/servicio. El empresario puede implantar su propio sistema de distribución o utilizar los servicios de un intermediario.

Las **principales funciones** que desarrollan los canales de distribución son las siguientes:

1. Información.
2. Contacto.
3. Adaptación o adecuación entre oferta y demanda.
4. Negociación.
5. Realización de actividades comunicativas.
6. Distribución física.
7. Financiación de los distribuidores al cliente y a los proveedores.
8. Ofrecimiento y prestación de servicios adicionales.
9. Creación de un producto global.
10. Reducción del número de transacciones.

El **canal de distribución** es el camino que pone en contacto al productor del servicio con el consumidor final. Suele estar integrado por intermediarios que actúan normalmente en los mercados emisores.

Dentro del marketing turístico, los canales o redes de distribución son la estructura que se forma en un mercado turístico por el conjunto de empresas y organizaciones, con el objetivo principal de facilitar y poner a disposición de los potenciales clientes los productos y servicios (producidos en un lugar diferente y distante a la residencia del consumidor), realizando la concreción de la venta, confirmándola y efectuando su cobro.

Los **canales de distribución turísticos** son de dos tipos:

1. **Canales de distribución directa:**
   - **Clásicos o tradicionales:**
     a) Empresas prestadoras de servicios.
     b) Venta por teléfono o fax.
   - **Actuales o modernos:**
     a) Internet.
     b) *Vending.*
     c) Centrales de reservas de los propios prestadores o productores.
     d) Consorcios turísticos.
     e) Centrales de reservas de asociaciones empresariales.
     f) *Contact center* o *call center* turístico.
2. **Canales de distribución indirecta:**
   - **Tradicionales, clásicos u *offline:***
     a) Turoperadores o agencias de viajes mayoristas.
     b) Agencias de viajes minoristas.
     c) Agencias de viajes mayoristas y minoristas.
     d) Centrales de reservas independientes de prestadores.
     e) Centrales de reservas de Administraciones Públicas y entidades gestoras de un destino.
     f) Otros intermediarios mayoristas: *brokers* y *wholesalers.*
   - **Tecnológicos, digitales u *online:***
     g) GDS (*Global Distribution System*).
     h) IDS (*Internet Distribution System*).

Las alternativas de distribución con las que se encuentra el productor, proveedor o prestatario de servicios turísticos son numerosas. La **selección de los canales** idóneos para el sistema de distribución y el número adecuado de niveles es una de las decisiones de mayor dificultad en el contexto de la distribución turística.

El proceso de transformación de la distribución turística ha dado lugar a un nuevo escenario, como resultado de las nuevas tecnologías. Todo ello ha supuesto la aparición de dos estrategias: **multicanalidad y omnicanalidad.** Con la estrategia de multicanalidad el producto llega al potencial comprador por distintos canales, pero sin que haya conexión e integración entre ellos. La omnicanalidad implica un paso más: permite una interacción y sincronización entre los diferentes canales, es decir, la posibilidad de cambiar de canal para que el cliente disponga de la máxima atención posible y que la experiencia de compra sea lo más gratificante, positiva y personalizada posible.

El departamento comercial o de marketing debe estudiar la forma en que sus servicios llegan a sus clientes potenciales. De la misma manera que en cualquier otra estrategia, las

4 Marketing-mix: la gestión de la distribución y de la comunicación

alternativas son múltiples. Todo esto hace que haya que ser especialmente cuidadoso en las decisiones a tomar. Las decisiones se podrían resumir en dos:

1. **Estrategias de cobertura del mercado:** en las que el prestador de servicios decide con qué canales va a llegar a sus clientes. Hay tres alternativas o modalidades de distribución:
   - Intensiva.
   - Selectiva.
   - Exclusiva.
2. **Estrategias de relación y negociación con el distribuidor:** en las que es el departamento de marketing quien decide la forma en que se relaciona con el canal. Hay tres tipos de estrategias:
   - *Push* o empuje.
   - *Pull* o atracción.
   - Mixta.

El sector turístico no ha sido ajeno a los continuos avances tecnológicos y es uno de los más influenciados en la actualidad. Las nuevas tecnologías de la información y la comunicación (TIC) están transformando los tradicionales circuitos y favorecen la creación e implantación de **nuevos canales de distribución** más dinámicos y eficaces, afectando a todos los agentes a lo largo del canal de distribución.

Entre las nuevas **tendencias en la distribución** en relación con la evolución de las nuevas tecnologías, cabe destacar:

1. **El desarrollo de internet:** el conjunto de actividades relacionadas con las transacciones comerciales efectuadas a través de internet se conoce con el nombre de comercio electrónico o *e-commerce*. A medida que han ido apareciendo nuevos dispositivos electrónicos se han ido desarrollando **nuevas ramas del *e-commerce*:**
   - Comercio móvil o *m-commerce* (*mobile commerce*).
   - Comercio social o *s-commerce* (*social commerce*).

   Los IDS (*Internet Distribution System*) incluyen los siguientes canales de distribución:
   - Webs de empresas turísticas.
   - Agencias de viajes virtuales.
   - *Destination Management Company* (DMC).
   - Buscadores o motores de búsqueda (*search engine*).
   - Infomediarios:
     - » Metabuscadores o comparadores (*meta-search engine*).
     - » Innomediarios.
     - » Subastadores.
   - Consolidadores.
2. **La desintermediación.**
3. **La reintermediación e hipermediación.**

Otras tendencias en los canales de distribución surgen como una forma de competir en el sector turístico ante la globalización de la economía: la **concentración** y la **integración.**

La **comunicación turística** es una de las herramientas más importantes con que cuentan las empresas turísticas. El objetivo fundamental de la comunicación es informar, dar a conocer, recordar y persuadir a los clientes para incitarlos a comprar, fidelizarlos o para que se conviertan en clientes de forma inmediata, además de crear una imagen de la empresa.

En turismo, la comunicación se establece antes, durante y después de la prestación de los servicios y todos los prestadores de los servicios contribuyen a la imagen que el cliente se forma del producto/destino y de las empresas turísticas que intervienen en el proceso.

Entre las **funciones de la comunicación turística** destacan las siguientes:

- Informar sobre la empresa y sobre sus productos y servicios.
- Persuadir, recordar y reforzar.
- Transmitir los canales de distribución a los consumidores.
- Contribuir al conocimiento y posicionamiento de la empresa logrando una marca consolidada para destacar en un mercado altamente competitivo.
- Ayudar a los vendedores a través de los procesos de comunicación más adecuados.
- Argumentar las posibilidades que tienen los productos o servicios de ofrecer soluciones a determinados problemas o necesidades específicos y crear interés por ellos.

Se entiende por ***mix* de comunicación** el establecimiento programado de los diferentes instrumentos de la comunicación comercial que una empresa va a utilizar y el grado de cohesión entre ellos. Las empresas deben combinar y coordinar los **instrumentos de comunicación**, integrando un determinado ***mix* de comunicación**, para alcanzar a diferentes tipos de clientes, enfrentarse a distintas situaciones competitivas y, en definitiva, conseguir sus propios objetivos del modo más eficiente.

Las **principales herramientas** o instrumentos del *mix* de comunicación o *mix* promocional que se utilizan en el sector turístico son:

1. **La publicidad:** instrumento de comunicación de masas, de carácter impersonal, unilateral, remunerado y controlado, por el cual una empresa se dirige a un público objetivo, que tiene como finalidad la difusión de informaciones, el desarrollo (producir o cambiar) de actitudes y comportamientos y la inducción a la compra de un determinado

Marketing-mix: la gestión de la distribución y de la comunicación

producto o servicio. Los medios y soportes constituyen todos los vehículos o canales por los cuales se transmiten los mensajes publicitarios. Mientras el soporte se define como un canal de comunicación específico por el que se puede transmitir un mensaje publicitario, el medio engloba a un conjunto de soportes homogéneos.

2. **Material impreso:** entre el material impreso, que sirve de apoyo a la variable comunicación en el programa de marketing-mix se distinguen los siguientes tipos:
   1. Los folletos.
   2. Los catálogos de viajes/turismo.
   3. Las guías de turismo.
   4. Las revistas de viajes y turismo.
3. **Relaciones públicas:** instrumento de comunicación constituido por el conjunto de acciones y mensajes planificados y deliberados que tienen como finalidad crear, mantener o mejorar una imagen determinada del producto, servicio o destino turístico, ante el público interno o externo. Las relaciones públicas contribuyen a crear mensajes convincentes para llegar a determinado público y generar un entorno favorable para la organización en momentos en que los viajeros necesitan viajar y tener toda la información necesaria para ello.
4. **Promoción de ventas:** instrumento del *mix* de comunicación comercial que ofrece incentivos económicos o materiales, con el fin de estimular la demanda a corto plazo de un producto o servicio, mediante acciones limitadas en el tiempo y dirigidas a un *target* determinado. Las promociones de ventas pueden ir dirigidas a los siguientes públicos objetivos: consumidores, distribuidores e intermediarios, vendedores y prescriptores.
5. ***Merchandising*:** acciones de comunicación que se aplican o se desarrollan en el punto de venta para hacer más atrayente el producto a los consumidores y para motivar y fomentar la compra. La PLV (publicidad en el lugar de venta) es el conjunto de instrumentos y técnicas utilizadas para influir en el comportamiento de compra en el mismo punto de venta-prestación. El *merchandising* turístico, por otra parte, es realmente importante porque incorpora el valor del «recuerdo» para el visitante.
6. **Ferias turísticas:** eventos organizados como foros de contacto o puntos de encuentro entre diversas organizaciones (profesionales del sector turístico, empresarios, representantes de administraciones de un destino turístico, etc.). El objetivo de participar en una feria es contactar con los canales de comercialización y potenciar la notoriedad de empresas y destinos turísticos. Se trata de encuentros anuales de corta duración que tienen lugar en la misma fecha y lugar. Sirven para presentar y promocionar la oferta comercial de empresas y destinos a intermediarios, prescriptores y público en general.
7. ***Workshops:*** encuentros profesionales entre empresarios de un destino turístico (ofertantes) y los organizadores de viajes de un mercado emisor (compradores-intermediarios: turoperadores, agentes de viajes, etc.) que se reúnen en un corto espacio de tiempo para hacer negocios. Los *workshops* suelen ir acompañados de una presentación del destino turístico en la que se destaca las ventajas de viajar al mismo. Suelen estar promovidos y organizados por entidades públicas de promoción del destino turístico o por las asociaciones empresariales.
8. **Viajes de familiarización:** forma de promoción y se organizan para dar a conocer un destino turístico. Se trata de viajes que se organizan para profesionales del turismo con el fin de mostrarles, *in situ,* los recursos, productos y servicios del destino. Se pueden distinguir tres tipos de viajes de familiarización, dirigidos a los siguientes colectivos:
   a) Agentes de viajes.
   b) Periodistas.
   c) Blogueros e influenciadores.
9. **Patrocinio:** comunicación a través de la utilización de determinados eventos o personas que, generalmente, tienen una proyección importante entre el gran público y, especialmente, entre el público objetivo de la empresa. Cuando una empresa realiza una acción de patrocinio persigue una finalidad promocional y de creación de una imagen positiva para adquirir mayor notoriedad y, por tanto, mayor presencia en el mercado.
10. **Venta personal:** forma de comunicación oral e interactiva mediante la cual se transmite información de forma directa y personal a un comprador potencial específico, con el fin de conseguir una venta, y se recibe la respuesta inmediatamente.
11. **Marketing directo:** comprende un conjunto de actividades de comunicación dirigidas a un público objetivo a través de sistemas interactivos y personalizados y que permite mantenerla en el tiempo gracias a la gestión de información que se realiza a través de las bases de datos y del tipo de medios de contacto utilizados.
12. **Internet y las nuevas tecnologías de la información:** internet se ha convertido en el principal medio o fuente de información y planificación para el turista y de emisión de información de los agentes del sector turístico (compañías aéreas, turoperadores, destinos, etc.). Internet ha cambiado el papel de la comunicación en las empresas y organizaciones turísticas, al igual que la forma en que trabajan las personas debido al papel fundamental que cumple la información.

Actividades de comprobación

4.1. La expresión *m-commerce* proviene de:

a) Las palabras comercio y política.

b) El significado de la palabra teléfono digital.

c) La simplificación de la expresión *mobile commerce*.

d) Ninguna de las respuestas anteriores es correcta.

4.2. ¿Cuál es el objetivo básico de la distribución turística?

a) Llevar o acercar el producto o servicio de la empresa al mercado.

b) Dar a conocer los servicios de nuestra empresa.

c) Hacer una comparativa de precios con nuestros competidores.

d) Conocer a nuestro cliente potencial.

4.3. ¿Cuáles de los siguientes canales de distribución son indirectos?

a) Los canales de distribución propia.

b) Los *brokers* y los *wholesalers*.

c) Las centrales de reservas de asociaciones empresariales.

d) Los *call centers*.

4.4. La estrategia de distribución intensiva:

a) Supone utilizar un número reducido de intermediarios, con unas características que se adapten a los requisitos de la empresa.

b) Se suele utilizar para los productos de mayor prestigio y valor.

c) La empresa proveedora de productos o servicios turísticos estará presente en cualquier canal en el que pueda generar ventas.

d) Se elige entre los canales y puntos de venta disponibles y se opta por un *mix* que se adapte a los objetivos planteados.

4.5. Los *workshops*:

a) Son encuentros profesionales entre empresarios de un destino turístico y los organizadores de viajes de un mercado emisor.

b) Son las comunicaciones a través de la utilización de determinados eventos o personas.

c) Son una forma de promoción y se organizan para dar a conocer un destino turístico.

d) Sirven para presentar y promocionar la oferta comercial de empresas y destinos a intermediarios, prescriptores y público en general.

4.6. El ofrecimiento de incentivos a corto plazo, con el objetivo de obtener un incremento rápido y temporal de las ventas, se denomina:

a) Marketing directo.

b) Venta personal.

c) Patrocinio.

d) Promoción de ventas.

4.7. La *publicity*:

a) Es la publicidad sin asistencia del vendedor.

b) Son actos protagonizados por la empresa que se reflejan gratuitamente en los medios de comunicación.

c) Es una comunicación impersonal para incitar al consumidor a la compra.

d) Son acciones que permiten adquirir un bien en condiciones ventajosas, con un límite de tiempo.

4.8. El *merchandising*:

a) Influye gracias a estar presente durante la ejecución de la compra o la contratación del servicio.

b) Es la tienda «espectáculo», con todos los precios rebajados.

c) Rentabiliza el espacio de las tiendas colocando un mayor número de productos.

d) Lo aplican los mayoristas en un tramo concreto del canal de distribución.

4.9. El *mix* de comunicación:

a) Está formado por el emisor, el receptor, el mensaje y el medio.

b) Lo integran el producto, el precio, la distribución y la comunicación.

c) Incluye los canales personales e impersonales de la comunicación.

d) Consiste en el establecimiento programado de los diferentes instrumentos de la comunicación comercial que una empresa va a utilizar y el grado de cohesión entre ellos.

4.10. La publicidad es:

a) Comunicar un mensaje con argumentos lógicos.

b) Un medio de comunicación con el único objetivo de vender.

c) Una comunicación impersonal, pagada y controlada por el anunciante, emitida a través de los medios de comunicación.

d) Establecer comparaciones entre las marcas de la competencia.

Actividades de aplicación

4.11. La comercialización directa a través de internet representa costes más bajos y la capacidad de alcanzar directamente a los clientes, pero existe, como en todo, cierto riesgo. ¿Podrías explicar cuál es la desventaja de esta forma de distribución?

4.12. Nombra las principales funciones que desarrollan los canales de distribución turística.

4.13. El negocio de los *brokers* se basa en el servicio que pueden prestar por su profundo conocimiento del sector en que se mueven y por los numerosos contactos que tienen. Averigua:

a) ¿Quiénes son los principales clientes de los *brokers*?

b) Ejemplos de *brokers* aéreos que operan en España.

4.14. Confecciona una lista de los operadores turísticos más importantes en flujo de turistas de Europa a España.

4.15. Busca otros intermediarios turísticos presentes en los canales de distribución indirecta.

4.16. Enlaza el concepto de la columna A con el significado correcto en la columna B.

Columna A	Columna B
1. Publicidad	Comunicación a través de la utilización de determinados eventos o personas que, generalmente, tienen una proyección importante entre el gran público y, especialmente, entre el público objetivo de la empresa.
2. Promoción de ventas	Una forma de promoción y se organizan para dar a conocer un destino turístico a los agentes de viajes de los mercados emisores.
3. Patrocinio	Encuentros profesionales entre empresarios de un destino turístico (ofertantes) y los organizadores de viajes de un mercado emisor (compradores-intermediarios: turoperadores, agentes de viajes, etc.) que se reúnen en un corto espacio de tiempo para hacer negocios.
4. Folletos	Instrumento del *mix* de comunicación comercial que ofrece incentivos económicos o materiales al consumidor, al distribuidor y al prescriptor o la fuerza de ventas, con el fin de estimular la compra o adquisición de un producto o servicio a corto plazo, mediante acciones limitadas en el tiempo y dirigidas a un *target* determinado.
5. Relaciones públicas	Instrumento de comunicación de masas, de carácter impersonal, unilateral, remunerado y controlado, por el cual una empresa se dirige a un público objetivo y que tiene como finalidad la difusión de informaciones, el desarrollo (producir o cambiar) de actitudes y la inducción a la compra de un determinado producto o servicio.
6. *Workshops*	Eventos organizados como foros de contacto o puntos de encuentro entre diversas organizaciones (profesionales del sector turístico, empresarios, representantes de administraciones de un destino turístico, etcétera).
7. *Fam trips*	Instrumento de comunicación constituido por el conjunto de acciones y mensajes planificados y deliberados que tienen como finalidad crear o mantener una imagen determinada de la empresa o destino, ante el mercado.
8. Ferias turísticas	Material impreso de carácter promocional dirigido a intermediarios y consumidor final, principalmente.

4.17. ¿Quién se encarga de la organización de los *fam trips* o viajes de familiarización para agentes de viajes? ¿Qué aspectos debe tener en cuenta?

4.18. ¿Quién constituye el público objetivo de las promociones de ventas? Describe al menos cuatro técnicas de promoción de ventas dirigidas al consumidor. Añade un ejemplo real a cada una de ellas.

4.19. Responde a las siguientes preguntas: a) ¿Cuál es el instrumento del *mix* de comunicación con el que la empresa busca un posicionamiento en el terreno de la imagen, persiguiendo siempre la máxima aceptación social? b) ¿Qué objetivos pretende lograr con el uso del mismo?

4.20. ¿Qué nombre recibe el instrumento de comunicación que consiste en encuentros de trabajo de carácter comercial, donde los profesionales de la oferta turística negocian con los profesionales de la demanda turística? Explica la respuesta con un ejemplo.

Actividades de ampliación

4.21. Busca en internet datos sobre la campaña publicitaria más reciente de tu localidad, tu provincia o tu comunidad. Realiza un dosier con los datos que hayas obtenido.

4.22. El sector turístico es uno de los más afectados por el consumo colaborativo, a raíz del desarrollo de las TIC. Se trata de una nueva forma de disfrutar del turismo que compite directamente con los sistemas de distribución turística tradicionales. La era de la economía colaborativa supone un cambio cultural en el que pasamos básicamente de una economía de propiedad y de tenencia a una economía de acceso, dando paso a una nueva forma de viajar, conocida como turismo colaborativo.

a) Busca una definición de economía colaborativa.

b) Localiza ejemplos de empresas o plataformas *online* del sector turístico que apliquen la economía colaborativa.

c) Busca beneficios y motivaciones que explican el uso que el consumo colaborativo aporta el turista.

4.23. El mercado de los cofres de regalo o cajas de regalo, mueve un volumen de negocio de millones de euros en España.

a) Averigua en qué consisten.

b) Busca un ejemplo de empresa que comercialice cajas regalo, elige una caja concreta y averigua qué productos/servicios turísticos ofrece y qué experiencias te permite vivir.

4.24. La promoción de ventas, como instrumento de comunicación de marketing, se utiliza para atraer a los clientes e incentivar la compra de un servicio, a corto plazo.

Enumera las ventajas y desventajas de la promoción de ventas.

Enlaces web de interés

www.exceltur.org
www.hosteltur.com
www.preferente.com/revista-de-turismo
www.spain.info
www.tecnohotelnews.com

5

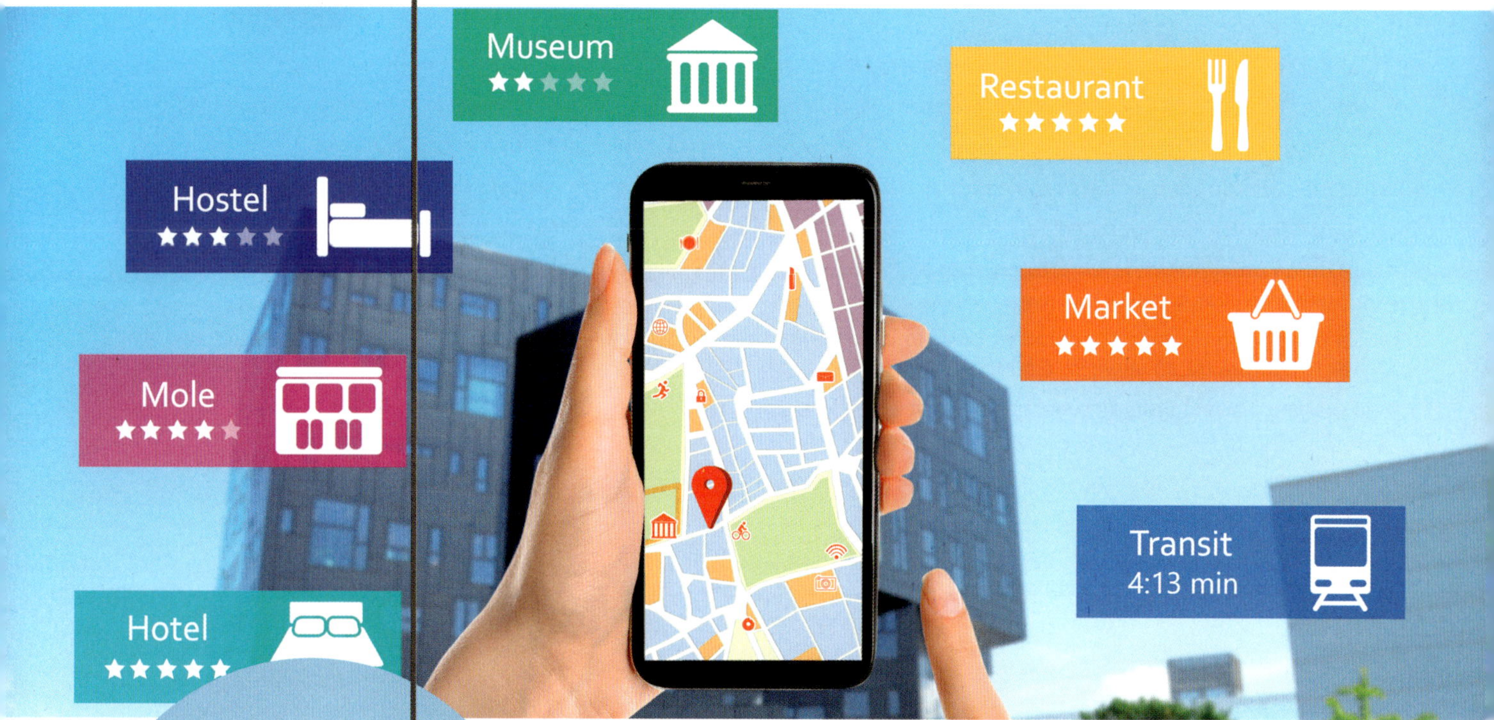

Introducción

Las nuevas **tecnologías de la información y la comunicación** (TIC) están cambiando radicalmente las relaciones de las empresas turísticas con los consumidores y, por tanto, la forma de entender la actividad turística y la aplicación al marketing turístico. La consolidación de internet como medio de comunicación global, el desarrollo de las bases de datos y la utilización de la telefonía móvil como instrumento de comunicación personal han dado lugar a un nuevo desarrollo del marketing basado en la utilización de estas nuevas TIC, que son las responsables de los cambios que se producen continuamente en la forma de hacer marketing en el sector turístico.

El marketing directo, por su parte, es una herramienta que contribuye al desarrollo de estrategias de marketing y que con internet se ha incrementado su uso en las empresas del sector turístico.

Las nuevas tecnologías aplicadas al marketing turístico

Contenidos

Objetivos

- Conocer el concepto del marketing turístico aplicado a internet.
- Analizar las diferentes etapas en la evolución del marketing en internet.
- Valorar la importancia del uso de las herramientas del marketing en internet.
- Identificar las características y los objetivos del marketing directo.
- Reflexionar sobre la utilización de las diferentes herramientas del marketing directo.
- Reconocer los factores que influyen en la expansión del marketing directo.
- Entender la importancia de una buena base de datos.

5.1. Marketing en internet

La aplicación de internet en la comercialización turística es una de las grandes innovaciones en turismo y es, en gran parte, responsable de los cambios continuos en marketing turístico. **Internet** es un canal que puede ser importante para hacer negocios, siempre y cuando se haga con una perspectiva estratégica y no meramente de presencia a través de páginas web.

5.1.1. Concepto y evolución del marketing en internet

Desde que surge internet aparece el marketing *online* y el desarrollo de ambos ámbitos ha ido en paralelo. El **marketing digital** ha evolucionado del marketing 1.0 al 5.0, transformando el mercado turístico.

El marketing digital pone en el centro de las relaciones empresa-cliente al consumidor. Su potencial permite conocer al cliente al máximo y entablar una comunicación directa y satisfactoria que va más allá que la adquisición de un producto o servicio.

Sabías que...

El marketing por internet se ha consolidado como el principal ingrediente de muchos negocios tradicionales, además de ser la esencia en los negocios creados específicamente para su funcionamiento en internet.

Concepto de marketing en internet o digital

Son las estrategias y acciones de marketing que se desarrollan en internet para distribuir y comunicar productos y servicios, con el fin de llegar a un público objetivo a través de los medios *online*, con el propósito de satisfacer las necesidades de los consumidores y lograr las metas empresariales en un entorno altamente competitivo.

Figura 5.1. Marketing en internet.

Sabías que...

En el **mundo *online* las relaciones son bidireccionales,** se fomenta la acción de ambas partes y se establece un contacto mucho más experiencial relacionado también con los valores que transmite **la marca.**

Evolución del marketing en internet

Para poder comprender el marketing digital se debe analizar su evolución, tal como muestra la Tabla 5.1.

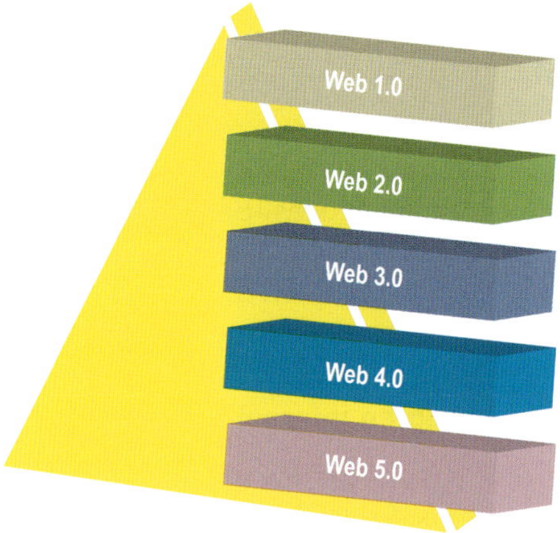

Figura 5.2. Evolución del marketing.

Sabías que...

La seguridad y la confianza que transmita la empresa determinarán el éxito comercial de las redes sociales.

Tabla 5.1. Evolución del marketing en internet

Generación	Web 1.0	Web 2.0	Web 3.0	Web 4.0	Web 5.0
Tipo de web	Pasiva, estática y poco interactiva. Informativa (solo texto).	Social, dinámica y colaborativa. Presentación con textos, imágenes y audio.	Semántica o I. A.*	Abierta, conectada, predictiva e inteligente.	Sensorial y emotiva.
Objetivo	Masificar bondades del producto.	Conocer los deseos del consumidor y sus necesidades.	Dar respuestas más concretas y acertadas a los usuarios.	Ofrecer soluciones personalizadas al usuario.	Centrarse en la experiencia del consumidor a través de su interacción con la tecnología y atendiendo al cambio del comportamiento del mismo.
Forma difusión	Medios tradicionales. Separación del marketing *online* del *offline*.	Medios tradicionales e interactivos.	Medios digitales.	Hiperconectividad.	Ultraconectividad.**
Comunicación	Unidireccional.	Bidireccional. Promueve interacción del usuario.	Multidireccional (redes sociales). Aumento de la interactividad.	Omnidireccional. Interacción más completa y personalizada.	Omnidireccional.
Otros aspectos	Escasa actualización del sitio web.	Sitio web mejor estructurado y diseñado. Desarrollo de las bases de datos.	Adaptable a cualquier dispositivo. Dispositivos móviles más funcionales y rápidos, desplazando a los PC.	Propone mejorar la experiencia de las personas en internet.	Puede medir los efectos de las emociones. Crea experiencias que emocionen a los usuarios.

* *I. A. Inteligencia artificial: sistemas o máquinas que imitan la inteligencia humana para realizar tareas y poder mejorar a partir de la información que recopilan.*

** *Ultraconectividad: despliegue masivo de objetos conectados sin riesgo de saturación.*

Actividad propuesta 5.1.

Asocia cada una de las siguientes características a la generación web que corresponda (web 1.0, web 2.0, web 3.0, web 4.0 o web 5.0):

a) Multidireccional.
b) Soluciones personalizadas.
c) Omnidireccional.
d) Dinámica y colaborativa.
e) Bidireccional.
f) Pasiva.
g) Unidireccional.
h) Inteligencia artificial.

Web 4.0

Figura 5.3. Evolución del marketing *online*.

Figura 5.4. Marketing en internet.

5.1.2. Elementos y herramientas del marketing en internet o digital

La mayoría de las empresas tienen presencia en internet y poseen su propia página web. No se trata de otro marketing, sino de la utilización de **herramientas** más modernas y más activas, para trabajar en un canal que tiene especificidades que hay que conocer. La digitalización del mercado evoluciona a gran velocidad, con la aparición de nuevas herramientas que obligan a los responsables del marketing a mantenerse constantemente actualizados.

Herramientas del marketing en internet o digital

Para establecer una estrategia en marketing **digital** se deben elegir las herramientas adecuadas. En la Tabla 5.2 se describen diferentes herramientas útiles para desarrollar de manera efectiva el marketing **digital** de una empresa.

Tabla 5.2. Herramientas de marketing en internet o digital

Herramienta	Definición
1. SEM (*Search Engine Marketing*, marketing de buscadores) 	Su objetivo es aumentar la visibilidad de las páginas web en los «resultados de pago» (anuncios) de los motores de búsqueda a través de un sistema de pago por clic (PPC o *pay per click*, o CPC o *cost per click*). Se mejora el posicionamiento de la página web a través del pago directo a los buscadores. Algunas plataformas de SEM (anuncios publicitarios en buscadores) son Google Ads, Yahoo!, Microsoft Advertising.
2. SEO (*Search Engine Optimization*, optimización para buscadores) 	Es una de las modalidades de marketing en internet más utilizadas y conocidas, cuyo objetivo es mejorar la posición de la presencia de una empresa (posicionamiento web) en los «resultados naturales» o «resultados orgánicos» de los motores de búsqueda, que no requieren ningún pago. Ello permite aumentar la visibilidad de las páginas web, influyendo de forma natural y sin necesidad de pagar por ello en los resultados de búsqueda de motores como Google.
3. Publicidad *display* (anuncios de *display*) o multimedia interactiva 	Es una forma de publicidad *online* (colocada arriba, abajo o a los lados del contenido de una página web), comúnmente conocida como *banner* (formada por texto, imágenes estáticas, imágenes dinámicas, *flash*, audio, vídeos, elementos interactivos, etc.). La publicidad *display* (*Display Advertising*) es, junto con el marketing en buscadores (SEM), el tipo de comunicación digital más usado por los anunciantes para promocionar sus productos y servicios.
4. *E-mail* marketing 	Consiste en hacer uso del correo electrónico para el envío de información a clientes (habituales o potenciales), para promocionar un producto o servicio, o para mantener contacto con los mismos. Es la comunicación periódica y segmentada que se envía a los usuarios mediante ofertas personalizadas, de resultados inmediatos, incrementado la ratio de respuesta de los clientes.

Herramienta	Definición
5. Afiliados y patrocinios 	Un **programa de afiliados** es simplemente un acuerdo entre un particular (con página personal), web o blog y una empresa que vende bienes o servicios por internet, por el cual la empresa paga una comisión por cada venta que le genere (a una persona que el particular, web o blog le ha referido). **Patrocinio** es una técnica de comunicación que permite relacionar directamente una marca o empresa con los contenidos especialmente atractivos para un tipo de público de una página web. Se genera una especie de asociación entre un anunciante (patrocinador) y un sitio web y como contrapartida, el patrocinador trata de llegar al público de esa web, situando en él su nombre, marca, logotipo, mensaje, eslogan, *banner* o contenidos.
6. Directorios web 	Los **directorios de enlaces** o *directorios web* son una herramienta muy útil para las empresas y los particulares que desean dar a conocer sus sitios web. A su vez proporcionan a los usuarios un lugar donde buscar enlaces hacia páginas de alguna temática específica.
7. SMM (*Social Media Marketing*, marketing a través de medios sociales) 	Herramienta del *Search Engine Marketing*, que combina marketing en internet con el uso y participación en los medios sociales como blogs, redes sociales, *microblogging* y comunidades de viajeros, entre otros, para lograr promocionar un sitio web de una empresa, un producto, un servicio, un blog, etcétera.
8. SMO (*Social Media Optimization*, optimización de los medios sociales) 	Estrategia y conjunto de acciones llevadas a cabo en redes sociales, blogs, foros, y comunidades virtuales en las que participa, con una finalidad publicitaria o comercial. Permite optimizar la visibilidad de una marca, empresa o producto que pueda ser encontrada con facilidad. Se trata de una técnica que intenta atraer al mayor número de personas (usuarios de los medios sociales *online*) para ganar tráfico cualificado y conseguir así la conversión final que persigue una empresa.
9. SERM (*Search Engine Reputation Management*, gestión de la reputación en los motores de búsqueda) 	Se trata de controlar toda la información que aparece sobre una empresa (marca, productos, etc.) o una persona cuando se realiza una búsqueda en internet. Tener controlada la reputación es importante si se desea que los clientes potenciales tengan una buena imagen de la empresa. Si se hace buen uso de las técnicas se consigue potenciar la mejor imagen y posicionarla bien en los motores de búsqueda. Además, logra retirar aquellos contenidos e imágenes que repercutan de forma negativa.

Sabías que...

El posicionamiento web es el acto y efecto de conseguir que un sitio web aparezca en las primeras posiciones de los resultados de búsqueda de los principales buscadores.

Sabías que...

El *community manager* es la persona responsable de comunicación de una empresa encargada de crear, gestionar y dinamizar una comunidad de usuarios en internet.

Debe ampliar su foco del estricto ámbito de las redes sociales a la colaboración para el enriquecimiento del CRM (*Customer Relationship Management*).

Figura 5.5. *Social Media Marketing* (SMM).

Herramienta	Definición
10. ORM (*Online Reputation Management*, gestión de la reputación *online*) 	Estrategia de marketing centrada en la prevención, cuidado y mejora de la imagen que una empresa o particular tiene en internet. Consiste en monitorizar todo aquello que se dice de la marca y los productos de una empresa (o de una persona) en internet. También se utiliza para monitorizar acciones que realiza la empresa y las reacciones a esas acciones en la web.
11. Diseño web 	Es una actividad que consiste en la planificación, el diseño, la implementación y el mantenimiento de sitios web. Un buen diseño de la página web, que cumpla con los objetivos del marketing en internet, debe ser profesional, atractivo y de fácil y rápida navegación.
12. Diseño web *responsive* 	También llamado adaptativo es una técnica de diseño web que busca la correcta visualización de una misma página en distintos dispositivos (ordenadores de escritorio, portátiles, tabletas, *smartphones*, *smartwatches*, etcétera).
13. Medios *offline* 	Promocionan las acciones *online* a través de los medios tradicionales, creando objetivos conjuntos y haciéndoles crecer en paralelo, teniendo en cuenta siempre que las maneras de comunicar son diferentes, pero complementarias.
14. Google Analytics 	Herramienta imprescindible para el *community manager* y para cualquier empresa con sitio web, porque si se sabe qué medir y cómo hacerlo, podrá adaptar y mejorar su estrategia de comunicación y el marketing *online*. Google Analytics no solo le permite medir las ventas y las conversiones, sino que también ofrece información sobre cómo los visitantes utilizan el sitio de la empresa, cómo han llegado a él y qué se puede hacer para que sigan visitándolo.
15. ASO (*App Store Optimization*) 	Proceso de optimización de una *app* para conseguir que esta aparezca en los primeros resultados cuando los usuarios buscan en las tiendas de aplicaciones, y de esta forma, aumentar el número de descargas.

Sabías que...

Un reloj inteligente o pulsera inteligente (en inglés, *smartwatch*), es un reloj de pulsera que ofrece funciones mejoradas ampliamente en relación con las de uno habitual, que a menudo son comparables con las de un teléfono móvil.

Sabías que...

Existen aplicaciones basadas en la geolocalización, que permiten localizar un dispositivo fijo o móvil en una ubicación geográfica. Uno de los más utilizados es Foursquare.

Actividad propuesta 5.2.

Averigua qué conviene más a las empresas: ¿utilizar SEO o SEM?

Internet supone una herramienta ideal para encontrar un viaje, un vuelo, un hotel o un alojamiento para poder disfrutar de las vacaciones. Además, en la red abundan foros y páginas especializadas, redes sociales y blogs donde es posible intercambiar opiniones y experiencias sobre viajes entre sus usuarios, lo que aporta una mayor seguridad y sirve de guía ante la extensa oferta existente en internet. Convirtiéndose en la mejor guía y la mejor fuente de información gracias a la colaboración y el intercambio de todos los usuarios de la red. Entre las herramientas concretas que se utilizan en el marketing turístico destacan las siguientes:

1. **Herramientas de búsqueda y edición de información:**
    - **Buscadores web o motores de búsqueda:** plataformas que permiten mostrar la información previamente solicitada por los usuarios, a través de unas palabras claves o *keywords,* sobre un tema de su interés. Aparecer en las primeras posiciones de las búsquedas es fundamental en marketing digital.
    - **Webs especializadas en contenidos temáticos de viajes:** herramientas de partida para desarrollar acciones de marketing digital. Representan un entorno de diálogo, promoción y venta de productos y servicios turísticos. Muchas de estas webs, además de las guías completas de cada destino, con los lugares más interesantes para visitar, rutas, itinerarios, planos y otros datos de gran utilidad, ofrecen la posibilidad de reservar alojamiento y otros servicios, con descuentos y ofertas especiales para todos sus usuarios.
    - ***Microsite:*** página separada e independiente de la web principal de una organización que tiene su propia URL y se utiliza para promocionar un producto o servicio o hacer una campaña en particular y durante un tiempo concreto.
    - **Blogs de viajes y turismo:** también conocidos como *weblogs* o bitácora, son sitios web que recopilan información (textos, imágenes, hipervínculos, artículos, noticias, etc.) ordenada cronológicamente, apareciendo primero la más reciente. En los blogs uno o más autores publican artículos de opinión, con nuevos contenidos periódicamente. Los lectores pueden escribir sus comentarios de manera informal y el autor darles respuesta, de forma que es posible establecer un diálogo. La temática de cada blog es particular; los hay de tipo personal, periodístico, empresarial o corporativo, tecnológico, educativo, turístico, etc. Ejercen un importante papel de *influencers.*
    - **Redes sociales:** sitios web formados por estructuras sociales compuestas por grupos de personas, las cuales están conectadas por uno o varios tipos de relaciones, tales como amistad, parentesco, intereses o actividades comunes, laborales, profesionales, que se comunican, comparten e intercambian conocimientos, experiencias, opiniones, etc. Tienen un importante poder de comunicación eWOM (boca-oreja, en internet).
    - **Planificadores de viajes y rutas:** plataformas que, partiendo de los datos aportados por el usuario (punto de origen, lugares de paso y punto de destino), diseñan una ruta con base en diferentes criterios (ruta más rápida, ruta más corta, ruta con peajes, ruta con más tramo de autovía) incluyendo información complementaria tal como alojamientos, restaurantes, zonas de descanso, gasolineras, puntos de información turística, etcétera.

Sabías que...

El RSS *(Really Simple Sindication)* es un sistema que permite al usuario recibir directamente en su ordenador o en una página web *online* información actualizada sobre su página web favorita.

Figura 5.6. Herramientas de búsqueda y edición de información.

Recuerda

Las redes sociales son sitios web formados por grupos de personas conectadas por uno o varios tipos de relaciones.

Sabías que...

Algunos vídeos publicitarios tienen mayor protagonismo en internet que sus homólogos en TV.

Actividad propuesta 5.3.

Busca en internet una página con descuento de cupones que se ofrezca en tu ciudad. Realiza una búsqueda de centros de ocio que ofrezcan descuentos para el próximo fin de semana o puente. Analiza si la oferta que has encontrado te merece fiabilidad y si lo consideras un sistema apropiado de ahorro.

- ***Podcast:*** archivo de audio o vídeo gratuito que se publica en internet y que se puede descargar en un dispositivo multimedia con acceso a internet, para reproducirlo posteriormente. Los archivos se distribuyen mediante un formato RSS, lo que permite subscribirse.
- ***Streaming:*** tecnología que envía contenidos de vídeo o audio a un dispositivo conectado a internet y que los usuarios pueden ver o escuchar, gracias a la transmisión continua, sin tener que descargarlo.
- ***Wiki*:** sitio web cuyas páginas pueden ser editadas por múltiples usuarios a través del navegador web, que pueden crear, modificar o borrar un mismo texto que comparten, de hecho, es un método rápido para crear contenido como grupo.
- **Comunidad virtual de viajeros:** espacio que agrupa a internautas viajeros que comparten experiencias en una única plataforma. El contenido es generado por el usuario a través de los comentarios y material compartido sobre su experiencia turística. Se puede intercambiar información, preguntar sobre algún destino específico, preparar un viaje, compartir experiencias, obtener sugerencias o recomendaciones de primera mano, buscar un compañero de aventuras, etcétera.
- **Diario de viaje:** relato en un sitio web de los viajes realizados por un turista que decide contar los pasos de su viaje y compartir todo tipo de información recopilada durante el mismo.

2. **Aplicaciones sobre mapas y georreferenciación:** facilitan la planificación de los viajes al ofrecer información visual sobre los lugares que se visitarán y la ruta de viaje. Permiten el acceso a mapas elaborados a partir de imágenes tomadas vía satélite para visitar los destinos turísticos virtualmente, en algunos casos en 3D.
3. **Vídeos:** una forma de comunicar en internet que genera tráfico a la página web de la organización turística. Es una poderosa manera de transmitir emociones sobre un destino, producto, servicio o marca.
4. **Webs especializadas en ofrecer cupones de descuentos:** se trata de portales que conectan a los proveedores turísticos con sus comunidades de clientes y están especializados en lanzar ofertas muy agresivas (con importantes descuentos), limitadas en el tiempo y enfocadas a productos o servicios atractivos. Cuentan con extensas bases de datos y numerosísimas visitas en sus páginas, por lo que cualquier oferta publicada en ellas adquiere rápidamente gran repercusión, lo que aumenta su difusión gracias a las recomendaciones entre los usuarios y a la activa presencia de estos portales en las redes sociales.

Figura 5.7. Herramientas de marketing en internet.

Figura 5.8. Aplicaciones móviles.

5. **Aplicaciones sobre *smartphones* y para móviles con conexión a internet:** permiten a los usuarios encontrar información útil sobre destinos turísticos, hoteles, paquetes turísticos, ofertas, etc. Entre las aplicaciones se encuentran las siguientes:
   a) Los códigos QR (*Quick Response Code,* códigos de respuesta rápida) dan un mensaje al ser escaneados con la cámara del teléfono móvil o con un programa/*software* específico. A través de los códigos puede accederse a contenidos creados tanto por las empresas como por turistas o por expertos (opiniones, información turística, etc.). Muy utilizados en turismo y hostelería en el período pospandemia como elemento dentro del protocolo de salud y seguridad.
   b) Las *apps* o aplicaciones para móviles son programas informáticos creados para ser ejecutados en teléfonos inteligentes, tabletas y otros dispositivos móviles. Se trata de una herramienta que permite al usuario realizar búsquedas, acceder a información y a destinos, y empresas turísticas a tener comunicación directa con sus clientes, recabar información de su comportamiento, impactar, relacionarse y poder generar *cross-selling* (venta cruzada), ofreciéndoles nuevos productos y servicios que aumenten su gasto turístico. Las *apps* están disponibles para el cliente 24 horas al día, 7 días a la semana.
   c) Las aplicaciones de mensajería instantánea móvil (MIM, *Mobile Instant Messaging,* en inglés) son una forma de comunicación en tiempo real entre dos o más personas basada en texto. El texto es enviado a través de dispositivos sin importar la distancia que exista entre los dos o más dispositivos conectados. Actualmente, la mayoría de servicios de mensajería han añadido la opción de enviar y recibir archivos, vídeos o audios e información acerca de la ubicación. Forman un canal de comunicación en el que dos o más usuarios intercambian mensajes en tiempo real a través de internet. Estos mensajes pueden estar basados en texto, *posts,* foto, vídeo, noticias, actualizaciones e incluso pueden compartir la ubicación o tarjetas del usuario, así como poder comunicarse con los clientes para resolver cualquier duda sobre los productos y servicios que ofrece. Hoy en día todo tipo de empresas, organizaciones e instituciones están utilizando las aplicaciones de mensajería instantánea como medio de comunicación. Mejoran

Sabías que...

Los destinos turísticos que optan por incluir los códigos QR en los paneles y las señales de sus centros históricos y lugares de interés lo hacen para que el visitante y usuario de un *smartphone* pueda recibir al momento la información del atractivo que visita y descargar cuanta información añadida haya sido previamente programada en dicho código (fotos, vídeos, *podcasts*, etcétera).

Actividad propuesta 5.4.

Busca en internet, con tu dispositivo móvil, *apps* que puedan ser útiles para el turismo en tu comunidad autónoma (al menos tres). Explica por qué las consideras útiles.

la calidad de la comunicación con los clientes y también fomentan la credibilidad y confianza que se genera hacia los mismos. El crecimiento y alta adquisición de dispositivos móviles, convierten a la MIM en un medio ideal para la difusión de información sobre productos y servicios turísticos.

Actividad propuesta 5.5.

Los usuarios quieren tener interacciones en tiempo real, sin esperas y en todo momento, poder contactar inmediatamente para empezar una conversación que resuelva sus dudas e inquietudes. Para ello hay principalmente dos opciones: el chat y el chatbot. Son métodos de comunicación digital, basados en sistemas informáticos con *software* de I. A. (inteligencia artificial) capaces de mantener una conversación con una persona en un lenguaje comprensivo.

a) Averigua la diferencia entre chat y chatbot.
b) ¿En qué medida estos métodos de comunicación digital ayudan a mejorar el conocimiento del turista y la gestión del destino?
c) ¿Cuáles son las cuestiones que las personas/turistas/usuarios hacen o realizan a los chatbots de los destinos turísticos?
d) ¿En qué aplicaciones, sistemas o asistentes se pueden implementar los chatbots?
e) Busca ejemplos de un destino turístico cercano a tu zona de influencia que utilice este sistema.

Actividad resuelta 5.1.

El marketing de contenidos es el arte de entender exactamente qué necesitan saber los clientes y entregárselo de forma pertinente y convincente. En otras palabras, consiste en crear y distribuir contenido relevante para clientes y potenciales clientes con el objetivo de atraerlos hacia la empresa y conectar con ellos. No es, por tanto, contenido promocional, sino útil y relevante para los usuarios y para la empresa, que ha de ser aportado mediante formatos adecuados.

a) Averigua la definición dada por el Content Marketing Institute.
b) ¿Qué se entiende por contenido?
c) ¿Cómo debe ser el contenido?

SOLUCIÓN

a) El Content Marketing Institute define **marketing de contenidos** como «un enfoque estratégico del marketing orientado a la creación y distribución de contenido relevante, oportuno y coherente para atraer y retener a un mercado claramente identificado y, finalmente, generar acciones rentables de los clientes».

b) Se entiende por contenido cualquier tipo de publicación ya sea:
  - Social (*posts, tuits,* actualizaciones en redes sociales, etcétera).
  - *Online* (*newsletter, ebooks,* etcétera).
  - Papel (revista corporativa, etcétera).
  - Multimedia (vídeos, *podcasts,* etcétera).

c) El contenido tiene que ser de gran calidad, relevante y útil para el consumidor. Debe estar bien escrito y ser interesante. Dada la competencia y la oferta existente, dicho contenido también tiene que ser cada vez más audiovisual e impactante. Si se trata de imágenes o vídeos debe ser lo suficientemente atractivo como para ser visto. El vídeo se ha convertido en el soporte ideal para transmitir contenidos (ya sean noticias o información comercial) y tiene que captar la atención del espectador justo desde el principio. Destinos y empresas turísticas deben adaptar su comunicación y sus materiales promocionales a este medio.

5.2. Marketing directo en turismo y nuevas tecnologías

El **marketing directo** es una herramienta estratégica del marketing que implica la relación directa e interactiva entre la empresa y el cliente. Su esencia radica en la relación unipersonal, en el «cliente individualizado», que será satisfecho a través de una atención personalizada ajustada a sus necesidades.

5.2.1. Concepto y características del marketing directo

Se puede definir el **marketing directo** como un sistema de comercialización que utiliza uno o más medios de comunicación y distribución directa para establecer contactos personalizados con clientes individuales que han sido seleccionados, con el objeto de conseguir una respuesta inmediata y de alcanzar relaciones duraderas con ellos.

Las **características** del marketing directo frente a los sistemas tradicionales de promoción y venta son las que aparecen en la Tabla 5.3.

Tabla 5.3. Características del marketing directo

Características	Explicación
Interactivo	Comunica de forma directa el mensaje a su público objetivo, obteniendo de él una respuesta inmediata y pudiéndole responder de la misma forma. Se pueden alterar los mensajes en función de la respuesta obtenida.
Medible	La respuesta, que se obtiene de forma directa e inmediata, permite establecer resultados medibles y evaluar la rentabilidad de la acción.
Personalizable e inmediato	Facilita la toma de contacto de forma directa e inmediata con el público objetivo, al que identifica en términos de perfil individual, y ofrece, por tanto, un elevado grado de personalización, que en marketing se denomina *one-to-one* (crear relaciones uno a uno con el cliente). Los mensajes se personalizan para que resulten atractivos para determinados consumidores.
Facilita la creación de bases de datos	A través de las respuestas del cliente la empresa crea su base de datos actualizada y operativa.
Acerca el servicio del hotel, agencia, etc. a casa	Se han modificado las características de distribución, y en lugar de acudir el cliente a la empresa, esta llega hasta su hogar permitiéndole adquirir todo tipo de productos y servicios turísticos.
Facilita la fidelización del cliente	A través de la comunicación interactiva con el cliente se le conoce mejor y se le ofrece aquello que necesita para satisfacer sus necesidades y así lograr fidelizarlo.
Posibilita la evaluación de las estrategias comerciales	Las respuestas que se obtengan permitirán a la empresa analizar los resultados de una determinada campaña, aplicando de forma casi inmediata los correctores necesarios en cada caso.

5.2.2. Objetivos del marketing directo

A continuación se muestran los principales objetivos que se marcan las empresas cuando emprenden una campaña de marketing directo, tanto los objetivos que se refieren al cliente como los que aluden al producto, la marca o la empresa, tal como figura en la Tabla 5.4.

Tabla 5.4. Objetivos de una campaña de marketing directo

Cliente	• Fidelizar (vender más a los clientes actuales). Construir y desarrollar una relación personal con los clientes, no solo obtener ventas ocasionales. Construir una base creciente de clientes fieles. • Convertir a los compradores esporádicos en consumidores habituales mediante mensajes directos y personalizados para cada grupo objetivo. • Recuperar antiguos clientes. • Captar nuevos clientes. • Desarrollar relaciones personales y directas *one-to-one* con los distintos públicos objetivo. • Conocer quiénes compran los productos o servicios de una empresa. • Saber cuáles son los gustos y preferencias de los clientes y también quiénes han dejado de comprar los productos y por qué. • Llegar directamente al cliente.
Producto/ marca/ empresa	• Dar a conocer un producto o servicio. • Crear imagen de marca: construir una marca fuerte, con presencia y duradera. • Mejorar la imagen y el valor percibido de una marca a través de una comunicación imaginativa, original y efectiva mediante ideas innovadoras. • Diferenciarse de la competencia. • Promocionar los productos, los servicios o la marca. • Generar notoriedad. • Crear o enriquecer una base de datos. • Realizar una comunicación institucional.

Fidelizar a los clientes actuales y captar nuevos son los dos objetivos más perseguidos por las empresas a la hora de poner en marcha una acción de marketing directo.

Recuerda

Los dos objetivos más perseguidos por las empresas a la hora de poner en marcha una campaña de marketing directo son fidelizar a los clientes actuales y captar nuevos.

5.2.3. Materiales soporte: herramientas de marketing directo

Las principales **herramientas** que utiliza el marketing directo tienen como origen medios de comunicación que tradicionalmente no habían sido sometidos al uso del marketing como el correo, el teléfono y el fax. Las principales herramientas de marketing directo se pueden agrupar en dos tipos: tradicionales/no digitales y modernas/digitales. Entre las **herramientas tradicionales/no digitales** destacan las siguientes, tal como figura en la Tabla 5.5.

Tabla 5.5. Principales herramientas tradicionales/no digitales que utiliza el marketing directo

Herramienta	Definición
a) El *mailing* 	Consiste en enviar mensajes publicitarios por correo a los clientes seleccionados de la base de datos. Además de enviar información se adjunta una carta para darle un carácter más personal. El *mailing* permite mandar cualquier tipo de comunicación que pueda ser impresa y, por tanto, enviada. El principal inconveniente de este medio es el coste del servicio postal, que puede ser prestado por los servicios postales públicos o por empresas especializadas en marketing directo.
b) El buzoneo 	Consiste en hacer llegar a todos los buzones o domicilios de una zona determinada folletos, catálogos, revistas, dípticos, etc., especialmente diseñados para conseguir una respuesta. Se utiliza, generalmente, para atraer a consumidores que se encuentran en el radio de acción de la empresa.
c) El telemarketing 	Permite a la empresa ponerse en contacto con los clientes o potenciales clientes a través del teléfono. El telemarketing posibilita que la empresa pueda contactar con el cliente con fines comerciales básicos como la venta y la publicidad. Además permite acciones como la gestión de quejas, el seguimiento de servicios, la investigación comercial, y el aseguramiento de reservas. La ventaja del telemarketing respecto al resto de técnicas de marketing directo consiste en que la respuesta es más rápida y asegura el *feedback*.
d) El envío masivo de fax (*faxing*) 	La palabra *faxing* se ha ido formando y popularizando al incrementarse la utilización del fax como herramienta de marketing directo; otras denominaciones son también fax para marketing o *fax-mailing*.
e) La visita personal 	Es la herramienta de marketing directo más cara y la menos utilizada, puesto que implica tener un equipo de personas especializadas para tal misión.

Para ayudar en la efectividad de los canales tradicionales del marketing directo, las empresas han ido incorporando y cada vez hacen un mayor uso de las nuevas tecnologías de la información y la comunicación. Entre los **instrumentos modernos** destacan los siguientes, tal como figura en la Tabla 5.6.

Figura 5.9. El buzoneo.

Sabías que...

El surgimiento del correo electrónico y otros servicios de internet nos impone ciertas reglas de educación a las que no estamos acostumbrados, pero que los expertos de internet no se cansan de atender y corregir: la *Netiquette*.

Figura 5.10. El telemarketing.

Tabla 5.6. Instrumentos modernos/digitales del marketing directo

Instrumento	Definición
a) El *e-mailing* 	El *e-mailing*, o *e-mail* marketing, es una gran herramienta que permite comunicarse digitalmente con clientes actuales o potenciales, a través del envío masivo de correos electrónicos a una base de datos. La diferencia con el *mailing* es que se utiliza el correo electrónico en lugar del correo postal, lo cual aumenta la rapidez de los impactos y posibilita *links* con las páginas web de las empresas u organizaciones emisoras, ampliando la posibilidad de dar información.
b) Marketing móvil 	El *mobile marketing* o marketing para móviles es una estrategia que busca interactuar e influenciar a un público objetivo, empleando dispositivos móviles como herramienta de comunicación, a través de un conjunto de técnicas y formatos para promocionar productos y servicios: SMS/MMS, WhatsApps, *banners*, aplicaciones, juegos, cupones, servicios de geolocalización, redes sociales, etcétera.

Recuerda

El marketing directo utiliza tanto herramientas tradicionales/no digitales como herramientas modernas/digitales.

Todas las herramientas pueden dar paso a una estrategia de marketing relacional con los clientes más importantes.

Actividad resuelta 5.2.

Averigua las formas de aplicar el *e-mailing* como instrumento moderno/digital de marketing directo.

SOLUCIÓN

Las principales formas de aplicar el *e-mailing* son las siguientes:

- El boletín electrónico o *e-newsletter*: consiste en una publicación distribuida de forma regular vía correo electrónico a personas que previamente se hayan suscrito a este.
- Envío de correos electrónicos a clientes: consiste en enviar correos electrónicos conformados por anuncios o mensajes publicitarios a personas que ya hayan comprado o hayan hecho uso de los servicios de la empresa, con el fin de mantener contactos con ellos, y lograr así su fidelización.

Figura 5.11. Diferentes acciones con *smartphones*.

Actividad resuelta 5.3.

Ventajas y desventajas del marketing directo

Se han explicado las características y objetivos del marketing directo, cómo se puede llevar el mensaje a cada cliente, estableciendo una vía de comunicación directa, ágil y eficaz, con un reducido coste al eliminar las intermediaciones. Realiza una tabla de dos columnas y escribe en la de la izquierda las ventajas del marketing directo y en la de la derecha, las desventajas del mismo.

SOLUCIÓN

Ventajas	Desventajas
• Acción concentrada en un mercado o clientela específica. Facilidad para crear y mantener bases de datos. Es posible enviar mensajes específicos a segmentos particulares de clientes (potenciales o actuales). • Personalización de la acción. Puede ser «confidencial». • Comunicación interpersonal. Supone una comunicación personal y directa no interferida por ningún otro mensaje publicitario, lo que genera mayor confianza y apertura del destinatario. • Sin problemas de formato, ya que se admiten todas las formas y estilos, adaptados a los medios, pudiéndose dar rienda suelta a la creatividad y a la originalidad.	• Dificultad de obtener bases de datos fiables y actualizadas, debiendo estar constantemente actualizando las que estén disponibles. • Falta de seriedad profesional entre algunas empresas del sector. • Proliferación de envíos masivos e indiscriminados, llegando a un nivel de saturación del público objetivo, que hace ineficiente la oferta comercial. En internet los *spam* y otros tipos de envíos no solicitados, que tanto han proliferado en la red, provocan rechazo y un deterioro de la imagen y de la marca. • El masivo envío de *mailings* y la realización de catálogos que choca frontalmente con la creciente cultura ecológica. • La falta de seguridad en la prestación y captación de datos por determinadas empresas.

5.2.4. Factores que influyen en la expansión del marketing directo

Actualmente se está dando una serie de factores que influye en la necesidad de aplicación y expansión del marketing directo. Entre los mismos destacan los siguientes:

Cambios en los mercados turísticos

Los nuevos estilos de vida, un mejor nivel educativo, un mayor nivel de renta y en una sociedad cada día más segmentada, con una oferta cada vez mayor, dificulta llegar al consumidor. Lo que se consigue con el marketing directo es llegar a grupos concretos y específicos ofreciéndoles un servicio personalizado.

Avances tecnológicos y disminución de los costes de información

El avance de internet, el desarrollo de nuevas tecnologías, la creación de grandes bases de datos, como los nuevos sistemas de CRM (*Customer Relationship Management*) y la digitalización de la información, han contribuido a ampliar y desarrollar acciones de marketing directo, tanto para ofrecer productos personalizados como para enviar comunicaciones dirigidas a mantener la relación entre la empresa turística y el cliente.

Figura 5.12. El marketing directo permite llegar a grupos concretos.

Figura 5.13. La tarjeta de crédito como método de pago en el comercio electrónico.

Métodos de pago

La opción más utilizada es el cobro a través de una tarjeta de débito o de crédito. Esta opción y otros métodos de pago (contrarreembolso, PayPal, Bizum, Google Wallet, *Trustly*, giro postal, Western Union, Apple Pay, Samsung Pay, etc.) han transformado la forma de comprar sin salir de casa. Esto implica ventajas para el marketing directo.

Aumento del coste de personal de ventas y dificultad de su gestión

Las visitas personales se han tenido que reducir por el alto coste del personal. Sin embargo, el marketing directo y los vendedores son perfectamente complementarios, ya que el marketing directo facilita ciertas tareas y prepara el terreno para la posterior visita personal.

Competencia entre productos o destinos turísticos

La fuerte competencia existente entre productos y/o destinos turísticos fomenta el uso de los instrumentos del marketing directo, ya que permiten diferenciar el producto o el destino específico, y destacar de forma detallada e individualizada los principales componentes que los diferencia de los otros competidores.

Actividad resuelta 5.4.

La promoción por correo electrónico es una de las acciones que ofrece muy buenos resultados comparativamente con otros utilizados en una campaña de marketing *online*. El marketing directo por *e-mail*, por tanto, ofrece numerosas ventajas. Averigua cuáles son.

SOLUCIÓN

- Alcance global.
- Económico.
- Rápido.
- Directo.
- Personalizable.
- *Feedback* ágil.
- Culminación instantánea de la promoción.
- Apoyo de la promoción con un web o *mini-site* interactivo.
- Fácil seguimiento de los resultados.

Figura 5.14. Base de datos como recopilación de información.

Sabías que...

Una base de datos se conoce en inglés como *database* (DB) o *datawarehouse.*

5.3. Bases de datos

La estrategia de marketing digital necesita para su aplicación de una potente y sofisticada base de datos de clientes y de la gestión del marketing de base de datos (*customer database* y *database marketing*).

5.3.1. Creación y mantenimiento de una base de datos

Una base de datos es un sistema de archivos electrónicos que recopila información y datos acerca de clientes individuales, actuales o potenciales.

Es una excelente herramienta que permite a las empresas interpretar, gestionar y explotar dicha información de cara a obtener el máximo beneficio y rentabilidad, ofreciendo al consumidor aquellos productos o servicios turísticos que puedan resultar de su interés. La base de datos no debe confundirse con la lista de correos de clientes que no es más que un conjunto de nombres, direcciones, números telefónicos, etc. Una base de datos de clientes contiene mucha más información.

La base de datos de clientes se convierte en el activo más importante para el desarrollo de las acciones de marketing directo y le puede dar a la empresa una ventaja competitiva.

Para **gestionar** una base de datos, es necesario llevar a cabo tres actividades fundamentales, tal como aparece en la Figura 5.15.

Figura 5.15. Actividades para la gestión de una base de datos.

Tabla 5.7. Gestión de una base de datos

1. Creación de la base de datos 	Primer paso para desarrollar acciones comerciales eficaces. Al crear una base de datos, la empresa debe preguntarse cuál es la información del cliente que debe recoger, así como el uso de la misma, para mantener un diálogo lógico y operativo con el mismo. Dicha información se debe poder gestionar e interpretar, para transformarla en acciones y decisiones operativas sobre los productos o servicios de la empresa, la calidad de sus instalaciones, el trato de los empleados, los canales de distribución que utiliza, los medios de comunicación en los que se publicita, etcétera. Es importante integrar todos los datos disponibles en una misma ubicación para un control efectivo. La base de datos debe ser flexible para poder modificar el modelo y enriquecerla con la incorporación de más información procedente de diferentes fuentes. Existen muchas herramientas disponibles para la recogida de datos, según el presupuesto y las necesidades de la empresa. El éxito en la recogida de datos depende de la presentación y del incentivo que ofrezcamos a cambio (puntos, un descuento, una degustación, un obsequio, etc.). No hay que olvidar los sistemas de quejas, reclamaciones y sugerencias, una importantísima fuente de información tanto para mejorar nuestro servicio como para obtener datos de los clientes, a la que no siempre se le presta la atención necesaria.
2. Mantenimiento de la base de datos 	La base de datos requiere un mantenimiento adecuado, constantes revisiones y una actualización continuada. Gestionar y mantener una base de datos implica integrar información relevante sobre los clientes (de forma que se eliminen datos duplicados, se establezcan sistemas de búsqueda, se determinen formas de actualización de datos, etc.) para después analizarla e interpretarla. Para conseguir este objetivo, no solamente se debe contar con la tecnología adecuada, sino también con personal o colaboradores capacitados para llevar a cabo las tareas correspondientes. Algunas empresas no asignan la tarea al personal adecuado y sin embargo, los errores en las bases de datos dificultan la comunicación con el cliente, pueden llevar a la no resolución satisfactoria de una queja o conflicto y concluir en la pérdida del cliente. El mantenimiento adecuado de la base de datos evitará tiempos de inactividad inesperados y un mal rendimiento.
3. Explotación de la base de datos 	Requiere un manejo sistemático de datos respecto a la determinación de los modos de uso, los momentos, las personas autorizadas, etc., transformando en operativa toda la información de la que se dispone. Para poder explotar de forma adecuada la información incluida en la base de datos, la misma debe tener una estructura estable, tanto para que la información que incluya de cada cliente comprenda los mismos apartados como para que los mismos se mantengan en el tiempo.

Actividad resuelta 5.5.

Investiga las formas en que las empresas pueden obtener los datos.

SOLUCIÓN

Se pueden obtener de dos formas:

a) **Interna:** la que elabora la propia empresa. Suele ser la más fiable, ya que la empresa conoce a la perfección cuál es su estado, su contenido y su grado de actualización. Además, tiene la ventaja de adaptarse a las necesidades específicas de la empresa. Los datos los puede obtener por la propia actividad de la empresa (contactos, ventas, facturación, etc.) o facilitados por los propios clientes (un cuestionario en el establecimiento, entrevistas personales, un formulario en internet, incentivos, etcétera).

b) **Externa:** son datos que se compran. Suele suponer un coste menor comparado con el tiempo de tener que realizar la base de datos. Si se opta por comprarla es importante interesarse por la fuente de información para valorar si es fiable, así como saber cómo y cuándo se obtuvieron los datos.

Actividad propuesta 5.6.

La gran mayoría de sistemas PMS (*Property Management System*, aplicación informática que suele integrar una amplia variedad de funciones en un establecimiento hotelero) incluye un módulo de base de datos.

Infórmate acerca de las posibilidades que permite el módulo de base de datos del sistema PMS a un establecimiento turístico en su gestión.

Actividad resuelta 5.6.

Para un óptimo mantenimiento de la base de datos se debe contar con personal o colaboradores capacitados para realizar dicha tarea. Enumera las tareas que debe seguir por este profesional.

SOLUCIÓN

- Incorporar o eliminar información de la base de datos.
- Realizar cambios en la información almacenada o revisarla, para comprobar la exactitud de la información.
- Combinar los datos y realizar seguimientos.
- Enviar cartas y mantener la comunicación con los clientes.
- Monitorizar los datos mediante un programa de seguimiento.
- Responder a correos electrónicos de los clientes incorporando nuevos datos a la base.
- Enviar recordatorios a los clientes.
- Verificar y corregir datos erróneos.
- Segmentar datos y proporcionar información.
- Crear copias de seguridad con regularidad y probarlas de vez en cuando para evitar pérdidas de información.

Recuerda

Para gestionar una base de datos es necesario llevar a cabo tres actividades fundamentales: creación, mantenimiento y explotación de la misma.

Sabías que...

El trabajo de gestión de la base de datos se realiza mediante herramientas informáticas y utilizando las TIC.

Sabías que...

Una buena base de datos es en realidad el resultado de un lento trabajo de mantenimiento y actualización, y no un conjunto enorme de direcciones de correo electrónico compradas por internet. La experiencia indica que una campaña de marketing a través de correos electrónicos pertenecientes a este tipo de bases de datos suele ser ineficaz.

5.3.2. Objetivos generales del desarrollo de una base de datos

Los **objetivos** fundamentales que se persiguen con la utilización de una base de datos son los siguientes:

- Conocer a cada uno de los clientes actuales o potenciales de una empresa con la mayor profundidad y perfección posible, identificando segmentos homogéneos (público objetivo) dentro de la globalidad para establecer y mantener contactos con los mismos.
- Tratar de manera individualizada a las personas que componen la base de datos para obtener la máxima rentabilidad y la mayor explotación de los mismos en función de sus necesidades, desarrollando las diversas estrategias globales de marketing que mejor se adecuen a cada segmento de clientes identificado.
- Identificar las tendencias del mercado.
- Obtener los resultados de todas las estrategias llevadas a cabo, analizándolos y sacando conclusiones al respecto.
- Obtener la fidelización del cliente.

En el sector turístico es muy importante que la base de datos permita la segmentación de clientes, de acuerdo a datos que se consideran relevantes. El éxito de una actividad de marketing está en la calidad y fiabilidad de la base de datos. Los datos que se recogen se clasifican en tres tipos, tal como se recoge en la Figura 5.16.

Datos de clasificación o tipológicos	Son los que definen al cliente, esto significa: identificación, localización, datos sociodemográficos, socioeconómicos, profesionales, psicográficos, etcétera.
Datos de consumo	Son los que aluden a la compra y uso de los productos/servicios de la empresa: condiciones, cantidad, lugar, situaciones de compra, precio pagado, reincidencia, etcétera.
Datos de la historia promocional	Son los que se refieren a acciones comerciales y promocionales que la empresa haya realizado con sus clientes: las respuestas obtenidas, los métodos de seguimiento utilizados, el grado de fidelización, etcétera.

Figura 5.16. Tipos de datos de una base de datos.

Resumiendo, las empresas utilizan sus bases de datos para:

1. **Decidir qué clientes deberán recibir una oferta dada.** Las empresas establecen criterios que describen el cliente meta ideal para una oferta. Luego se buscan en las bases de datos las personas que más se parecen al tipo ideal. Al tomar nota de las tasas de respuesta, la empresa puede mejorar la precisión de sus objetivos con el tiempo. Después de una venta, la empresa puede iniciar una serie automática de actividades.
2. **Hacer más profunda la fidelidad de los clientes.** Las empresas pueden crear interés y entusiasmo recordando las preferencias de los clientes, enviando tarjetas-regalo, descuentos u otro material.

Recuerda

La calidad y la fiabilidad de la base de datos contribuye al éxito de una actividad de marketing.

Sabías que...

Paradores utiliza una estrategia de marketing para *seniors*. Una de las características específicas de esta estrategia es que necesita de una buena **base de datos** para saber a quién irá dirigida la comunicación, sin caer en errores que nos darán el efecto contrario a lo deseado.

Recuerda

Las empresas utilizan las bases de datos para:

- Decidir los clientes que deberán recibir una oferta en concreto.
- Aumentar la fidelidad de los clientes.
- Reactivar las compras de los clientes.

Sabías que...

La marca turística Islas Canarias explotará el *Big Data* turístico gracias un nuevo sistema CRM (*Customer Relationship Management*), herramienta que permitirá una «gestión directa de la comunicación con los turistas» y utilizar millones de datos relativos a los visitantes, según ha explicado el Gobierno autonómico.

3. **Reactivar las compras de los clientes.** Las empresas pueden instalar programas de envío automático de correo que envían tarjetas, recordatorios o promociones. La base de datos puede ayudar a la empresa a efectuar ofertas atractivas y oportunas.

5.3.3. *Big Data.* Concepto y objetivo

Se denomina ***Big Data*** a la gestión y análisis de enormes volúmenes de datos que no pueden ser tratados de manera convencional, ya que superan los límites y capacidades de las herramientas de *software* habitualmente utilizadas para la captura, la gestión y el procesamiento de datos.

Figura 5.17. *Big Data.*

El **objetivo** de *Big Data,* al igual que los sistemas analíticos convencionales, es convertir el dato en información que facilita la toma de decisiones de empresas u organizaciones, incluso en tiempo real. Sin embargo, más que una cuestión de tamaño, es una oportunidad de negocio. Las empresas turísticas están aplicando el *Big Data* para entender el perfil, las necesidades, las preferencias, los movimientos y el sentir de sus clientes respecto a los productos y/o servicios. La tendencia de uso del *Big Data* gira en torno a mejorar la experiencia del turista a través de la interpretación de datos reales, que se convierten en información útil para la empresas del sector y que permiten analizar el comportamiento de los clientes. Esto adquiere especial relevancia, ya que permite adecuar la forma en la que interactúa la empresa con sus clientes y en cómo les prestan servicio.

Actividad propuesta 5.7.

Los conjuntos de datos englobados por *Big Data* responden a características o aspectos fundamentales, denominados las V del *Big Data.*

Averigua cuáles son y su significado.

5.3.4. Legislación sobre protección de datos

La normativa vigente está recogida, con carácter general en:

- Ley Orgánica 3/2018, de 5 de diciembre, de Protección de Datos Personales y garantía de los derechos digitales (LOPDGDD). Esta ley sustituye y deroga en su totalidad a la Ley Orgánica 15/1999, de 13 de diciembre, de Protección de Datos de Carácter Personal (LOPD).

- Reglamento General de Protección de Datos, Reglamento (UE) 2016/679 del Parlamento Europeo y del Consejo, de 27 de abril del 2016 (RGPD), relativo a la protección de las personas físicas en lo que respecta al tratamiento de datos personales y a la libre circulación de estos datos.

Su objetivo principal es garantizar y proteger, en lo que concierne al tratamiento de datos personales, las libertades públicas y los derechos fundamentales de las personas físicas, mediante el establecimiento de una serie de obligaciones para cualquier entidad pública o privada que realice tratamientos de datos de carácter personal, independientemente del soporte en el que sean tratados, así como la puesta a disposición del afectado o interesado de las herramientas necesarias para la protección de su derecho.

La normativa para la protección de datos reconoce una serie de derechos de los titulares de los datos almacenados, así como los mecanismos con que cuenta para evitar abusos que le infrinjan un perjuicio. Entre los principales derechos que se reconocen, se encuentran los siguientes:

- Derecho de **acceso.**
- Derecho de **rectificación.**
- Derecho de **supresión.**
- Derecho a la **limitación del tratamiento.**
- Derecho a la **portabilidad.**
- Derecho de **oposición.**

Para ejercitar cada uno de estos derechos se contempla en la nueva normativa:

- Un procedimiento específico.
- Plazos en las acciones de defensa de cada uno de ellos.

En el ámbito de la Ley Orgánica de Protección de Datos destacan las funciones que acomete la **Agencia Española de Protección de Datos** (AEPD). Se trata de la autoridad pública independiente encargada de velar por la privacidad y la protección de datos de la ciudadanía. Entre sus objetivos se encuentra fomentar que las personas conozcan sus derechos y las posibilidades que la Agencia les ofrece para ejercerlos y que los sujetos obligados tengan a su disposición un instrumento ágil que les facilite el cumplimiento de la normativa.

Será la encargada de atender las reclamaciones y peticiones de los posibles afectados, y promover campañas orientadas a la concienciación del ciudadano de sus derechos de privacidad e intimidad.

Frente a las vulneraciones que pueden cometerse en materia de protección de datos, la Ley de Protección de Datos establece una serie de **sanciones** cuyas repercusiones se hacen depender directamente de la gravedad de las infracciones cometidas tanto por los que son directamente responsables como por los encargados del tratamiento de los ficheros que almacenen los datos de carácter personal. Las infracciones pueden calificarse como leves, graves y muy graves.

aepd agencia española protección datos

Figura 5.19. Agencia Española de Protección de Datos.

Sabías que...

En internet, como en el mundo físico, nuestra actividad deja un rastro. Además de los datos personales que aportamos voluntariamente al darnos de alta en servicios como redes sociales, portales de contactos o de compra *online*, y de los datos personales propios que otros pueden publicar en sitios web sin nuestro conocimiento, nuestra navegación en internet deja rastros que pueden identificarnos.

Figura 5.18. Protección de datos.

Recuerda

La Agencia Española de Protección de Datos (AEPD) es la autoridad pública independiente que vela por la privacidad y la protección de datos de la ciudadanía.

Actividad resuelta 5.7.

Un requisito fundamental para llevar a cabo un proyecto de marketing de bases de datos es la adecuación de los ficheros de la empresa a las exigencias de la LOPD-GDD, para su explotación comercial. El propósito de la normativa es tener al tanto a los titulares de los datos acerca de la existencia de un archivo donde se recoge su información personal y el tratamiento previsto por el responsable del fichero.

Conocer los datos y tener presentes los procedimientos necesarios para garantizarlos permite calibrar el alcance de la estrategia de marketing de bases de datos y determinar los canales de atención al titular de los datos que deben contemplarse.

¿Qué medidas deben adoptar las empresas en la recogida y tratamiento de datos de carácter personal, con la finalidad de proteger a los usuarios?

SOLUCIÓN

Las principales medidas son las siguientes:

- Calidad de los datos.
- Consentimiento previo al tratamiento de los datos.
- Salvaguarda de los derechos del titular de los datos: acceso, rectificación, supresión, limitación del tratamiento, portabilidad y oposición.
- Deber de guardar secreto.
- Obligación de inscribir los ficheros en la Agencia Española de Protección de Datos (AEPD).
- Adoptar las medidas de seguridad.

Sabías que...

Cualquier persona puede inscribirse en el Servicio de Listas Robinson de forma fácil y gratuita, para reducir la recepción de comunicaciones comerciales, mediante llamadas, SMS, correo postal y correo electrónico, de empresas de las que no sea cliente ni haya tenido ninguna relación. Para ello debe indicar el medio a través del cual no desea recibir publicidad de entidades con las que no mantenga ni haya mantenido algún tipo de relación.

La legitimidad de las actividades publicitarias debe conciliarse con el respeto al derecho a la protección de datos. Para ello, la **Asociación Española de la Economía Digital** (Adigital) pone a disposición de los consumidores y entidades la **Lista Robinson**, que es un servicio gratuito de exclusión publicitaria gestionado por la misma, que tiene como objetivo disminuir la publicidad que los consumidores reciben y las entidades envían, conforme a lo previsto en la normativa vigente.

El Servicio de Listas Robinson se enmarca en el ámbito de la publicidad personalizada, es decir, aquella publicidad que recibe un usuario direccionada a su nombre.

Las empresas deben consultar la Lista Robinson para no enviar comunicaciones comerciales a aquellas personas inscritas en el servicio, cuando realicen acciones publicitarias dirigidas a personas que no sean sus clientes, socios, usuarios, etcétera.

Para el progreso de la actividad económica, el tratamiento de datos de carácter personal es vital.

Figura 5.20. www.listarobinson.es

Caso práctico RESUELTO

Trabajas en el departamento de marketing de un hotel que está pensando en adaptarse a las nuevas exigencias del turista digital. Has observado que el camino del turista digital ha sufrido un cambio continuo, evolucionando a lo largo de los años con la aparición de nuevos canales de información y de nuevos dispositivos tecnológicos indispensables en el día a día de todos, como los *smartphones*, las tabletas o los *wearables*.

Has visto que el *smartphone* acompaña al turista tanto en la preparación del viaje («el antes») como en la realización del propio viaje («el durante») y también una vez ha finalizado el viaje («el después»).

A su vez, en el ámbito de la comunicación con los clientes has valorado el uso de WhatsApp y de WhatsApp Business. Has comunicado esta situación a los responsables del hotel, quiénes han decidido solicitarte un estudio y que posteriormente realices un informe.

Lo primero que debes realizar es averiguar qué aporta el uso de los *smartphones* a los clientes entendiendo que se ha convertido en el medio principal de conexión a internet.

A continuación te preguntas por qué la empresa debe implementar el uso de WhatsApp y de WhatsApp Business como nuevas herramientas de comunicación en la estrategia de marketing digital y qué beneficios generaría esta última.

Solución

Con el uso de los *smartphones*, los usuarios/turistas buscan la opción que más se adapte a sus necesidades previo a tomar una decisión. El *smartphone* se ha convertido en un componente indispensable de consulta, reserva y compra, movilidad y acceso inmediato a los diversos servicios que requieren los usuarios para comprender, anticipar y compartir su experiencia durante su visita, de acuerdo con sus necesidades turísticas. El cambio en sí, plantea una nueva experiencia de viaje cada vez más personalizada, flexible y adecuada a cada momento del viaje.

Para atraer nuevos viajeros a la empresa es fundamental buscar estrategias digitales y adaptarse al entorno turístico que estos demandan. Los viajeros pasan por una serie de fases para encontrar su alojamiento ideal e invierten de 2 a 3 horas en WhatsApp.

La aplicación de mensajería WhatsApp ha supuesto una auténtica revolución por la importancia de esta aplicación en la vida diaria de la gente, por la bidireccionalidad que permite y por tratarse de un canal de comunicación más directo, sencillo y claro. Además, aporta una comunicación efectiva e instantánea para contactar, vender, interactuar y compartir cosas con otras personas.

Sabiendo que WhatsApp Business es una herramienta muy potente de comunicación y automatización dentro del sector turístico y que es una aplicación de descarga gratuita disponible para dispositivos iPhone y Android, que ha sido desarrollada especialmente para pequeñas y medianas empresas, todo esto motiva que el hotel estudie la posibilidad de implementarlo ya que facilita la interacción con los clientes, ofrece herramientas para automatizar, organizar y responder rápidamente a los mensajes. Asimismo, entre los beneficios que le reporta estarían los siguientes:

1. Facilidad para los huéspedes: los usuarios pueden utilizar su aplicación de WhatsApp para acceder a esta *app*.
2. Mejora la atención al cliente: permite estar en contacto con los usuarios para cualquier consulta, antes, durante y después.
3. Sistema de etiquetado de clientes: con el que el alojamiento podrá ordenar y clasificar grupos y conversaciones de los usuarios.
4. Mensaje automatizado: crea un mensaje predeterminado que permite dar una atención a los usuarios y ahorrar tiempo.
5. Venta cruzada y promociones: con una estrategia simple y sin molestar a los clientes puede ser usada como elemento de fidelización, para conseguir que regresen al alojamiento mediante el envío de ofertas puntuales, códigos de descuento, información, etcétera.

Caso práctico PROPUESTO

Perteneces al departamento de marketing de una pequeña empresa turística, que ha decidido enfrentarse al nuevo entorno comercial y social reinventando las estrategias de marketing, especialmente la estrategia digital. Entre las acciones a emprender ha resuelto apostar más decididamente por el uso de las redes sociales, entendiendo que se han convertido en herramientas imprescindibles, para una mayor personalización de la estrategia digital, fortaleciendo los canales de comunicación con los clientes. Las redes sociales suponen una importante fuente de inspiración, para la búsqueda de empresas y destinos vacacionales.

Se te solicita que averigües los siguientes aspectos:

a) ¿Qué ventajas supone a la empresa una adecuada gestión de las redes sociales?

b) Existen diversos tipos de redes sociales, cada una creada con una finalidad y diseñada para compartir diferentes tipos de contenido multimedia. ¿Qué elementos se deben tener en cuenta antes de implementar la presencia en redes sociales?

c) ¿Cuáles son las redes sociales preferidas por el sector turístico para el marketing digital?

Figura 5.21. Las redes sociales en el marketing digital turístico.

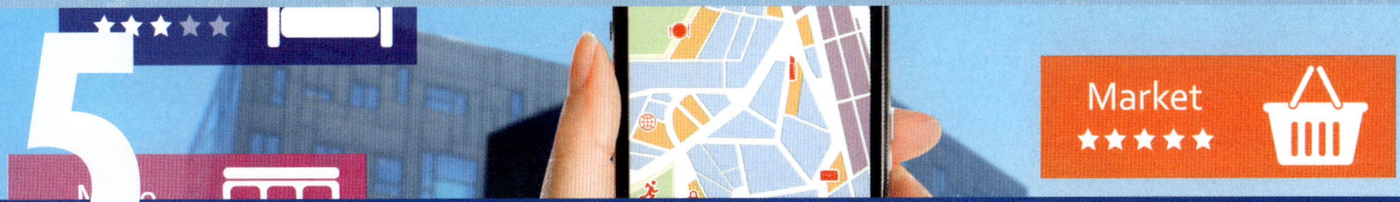

5 Las nuevas tecnologías aplicadas al marketing turístico

- **Marketing en internet**
  - Concepto y evolución del marketing en internet
  - Elementos y herramientas del marketing en internet o digital

- **Marketing directo en turismo y nuevas tecnologías**
  - Concepto y características del marketing directo
  - Objetivos del marketing directo
  - Materiales soporte: herramientas de marketing directo
  - Factores que influyen en la expansión del marketing directo

- **Bases de datos**
  - Creación y mantenimiento de una base de datos
  - Objetivos generales del desarrollo de una base de datos
  - *Big Data*. Concepto y objetivo
  - Legislación sobre protección de datos

Resumen

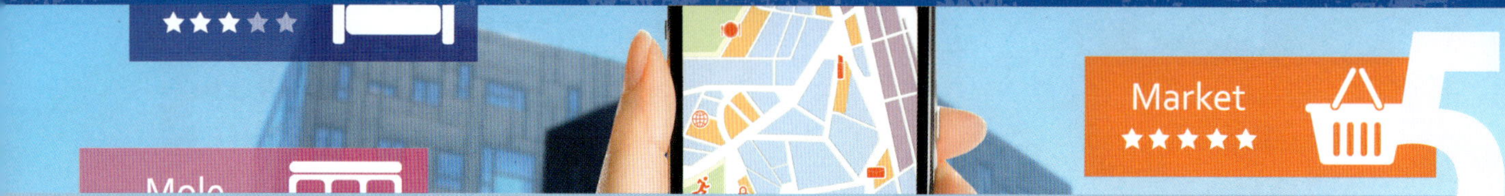

Las nuevas tecnologías aplicadas al marketing turístico

Las **nuevas tecnologías de la información y la comunicación (TIC)** están cambiando radicalmente las relaciones de las empresas turísticas con los consumidores y, por tanto, la forma de entender la actividad turística y la aplicación del marketing turístico.

El marketing digital ha evolucionado del marketing 1.0 al 5.0 transformando el mercado turístico. El marketing digital pone en el centro de las relaciones empresa-cliente al consumidor. Su potencial permite conocer al cliente al máximo y entablar una comunicación directa y satisfactoria que va más allá que la adquisición de un producto o servicio.

Marketing en internet o **digital** son las estrategias y acciones de marketing que se desarrollan en internet para distribuir y comunicar productos y servicios con el fin de llegar a un público objetivo a través de los medios *online* con el objetivo de satisfacer las necesidades de los consumidores y lograr las metas empresariales en un entorno altamente competitivo. La evolución del marketing en internet pasa de la generación **web 1.0** a la **5.0,** con las siguientes características:

Web 1.0	Web 2.0	Web 3.0
Pasiva, estática y poco interactiva. Informativa (solo texto). Unidireccional.	Social, dinámica y colaborativa. Presentación con textos, imágenes y audio. Bidireccional.	Semántica o I. A. Multidireccional.

Web 4.0	Web 5.0
Abierta, conectada, predictiva e inteligente. Omnidireccional.	Sensorial y emotiva. Omnidireccional.

La mayoría de las empresas tienen presencia en internet y poseen su propia página web. No se trata de otro marketing, sino de la utilización de herramientas más modernas, más activas, para trabajar en un canal que tiene especificidades que hay que conocer. La digitalización del mercado evoluciona a gran velocidad, con la aparición de nuevas herramientas que obligan a los responsables de marketing a mantenerse constantemente actualizados.

Entre las **herramientas del marketing en internet/digital** destacan las siguientes:

1. SEM (*Search Engine Marketing*, marketing de buscadores).
2. SEO (*Search Engine Optimization*, optimización para buscadores).
3. Publicidad *display*.
4. *E-mail* marketing.
5. Afiliados y patrocinios.
6. Directorios web.
7. SMM (*Social Media Marketing*).
8. SMO (*Social Media Optimization*).
9. SERM (*Search Engine Reputation Management*).
10. ORM (*Online Reputation Management*).
11. Diseño web.
12. Diseño web *responsive*.
13. Medios *offline*.
14. Google Analytics.
15. ASO (*App Store Optimization*).

Entre las **herramientas** concretas que se utilizan en el marketing turístico destacan las siguientes:

1. **Herramientas de búsqueda y edición de información en el marketing turístico:**
   - Buscadores web o motores de búsqueda.
   - Webs especializadas en contenidos temáticos de viajes.
   - *Microsite*.
   - Blogs de viajes y turismo.
   - Redes sociales.
   - Planificadores de viajes y rutas.
   - *Podcast*.
   - *Streaming*.
   - *Wiki*.
   - Comunidad virtual de viajeros.
   - Diario de viajes.
2. **Aplicaciones sobre mapas:** facilitan la planificación de los viajes al ofrecer información visual sobre los lugares que se visitarán y la ruta de viaje.
3. **Vídeos:** una forma de comunicar en internet que genera tráfico a la página web de la organización turística.
4. **Webs especializadas en ofrecer cupones de descuento:** se trata de portales que conectan a los proveedores turísticos con sus comunidades de clientes y están especializados en lanzar ofertas muy agresivas (con importantes descuentos), limitadas en el tiempo y enfocadas a productos o servicios atractivos.
5. **Aplicaciones sobre *smartphones* y para móviles con conexión a internet:**

   a) Los códigos QR (*Quick Response Code*, códigos de respuesta rápida) dan un mensaje al ser escaneados

5 Las nuevas tecnologías aplicadas al marketing turístico

con la cámara del teléfono móvil o con un programa *software* específico.

b) Las *apps* o aplicaciones móviles son programas informáticos creados para ser ejecutados en teléfonos inteligentes, tabletas y otros dispositivos móviles.

c) Las aplicaciones de mensajería instantánea móvil (MIM) forman un canal de comunicación en el que dos o más usuarios intercambian mensajes en tiempo real a través de internet.

El **marketing directo** es una herramienta estratégica del marketing que implica la relación directa e interactiva entre la empresa y el cliente. Se puede definir como un sistema de comercialización que utiliza uno o más medios de comunicación y distribución directa para establecer contactos personalizados con clientes individuales que han sido seleccionados, con el objeto de conseguir una respuesta inmediata y de alcanzar relaciones duraderas con ellos.

Las **características** del marketing directo son las siguientes:

- Interactivo.
- Medible.
- Personalizable e inmediato.
- Facilita la creación de bases de datos.
- Acerca el servicio al cliente.
- Facilita la fidelización del cliente.
- Posibilita la evaluación de las estrategias comerciales.

Fidelizar a los clientes actuales y captar nuevos son los dos objetivos más perseguidos por las empresas a la hora de poner en marcha una acción de **marketing directo.**

Las principales **herramientas** que utiliza el marketing directo se pueden agrupar en dos tipos: tradicionales y modernas. Entre las herramientas tradicionales/no digitales destacan las siguientes:

a) El *mailing*.
b) El buzoneo.
c) El telemarketing.
d) El envío masivo de fax.
e) La visita personal.

Entre los instrumentos modernos/digitales destacan los siguientes:

a) El *e-mailing*.
b) El marketing móvil.

Entre los **factores** que influyen en la expansión del marketing directo figuran:

- Los cambios en los mercados turísticos.
- Los avances tecnológicos y disminución de los costes de información.
- Los métodos de pago.
- La competencia entre productos o destinos turísticos.
- El aumento del coste de personal de ventas y dificultad de su gestión.

Una **base de datos** es un sistema de archivos electrónicos que recopila información y datos acerca de clientes individuales, actuales o potenciales de la empresa de cara a obtener el máximo beneficio y rentabilidad, ofreciendo al consumidor aquellos servicios turísticos que puedan resultar de su interés.

Es una excelente herramienta que permite a las empresas interpretar, gestionar y explotar dicha información de cara a obtener el máximo beneficio y rentabilidad, ofreciendo al consumidor aquellos productos o servicios turísticos que puedan resultar de su interés.

Para **gestionar** una base de datos, es necesario llevar a cabo tres actividades fundamentales:

1. Creación de la base de datos.
2. Mantenimiento de la base de datos.
3. Explotación de la base de datos.

Big Data es la gestión y análisis de enormes volúmenes de datos que no pueden ser tratados de manera convencional, ya que superan los límites y las capacidades de las herramientas de *software* habitualmente utilizadas para la captura, gestión y procesamiento de datos. El **objetivo** del *Big Data*, al igual que los sistemas analíticos convencionales, es convertir el dato en información que facilita la toma de decisiones en empresas u organizaciones, incluso en tiempo real.

El éxito de una actividad de marketing está en la calidad y fiabilidad de la base de datos.

La **Agencia Española de Protección de Datos (AEPD).** Se trata de la autoridad pública independiente encargada de velar por la privacidad y la protección de datos de la ciudadanía. Entre sus objetivos se encuentra fomentar que las personas conozcan sus derechos y las posibilidades que la Agencia les ofrece para ejercerlos y que los sujetos obligados tengan a su disposición un instrumento ágil que les facilite el cumplimiento de la normativa.

En España existe una **legislación** sobre protección de datos, la **Ley Orgánica 3/2018,** de 5 de diciembre, de Protección de Datos Personales y garantía de los derechos digitales (LOPD-GDD). Su objetivo principal es garantizar y proteger, en lo que concierne al tratamiento de datos personales, las libertades públicas y los derechos fundamentales de las personas físicas.

Actividades de comprobación

5.1. Indica la afirmación incorrecta:

a) Actualmente, la introducción de las TIC en las empresas es fundamental.

b) En la gestión del marketing turístico las TIC son básicas.

c) Las TIC son las técnicas de información al consumidor.

d) En la web 3.0 se produce un aumento de la interactividad y de la movilidad.

5.2. Uno de los elementos del marketing en internet es el posicionamiento web, que:

a) Consiste en localizar los posibles clientes.

b) Busca la obtención de las primeras posiciones de los resultados en los principales buscadores.

c) Proporciona un buen contenido de acuerdo a los objetivos de marketing de las empresas.

d) Consiste en buscar los mejores lugares para posicionar los mensajes publicitarios de la empresa.

5.3. Entre las herramientas del marketing turístico en internet, el espacio en el que se puede intercambiar información, preparar un viaje, compartir experiencias, obtener sugerencias, etc., es:

a) Una aplicación sobre mapas.

b) Un diario de viajes.

c) Un blog.

d) Una comunidad de viajeros.

5.4. Algunas de las características del marketing directo son:

a) Comunidad de viajeros, redes sociales y blogs.

b) *Mailing*, buzoneo y *faxing*.

c) Interactivo, personalizable y medible.

d) Promoción *online*, publicidad y contenido web.

5.5. Entre los instrumentos de marketing directo destacan las siguientes herramientas modernas/digitales:

a) Los cambios sociales y los cambios tecnológicos.

b) Los métodos de pago y el control del coste.

c) Los blogs y los *podcasts*.

d) El marketing móvil y el *e-mailing*.

5.6. El telemarketing permite a la empresa ponerse en contacto con clientes potenciales a través de:

a) La televisión.

b) La radio.

c) El teléfono.

d) Internet.

5.7. Las bases de datos se pueden obtener de dos formas distintas:

a) Descargándolas de internet o a través de aplicaciones de pago.

b) De forma interna, elaboradas por la empresa, o de forma externa, comprándolas.

c) Mediante *e-mailing* o a través del correo tradicional.

d) En español o en inglés.

5.8. Los datos recogidos para la elaboración de la base de datos pueden ser de tres tipos. ¿Cuál de los tipos siguientes no es correcto?

a) Datos de la historia promocional.

b) Datos de consumo.

c) Datos de clasificación o tipológicos.

d) Datos de expediente.

5.9. En relación con la protección de datos, ¿cuál de las afirmaciones siguientes no es la correcta?

a) La normativa para la protección de datos reconoce una serie de derechos de los titulares de los datos.

b) Los consumidores no pueden ejercer el derecho de rectificación.

c) La Agencia Española de Protección de Datos debe velar por la privacidad y la protección de datos de la ciudadanía.

d) Las empresas deben adoptar las medidas de seguridad que garanticen la confidencialidad de los datos.

5.10. Para tutelar y garantizar la protección de nuestros datos en la red se crea:

a) El Registro General de Protección de Datos.

b) La Agencia Española de Protección de Datos.

c) La creación de bases de datos.

d) El consentimiento previo al tratamiento de datos.

Actividades de aplicación

5.11. Busca ejemplos de empresas turísticas que promocionan (comunican) las acciones *online* a través de medios de comunicación tradicionales.

Actividades finales

5.12. El marketing con vídeos es una herramienta muy efectiva en su aplicación a los sitios web en el sector turístico. El turismo es una industria muy visual, donde se pueden usar muchas fotos y vídeos para presentar los productos y servicios. Muchas personas se dirigen a internet para buscar información más precisa y completa sobre los productos o servicios turísticos, una información interactiva y visual. También es cada vez más frecuente que muchos turistas compartan los vídeos de sus viajes en internet con el resto de usuarios. YouTube ofrece una fantástica oportunidad a través de este medio, donde las empresas turísticas puedan estar en contacto con su sector de mercado dando oportunidad de participación y de diálogo a los usuarios.

Actualmente se pueden encontrar en YouTube tres tipos de vídeos diferentes:

a) Vídeos realizados por turistas.

b) Vídeos realizados por hoteles.

c) Vídeos realizados por destinos turísticos.

Busca en YouTube un ejemplo de cada uno de los tres tipos de vídeos.

5.13. Enumera las características del marketing directo y explica tres de ellas.

5.14. Enumera las principales herramientas del marketing directo, agrupándolas en tradicionales y modernas.

5.15. De los objetivos del marketing directo elegimos tres de ellos: fidelizar, recuperar antiguos clientes y captar nuevos clientes. Explica la diferencia que encuentras entre ellos. Elige uno y desarrolla las acciones que emprenderías para alcanzar dicho objetivo en una empresa turística.

5.16. Averigua la utilidad del *Big Data* en el marketing turístico.

5.17. En la actualidad gran número de empresas están optando por el uso de sus dominios para indexarse a redes sociales o se suman a blogs y clústeres.

a) Descubre al menos tres empresas turísticas presentes en las redes sociales. Indica el nombre de la empresa y la red o redes sociales en las que están presentes.

b) Busca, al menos, un clúster relacionado con el sector turístico.

c) Busca un blog especializado en temas turísticos.

5.18. Cada año se celebra dentro de la Feria Internacional de Turismo, Fitur, en Madrid, FITURTECHY, Foro de Innovación y Tecnología Turística.

a) Averigua y enumera las ponencias, debates y talleres que se llevaron a cabo en la última edición de FITURTECHY o las que se van a llevar a cabo en la próxima edición.

b) Busca un vídeo de una de las ponencias y haz un breve resumen de la misma.

Actividades de ampliación

5.19. Visita la página web de *Segittur* en internet y analiza los instrumentos de marketing *online* que utiliza España para sus campañas.

5.20. El *storytelling* siempre ha sido una técnica muy utilizada en el marketing tradicional. Actualmente la comunicación con el público es principalmente *online*, demostrando que también a través de internet el *storytelling* consigue alcanzar la conexión emocional y única que se genera cuando contamos una historia. Así se genera una relación de confianza y fidelidad que todas las marcas buscan.

a) Averigua en qué consiste el *storytelling*.

b) Busca casos de éxito de empresas o destinos turísticos que han aplicado el *storytelling*.

5.21. Busca el significado de los siguientes términos: *landing page*, *leads* y *workflow*, aplicados al marketing digital.

Enlaces web de interés

www.adigital.org
www.guiarepsol.com
www.ithotelero.com
www.marketingdirecto.com
www.marketingdirecto.com
www.segittur.es
www.ostelea.com
www.listarobinson.es
www.aepd.es/es
www.ontsi.red.es
www.thinktur.org
www.youtu.be/Q9A4o33xH_w
www.tecnohotelnews.com
www.mmaspain.com
www.marketinet.com/blog

6

Introducción

En la actualidad, las empresas se desenvuelven en un ambiente muy competitivo y un entorno muy cambiante, debido sobre todo a las nuevas tecnologías, por lo que no deben dejar al azar las decisiones relacionadas con las acciones de marketing. Este es uno de los motivos por los que deben elaborar **planes de marketing.**

Las empresas turísticas necesitan planificar de forma estructurada y sistemática sus acciones de marketing para períodos de tiempo determinados. El instrumento que utilizan para ello se denomina plan de marketing.

Toda empresa, sin importar su tamaño o el sector en que se desenvuelve, precisa elaborar un plan de marketing. Este debe reunir una serie de requisitos para ser eficaz y exige de sus responsables una aproximación realista con la situación de la empresa.

El plan de marketing es una herramienta muy valiosa en toda empresa, ya que permite la comercialización eficaz de cualquier tipo de producto o servicio. Orienta a todas las personas que están vinculadas con las actividades de marketing de la empresa u organización porque describe aspectos tan importantes como los objetivos de marketing que se pretenden lograr: cómo, con qué recursos, cronograma de las actividades a implementar, métodos de control, ajustes necesarios, etcétera.

Plan de marketing

Contenidos

Objetivos

- Reconocer la importancia del plan de marketing en una empresa turística.
- Estudiar los objetivos del plan en el caso de empresas de servicios.
- Distinguir las diferentes fases de elaboración del plan de marketing.
- Analizar cómo ha de ser la presentación y promoción del plan de marketing.
- Reconocer la importancia de la auditoría ambiental del plan de marketing.

Figura 6.1. El plan de marketing se refleja en un documento escrito.

6.1. Plan de marketing

Para asegurar la viabilidad, sobresalir y continuar estando vigente, toda empresa debe elaborar previamente un **plan de marketing** adecuado a esta, con el fin de alcanzar sus objetivos. No existe un plan de marketing estándar válido para todas las empresas, por lo que debe estar adaptado a las necesidades y características de cada una.

6.1.1. Concepto de plan de marketing

El plan de marketing es una **herramienta de gestión** por la que se determinan los pasos a seguir, las metodologías y los tiempos para alcanzar unos objetivos determinados. El plan de marketing es la guía que orienta a la empresa para la toma de decisiones comerciales, es decir, una guía para concretar las acciones.

Un **plan de marketing** es una guía que orienta a la empresa a desarrollar las etapas necesarias para alcanzar metas establecidas.

Sabías que...

Existen diferencias entre el plan de marketing de una empresa turística privada y el plan de marketing de un destino o zona turística.

El plan de marketing se refleja en un documento escrito en el que, de forma detallada, ordenada y fácilmente comprensible, y previa realización de los correspondientes análisis y posterior diagnóstico, se definen los objetivos a conseguir en un período de tiempo determinado, se seleccionan las líneas estratégicas de actuación y se diseña el conjunto de acciones de marketing que se pretenden llevar a cabo para alcanzar dichos objetivos.

6.1.2. Finalidades del plan de marketing

Existen muchas finalidades para elaborar un plan de marketing, entre las que destacan las siguientes:

- Ayuda a conseguir los objetivos de la empresa.
- Refuerza el compromiso de la dirección y los trabajadores.
- Ayuda a incrementar la rentabilidad.
- Facilita el posicionamiento de la empresa o destino turístico en el mercado.
- Ayuda a definir la visión, misión y valores de la empresa o destino turístico.
- Puede ayudar a prevenir errores (y a solucionarlos rápidamente cuando se producen).

Figura 6.2. Plan de marketing.

Sabías que...

Resulta muy arriesgado intentar que una empresa triunfe sin haber elaborado previamente un plan de marketing. Con su elaboración se pretende sistematizar las actuaciones de la empresa para conseguir los mejores resultados. Sin un plan de marketing la empresa nunca sabrá cómo ha alcanzado los resultados.

6.2. Conexiones y relaciones del plan de marketing con otros ámbitos de la empresa e instituciones

El plan de marketing debe estar totalmente coordinado y en congruencia con el plan estratégico de la empresa. Se entiende por **plan estratégico** el «plan maestro» que toda empresa, indistintamente de su dimensión, debe tener. De este plan estratégico surgen las directrices para elaborar el resto de los planes de la empresa, entre ellos el plan de marketing.

Un plan de marketing es un documento integral que involucra a toda la empresa u organización. Las acciones que se lleven a cabo repercutirán en todos los departamentos que deben participar en su elaboración. Además, deben estar interrelacionados y coordinados para cumplir los objetivos fijados. Por tanto, el plan de marketing es el instrumento que ayudará al resto de departamentos vinculados al de marketing a tomar parte de las decisiones de la empresa.

En definitiva, todos los departamentos de la empresa deben estar interrelacionados y coordinados para cumplir los objetivos fijados inicialmente.

Figura 6.3. Departamentos interrelacionados y coordinados.

Otra de las conexiones importantes del plan de marketing es la que debe establecerse con todo tipo de instituciones, tanto públicas como privadas, como, por ejemplo, el departamento de marketing que representa a las organizaciones turísticas de una comunidad autónoma, las Cámaras de Comercio, etc. Las organizaciones turísticas se establecen en un territorio concreto —en la mayor parte de los casos, un destino turístico— que, a su vez, tiene un plan estratégico y/o un plan de marketing propio y que, por tanto, afectará muy directamente al plan de marketing que quiera desarrollar la empresa en cuestión. Así, las empresas turísticas deben intentar que su plan de marketing sea coherente y esté alineado con el que está llevando a cabo el destino turístico en el cual se ubica.

Actividad resuelta 6.1.

Averigua los requisitos que debe reunir un plan de marketing para que sea eficaz.

SOLUCIÓN

Los requisitos que debe reunir un plan de marketing para ser eficaz son los siguientes:

- Realizar una aproximación realista con la situación de la empresa y su entorno.
- Hacer una elaboración detallada, bien estructurada, sistemática y completa.
- Incluir y desarrollar todos los objetivos y estrategias.
- Ser práctico, asequible y compartido por todo el personal, delimitando claramente su campo de responsabilidad.
- Ser operativo y flexible.
- Tener una periodicidad determinada, con sus correspondientes procedimientos de control y mejoras.

Recuerda

El plan de marketing es una guía escrita que define los objetivos a conseguir en un período de tiempo determinado, selecciona las líneas estratégicas de actuación y diseña el conjunto de acciones de marketing que se pretenden llevar a cabo para alcanzar dichos objetivos.

Sabías que...

El trabajo conjunto entre empresas y Administraciones será fundamental para el éxito de la promoción de nuevos destinos turísticos.

Figura 6.4. Conexiones del plan de marketing.

Sabías que...

Existen tres preguntas clave que toda empresa se debe plantear en el proceso de planificación de marketing:

- Dónde se encuentra la empresa (punto de partida).
- Hacia dónde quiere ir (meta).
- Cómo llegar allí (proceso).

6.3. Fases del plan de marketing

El proceso de planificación de marketing se realiza a través de una serie de **fases** que son secuenciales, de forma que cada una depende de las anteriores. Tienen un orden que conviene respetar para evitar cometer errores, tal como se muestra en la Figura 6.5.

Figura 6.5. Fases del plan de marketing.

Sabías que...

La fase de análisis y diagnóstico de la situación es de vital importancia para el éxito de la planificación, pues de ella dependen todas las demás. Si se comete un error en la evaluación de la situación inicial, podría traducirse en una errónea fijación de objetivos y estos, a su vez, dar pie a unas estrategias de marketing inadecuadas para la organización, que llevarían a invalidar todo el proceso de planificación.

6.3.1. Análisis y diagnóstico de la situación

La fase de **análisis** y **diagnóstico de la situación** tiene como finalidad la obtención y el estudio de datos para un profundo conocimiento de la situación actual y la posterior toma de decisiones. Dentro de esta fase se pueden distinguir **dos** grandes **etapas:**

1. Etapa de análisis de la situación, propiamente dicha:
   a) Análisis interno.
   b) Análisis externo.
2. Etapa de diagnóstico: matriz DAFO.

Etapa de análisis de la situación

Esta primera etapa se centra en un análisis profundo y exhaustivo de la situación actual de la empresa, organización o destino turístico, así como de su posible evolución futura.

Este análisis de la situación siempre debe realizarse a dos niveles:

a) **Análisis interno.** El objetivo del análisis interno es conocer, con la máxima profundidad posible, la situación o el estado actual de la empresa, la organización o el destino turístico. El objetivo particular del mismo es responder a las clásicas preguntas respecto a dónde está ahora la empresa y cómo está compitiendo. Se trata de poseer, como punto de partida, un perfecto conocimiento de la organización, que permita afrontar el proceso identificando con qué fortalezas se cuenta para competir y cuáles son las principales debilidades con respecto a los demás competidores.

Los elementos internos que se deben analizar corresponden a las fortalezas y debilidades que se tienen respecto a los recursos y las capacidades con que cuenta la propia empresa en aspectos como:

- Compras.
- Producción.
- Estructura organizativa.
- Contabilidad y financiación.
- Recursos humanos.
- Marketing.
- Activos.
- Capacidad de investigación, innovación y desarrollo.
- Calidad de producto.
- Imagen de los productos o marcas.
- Percepción de los consumidores, etcétera.

Reforzando las fortalezas y corrigiendo las debilidades se puede definir una estrategia que permita aprovechar las oportunidades del mercado, basándose en la ventaja competitiva más relevante.

- **Fortalezas:** son las ventajas que presenta la empresa en su aspecto interno (puntos fuertes) que favorecen el cumplimiento de los objetivos señalados. Son elementos internos y positivos que diferencian a la empresa.
- **Debilidades:** son las desventajas que presenta la empresa en su aspecto interno (puntos débiles) que perjudican el cumplimiento de los objetivos establecidos. Son problemas internos, que, una vez identificados y desarrollando una adecuada estrategia, pueden y deben eliminarse. Son todos aquellos elementos, recursos, habilidades y actitudes que la empresa ya tiene y que constituyen barreras para lograr la buena marcha de la misma.

b) **Análisis externo.** El objetivo del análisis externo es estudiar las características del entorno en el que está inmersa la empresa u organización, ya que la actividad de la misma está condicionada por dicho entorno y no puede existir fuera del mismo. El impacto que el entorno puede ejercer en la empresa u organización convierte el análisis del mismo en uno de los pilares básicos en que se asientan las estrategias de marketing. Por tanto, dicho análisis debe incluir un estudio detallado de los elementos que componen el entorno externo de marketing, que se divide en dos niveles:

1. **Microentorno:** integrado por todas aquellas fuerzas externas a la empresa más cercanas a ella, lo que las hace susceptibles de afectar de forma inmediata y directa al día a día y al proceso de los intercambios de la empresa con sus mercados, pero también implica una mayor facilidad de control de las mismas por la empresa. Entre las fuerzas del microentorno se consideran las siguientes:

Recuerda

El objetivo del análisis externo es estudiar las características del entorno en el que está inmersa la empresa u organización.

Figura 6.6. Las fortalezas de la empresa favorecen el cumplimiento de los objetivos señalados.

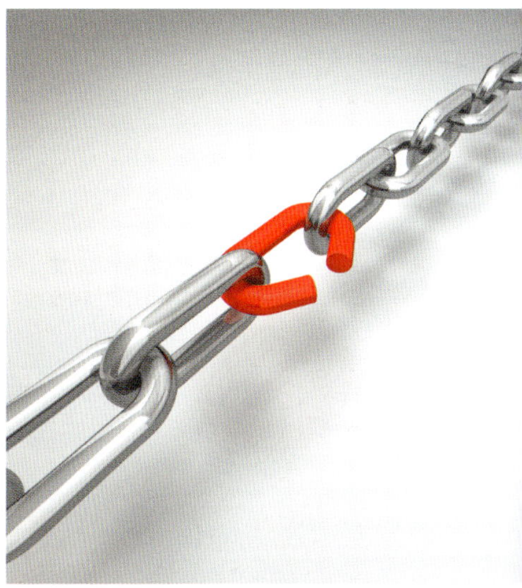

Figura 6.7. Las debilidades de la empresa perjudican el cumplimiento de los objetivos establecidos.

Sabías que...

Los directores del departamento de marketing tienen que conocer los principales factores que pueden afectar a su empresa, considerar su posible impacto en la comercialización y saber responder de forma inteligente a nuevos acontecimientos y tendencias.

Recuerda

En la etapa de análisis de la situación, este debe hacerse en dos niveles:

- Interno: debilidades y fortalezas.
- Externo: amenazas y oportunidades.

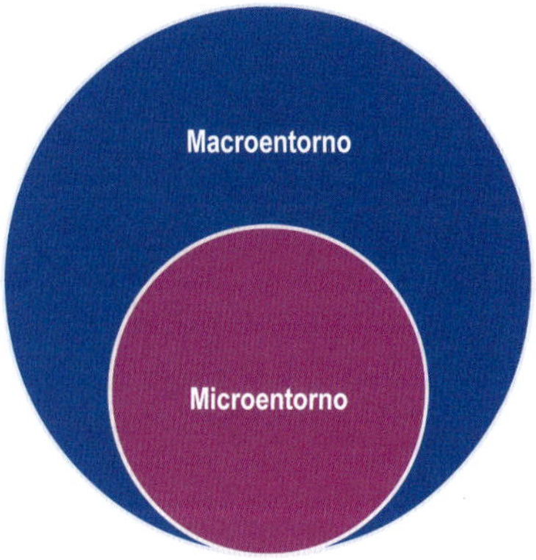

Figura 6.8. Niveles del análisis de la situación externa.

- **El mercado:** supone el conocimiento de los patrones de conducta de los clientes con los que opera la empresa. Implica conocer sus necesidades y deseos, sus motivaciones, sus percepciones, sus preferencias, sus actitudes y comportamientos de compra y consumo.
- **Las empresas competidoras:** es fundamental identificar a todos los competidores de una empresa y el grado de competitividad del sector en que opera. Conviene analizar, de cada una de las empresas competidoras, los datos generales (historia, organización, estructura financiera, estrategias generales), políticas de marketing-mix, segmentación, posicionamiento, etc. para obtener una visión global de sus principales características.
- **Los intermediarios:** ayudan a la promoción, distribución y venta de los bienes y servicios de la empresa u organización al consumidor final. Hay que estudiar el número, el tamaño, el poder de mercado y las condiciones de negociación.
- **Los proveedores:** proporcionan recursos básicos a las empresas u organizaciones para que puedan producir los bienes o prestar los servicios. Al igual que en el caso de los intermediarios, es preciso tener en cuenta el número, el tamaño, el poder de mercado y el poder de negociación.

2. **Macroentorno:** integrado por el conjunto de grandes fuerzas externas a la empresa, parcial o totalmente incontrolables, que pueden afectar al proceso de intercambio de la empresa con los mercados meta. Dichas fuerzas se suelen clasificar en seis grandes bloques o ambientes: económico, físico, sociocultural, demográfico, político-legal y tecnológico, pues son las de mayor impacto sobre las relaciones de intercambio.

Figura 6.9. El microentorno.

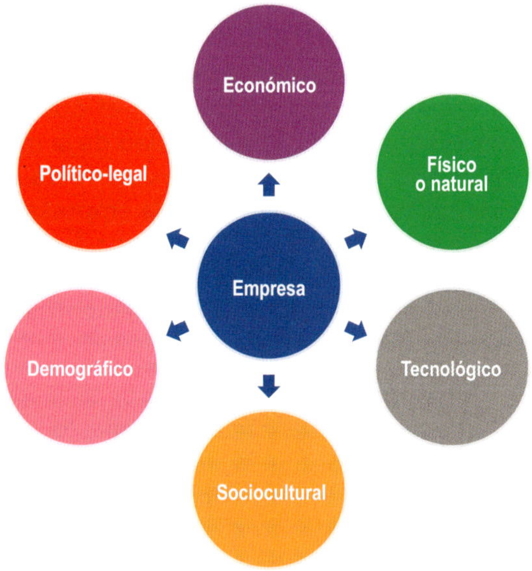

Figura 6.10. El macroentorno.

Actividad resuelta 6.2.

El análisis externo permite poner de relieve las oportunidades y las amenazas que el macroentorno puede presentarle a una empresa u organización. En el macroentorno de la empresa se distinguen seis bloques de fuerzas o magnitudes externas a la empresa cuya evolución y tendencia se deben analizar de forma constante, ya que pueden afectar tanto a la relación de intercambio de la empresa con sus mercados como al nivel de demanda en los propios mercados.

Analiza cada uno de los seis grandes bloques o ambientes.

SOLUCIÓN

1. **Económico:** hechos que van a incidir sobre la renta disponible del consumidor, es decir, aquella que puede destinar a la compra de productos y servicios, entre los que se encuentran el nivel de renta, la carga impositiva, el nivel de precios, la tasa de ahorro, el nivel de consumo, la tasa de desempleo, la capacidad de crédito, el IPC, el PIB y los tipos de interés y de cambio de divisas, las tendencias, las expectativas económicas, etcétera.
2. **Físico o natural:** el medio natural en el que la empresa u organización desarrolla su actividad, e incluye los recursos naturales de los que dispone, el tamaño físico del área, las características geográficas y climáticas, el acceso a los mercados, etcétera.
3. **Sociocultural:** engloba a todas las fuerzas sociales y culturales capaces de afectar al comportamiento de compra de personas y organizaciones. Los cambios en el sistema de valores son algunos de los elementos más importantes a ser evaluados en este aspecto, además de los cambios en el estilo de vida y los grupos sociales, las creencias y formas de vida de los consumidores, las normas sociales y de negocios, los idiomas, etcétera.
4. **Demográfico:** se deben considerar diversos aspectos de la población, tales como tamaño, crecimiento, densidad, edad, sexo, movimientos migratorios, tasas de natalidad y mortalidad, tasas de nupcialidad y la estructura familiar.
5. **Político-legal:** integrado por el sistema político imperante en las zonas en que las empresas u organizaciones desarrollan su actividad y el conjunto de leyes y decisiones que deben respetarse en dichas zonas. En el sector turístico se refiere tanto a las condiciones de los países emisores como de los países receptores. Entre los hechos políticos están el conocimiento tanto del sistema político como el grado de estabilidad del mismo. Entre los hechos legales se incluyen conocer la legislación y la jurisprudencia de aplicación a las actividades de la empresa u organización en la zona, los planes de inversión en infraestructuras, las condiciones de seguridad en destino, la normativa de protección al viajero y los acuerdos internacionales en vigor en los distintos países en que se opera.
6. **Tecnológico:** se refiere a aquellas fuerzas del macroentorno que desarrollan nuevas tecnologías y su efecto sobre el mercado. Incluyen la rapidez y aplicación de los avances tecnológicos, los proyectos de investigación y desarrollo (I + D), etcétera.

El análisis externo permite identificar las oportunidades y amenazas que el entorno puede presentarle a una empresa (no controlables por ella).

- **Oportunidades:** son factores del entorno de la empresa, positivos, que favorecen el cumplimiento de los objetivos propuestos. Una vez identificadas, pueden ser aprovechadas y suponer una ventaja competitiva o una posibilidad de mejorar la rentabilidad o el volumen de negocio.
- **Amenazas:** son factores del entorno de la empresa, negativos, que perjudican el cumplimiento de los objetivos propuestos. Pueden atentar contra la empresa, por lo que llegado al caso, puede ser necesario diseñar una estrategia adecuada para poder evitarlas o contrarrestar su efecto.

La capacidad de la empresa para aprovechar las oportunidades que se presenten y evitar el impacto de las amenazas va a depender, obviamente, de sus propias fortalezas y debilidades, por lo que su conocimiento es de gran importancia para dar una respuesta adecuada y lograr el éxito de la empresa u organización.

Sabías que...

El sistema de información de marketing (SIM) se encarga de captar, tratar y servir la información necesaria para la toma de decisiones. Garantiza la información necesaria en el momento oportuno.

El responsable de marketing debe conocer las características del entorno, sus tendencias y su posible impacto en la empresa u organización turística. La información necesaria para lograr dicho conocimiento debe ser facilitada por el **sistema de información de marketing (SIM)** de la empresa, que es un instrumento metodológico que recopila de forma continua todos aquellos datos que puedan ser relevantes para la toma de decisiones de marketing. La revolución en los últimos años de las tecnologías de la información ha hecho posible la traslación del dato en información y conocimiento relevante para decisiones directivas, vital para la supervivencia a largo plazo del negocio.

Etapa de diagnóstico

En esta segunda etapa, la importancia de ser competitivo obliga a que, como conclusión de los análisis interno y externo, se realice un diagnóstico posterior. Los principales resultados o conclusiones de dichos análisis se suelen presentar de forma resumida (esquemática) en lo que se denomina **matriz DAFO,** que no es más que una recopilación de las debilidades (D), amenazas (A), fortalezas (F) y oportunidades (O). Se trata del instrumento más utilizado en el plan de marketing para diagnosticar la situación de la empresa. También es conocido como SWOT (*Strengths, Weaknesses, Opportunities and Threats*) o FODA (fortalezas, oportunidades, debilidades y amenazas).

Figura 6.11. Diagnóstico de la situación.

Figura 6.12. Matriz DAFO.

Con el análisis DAFO se obtiene una visión global de la situación real de la empresa, permitiendo maximizar y aprovechar las oportunidades y fortalezas, y minimizar o eliminar las amenazas y debilidades de la empresa. De la combinación de las fortalezas con las oportunidades surgen las **potencialidades,** las cuales señalan las líneas de acción más prometedoras para la organización. Las **limitaciones**, determinadas por una combinación de debilidades y amenazas, significan una seria advertencia.

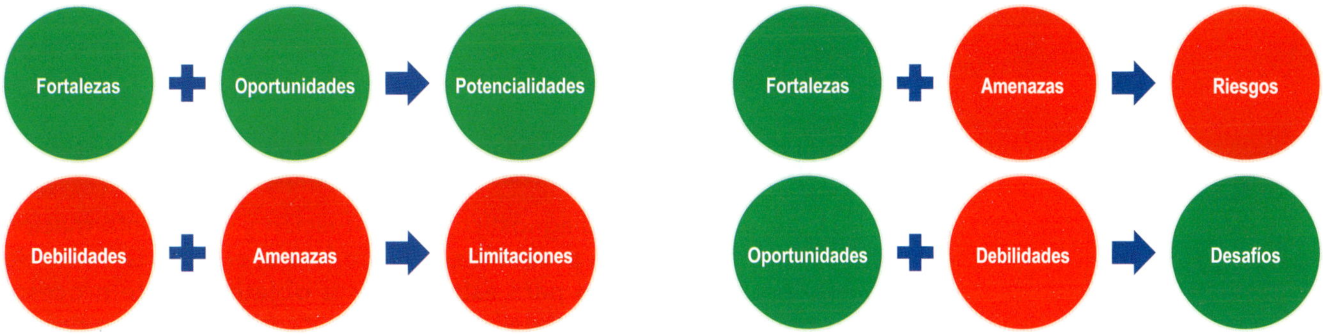

Figura 6.13. Combinación elementos matriz DAFO.

Los **riesgos** (combinación de fortalezas y amenazas) y los **desafíos** (combinación de oportunidades y debilidades) exigirán una cuidadosa consideración a la hora de marcar el rumbo que la empresa u organización deberá asumir hacia el futuro deseable.

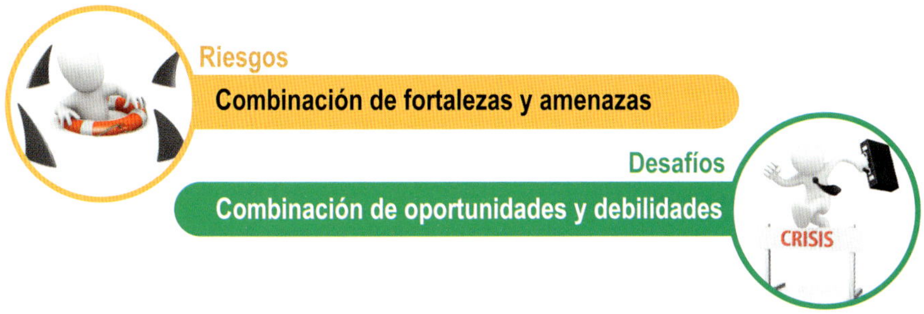

Figura 6.14. Los riesgos y los desafíos son importantes a la hora de marcar el rumbo que la empresa u organización deberá asumir en el futuro.

Actividad propuesta 6.1.

La matriz DAFO permite presentar de forma resumida y esquemática las fortalezas y debilidades, así como las oportunidades y las amenazas que pueden afectar a un producto, empresa, recurso o destino turístico.

Localiza en internet el DAFO de una empresa o de un destino turístico. Elabora una matriz DAFO en la que reflejes los resultados.

6.3.2. Segmentación y público objetivo

El **análisis de los segmentos de mercado** y la **selección del público objetivo** apropiado constituyen el soporte de cualquier plan de marketing, ya que no todos los segmentos del mercado son adecuados para una empresa turística. Los segmentos elegidos por la empresa serán el centro de sus acciones, por lo que debe existir un profundo conocimiento de estos. Estos segmentos se denominan **público objetivo.**

La empresa puede conducir sus esfuerzos a distintos públicos y entre ellos debe escoger los que se adapten más a la oferta de la misma y determinar si encajan con las capacidades, recursos y objetivos de la empresa para obtenerlos y asegurarlos. En el sector turístico es habitual seleccionar segmentos poco apropiados, con el único propósito de mantener el nivel de ocupación. Por otro lado, existen empresas con clientes de bajo poder adquisitivo que pretenden atraer a los de alto poder adquisitivo sin cambiar el producto o servicio.

Puesto que la **selección** del público objetivo es una parte muy importante del plan de marketing, si no se eligen los mercados apropiados, se desperdiciarán recursos de marketing. Los públicos objetivo se seleccionan de un grupo de segmentos disponibles, que incluye segmentos que la empresa ya conoce, así como mercados potenciales. Los expertos de marketing deben estar actualizados con respecto a las preferencias del público objetivo.

Figura 6.15. Análisis de los segmentos del mercado y selección del público objetivo.

En la medida en que la empresa sea capaz de segmentar y delimitar con mayor precisión a quién se dirige, la efectividad de las acciones planteadas será mucho mayor.

6.3.3. Fijación de los objetivos y de la cuota de venta

Una vez concluido el diagnóstico de la situación y con la información de la situación actual y su probable evolución futura, el departamento de marketing está preparado para establecer sus **objetivos.** Este proceso, que supone la concreción detallada de las pretensiones de la empresa con respecto al mercado, es fundamental para el desarrollo del plan de marketing. Los objetivos serán los indicadores con los que se controlará la ejecución de las estrategias y tácticas de marketing. Pueden ser muy diversos, y serán diferentes según se trate del plan de marketing de una empresa, de una organización o de un destino turístico. La fijación de objetivos supone la formación de los pilares sobre los que se van a establecer las estrategias, las tácticas y el control de los resultados.

Recuerda

El soporte de cualquier plan de marketing está constituido por el análisis de los segmentos de mercado y la selección del público objetivo.

Conocida la situación de la empresa, se deben formular los objetivos del marketing, teniendo en cuenta que se respeten los requisitos especificados en la Tabla 6.2.

Los objetivos suelen expresarse en términos de rentabilidad, de beneficios, de pernoctaciones, de ocupación, de ingresos, de cuota de mercado, de precios o incluso, del grado de conocimiento de la marca.

Los objetivos de marketing se redactan comenzando con un verbo de acción o logro/consecución.

Actividad propuesta 6.2.

Busca en internet el plan de marketing de un producto o destino turístico concreto. Averigua los objetivos formulados en dicho plan.

Sabías que...

Para las empresas turísticas es fundamental tener una imagen sólida, pero también diferenciada del resto de los competidores. Por ello es importante tomar decisiones sobre qué imagen deben proyectar para conseguir los objetivos que se han marcado. Todas las acciones que se realicen posteriormente, especialmente las de comunicación, deberán tener como eje el posicionamiento deseado.

Un sistema que determina las cinco características que se deben tener en cuenta a la hora de fijar objetivos es el denominado SMART. Este es el acrónimo de los objetivos que se siguen en cualquier estrategia de marketing. Establecerlos antes del inicio ayuda a definir qué resultados se quieren conseguir, para qué, cómo se van a lograr y en cuánto tiempo. Ver Tabla 6.2.

Figura 6.16. Objetivos SMART.

Tabla 6.2. Requisitos de los objetivos de marketing

S: *Specific* (específico)	El objetivo tiene que ser preciso en lo que quiere obtener (por ejemplo: aumentar las ventas, expandir la distribución, etcétera). Un buen recurso para conseguir que los objetivos sean concretos y detallados es que estos sean capaces de dar respuesta a preguntas como qué se pretende conseguir, qué acciones llevar a cabo para aumentar las ventas, cuáles son las mejores formas de aumentar las visitas.
M: *Measurable* (medible)	Es importantísimo que el objetivo se pueda medir (por ejemplo: que las ventas aumenten un 15 %, subir 5 posiciones en Google, etc.). Debe tener una dimensión para medir. Ha de venir expresado de forma que sea posible comprobar su grado de cumplimiento y analizar sus desviaciones. A la hora de definir un objetivo es igual de importante saber qué se quiere conseguir como definir las herramientas y valores que permitan determinar los resultados obtenidos. Cuanto mayor sea el número de datos cuantitativos, mayor será el control de la estrategia de marketing.
A: *Achievable* (alcanzable)	Tiene que ser 100 % alcanzable, ni muy difícil (para que el personal no se desmotive) ni demasiado sencillo (para que siga siendo un desafío). De nada sirve que los objetivos sean concretos, medibles, relevantes y temporales si luego va a ser imposible alcanzarlos. Para ello, se deberá saber con qué recursos humanos, económicos y tecnológicos se va a contar durante la estrategia para hacer alcanzable un objetivo.
R: *Relevant* (relevante)	Deben estar alineados con los objetivos generales de la empresa y ser coherentes entre sí. La fijación de los objetivos debe observar un principio de jerarquía. De nada sirve plantear acciones de marketing que no sigan las líneas estratégicas corporativas. Con los objetivos planteados debe establecerse un sistema de prioridades que indique al responsable de tomar decisiones cuáles prevalecen frente a los demás.
T: *Time-bound/ Timely* (temporal)	Los objetivos han de venir establecidos para ser cumplidos en un período de tiempo determinado. Fijar una fecha límite para cumplir un objetivo hará que aumente el compromiso del equipo o persona encargada de llevarlo a cabo.

Ser capaz de plantear objetivos es fundamental para cualquier plan de marketing, tal como se desprende de los objetivos detallados anteriormente. Sin embargo hay otras características que se deben considerar:

- **Comprensibles:** su redacción debe facilitar su entendimiento. Es conveniente comunicarlos por escrito a los responsables y a los afectados en su consecución. Además, deben ser conocidos por los otros departamentos de la empresa, los empleados, inversionistas e intermediarios.
- **Flexibles:** para adaptarse a las contingencias que se vayan presentando, de forma que se puedan hacer modificaciones cuando se produce un cambio sustancial en la situación interna o externa de la empresa, como ha ocurrido en el tiempo de crisis económica o de pandemia.

Figura 6.17. Objetivos de marketing.

Figura 6.18. Las estrategias de marketing se diseñan como vehículo para alcanzar los objetivos.

Actividad propuesta 6.3.

Los objetivos no serán los mismos si se trata del plan de marketing de una empresa privada o de una zona o destino turístico. Averigua los objetivos a alcanzar por cada plan.

Actividad resuelta 6.3.

Un destino turístico en avanzada fase de madurez y con elevados niveles de saturación en temporada alta tiene como objetivo aumentar considerablemente el número de turistas y, al mismo tiempo, incrementar la calidad del turismo mediante la mejora de la satisfacción de los turistas y su consiguiente fidelización. ¿Consideras que son objetivos compatibles? Razona la respuesta.

SOLUCIÓN

Son objetivos difíciles de compatibilizar porque es complicado conseguirlos al mismo tiempo. Se debe optar por uno o por otro.

En ventas, se llama «cuota» a un objetivo financiero que, de forma individual o en equipo, la empresa debe alcanzar al final de un plazo específico. La probabilidad de alcanzar objetivos sin las cuotas de ventas es casi nula. Para el departamento de marketing el término «cuota» es muy significativo. Las cuotas de ventas deben ser tenidas en cuenta, y las mismas tienen que:

- Estar basadas en los objetivos.
- Estar individualizadas.
- Ser realistas y alcanzables.
- Poder desglosarse en pequeñas unidades.
- Ser comprensibles y medibles.

Los objetivos y cuotas de ventas deben ser apoyados principalmente por la alta dirección de la empresa u organización para poder contar con los recursos económicos necesarios y suficientes y así poder llevar a cabo el plan de marketing.

Sabías que...

Los elementos de diferenciación de una empresa o destino pueden consistir en innovación, exquisitez en el servicio, liderazgo en calidad o preservación de la naturaleza.

6.3.4. Planes de acción: estrategias y tácticas

Una vez determinadas la posición de partida y las metas a alcanzar, es necesario decidir cómo pasar de esa situación inicial a la deseada que marcan los objetivos de marketing. Se trata, en definitiva, de diseñar las estrategias y tácticas de marketing para un período determinado.

Las **estrategias** de marketing se diseñan como vehículo para alcanzar los objetivos propuestos, es decir, una vez definidos los objetivos, se deben formular las acciones o estrategias que permitan conseguirlos. La **estrategia** es, por tanto, un conjunto de decisiones sobre acciones a emprender y recursos a utilizar para alcanzar los objetivos. Las estrategias se consideran unas directrices de largo plazo. Deben ser coherentes entre sí y con los objetivos previamente establecidos.

En el diseño de las estrategias se deben tener en cuenta muchos elementos, pero existen tres estrategias que resultan fundamentales y que se refieren a las estrategias genéricas de Porter, tal como aparece en la Tabla 6.3.

Tabla 6.3. Estrategias de marketing

Estrategia de liderazgo en costes	La empresa intenta mantener el **coste más bajo** frente al de la competencia para ofrecer al mercado un producto o servicio de precio bajo, con la intención de lograr un alto volumen de ventas.
Estrategia de diferenciación	La empresa o destino ofrece al consumidor un producto o servicio percibido **como único,** valorado por el mercado que está dispuesto a pagar por él un precio superior al de sus competidores.
Estrategia de especialización	La empresa se concentra en **uno o en varios segmentos** de mercado concretos en los que puede tener ventaja competitiva. Es la estrategia apropiada para una empresa turística pequeña.

Figura 6.20. Estrategia y tácticas.

Una vez diseñadas las estrategias de marketing, debe considerarse su aplicación práctica: qué hacer, cuándo hacerlo, cuánto costará y quién es el responsable. Para ello se elaboran las **tácticas,** que son herramientas prácticas y operativas que ayudan a aplicar las estrategias. Se reflejarán en acciones concretas referidas a los instrumentos del marketing-mix, actuando y tomando decisiones sobre ellas. Con las tácticas se persigue plasmar en acciones concretas y reales las directrices generales establecidas en las estrategias. Su vigencia temporal suele ser a corto o muy corto plazo.

Las tácticas deben ser coherentes entre sí, así como con las estrategias, con los objetivos y con los recursos y capacidades de la empresa.

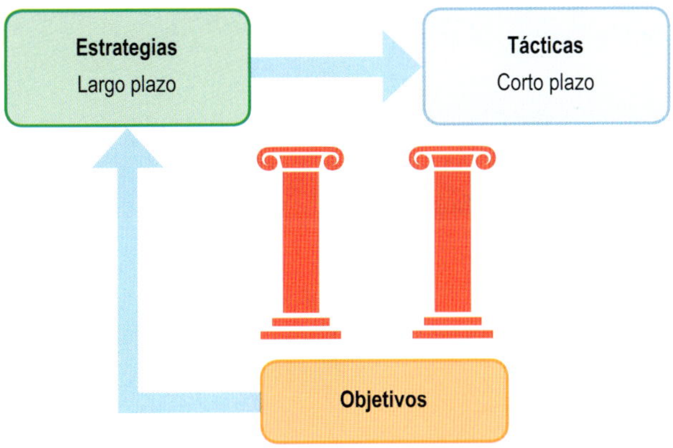

Figura 6.19. Planes de acción: estrategias y tácticas.

Figura 6.21. La empresa debe tomar decisiones constantemente.

Actividad propuesta 6.4.

La estrategia de liderazgo en costes intenta conseguir que estos sean bajos al producir en gran escala una oferta indiferenciada. Localiza empresas turísticas que apliquen esta estrategia.

Actividad propuesta 6.5.

La estrategia de especialización consiste en centrarse en uno o en varios segmentos de mercado destacando la ventaja competitiva del producto o servicio en el segmento o segmentos. Los ejemplos en turismo son numerosos y abarcan todos los sectores. Busca al menos dos ejemplos de agencias de viajes u hoteles especializados y señala en qué segmentos están especializados.

Actividad propuesta 6.6.

Busca en internet el plan de marketing turístico de una empresa o destino turístico. Averigua las estrategias (líneas o ejes estratégicos de actuación) y las tácticas (medidas o acciones) formuladas en el mismo. Haz un cuadrante con dos columnas en el que en una de las columnas aparezcan las estrategias y en la otra, las tácticas asociadas a las estrategias.

Recuerda

La implementación de las estrategias de marketing implica tomar decisiones con respecto a cada uno de los elementos del marketing-mix.

Actividad resuelta 6.4.

La implantación de la estrategia o las estrategias elegidas requiere el diseño de acciones específicas de marketing operativo para un período determinado. Para ello, los cuatro instrumentos del marketing-mix deben integrarse y coordinarse para lograr la consecución de los objetivos fijados. ¿Qué decisiones debe tomar una empresa con respecto a cada uno de los instrumentos del marketing-mix?

SOLUCIÓN

Entre las decisiones que se deben tomar con respecto a cada uno de los elementos del marketing-mix, a continuación, se especifican algunas de ellas.

Producto

- Definir el producto o servicio.
- Posicionar el mismo.
- Definir los elementos del sistema de servucción.
- Determinar la fase en que se encuentra en el ciclo de vida del producto.
- Decidir acerca de política de marca.

Precio

- Determinar la estrategia de precios.
- Decidir el método de fijación de precios.
- Estructurar los costes de la empresa.
- Establecer el margen de beneficio esperado.
- Considerar la elasticidad de la demanda.

Distribución

- Determinar los mercados a los que se desea acceder.
- Analizar y seleccionar los canales de distribución.
- Elegir la estrategia de distribución.

Comunicación

- Elegir los instrumentos de comunicación a emplear.
- Seleccionar los canales y los medios.
- Definir el mensaje y el eslogan.
- Determinar el papel de las relaciones públicas.
- Concretar las acciones promocionales a realizar y la temporalización de las mismas.
- Determinar el uso de las nuevas tecnologías como instrumento de comunicación.

6.3.5. Recursos necesarios para respaldar las estrategias y alcanzar los objetivos

Los planes de marketing se deben redactar teniendo presentes los recursos disponibles o necesarios para llevarlos a cabo, por lo que se debe proceder a la elaboración de un presupuesto. A la hora de redactar un plan de marketing se han de tener en cuenta los recursos especificados en la Tabla 6.4. La dirección de la empresa debe saber cuánto va a suponer la puesta en marcha del plan de marketing desde el punto de vista financiero.

Los presupuestos se deben fijar para reflejar los gastos planificados a nivel semanal, mensual, trimestral y anual. Resulta crucial incluir un presupuesto realista, para lo que se tendrá en cuenta los de años anteriores como base inicial.

Tabla 6.4. Recursos necesarios para respaldar las estrategias

Recursos humanos	Generalmente el personal es el recurso más costoso y difícil para asegurar el éxito de las estrategias de marketing. El responsable de la gestión comercial debe justificar la necesidad de contratar nuevo personal. Se deben considerar los gastos de contratación y formación que conllevan la petición de ese nuevo personal, además del tiempo necesario entre la solicitud y el comienzo del trabajo.	
Equipamiento y espacio	La adquisición de equipamiento basado en las nuevas tecnologías es un elemento imprescindible para alcanzar los objetivos de marketing. Se debe tener en cuenta el coste del *software* y del *hardware* que utilice todo el equipo de trabajo. El espacio también es importante, especialmente si se contrata nuevo personal.	
Otros recursos económicos	Se han de considerar los gastos por desplazamientos, incentivos y otras necesidades económicas del personal de la empresa.	
Investigación, formación y consultoría/asesoría	El sector turístico a menudo necesita recurrir a fuentes de información, a profesionales externos que colaboren en la investigación de marketing, en la formación del personal o a consultorías o asesorías.	
Otros costes	Muchos gastos, como las suscripciones a espacios profesionales, a libros y revistas profesionales, etcétera.	

Figura 6.22. Formación de recursos humanos.

La elaboración y la implantación de un plan de marketing deben ser medidas en términos económicos, es decir, hay que prever qué resultados y qué rentabilidad se esperan de la aplicación de las acciones propuestas.

La medición de estos resultados debe ser realizada en términos de:

- Cuantificación de las inversiones necesarias para llevar a cabo las acciones propuestas.
- Impacto que tendrán las acciones de marketing sobre el balance de situación y la cuenta de pérdidas y ganancias.
- Análisis de la rentabilidad esperada.

La información recogida en los programas de acciones permite a los responsables de marketing efectuar una previsión de los resultados financieros que se espera alcanzar con el plan, en la que se deben incluir tanto los ingresos como los costes previstos de cada una de las actividades a desarrollar.

Recuerda

La detección de las desviaciones resulta de la comparación entre los resultados conseguidos y los objetivos marcados.

6.3.6. Seguimiento y control del plan de marketing

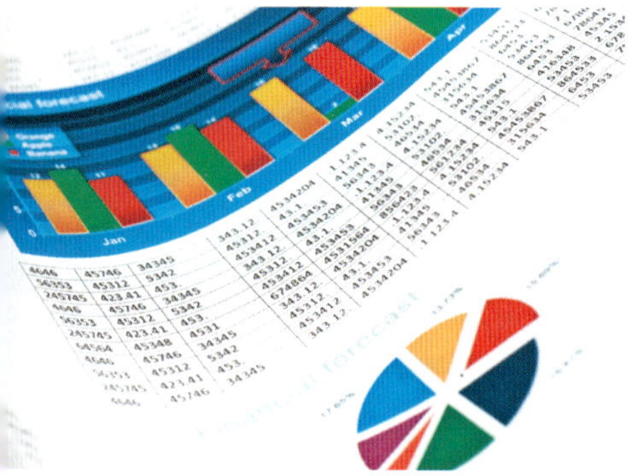

Figura 6.23. Seguimiento para comprobar si se están cumpliendo y alcanzando los objetivos establecidos.

Siempre que se establezca un plan, tiene que elaborarse un sistema de seguimiento y control que permita reaccionar con rapidez ante factores externos inesperados.

La finalidad de este sistema es la de comprobar si se están cumpliendo o alcanzando los objetivos definidos y establecidos tanto en los planteamientos estratégicos como tácticos y, en su caso, analizar las desviaciones observadas entre los objetivos propuestos y los resultados alcanzados, aplicando medidas correctoras en caso de que no se estén cumpliendo los objetivos.

Esta última fase del plan de marketing debe presentar los instrumentos y herramientas con los que se van a evaluar los resultados conseguidos. Para ello, habrá que establecer mecanismos de control *a posteriori*, básicamente centrados en la medición de los resultados y en su comparación con los objetivos marcados.

Figura 6.24. Detección de desviaciones y medidas correctivas.

El proceso de control engloba **cuatro etapas,** tal como se desarrolla en la Tabla 6.5.

Tabla 6.5. Etapas del proceso de control del plan de marketing

1. Identificación de los estándares	Se trata de definir los indicadores que se van a utilizar para medir el cumplimiento de lo establecido en el plan de marketing. Deben estar planteados en consonancia con los objetivos de marketing.
2. Medida de los resultados actuales	Se trata de comprobar lo realizado por la empresa para el período en cuestión (mes, trimestre, año, etc.). Si el plan de marketing tiene un año de duración el seguimiento ha de realizarse al menos en períodos trimestrales.
3. Detección de las desviaciones	La comparación entre los resultados actuales y los estándares permitirá conocer las desviaciones producidas. Normalmente se considerará que hay una desviación cuando la diferencia entre ambos supera los márgenes de tolerancia fijados por los responsables del control de marketing. Las desviaciones pueden ser negativas (cuando los resultados no permiten el cumplimiento de los objetivos) o positivas (si los resultados son superiores a lo establecido). Ambas desviaciones deben ser analizadas, pues pueden indicar la existencia de errores de planificación o de implantación de las estrategias.
4. Acciones correctivas	Detectadas las desviaciones, hay que identificar y analizar las causas de las mismas y proponer las medidas correctoras necesarias. En caso de aplicar estas medidas, en la mayoría de los casos implica tan solo cambios en determinados programas de marketing-mix, adoptando nuevas acciones que permiten seguir avanzando en la consecución de los objetivos de marketing. En otras ocasiones puede suponer volver a rehacer todo el proceso.

6.4. Presentación y promoción del plan de marketing

Creado el plan de marketing de la empresa turística llega el momento de **presentarlo.** Su redacción debe ser profesional, pero evitando excesivos tecnicismos, haciendo hincapié en los datos más relevantes.

Figura 6.25. Presentación del plan de marketing.

Figura 6.26. Presentación informal del plan de marketing.

La presentación de un plan de marketing tiene que ser interactiva, clara y amena. Comienza con un capítulo de introducción en el que se justifica la realización del plan, así como de un resumen ejecutivo, en el que se indica claramente cuál es la ventaja competitiva de la empresa, el factor de diferenciación de su producto o servicio y la oportunidad detectada en el mercado. En definitiva, a través de la lectura de la introducción y del resumen ejecutivo, se debe obtener una idea clara y concisa, a la vez que breve, del desarrollo del plan.

Figura 6.27. Una presentación efectiva consigue apoyo y credibilidad para el proyecto.

Dependiendo del tamaño de la empresa, de su estructura y del sector que le ocupe, la presentación del plan de marketing puede ser un acto formal o informal.

Para que la presentación del plan sea exitosa debe involucrar emocionalmente a las personas que lo implementarán, así como conseguir su apoyo y conquistar la credibilidad para el proyecto.

Figura 6.28. Presentación de un plan de marketing con apoyo visual.

El formato de la presentación depende del objetivo específico que se quiere lograr, del tiempo disponible y del tipo de audiencia. Es importante ser creativo con la forma en que presenta el plan. Algunos puntos que deben considerarse en la preparación de la exposición, tanto si es tradicional como *online,* se detallan a continuación:

- **Apertura.** La frase de apertura establece un eslabón entre el comienzo y el final de la presentación. Esto puede ser la diferencia entre la aceptación o el rechazo de la idea expuesta. El primer punto clave, para que la presentación del plan sea un éxito, es generar entusiasmo con el proyecto. Durante toda la presentación, el encargado de la misma debe tratar de establecer un vínculo con la audiencia.
- **Técnicas para hablar en público.** Es conveniente tener en cuenta tanto el lenguaje verbal como el no verbal/corporal. En el primer caso el lenguaje debe ser claro, profesional y comprensible para la audiencia. En el segundo caso hay que tener en cuenta los movimientos personales y el contacto visual, entre otros.

Recuerda

El plan de marketing, en su capítulo de introducción, debe indicar claramente cuál es la ventaja competitiva de la empresa, el factor de diferenciación del producto o servicio y la oportunidad detectada en el mercado.

Recuerda

Después de crear el plan de marketing llega el momento de presentarlo y comunicarlo a la organización. Entonces estará listo para la implementación.

- **Cuerpo de la presentación.** Debe contener los asuntos principales del plan, siendo breve en la exposición. El tiempo es un factor importante.
- **Cierre.** Una de las partes más significativas de la presentación es el cierre. Por tanto, lo que se diga durante la exposición deberá preparar el camino para el cierre.
- **Ayudas tecnológicas.** A la hora de presentar el plan se pueden utilizar las nuevas tecnologías, haciendo la presentación amena y profesional.

  La presentación del plan de marketing se puede realizar tanto de forma presencial como a distancia, a través de internet. En ambos casos los *software* de presentación de diapositivas suponen un apoyo visual enriquecedor. También se puede enviar la presentación por correo electrónico; guardar en diferentes dispositivos; ver en un dispositivo digital, en un ordenador o en una pantalla de proyección.
- **Anexos del plan de marketing.** La presentación del plan de marketing puede ser más ágil si los datos que se obtengan de la investigación comercial, así como todos aquellos derivados de la recopilación de datos obtenidos del análisis de la situación, son incluidos en los anexos del plan y representados en cuadros o gráficos que faciliten su comprensión y lectura.

Figura 6.29. Presentación a través del uso de tecnología.

Por último, la presentación y el informe escrito del plan de marketing van juntos. Se complementan el uno al otro y contribuyen al logro de los objetivos establecidos.

Cuando el plan de marketing ha sido presentado, el siguiente paso consiste en **promoverlo.** Deberá conseguir la aprobación, colaboración y compromiso de los agentes implicados, destacando todas las aportaciones de ideas recibidas. Es necesario **promover eficazmente el plan,** entre otros, en los siguientes colectivos:

- **Miembros del departamento de marketing y ventas.** Los directores de ventas y marketing necesitan el apoyo y compromiso de su equipo durante el proceso de desarrollo del plan, lo que facilitará la implementación del mismo.
- **Otros miembros de la empresa.** Empleados de otros departamentos deben estar involucrados en la consecución de los objetivos.
- **Intermediarios, agencias publicitarias y otros.** Es necesario que algunas organizaciones externas, como las agencias publicitarias y de investigación de marketing se impliquen en el proceso de planificación. Tienen que ser conscientes de que su participación en el proceso de planificación es una de sus responsabilidades como miembros del equipo.
- **La alta dirección.** En pocas ocasiones es suficiente con redactar un plan, enviarlo por correo a la alta dirección y esperar su aprobación. Los directores de marketing deben promover el plan ante la dirección, tanto en reuniones o comidas de negocios como en presentaciones formales. Es conveniente que algunos miembros clave del departamento de marketing participen en estas presentaciones formales. La dirección debe dar su aprobación al plan de marketing anual.

Después de comunicar a la organización el plan de marketing es cuando estará listo para la implementación.

Actividad propuesta 6.7.

Analiza la presentación de un plan de marketing de un destino turístico a través de un vídeo en YouTube. Realiza un resumen.

6.5. Auditoría ambiental del plan de marketing

La auditoría ambiental surge como resultado de la creciente preocupación acerca de la problemática medioambiental y del papel asumido por las empresas e instituciones públicas en cuanto a su responsabilidad en la protección del medioambiente. Se trata de desarrollar una política medioambiental adecuada, que puede convertirse en una poderosa herramienta de marketing si se utiliza correctamente.

La auditoría medioambiental se desarrolla para que la empresa o institución pública pueda conocer su situación respecto al medioambiente, así como analizar los riesgos medioambientales que pudiera generar el desempeño de su actividad y evaluar su impacto, con objeto de formular programas que permitan cumplir con la legislación vigente en materia medioambiental en cada país, sector de actividad, región, etcétera.

La auditoría medioambiental se convierte en un instrumento de gestión que comprende una evaluación sistemática, documentada, periódica y objetiva del funcionamiento de la organización ambiental, que garantiza el correcto funcionamiento de las políticas adoptadas sobre el medioambiente, proporcionando ventajas tanto a la propia empresa como al entorno natural en que esta se desenvuelve.

Las empresas se involucran cada vez más en la implementación de Sistemas de Gestión del Medio Ambiente (SGM) no solamente con la conocida norma ISO 14001, sino también, por ejemplo, la EMAS (*Eco Management and Audit Scheme*) que además de cumplir con todos los requisitos exigidos por ISO 14001, exige alguno más.

La auditoría puede ser interna, designando a un responsable de la propia empresa u organización, o externa, solicitando los servicios de una empresa experta en aspectos medioambientales.

El departamento de marketing es un departamento importante para la auditoría medioambiental. Como herramienta, resulta necesaria dentro de la gestión empresarial y, por tanto, se debe tener en cuenta a la hora de realizar el plan de marketing, si se quiere asegurar que las actividades puestas en práctica por las empresas no contribuyan al deterioro del medioambiente.

La auditoría debe saber conjugar el objetivo prioritario de la empresa, el de la obtención de beneficios, con el de protección del medioambiente.

Los profesionales deben formar un equipo de trabajo que permita el estudio del impacto ambiental que provoca la empresa con objeto de que su organización y el funcionamiento se ajusten a la normativa legal vigente. A grandes rasgos, las tareas que debe realizar este equipo son las de investigación preliminar, la evaluación posterior, el diagnóstico, el dictamen y las proposiciones.

Recuerda

La auditoría ambiental es una herramienta necesaria a la hora de realizar el plan de marketing si la empresa quiere asegurarse de que las actividades puestas en práctica no contribuyan al deterioro del medioambiente.

Figura 6.30. Políticas medioambientales.

Figura 6.31. Auditoría ambiental del plan de marketing.

Caso práctico RESUELTO

Trabajas en el departamento de marketing de una empresa turística. Para adaptarse al nuevo entorno *online* y beneficiarse de las nuevas oportunidades que tanto internet como los medios sociales ponen a su alcance, se está planteando realizar un plan de marketing digital. La empresa ya dispone de un plan de marketing (*offline*) y se plantea dudas respecto al plan de marketing digital. Para ello ha solicitado a todos los miembros del departamento que investiguen los siguientes aspectos:

a) Si deben trabajar el plan de marketing digital de forma independiente al plan de marketing *offline*.

b) Cuáles son las principales diferencias entre ambos planes.

Solución

a) Ambos planes se deben trabajar a través de la elaboración de un plan de marketing integral en el que el plan de marketing digital complemente al plan de marketing convencional (*offline*). En definitiva, los planes de marketing *on y offline*, deben ir alineados y la empresa debe adaptarse al nuevo entorno *online* y beneficiarse de las nuevas oportunidades que tanto internet como los medios sociales ponen a su alcance. La elaboración de un plan de marketing *online* y otro *offline* es fundamental para plasmar los objetivos, estrategia y acciones que se irán realizando, así como el seguimiento y análisis de resultados.

La estrategia debe incorporar acciones combinando los dos medios, y es por ello recomendable trabajar los dos tipos de planes de forma conjunta.

b) Principales diferencias entre el plan de marketing *on* y *offline*.

Offline	*Online*
4 P: producto, precio, distribución y comunicación.	4P: personalización, participación, *Peer to Peer* (red entre iguales) y *Prediction Modeling* (modelos predictivos).
Medios de comunicación tradicionales.	Nuevos medios de comunicación: medios, sociales, marketing móvil, *banners*, etcétera.
Presupuesto del plan más caro/alto/costoso.	El presupuesto puede reducirse considerablemente, siendo igual o más eficiente.
Los resultados se miden pasado un período de tiempo determinado.	Los resultados se pueden medir casi todos en tiempo real.

Caso práctico PROPUESTO

Eres un técnico del departamento de marketing de una empresa turística. En la última fase del plan de marketing se debe establecer el sistema de medición y control, de forma periódica, de las acciones implementadas y, en caso de observarse desviaciones, la aplicación de las medidas correctoras precisas. Para ello, se te ha pedido que averigües los mecanismos de control de un plan de marketing, así como los tipos de control para efectuar el seguimiento del plan de marketing, según la propuesta realizada por Philip Kotler.

6 Plan de marketing

- Plan de marketing
  - Concepto de plan de marketing
  - Finalidades del plan de marketing

- Conexiones y relaciones del plan de marketing con otros ámbitos de la empresa e instituciones

- Fases del plan de marketing
  - Análisis y diagnóstico de la situación
  - Segmentación y público objetivo
  - Fijación de los objetivos y de la cuota de venta
  - Planes de acción: estrategias y tácticas
  - Recursos necesarios para respaldar las estrategias y alcanzar los objetivos
  - Seguimiento y control del plan de marketing

- Presentación y promoción del plan de marketing

- Auditoría ambiental del plan de marketing

Resumen

6

Plan de marketing

En la actualidad, las empresas se desenvuelven en un ambiente muy competitivo y un entorno muy cambiante, debido sobre todo a las nuevas tecnologías, por lo que no deben dejar al azar las decisiones relacionadas con las acciones de marketing. Este es uno de los motivos por los que deben elaborar planes de marketing.

El **plan de marketing** es una herramienta de gestión; es la guía que orienta para la toma de decisiones comerciales, es decir, una guía para concretar las acciones.

Existen muchas razones para elaborar un plan de marketing, entre las que destacan las siguientes:

- Ayuda a conseguir los objetivos de la empresa.
- Refuerza el compromiso de la dirección y los trabajadores.
- Ayuda a incrementar la rentabilidad.
- Facilita el posicionamiento de la empresa o destino turístico en el mercado.
- Ayuda a definir la visión, misión y valores de la empresa o destino turístico.
- Puede ayudar a prevenir errores (y a solucionarlos rápidamente cuando se producen).

Un plan de marketing es un documento integral que involucra a toda la empresa u organización. Las acciones que se lleven a cabo repercutirán en todos los departamentos, que deben participar en su elaboración. Además, deben estar interrelacionados y coordinados para cumplir los objetivos fijados. Por tanto, el plan de marketing es un instrumento que ayudará al resto de departamentos, vinculados al de marketing a tomar parte de las decisiones de la empresa. También debe estar abierto al trabajo con todo tipo de instituciones tanto públicas como privadas.

Las fases del plan de marketing son las siguientes:

1. **Análisis y diagnóstico de la situación.** El análisis debe realizarse a dos niveles: interno (debilidades y fortalezas) y externo (amenazas y oportunidades). El diagnóstico se representa en la matriz DAFO.
2. **Segmentación y público objetivo.** Su análisis y selección constituyen el soporte de cualquier plan de marketing.
3. **Fijación de objetivos y cuota de venta.** Concreción detallada de las pretensiones de la empresa con respecto al mercado.
4. **Planes de acción: estrategias y tácticas.** Las estrategias se diseñan como vehículo para alcanzar los objetivos propuestos. Las tácticas son las herramientas prácticas y operativas que ayudan a aplicar las estrategias.
5. **Recursos necesarios para respaldar las estrategias.** La dirección de la empresa debe saber cuánto va a suponer la puesta en marcha del plan de marketing, desde el punto de vista financiero.
6. **Seguimiento** y **control del plan de marketing.** Su finalidad es comprobar si se están alcanzando los objetivos y, en su caso, analizar las desviaciones observadas entre los objetivos propuestos y los resultados alcanzados.

Presentación y promoción del plan de marketing

Creado el plan de marketing de la empresa turística llega el momento de presentarlo.

Comienza con un capítulo de introducción en el que se justifica la realización del plan, un resumen ejecutivo, en el que se indica la ventaja competitiva de la empresa, el factor de diferenciación de su producto o servicio y la oportunidad detectada en el mercado. Dependiendo del tamaño de la empresa, de su estructura y del sector que le ocupe, la presentación del plan de marketing puede ser un acto formal o informal. Para que la presentación del plan sea exitosa debe involucrar emocionalmente a las personas que lo implementarán, así como conseguir su apoyo y conquistar la credibilidad para el proyecto.

La presentación del plan de marketing se puede realizar, tanto de forma presencial como a distancia, a través de internet.

Cuando el plan de marketing ha sido presentado, el siguiente paso consiste en promoverlo. La **promoción del plan de marketing** debe realizarse a diversos colectivos: desde los miembros del departamento de marketing hacia la alta dirección, pasando por todos los departamentos, intermediarios y otros.

Después de comunicar a la organización el plan de marketing es cuando estará listo para la implementación.

La **auditoría medioambiental** se convierte en un instrumento de gestión que comprende una evaluación sistemática, documentada, periódica y objetiva del funcionamiento de la organización ambiental, que garantiza el correcto funcionamiento de las políticas adoptadas sobre el medioambiente. La auditoría medioambiental se desarrolla para que la empresa o institución pública pueda conocer su situación respecto al medioambiente, así como analizar los riesgos medioambientales que pudiera generar el desempeño de su actividad y evaluar su impacto, con objeto de formular programas que permitan cumplir con la legislación vigente en materia medioambiental en cada país, sector de actividad, región, etc. Se debe tener en cuenta a la hora de realizar el plan de marketing.

Actividades de comprobación

6.1. Fundamentalmente, el plan de marketing es:

a) Un plan del mercado.

b) Una herramienta de gestión.

c) Un objetivo comercial.

d) Una estrategia comercial.

6.2. Indica cuál de las afirmaciones siguientes no es correcta. El plan de marketing cumple las siguientes finalidades:

a) Ayuda a conseguir los objetivos de la empresa.

b) Permite la conexión con las organizaciones turísticas.

c) Ayuda a incrementar la rentabilidad.

d) Facilita el posicionamiento de la empresa o destino turístico en el mercado.

6.3. La elaboración del plan de marketing requiere:

a) Un análisis de la situación política.

b) Solamente un análisis de la situación interna de la empresa.

c) Un análisis de la situación interna de la empresa y un estudio de las condiciones externas.

d) Simplemente tener en cuenta las características del entorno.

6.4. Los cuatro elementos de una matriz DAFO son los siguientes:

a) Debilidad, astucia, fortaleza y opciones.

b) Fortalezas, debilidades, amenazas y oportunidades.

c) Debilidades, frecuencias, astucias y opciones.

d) Ninguna de las respuestas anteriores es correcta.

6.5. Indica cuál de las afirmaciones siguientes no es correcta.

a) Los objetivos de marketing deben corresponder a la situación de la competencia.

b) Los objetivos deben estar cuantificados claramente.

c) Los objetivos deben ser realistas.

d) Los objetivos deben ser coherentes con la situación de la empresa y supeditados a los objetivos corporativos.

6.6. Una estrategia es:

a) La decisión que se toma para eliminar las amenazas de la competencia.

b) Un conjunto de decisiones sobre acciones a emprender y recursos a utilizar.

c) La diferenciación del producto ofrecido al consumidor.

d) El intento de mantener el coste más bajo frente a la competencia.

6.7. Los recursos para respaldar las estrategias y alcanzar los objetivos son:

a) Equipamiento, recursos humanos, investigación y formación.

b) Recursos humanos, equipamiento y formación.

c) Recursos humanos, equipamiento, espacio, investigación, formación y consultoría.

d) Recursos humanos, equipamiento, espacio, investigación, formación, consultoría, otros recursos económicos y otros costes.

6.8. Las acciones correctivas son:

a) Las aplicadas a los integrantes del equipo de ventas que no cumplen los objetivos.

b) Las estrategias adoptadas por el plan de marketing.

c) Las medidas necesarias para corregir las desviaciones.

d) Ninguna de las respuestas anteriores es correcta.

6.9. Indica de las afirmaciones siguientes la correcta:

a) Es necesario promover el plan de marketing entre todos los colectivos de la empresa.

b) Solo es necesario promover el plan de marketing en el colectivo de ventas.

c) Basta con presentar el plan de marketing a la alta dirección.

d) No es necesario promover el plan de marketing.

6.10. Indica la afirmación incorrecta:

a) El plan de marketing debe desarrollar una política medioambiental adecuada.

b) La auditoría medioambiental se convierte en herramienta necesaria de gestión empresarial.

c) La auditoría medioambiental permite conocer la situación económica en la empresa.

d) Una vez realizada la auditoría medioambiental, el equipo de profesionales debe emitir un dictamen y proposiciones.

Actividades de aplicación

6.11. Realiza un esquema de los elementos que componen el entorno externo de marketing de una empresa, organización o destino turístico.

6.12. Los Sistemas de Gestión del Medio Ambiente permiten prevenir los impactos ambientales poniendo en funcionamiento los medios necesarios para lograr evitarlos, disminuirlos o controlarlos. Las empresas que apuestan por su implantación consiguen numerosos beneficios entre ellos transmitir de manera directa y creíble el compromiso de la empresa con el medioambiente.

¿Qué normas de gestión medioambiental pueden implementar las empresas turísticas?

6.13. En el proceso de planificación de marketing existen tres preguntas que darán la clave del mismo. Relaciona cada una con una parte del proceso:

1. Punto de partida	**a)** ¿Cómo llegar allí?
2. Proceso	**b)** ¿Hacia dónde quiere ir?
3. Meta	**c)** ¿Dónde se encuentra la empresa?

6.14. Indica cuáles son los puntos fuertes que implican para una empresa mediana, tener un plan de marketing digital.

6.15. Para que tu empresa tenga éxito es necesario tener un plan de marketing *online* definido. Denominamos plan de marketing *online* a un documento diseñado y pensado para incluir los objetivos y estrategias de la empresa en el mundo *online*. Se trata de una guía paso a paso con las acciones que tenemos que realizar para alcanzar los objetivos que nos hemos marcado. Con la ayuda de internet identifica los pasos que seguirías para confeccionar un plan de marketing *online* para una empresa turística.

6.16. ¿Cuáles son los requisitos de los objetivos del marketing? Enuméralos y explícalos brevemente.

6.17. ¿Por qué decimos que los recursos humanos son el elemento más costoso de las estrategias de marketing? Razona la respuesta.

6.18. Enumera los principales puntos para la preparación de la exposición del plan de marketing de una empresa turística.

6.19. En el diseño de un plan de marketing existen tres estrategias que resultan fundamentales:

1. Estrategia de liderazgo en costes.
2. Estrategia de diferenciación.
3. Estrategia de especialización.

Busca un ejemplo práctico para cada una de ellas relacionado con el producto o servicio turístico.

Actividades de ampliación

6.20. Las empresas se enfrentan a los tiempos de crisis con una estrategia de diferenciación a través del marketing experiencial, que contribuye a diferenciarse de la competencia y a mejorar la rentabilidad, pasando de vender productos y servicios a vender experiencias. El objetivo es comprometer al cliente con la marca a través de vínculos emocionales. Busca ejemplos de productos o servicios turísticos que utilicen la estrategia de diferenciación a través del marketing experiencial. Averigua qué son y en qué consisten las llamadas «cajas regalo» o «*packs* de experiencias».

www.wonderbox.es; www.smartbox.com; www.lavidaesbella.es; www.planb.es

6.21. Busca en internet un plan de marketing de un destino turístico de tu localidad, provincia, comunidad o de cualquier destino turístico en España. De las fases del plan de marketing aprendidas en esta unidad, localiza cuáles se aplican en el mismo.

6.22. En 2019 se establecieron las **Directrices Generales de la Estrategia de Turismo Sostenible de España 2030.** Se trata de un documento previo al diseño de la **Estrategia de Turismo Sostenible de España 2030,** agenda nacional de turismo para afrontar los retos futuros del sector turístico en la década 2020-2030, impulsando los tres pilares de la sostenibilidad: socioeconómica, medioambiental y territorial.

Dicha estrategia está siendo elaborada por la Secretaría de Estado de Turismo. Se basa en un compromiso y un plan que debe contribuir a la consecución de los ODS (Objetivos de Desarrollo Sostenible) de la Agenda 2030 de Naciones Unidas.

Averigua los siguientes aspectos de la Estrategia de Turismo Sostenible de España 2030.

a) El objetivo.

b) Los fundamentos o principios.

6.23. La auditoría ambiental del plan de marketing debe saber conjugar el objetivo prioritario de la empresa, el de la obtención de beneficios, con el de protección del medioambiente. Busca una empresa turística de tu localidad o provincia que esté comprometida con el medioambiente y contesta a las cuestiones de la tabla siguiente.

Nombre de la empresa	
Cuestiones	**Respuestas**
1. ¿Integra la empresa en su política empresarial el respeto por el medioambiente?	
2. ¿Existe en la empresa compromiso por aplicar la legislación ambiental?	
3. ¿Promueve la empresa la mejora continua y la prevención en los posibles riesgos ambientales?	
4. ¿Atiende la empresa los aspectos relacionados con la eficiencia energética como una de las principales opciones compatibles con el uso sostenible de los recursos?	
5. La política ambiental, ¿es clara y precisa?	
6. ¿Comunica la empresa la política ambiental a los empleados?	
7. La empresa, ¿se preocupa por sensibilizar y formar a los empleados sobre el impacto que su actividad puede causar al medioambiente?	
8. ¿Se comunica en la empresa la política ambiental al público?	

6.24. Localiza en internet el análisis DAFO de un destino turístico y elabora una matriz DAFO en la que reflejes los resultados del análisis.

6.25. Indica cuáles son los puntos fuertes que implica, para una empresa mediana, tener un plan de marketing digital.

Enlaces web de interés

www.puromarketing.com

https://turismo.gob.es/es-es/estrategia-turismo-sostenible/Documents/directrices-estrategia-turismo-sostenible.pdf

www.lamoncloa.gob.es/serviciosdeprensa/notasprensa/industria/Documents/2020/20062020_PlanTurismo.pdf

7

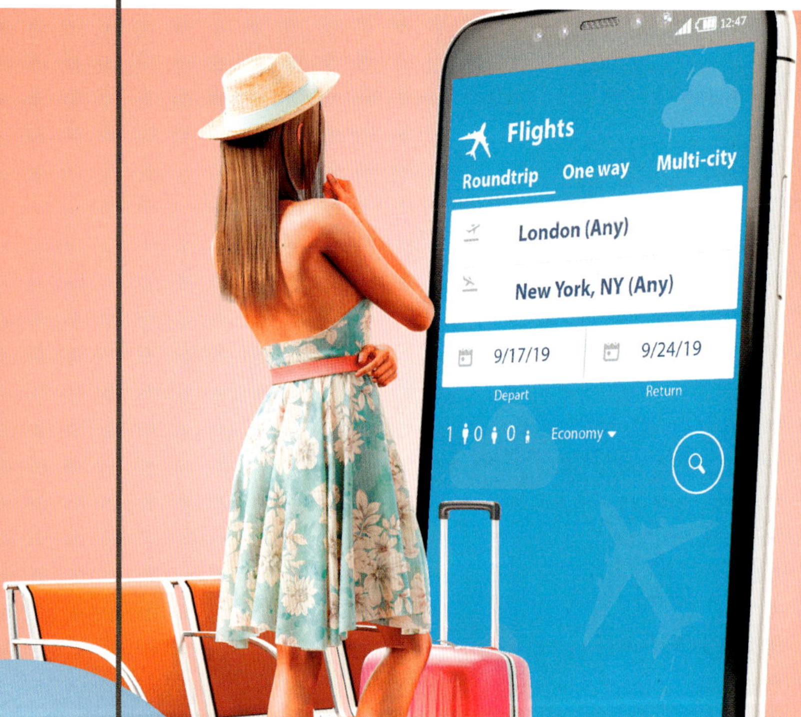

Introducción

En el sector turístico el consumidor es una pieza vital en la que se centra el marketing turístico. El turista es el núcleo de las decisiones comerciales de la empresa. El turista, como consumidor y usuario de productos y servicios turísticos, dispone de numerosas alternativas entre las que escoger. Solo aquellas empresas que sean capaces de aportar el producto o servicio específico que el cliente desea serán las escogidas. Las empresas turísticas que analicen bien las características de sus clientes potenciales, sus necesidades y motivaciones, tienen la capacidad para satisfacerlas. El estudio del comportamiento de los consumidores y usuarios resulta primordial para las empresas turísticas, ya que es la única forma de poder ofrecer productos y servicios al mercado que se adapten a las exigencias reales de los turistas.

La **conducta** del consumidor o usuario es una de las partes del comportamiento humano que está relacionada con la adquisición y el disfrute de bienes y servicios, así como de los procesos de decisión que conducen a esos comportamientos.

Proceso de decisión de compra

Contenidos

Objetivos

- Analizar el comportamiento de los consumidores/usuarios de productos y servicios turísticos.
- Identificar las necesidades y las motivaciones de los consumidores.
- Analizar las diferentes fases del proceso de decisión de compra.
- Reflexionar sobre las conductas del consumidor en la poscompra.
- Valorar la importancia de la fidelización en el sector turístico.
- Identificar las tendencias de consumo.
- Conocer los nuevos consumidores en el sector turístico.
- Analizar la importancia de la calidad en la satisfacción del cliente, y su implementación y control en el sector turístico.

7.1. Necesidades y motivaciones de los consumidores

Sabías que...

Solo aquellas personas que se sientan atraídas por un producto o servicio, que sientan una motivación de compra y uso, serán receptivas a las acciones que una empresa pueda realizar con el fin de vender sus productos o servicios.

El objetivo prioritario de las empresas turísticas es la identificación y satisfacción de las necesidades y motivaciones de los consumidores o usuarios. Dicha identificación consiste en comprender cómo y por qué el turista toma una serie de decisiones en relación con su destino de vacaciones.

La **necesidad** es el origen del impulso de compra, acción ante la cual el consumidor y usuario tiene un determinado comportamiento relacionado con **dos variables,** una de tipo interno, inherente al individuo y otra de tipo externo, que describe al entorno. De esto se deduce que las necesidades de cada cliente dependen de las propias características de cada individuo y de los estímulos que su entorno es capaz de comunicarle.

Una necesidad puede ser definida a partir de **dos componentes**: la **carencia** y el **deseo**. La simple carencia de algo no es suficiente para poderla catalogar de necesidad. A la carencia hay que añadirle otro componente y es el deseo de que dicha carencia desaparezca. A partir de aquí, podemos definir una necesidad como la sensación de falta de algo unida al deseo de eliminar esa falta.

El estudio de las necesidades del ser humano es el punto de partida para entender su comportamiento y, por tanto, el comportamiento del potencial cliente.

Abraham Maslow (1908-1970) ha sido el autor que ha establecido la clasificación más popular de las necesidades humanas. En su obra *Motivación y personalidad,* representa en forma de pirámide las necesidades humanas, estableciendo una jerarquía de las mismas. Este investigador sostiene que una vez satisfechas las necesidades de uno de los niveles, aunque solo sea parcialmente, los compradores se interesarán sucesivamente por las necesidades del grupo superior, es decir, coloca en la base las necesidades fisiológicas, básicas o primarias y en la cúspide las de autorrealización.

Recuerda

Es fundamental conocer la conducta del consumidor o usuario para identificar y satisfacer sus necesidades y motivaciones.

Figura 7.1. La necesidad de estimación supone la confianza en uno mismo.

A continuación, en la Tabla 7.1, se desarrolla la jerarquía de necesidades de Maslow (1943).

Tabla 7.1. Jerarquía de las necesidades humanas

Necesidades básicas o fisiológicas	Están colocadas en la base de la pirámide y engloban todas las necesidades orgánicas y fisiológicas del ser humano tales como los alimentos, el agua, la vivienda, el descanso, etc.; se trata de satisfacer aquellas necesidades básicas relacionadas con las funciones orgánicas por medio de las cuales se mantiene y asegura la vida. Son las relacionadas con la supervivencia de las personas y suelen tener un carácter absoluto. Por ejemplo, las comidas en un viaje, las que realiza un individuo o un grupo de ellos debido a un desplazamiento. Una vez satisfechas, dejan de ser, generalmente, factores importantes de motivación y tienen una menor influencia en el comportamiento.	
Necesidades de seguridad	Están vinculadas tanto a la seguridad física como a la seguridad psicológica y económica de las personas. No solo hacen referencia a posibles peligros físicos, como accidentes o el riesgo de sufrir una caída en el trabajo, sino también a la inestabilidad, la inseguridad de mantener un puesto de trabajo, la posibilidad de sufrir acoso moral en el trabajo o de viajar a destinos donde las circunstancias políticas o sociales sean conflictivas y puedan entrañar algún peligro para las personas.	
Necesidades de aceptación o sociales	Aparecen en el ser humano al vivir y tener que relacionarse dentro de una sociedad formada por individuos que buscan la aceptación y la aprobación del grupo al que se desea pertenecer. Así, se forman asociaciones, clubs, comunidades para sentirse protegidos, informados, identificados; en definitiva, para tener comunicación.	
Necesidades de estimación y prestigio o psicológicas	Aparecen cuando el individuo ha satisfecho sus necesidades fisiológicas, de seguridad y sociales. Suponen la estima de uno mismo, la dignidad personal, la confianza en sí mismo y en su capacidad. Consiste en sentir que nuestros objetivos son válidos, que los demás sienten estima por nosotros. Surgen por el deseo de suscitar respeto, consideración, admiración y giran en torno a deseos como el reconocimiento, el protagonismo y el rango social. Se relacionan con «triunfar en la vida». Algunas personas utilizan los viajes y el turismo como medios para mostrar sus conocimientos del mundo, de otras culturas, de una capacidad superior de conocer otras formas y estilos de vida, lo cual les confiere un estatus y un prestigio que los demás valorarán.	
Necesidades de autorrealización	Figuran en la cumbre de la escala de necesidades humanas. Suponen la necesidad que la persona tiene de superación, de evolución, de creación, de realizar todas sus capacidades y ampliar sus límites. También integran la moral y los valores del individuo. A veces incluso suponen dar sentido a su vida, encontrar la razón de ser. Estas necesidades son las más complejas de satisfacer y necesitan más esfuerzo y voluntad para ser satisfechas.	

Es muy importante tener presente que no todas las personas sienten el mismo tipo de necesidades y que no todos los productos o servicios cubren tampoco el mismo tipo de necesidad. Sí es cierto, sin embargo, que todos los productos y servicios existentes sirven para cubrir algún tipo de necesidad.

Sabías que...

Despertar una necesidad crea una situación de motivación con tensiones que es preciso resolver. Las necesidades no se convierten en motivadoras hasta que el individuo es consciente de la situación.

Figura 7.2. Pirámide de las necesidades de Maslow.

Recuerda

La motivación es un proceso que comienza con una necesidad y que está constituido por todos los factores capaces de provocar, mantener y dirigir la conducta hacia un objetivo.

El marketing actúa sobre las necesidades creando productos para satisfacerlas; por tanto, debe estar pendiente del mercado para detectar las nuevas necesidades que puedan surgir.

Por otra parte, las necesidades constituyen la base del posicionamiento del producto o servicio. Hay que definir la utilidad que proporciona, puesto que un mismo producto o servicio puede satisfacer distintas necesidades.

El comportamiento de los individuos viene marcado por la **motivación,** entendiendo esta como el conjunto de móviles, factores o estímulos que hacen actuar al consumidor o usuario en un determinado sentido, comprando o no un producto, servicio o marca concreto.

La **motivación** es un proceso que comienza con una necesidad insatisfecha, la cual crea una tendencia que estimula al individuo intentando producir una respuesta para satisfacerla.

Existen numerosos factores que inciden sobre las motivaciones de un individuo. Algunas de ellas tienen un carácter fisiológico, pero la mayoría responde a mecanismos de orden psicológico. Los fisiológicos se enfocan en la satisfacción de las necesidades de tipo corporal o biológico. Los psicológicos se orientan a cuestiones de tipo emocional. En el sector turístico la principal motivación suele ser de tipo psicológico.

Actividad resuelta 7.1.

¿Podría afirmarse que el transporte en avión cubre siempre necesidades del mismo tipo? Razona la respuesta.

SOLUCIÓN

Evidentemente, la respuesta es no. Supongamos que dos personas deben desplazarse fuera de su lugar de residencia habitual. Una de ellas es un hombre de negocios acostumbrado a viajar frecuentemente por motivos de trabajo. La otra es un trabajador de una fábrica que apenas ha podido viajar en su vida y es la primera vez que toma un avión. Para el hombre de negocios, realizar un vuelo a Barcelona es algo absolutamente normal y está satisfaciendo una necesidad básica de desplazamiento, mientras que para el trabajador de una fábrica, realizar un viaje en avión al mismo destino, por ejemplo, para acudir a un concierto de música de su grupo favorito, no representa solo el desplazamiento en sí, sino la realización de un sueño.

Actividad propuesta 7.1.

En la gestión de marketing al analizar el comportamiento del consumidor se plantean siete cuestiones básicas: qué, quién, cuándo, cuánto, dónde, por qué y cómo se compra, se usa o se consume un producto o servicio.

En el sector turístico, además, se tendrán en cuenta otras cuestiones o preguntas específicas relacionadas con los viajes. Averigua cuáles son.

Actividad propuesta 7.2.

Como se señaló en el Apartado 7.1, el comportamiento del consumidor está influido por dos variables o factores: internos y externos.

Enumera estos factores y explica brevemente en qué consisten.

El marketing dispone de mecanismos para buscar la motivación en las personas a través de sus acciones; sin embargo, es preciso conocer profundamente las necesidades y los mecanismos que llevan a las personas a tener un comportamiento determinado.

La motivación es uno de los criterios más importantes a la hora de segmentar el mercado, y responde a la pregunta de **por qué** una persona está dispuesta a comprar un determinado producto o servicio.

Las motivaciones ejercen una importante influencia en el proceso de decisión de compra y, por tanto, su identificación es un factor clave para el análisis del comportamiento del turista y, consecuentemente, para el diseño de acciones de marketing encaminadas a cubrir esas necesidades insatisfechas que motivan diferentes comportamientos.

El estudio de las motivaciones es complejo, ya que cada persona tiene diferentes motivos para el consumo de productos y servicios turísticos.

Por otro lado, el proceso de decisión de compra no es el resultado de una única motivación, sino que intervienen diferentes motivaciones interrelacionadas que varían según el individuo y a medida que transcurre el tiempo.

Otra dificultad en el estudio de las motivaciones del turista se debe a que estas no siempre aparecen claramente especificadas, sino que hay ocasiones en que son razones inconscientes las que impulsan a un individuo a la realización de un viaje.

Las motivaciones principales para consumir han variado considerablemente respecto a la etapa pre-COVID. Las empresas deben considerar las nuevas motivaciones entre los consumidores si lo que desean es atender las necesidades y aspiraciones de sus clientes.

Existen diferentes teorías sobre los **motivos de compra;** atendiendo a criterios complementarios o contrapuestos, tal como recoge la Figura 7.4.

- **Inherentes:** la actividad humana se basa en instintos propios, comunes a la mayoría de los seres humanos, y, por tanto, la determinación

Sabías que…

La motivación turística se define como «la red global integrada de fuerzas biológicas y culturales que dan valor y dirección a la selección del viaje, el comportamiento y la experiencia» (Eliane Lopes Brenner, 2002).

Figura 7.3. La motivación orienta la conducta de la persona hacia el logro de una meta.

Sabías que…

Las necesidades del consumidor evolucionan con los avances y el desarrollo de la técnica, con la educación y con las modas; por ello, los especialistas en marketing deben conocer estos cambios y preparar la estrategia adecuada para cada nueva situación.

Actividad propuesta 7.3.

¿Consideras que el alojarse en un hotel cubre siempre, para todo el mundo, solo una necesidad de orden fisiológico? Razona la respuesta.

Figura 7.4. Teoría sobre los motivos de compra.

de estos rasgos sirve de base al marketing para determinar los motivos que influyen en la compra de los productos o servicios.

- **Aprendidos:** teoría complementaria de la anterior. Postula que el comportamiento humano está guiado no solo por motivos inherentes a la persona, sino también por otros aprendidos, entre los que se encuentran los de orden económico, político, religioso o social, que llevan a las personas a actuar de forma diferente. Los motivos de compra aprendidos son más importantes para las empresas turísticas, pues son mucho más numerosos y frecuentes.
- **Emocionales o impulsivos:** muchas adquisiciones se realizan sin pensar detenidamente en las ventajas e inconvenientes del producto o servicio que se compra. Estos actos, emotivos e impulsivos, actúan intensamente en la compra de productos y servicios que tienen un precio más bien reducido. El placer de la compra es una de las razones de la misma.
- **Racionales:** los individuos tratan de adquirir aquellos productos o servicios que les proporcionan una mayor satisfacción y utilidad. En general, la compra de productos o servicios turísticos responde mucho más a esta motivación, ya que las decisiones sobre el destino del viaje se toman en función de precios, duración, seguridad, medios de transporte, alojamiento y un mayor número de elementos que hacen que la decisión final sea planificada a conciencia.

Actividad propuesta 7.4.

El Instituto Nacional de Estadística (INE) realiza periódicamente encuestas sobre los viajes realizados por la población residente en España y sus principales características. Averigua lo siguiente:

a) El nombre de dicha encuesta y la fecha de su última publicación.

b) Las conclusiones de dicha encuesta en relación con los motivos del viaje de los españoles.

7.2. Fases del proceso de decisión de compra

El proceso de decisión de compra es aquel por el que pasa un usuario o consumidor desde que descubre que tiene una necesidad hasta que encuentra y compra algo que lo soluciona o satisface. La decisión de compra puede ser rutinaria o no rutinaria/compleja. La primera se refiera a situaciones de compra frecuentes, en las que el consumidor posee experiencia, por lo que las decisiones son hechas rápidamente, con poco esfuerzo mental y no implican un excesivo esfuerzo económico. La no rutinaria o compleja requiere mayor dedicación y esfuerzo, y en turismo el **proceso de decisión de compra** de un producto o servicio está formado por cinco fases secuenciales que se detallan a continuación, en la Figura 7.6:

Figura 7.5. Proceso de decisión de compra.

Figura 7.6. Fases del proceso de decisión de compra.

1. **Reconocimiento de una necesidad (necesidad de viajar).** El proceso comienza con la manifestación de una necesidad unida al deseo de satisfacerla. Puede suceder bien a través de estímulos internos que llevan a que una sensación se convierta en una necesidad y la correspondiente motivación para la compra, o bien a través de estímulos externos, como la observación de un anuncio. La acción de marketing consiste en orientar y canalizar las necesidades hacia la demanda de los productos ya ofertados.

2. **Búsqueda de información.** El individuo que siente una necesidad normalmente no la satisface de inmediato, por lo que necesita buscar información (conscientemente o inconscientemente) para satisfacer sus deseos. El individuo realiza un **análisis interno** de la información disponible que posee, a través de la memoria, por la experiencia de viajes anteriores realizados, conocimiento de destinos, etc., cuyo acceso es rápido, aunque en ocasiones incompleto. Posteriormente, realizará una **búsqueda externa** de información. Las principales fuentes de información que el cliente utilice en este caso son de gran interés para los especialistas de marketing, ya que a través de sus acciones en las mismas, pueden influir sobre las decisiones de los turistas. Estas fuentes de información se clasifican en los grupos mostrados en la Figura 7.8.

Personales	Comerciales	Públicas
• Familia • Amigos • Conocidos • Compañeros de trabajo • Vecinos	• Agencias de viaje • Publicidad • Guías • Vendedores • Expertos • Catálogos y folletos • Internet	• Medios de comunicación de masas • Organizaciones de consumidores • Consulados

Figura 7.8. Clasificación de las fuentes de información.

Figura 7.7. La necesidad de viajar nos conduce a la búsqueda de información.

La influencia relativa de estas fuentes de información depende del tipo de producto o servicio y de las características del comprador. Generalmente, el consumidor recibe la mayor cantidad de información de un producto de las fuentes comerciales, es decir, de las controladas por el especialista en marketing, aunque las más efectivas provienen de las fuentes personales. Para poder identificarlas y evaluar su importancia relativa, el especialista en marketing debe preguntar a sus consumidores:

- Cómo conocieron por primera vez el producto o servicio.
- Qué información obtuvieron después.
- Cuál fue la importancia relativa concedida a las distintas fuentes de información disponibles.

A través de la búsqueda de información, el consumidor conoce los productos o servicios y sus características.

Sabías que...

El proceso de compra empieza mucho antes de la compra real y tiene consecuencias mucho después de dicha compra. La intensidad, la duración o la importancia de cada una de las etapas están dadas por el tipo de producto o servicio turístico que desee adquirirse.

Figura 7.9. Decisión de compra.

3. **Comparación y evaluación de las alternativas posibles para satisfacer la necesidad.** La información que recibe el consumidor y usuario en la fase anterior lo ayuda a aclarar las dudas y a comparar y evaluar las diferentes alternativas con que cuenta. No existe un único y simple proceso de evaluación utilizado por todos los consumidores o incluso por un único consumidor en todas las decisiones de compra, sino varios. A menudo el consumidor dispone de una amplia gama de alternativas para satisfacer su necesidad; será necesario someter a evaluación los productos y marcas que pretende adquirir. El consumidor y usuario percibe los productos y servicios turísticos con múltiples atributos, que pueden satisfacer la necesidad y procede a jerarquizarlos. Estos atributos pueden ser diferentes en función de que se trate de un destino, un producto o un servicio.

4. **Decisión de compra (selección de una alternativa y de la compra efectiva).** Tras la fase de comparación y evaluación de alternativas, el consumidor llega a una serie de conclusiones, se forma unas preferencias entre las alternativas y se decanta por una. Pero existe un gran número de factores adicionales que pueden darse y tener influencia entre la fase anterior y la presente:

   - Actitud de otros, que puede disminuir la actitud favorable inicial hacia el producto o servicio, sobre todo cuando esta no era muy intensa o se prefiere cumplir los deseos de otra persona.
   - Factores situacionales imprevistos, como el despido del trabajo, la antipatía del vendedor, etcétera.
   - Riesgo percibido, como la inseguridad del consumidor y usuario ante las consecuencias psicosociales que se puedan derivar de su decisión de compra, ansiedad por la importancia de la cantidad que se va a invertir, etcétera.

   La mayoría de las decisiones se toman con base en las emociones, pero finalmente el cliente necesitará racionalizar las acciones *a posteriori*. Si la empresa le facilita el proceso de racionalización al consumidor y este puede identificar los valores de la marca (conciencia social, apoyo a colectivos desfavorecidos, protección del medioambiente, etc.) lo ayudará en su decisión final.

5. **Sentimientos posteriores a la compra.** Al final, se produce una etapa posterior a la compra, en la que el consumidor, después de utilizar o consumir el producto o servicio, o realizar el viaje, experimentará cierta satisfacción o insatisfacción con la decisión tomada.

   Tradicionalmente muchas empresas se centraban en el proceso de venta y consideraban concluido este con el cobro del producto o servicio, no prestando atención a esta fase. El incremento de la competencia, las nuevas obligaciones legales y las crecientes exigencias de los consumidores requieren de las empresas una especial atención a la satisfacción del consumidor y al proceso poscompra, implantando sistemas de atención al público, que intentan asegurar que todo se ha desarrollado según las expectativas generadas.

   La experiencia adquirida con el uso o consumo del producto será una información que el cliente recordará y utilizará en un nuevo proceso de decisión de compra.

Recuerda

Después de la búsqueda de información, el consumidor evalúa las alternativas, se forma unas preferencias, extrae sus conclusiones y decide hacer su compra en función de todo lo anterior.

Sabías que...

En la motivación turística existen dos factores: uno de empuje, que propicia el deseo de viajar, y otro de atracción, que influye en la selección del destino.

Recuerda

La influencia de las fuentes de información depende de la clase de producto/servicio y de las características del comprador.

La popularización de los medios digitales ha llevado consigo un cambio en la forma de comprar y vender. Los consumidores se han vuelto más autosuficientes y recurren a internet para adquirir sus escapadas, vacaciones o viajes de negocio. Para dar respuesta a los cambios en el comportamiento de los consumidores, que ya no son receptores pasivos ni están dispuestos a permitir las interrupciones publicitarias de los medios tradicionales, surge el ***inbound marketing,*** también conocido como marketing de atracción. Consiste en captar clientes aportando valor, pero con técnicas de marketing no intrusivas, a partir de varias acciones de marketing digital como el SEO, la presencia en redes sociales, la generación de *leads,* marketing de contenidos y la analítica web. El cliente es atraído a la página web, blog, redes sociales, etc. de la empresa y es entonces cuando se establece el contacto, siempre con la iniciativa del cliente. Se puede resumir en cuatro palabras: crear, optimizar, dinamizar y convertir. En esta nueva realidad, los clientes son los que se encuentran con las marcas e interactúan con ellas de forma consentida y sin interrupciones no deseadas. Se trata de una estrategia que apuesta por acompañar al usuario en todo el proceso de compra. Su objetivo es atraer clientes potenciales y convertirlos en clientes reales, invirtiendo los papeles, haciendo que sean los consumidores los que se sientan atraídos por el producto o servicio de la empresa.

Actividad propuesta 7.5.

a) Busca las diferencias entre el *inbound marketing* (IM) y el *outbound marketing* (OM). Realiza una tabla y refleja dichas diferencias en la misma.

b) Localiza ejemplos de empresas turísticas que hayan tenido éxito aplicando el *inbound marketing.*

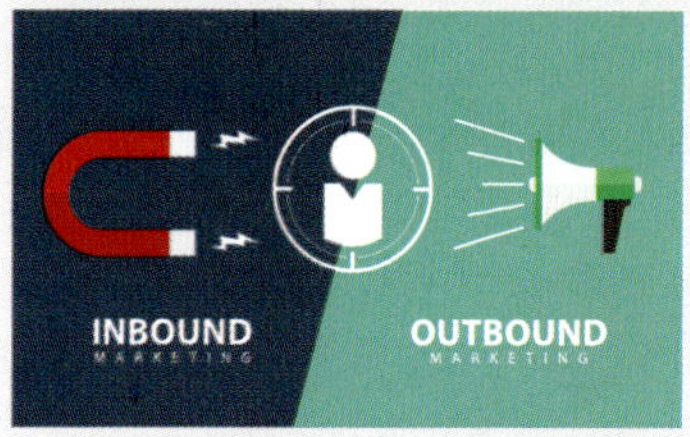

Actividad resuelta 7.2.

Supongamos que una persona, al estar cerca el período vacacional, siente la necesidad de descansar y desconectar. Por ello, ha decidido irse de vacaciones y comprar un paquete turístico. A partir de ahí va a tener que tomar una serie de decisiones que afectan al proceso de compra.

¿Sobre qué aspectos consideras que debe tomar decisiones?

SOLUCIÓN

- Búsqueda de información sobre las diferentes alternativas para satisfacer su necesidad. Así, acude a agencias de viajes, pregunta a amigos y familiares, busca en internet, etc. En el caso de búsqueda de información en agencias de viajes, el agente de viajes deberá informar y asesorar al cliente sobre el destino elegido y otras alternativas similares. A continuación, propondrá al cliente diferentes paquetes de diversas agencias de viajes mayoristas que dispongan del destino elegido.
- Con la información recabada, realiza una evaluación de las diferentes alternativas:
  - Elección del destino del viaje.
  - Elección del momento del viaje. Tendrá que decidir qué día irá a comprar.
- Elección de una de las alternativas y realización de la compra.
  - Elección de la agencia de viajes en la que comprará el viaje.
  - Elección del mayorista con el que realizará el viaje.
  - Elección de la forma de pago.
- Finalmente, se produce una etapa posterior a la compra, en la que el consumidor, después de volver de las vacaciones, experimentará cierta sensación de satisfacción o insatisfacción con la decisión tomada. Si el resultado fue satisfactorio, seguramente volverá a comprar un paquete turístico con la misma agencia de viajes y con el mismo mayorista, logrando estos la fidelización del cliente.

Recuerda

Un cliente insatisfecho puede adoptar una postura pasiva o un comportamiento activo expresando su insatisfacción a su entorno o formalizando una queja, que se convertirá en un elemento de información útil para que la empresa detecte el grado de insatisfacción del cliente.

Figura 7.11. Consumidor satisfecho.

Sabías que...

Después de la compra, el consumidor pasa por diferentes fases donde se establece un equilibrio entre lo que se ha gastado (valoración objetiva) y el beneficio que se obtiene con ello (valoración subjetiva). La evaluación de la experiencia de consumo influirá en las futuras conductas de compra.

7.3. Poscompra y fidelización

Una vez visitado el destino y utilizados los productos/servicios de operadores turísticos (compañías aéreas, alojamiento, parque de atracciones, etc.), el turista manifiesta un comportamiento **poscompra** en el que se distinguirán distintos grados de satisfacción, que determinarán la fidelización a la marca, a la empresa o al destino.

Poscompra

El consumidor lleva a cabo ciertas conductas y acciones **poscompra.** El responsable de marketing debe evaluar el comportamiento del cliente tras la adquisición y consumo de un producto turístico, intentando conocer el valor percibido y los niveles de satisfacción del turista. El valor percibido, entendido como el resultado de la comparación entre los beneficios percibidos y los costes o sacrificios asumidos por el turista, condiciona sus comportamientos y decisiones futuras, así como sus niveles de satisfacción. Si el producto o servicio es satisfactorio, seguramente lo volverá a comprar (lealtad o fidelidad). Si no es así, el consumidor puede cambiar su decisión de compra para la próxima vez, por las dudas provocadas sobre si ha comprado el producto adecuado.

La satisfacción del comprador está en función de la diferencia entre las expectativas que tenía sobre el producto o servicio y el resultado percibido del mismo.

Figura 7.10. Conductas poscompra.

Los clientes pueden generar sus expectativas antes de la compra con base en los mensajes recibidos a través de la empresa (vendedores), de los amigos o familiares, de la publicidad y de otras fuentes de información. Si la empresa exagera los beneficios del producto o servicio, los consumidores experimentarán expectativas que no se confirmarán y que le llevarán a la insatisfacción.

La satisfacción o insatisfacción del consumidor con la selección de compra influirá sobre sus comportamientos posteriores:

- Un **consumidor satisfecho** muestra una alta probabilidad de compra del mismo producto o servicio en la próxima ocasión y también tiende a comunicar a otras personas elementos positivos y favorables sobre la marca o sobre el producto o servicio o destino turístico. Ello influye en las futuras decisiones de compra de sus grupos de convivencia (familiares, amigos, compañeros de trabajo, conocidos, etc.). De acuerdo con los expertos en marketing, «la mejor publicidad de una empresa es un cliente satisfecho». En definitiva, con un cliente satisfecho se puede lograr su fidelización.

- Un **consumidor insatisfecho** responde de forma diferente. El comportamiento del turista insatisfecho tras la vivencia no comporta nada bueno para la actividad. Cuando un consumidor se siente insatisfecho como resultado de una compra, puede adoptar dos posturas:
  - Una **postura pasiva:** no hacer nada, pero no repetirá la experiencia.
  - Un **comportamiento activo:** expresando su descontento mediante la comunicación de su mala experiencia a amigos y conocidos, emitiendo una queja a la empresa o formalizando una reclamación ante asociaciones de consumidores, organismos administrativos públicos o la justicia.

Generalmente se mantiene la tendencia a comentar más lo negativo que lo positivo. Hay que tener en cuenta el peso que mantiene en el turismo la comunicación «boca a boca» o *Word of Mouth* (WOM). Los datos estadísticos muestran que un cliente insatisfecho se lo contará por término medio a unas doce personas, que a su vez se lo contarán a otras más y así se producirá un efecto multiplicador que evidentemente puede resultar altamente perjudicial para la empresa responsable de la citada experiencia. Existen empresas que consideran que si el cliente no reclama, es un cliente satisfecho. La realidad muestra que el cliente simplemente deja de adquirir el producto, el servicio o la marca. Esto nos lleva a considerar un aspecto económico importante para el marketing: «conseguir un nuevo cliente cuesta cinco veces más que mantener el cliente actual». Así, una queja es un elemento de información para que la empresa identifique el grado de insatisfacción de los clientes.

Por tanto, las empresas deben facilitar las quejas a los clientes, ofreciendo un amplio número de canales para que estos puedan hacerlas llegar.

Sabías que...

Las consecuencias relacionales derivadas de la insatisfacción son muy negativas para una empresa. Es muy probable que un consumidor insatisfecho abandone la relación con el proveedor, no regrese a un hotel, a una agencia de viajes, a un restaurante o, en mayor grado de decepción, a un destino turístico.

Actividad resuelta 7.3.

Teniendo en cuenta que la respuesta del cliente es un elemento de información para que la empresa identifique el grado de satisfacción o de insatisfacción del mismo, la cadena hotelera Ritz-Carlton (Marriot International) transmite toda una cultura de servicio a través de sus estándares de oro.

Averigua el significado de esos estándares y explica brevemente cada uno.

SOLUCIÓN

En la cadena hotelera Ritz-Carlton, los estándares de oro (*Gold Standards*) son la base de The Ritz-Carlton Hotel Company, L.L.C. Estos estándares abarcan los valores y filosofía bajo los cuales opera, e incluyen:

- **El credo:** Ritz-Carlton Hotel es un lugar donde el cuidado genuino y confort de nuestros huéspedes es nuestra máxima misión.
- **El lema:** «somos damas y caballeros sirviendo a damas y caballeros».
- **Los tres pasos del servicio:**
  - Una cálida y sincera bienvenida.
  - Usar el nombre del huésped. Anticipación y cumplimiento de cada una de las necesidades del huésped.
  - Dar una cálida despedida y utilizar el nombre del huésped.
- **Los valores del servicio:** estoy orgulloso de ser Ritz-Carlton (incluye doce puntos).
- **El sexto diamante:**
  - Misterio.
  - Compromiso emocional.
  - Funcional.
- **La promesa del empleado:** nuestras damas y caballeros son nuestro recurso más importante en nuestro compromiso de servicio con nuestros huéspedes. Al aplicar los principios de confianza, honestidad, respeto, integridad y compromiso, cultivamos y maximizamos el talento a beneficio de cada miembro de la empresa y de la empresa.

Figura 7.12. La clave de la fidelización consiste en ofrecer más al cliente por lo que paga y, sobre todo, que lo perciba.

Figura 7.13. Los tres pilares de las estrategias de fidelización o regla de las tres ces.

Figura 7.14. La estrategia de fidelización es la que se usa para conservar al cliente.

Fidelización

La **fidelización** es una técnica de marketing a través de la cual se persigue que un cliente (o grupo de clientes) se mantenga fiel a la compra de un producto o servicio concreto o de una marca, de forma continua. Dicho de otro modo, por fidelidad se entiende la propensión a comprar la misma marca o producto o frecuentar el mismo establecimiento para satisfacer una misma necesidad y que muy probablemente sean recomendados a otros consumidores. Cuando los consumidores se encuentran satisfechos con sus compras seguramente serán fieles al producto o servicio recibido o disfrutado.

La fidelización, tal como se entiende en el marketing actual, se encuentra muy vinculada al marketing relacional. Esta implica el establecimiento de sólidos vínculos y el mantenimiento y el desarrollo de relaciones estables y a largo plazo con los clientes más rentables para la empresa.

La fidelización del cliente es un aspecto que cobra cada vez mayor importancia y al que se presta una mayor atención. Especialmente, en momentos de decrecimiento económico, las estrategias de fidelización de clientes son muy beneficiosas, ya que son las que presentan una ratio mayor entre los beneficios obtenidos y los recursos invertidos. Además, contar con un grupo de clientes fieles cobra especial importancia en momentos en los que existe un exceso de oferta, como es el caso del sector turístico en la actualidad.

La competencia es cada vez más agresiva y los consumidores se alejan del modelo de compra compulsiva para pensar cada paso, evaluando no solo el coste, sino las ventajas comparativas, lo que diferencia una empresa de la otra.

En una economía de mercado, donde existe esta competencia y la empresa sabe cuáles son sus clientes, esta debe aprender a cuidarlos. Esto lo hace aplicando las técnicas de fidelización. Entre las estrategias se cuenta con tres pilares fundamentales que comúnmente se han denominado la regla de las tres ces: **convencer**, **captar** y **conservar.**

Según lo expuesto, para que el cliente sea fiel a la empresa, el producto o servicio se tiene que diferenciar de la competencia. Estas características diferenciadoras son las que atraen al cliente y crean conductas de lealtad a la empresa.

De las tres ces, la convicción y la captación se relacionan con la diferenciación, ya que esta es la que se utiliza para convencer primero y captar posteriormente al cliente potencial. La fidelidad, en sentido estricto, es la que se usa para conservar al cliente.

Las estrategias de fidelización se basan usualmente en la satisfacción del cliente, pero para ello es necesario que la empresa conozca su servicio, a su cliente y la interacción entre ambos. Las estrategias de fidelización permiten mejorar las relaciones con el cliente y, al mismo tiempo, conocerlo mejor. Desarrollan el lado afectivo de la relación comercial, que suscita la aparición de un sentimiento de reconocimiento.

Destacar en último lugar que el sector del turismo es un campo adecuado para aplicar buenas estrategias de fidelización. Esto se debe a que el servicio que se comercializa está estrechamente ligado a las experiencias, las sensaciones e, incluso, al placer, por lo que es fácil impactar en la percepción de los clientes a través de las buenas experiencias y el bienestar de los mismos. En este sentido, la calidad de servicio se revela como un elemento clave en la articulación de estrategias de fidelización.

Figura 7.15. Programa de fidelización.

Recuerda

La fidelización se encuentra muy vinculada al marketing relacional, lo que implica el establecimiento de vínculos fuertes y el mantenimiento y desarrollo de relaciones estables y duraderas con los clientes más rentables para la empresa.

Figura 7.16. Tarjeta de fidelización de clientes.

Actividad resuelta 7.4.

Las empresas orientadas al cliente obtienen éxito logrando la fidelización del mismo. ¿Qué razones crees que hacen que logren dicho éxito?

SOLUCIÓN

- Se preocupan por descubrir (identificar) las necesidades del cliente y no en suponer cuáles son.
- Se estructuran para intentar satisfacer al cliente, basando sus estrategias, procesos, etc., en el cliente, convirtiéndolo en el eje principal.
- Atienden al cliente en la forma que este quiere, desea y confía.
- Permanecen en contacto con el cliente.
- Desarrollan relaciones estrechas con el cliente, con un servicio personalizado y procurando que sean duraderas.
- Hacen coincidir los deseos de la empresa con los deseos del cliente.
- Consideran que la información de retorno del cliente (*feedback*) es la mejor fórmula para redefinir el producto o servicio y reorientar la prestación del servicio.

Actividad propuesta 7.6.

A la hora de poder establecer una estrategia de fidelización exitosa, las empresas diseñan adecuados programas de fidelización. A través de estos programas, el cliente se siente ligado a la empresa. El desarrollo de un programa de fidelización debe lograr incrementar la frecuencia de compra y aumentar el potencial de consumo.

a) Establece dos ejemplos de estos programas de fidelización en el sector turístico. Explica cómo funcionan.

b) Averigua la diferencia entre cliente repetidor y cliente fiel.

7.4. Tendencias de consumo

Es esencial adaptarse a un nuevo perfil de viajero y de consumidor turístico: hiperconectado, más activo, más culto, más autónomo, más informado, más exigente, más experimentado, más autosuficiente, multiturista, etc. Desea y busca vivir nuevas experiencias y presenta nuevas motivaciones, expectativas, hábitos de consumo, etc., produciendo un cambio en las tendencias de consumo.

Destinos y empresas turísticas tienen que conocer bien las nuevas tendencias de consumo y su reflejo en la forma de viajar de los turistas. Los frecuentes cambios auguran tendencias en constante evolución.

Figura 7.17. Las nuevas tendencias de consumo crean un nuevo viajero digital.

Entre las tendencias actuales figuran las siguientes:

- **Relación calidad-precio (*value for money*):** una buena relación calidad-precio es uno de los objetivos que se marcan los consumidores para sus vacaciones en estos momentos. No buscan necesariamente el precio más bajo, sino aquel producto que les dé más por el mismo dinero.
- **Búsqueda del precio más bajo:** aunque hay un importante número de clientes que valoran mucho la relación calidad-precio, también existe la tendencia a buscar lo más barato, tal como lo demuestran las numerosas empresas *low cost* que operan en el mercado turístico:
  - **Precio del vuelo:** el precio se mantiene como factor de decisión de compra, agregando la seguridad que ofrece la compañía a la hora de tomar la decisión definitiva.
  - **Elección del destino por precio:** la búsqueda y la elección de los destinos viene determinada en la mayoría de ocasiones por el precio.
- **Valoración de experiencias nuevas y personalizadas:** el cliente espera ser sorprendido. Las empresas o destinos turísticos deben ser capaces de aportar sensaciones, generar estímulos para vivencias especiales; en definitiva, convertirse en «anfitriones recordables». Deben crear una experiencia que deje huella, una **experiencia única y diferencial** en cada viaje. En las sociedades modernas hay también una sensación de que hay que maximizar el tiempo (muy escaso y valioso). Eso hace que algunos turistas quieran tener experiencias que les aporten un valor añadido. Quieren actividades que les aporten una experiencia auténtica y significativa.
- **Sensibilidad selectiva al precio:** el mismo cliente que cada vez valora más las experiencias personalizadas puede ser perfectamente el mismo viajero que ha desarrollado una mayor atención al factor precio. El modelo *low cost* ha generado un nuevo consumidor inteligente con una sensibilidad al precio selectiva; no está dispuesto a pagar más que por aquello que desea recibir, quiere saber cuánto paga por cada concepto y decidir en función de ello qué producto desea recibir. Muchos de los cambios por los que está pasando la industria turística —desde empresas tradicionales a las *low cost*— se basan en las expectativas de este nuevo cliente.

Figura 7.18. Las compañías de bajo coste (CBC) o ***Low Cost Carries*** son un factor de decisión de compra.

- **El paquete turístico:** es una clara vuelta del viaje organizado, pero no solo como fórmula de control de gasto, sino, además, con el objetivo de asegurarse un viaje sin problemas, tranquilo y seguro, evitando el estrés que supone organizar el viaje por su cuenta.

El paquete turístico tratará de activar la demanda ofreciendo las máximas garantías de flexibilidad para hacer cambios y, al mismo tiempo, los turoperadores incluirán estrictos protocolos, tratando de armonizar los propios con los locales.

- **El paquete dinámico:** permite a los clientes de las plataformas *online* confeccionar su viaje a la medida, con flexibilidad de servicios, duración y destinos. El cliente va agregando productos y servicios, configurando de esta forma un solo producto con un único precio.
- **Las agencias de viajes están de vuelta:** las agencias de viajes están recuperando negocio. La razón es que los clientes pueden aprovechar la ayuda de especialistas con experiencia que puedan recomendar el destino de vacaciones perfecto para sus necesidades. Es más, en algunos casos visitar una agencia de viajes ahorra tiempo a los clientes, que a menudo realizan largas búsquedas en internet. Una vuelta al apoyo personal para tomar decisiones de vacaciones o experiencias de viaje auténticas. Los *millennials* están favoreciendo la vuelta a la agencia de viajes tradicional a los consumidores jóvenes que quieren contar con el consejo de un experto profesional. A todo esto hay que añadir que las agencias de viajes cambian de modelo: más tecnología y especialización. Su modelo de negocio basado en asesorar y proporcionar información y el factor humano aportan valor al servicio.

Figura 7.19. Asesoramiento del personal en agencias de viajes.

- **Nuevas tecnologías:** internet y las nuevas aplicaciones *online* han impulsado nuevas tendencias de consumo y creado un nuevo **tipo de viajero o turista**, el viajero o turista digital, que se adelanta al resto en la adopción de nuevas tecnologías. Estar siempre conectado forma parte de su rutina diaria. El turista es más móvil-dependiente que nunca y de hecho, su utilización en todas las fases del viaje ha pasado de ser una tendencia emergente a un motor de cambio. Los dispositivos móviles juegan un papel preponderante y en sus viajes, llevan al menos dos dispositivos, generalmente un *smartphone* y una tableta. Se está detectando un aumento de la utilización de los mismos para hacer las reservas o para, una vez en destino, conectar con todos los servicios a disposición del turista. Pero si los cambios tecnológicos que se han experimentado en los últimos años han cambiado radicalmente la forma en que se consume, lo que viene será mucho más radical. Entre los conceptos que van a modificar de nuevo la forma de comprar, cabe destacar el concepto de internet de las cosas (IoT-*Internet of Things*, en inglés) las *smart cities* y *Big Data*.

Figura 7.20. Las nuevas tecnologías se convierten en vehículos para las ***smart cities.***

- **Mantenimiento de las escapadas:** esta tendencia de viajar varias veces al año está muy ligada al plano laboral. Los clientes que han disfrutado de *short breaks* (viajes vacacionales de corta duración o el que se realizan durante los puentes) y *city breaks* (escapada de fin de semana a una ciudad), seguirán con este estilo de viajar como una estupenda vía para desconectar y relajarse. Las escapadas de fin de semana, que durante la crisis sustituyeron a menudo a las vacaciones largas como una forma de ahorrar, se han convertido en una tendencia de ocio, lo que ha disparado las reservas. Las familias y parejas son los perfiles que más reservan este tipo de viajes.
- **Última hora y anticipación (*last minute y early booking*):** actualmente conviven ambas tendencias. La tendencia a esperar a las oportunidades de última hora (*last minute*) se debe especialmente a los

Sabías que...

El *city breaks* es un viaje de corta duración con una ciudad como destino.

Figura 7.21. Tendencia a esperar las oportunidades de última hora.

Figura 7.22. Turismo medioambiental.

constantes cambios en las medidas para frenar la pandemia. Los turistas son más precavidos, aumentan los viajes espontáneos de última hora, donde prevalece la flexibilidad y la seguridad. Las reservas flexibles y de último minuto, las cancelaciones gratuitas, los pagos totalmente reembolsables y las opciones de viaje seguras se reafirman como una de las principales tendencias. La tendencia de anticipación (*early booking*) sigue siendo estimulada por las ofertas de empresas que ofrecen descuentos por reservas anticipadas. El *early booking* consiste en reservar estancias de vacaciones o billetes de avión con mucha antelación, con el objetivo de pagar menos.

- **Medioambiente:** cada vez existe una mayor conciencia y respeto por el medioambiente. Han aparecido turistas que demandan destinos sostenibles y que preservan sus recursos naturales. A los viajeros les gusta elegir un destino basándose en el impacto medioambiental y asegurar que sus actividades turísticas tengan un impacto positivo en la comunidad local a la hora de elegir un destino vacacional. Ha surgido el turismo **cero emisiones,** la respuesta del sector a los desafíos del cambio climático. Los proyectos verdes han llegado al segmento *premium* de la industria del turismo mundial. Ahora es más fácil que nunca combinar el lujo y la sostenibilidad.

  La mayoría de cadenas hoteleras y empresas turísticas anuncian en sus redes sociales su compromiso con los Objetivos de Desarrollo Sostenible (ODS), pero los consumidores tienen cada vez mejor información y si el mensaje no es claro y transparente puede provocar rechazo y ser considerado como *greenwashing* (intento de una empresa de hacer creer que sus productos/servicios son ecológicos cuando en realidad no lo son).

  Las empresas turísticas se deciden por comunicar su compromiso a través de las certificaciones que verifican que han tomado medidas y que han cumplido unos objetivos medioambientales específicos.

- **Recuperación del turismo urbano:** el regreso a la normalidad pospandemia permitirá disfrutar nuevamente de las visitas a las grandes ciudades y centros urbanos del mundo, que se ven favorecidos por una amplia infraestructura hotelera, de restauración, actividades de ocio y cercana a los principales puertos y aeropuertos.
- **Turismo de compras** o ***shopping:*** íntimamente ligado al turismo urbano, ha surgido como componente cada vez más importante de la experiencia de viajar, bien como motivación principal, o bien como una de las actividades principales realizadas por los turistas en los destinos, que van a apostar así por la alta gama para atraer a visitantes con mayor nivel adquisitivo.
- **Interés por diferentes culturas:** lo que se refleja en la búsqueda cada día mayor, por parte de los turistas, de actividades que les generen contacto directo con la comunidad local y la cultura del destino que visitan.
- **Despunte o recuperación del turismo de negocios y *boom* del *bleisure*** (del inglés «business with leisure», o negocios con ocio): turista que añade a los viajes de negocio días extras, incluso un fin de semana de ocio en el destino. El *bleisure* es una tendencia que, además, está revolucionando el turismo urbano.

Se augura un importante resurgir del segmento MICE (reuniones, incentivos, conferencias y eventos). Se ve cómo los eventos, ferias y congresos vuelven a ser presenciales y también cómo va creciendo la lista de las ciudades que se promocionan como destino ideal para los viajes de negocios y el turismo MICE.

- **Auge de las plataformas de economía colaborativa:** se ha convertido en una parte de la industria de viajes. Se construye sobre los beneficios que pueden derivarse de compartir recursos (vehículos, propiedades) y que permite colocar un producto de uso individual en manos del cliente final, lo que sin duda ha sido posible gracias a la proliferación de los dispositivos móviles y el desarrollo de una nueva cultura digital. Usuarios que no se conocen, se relacionan para ofrecerse o intercambiar productos y servicios directamente entre ellos, sin pasar por intermediarios. Este fenómeno está afectando profundamente a algunos servicios turísticos como el alojamiento, el transporte local o los guías turísticos.
- **SoLoMo:** resulta de la combinación de **SOcial, LOcal y MObile.** Las empresas hacen importantes esfuerzos en herramientas SoLoMo, aplicaciones para dispositivos que permiten relacionar los medios sociales (SOcial), en un ámbito geográfico determinado (LOcal) y para *smartphones* y tabletas (MObile). La unión de estos tres conceptos está presente en el ciclo de viaje del turista. Desde que decide el destino hasta que finaliza el viaje, el turista comparte la experiencia en sus medios sociales y se informa a través de opiniones y recomendaciones de otros clientes.
- **Turismo de proximidad y viajes domésticos:** las limitaciones todavía vigentes tras la pandemia sobre los viajes al extranjero y sobre los vuelos internacionales condicionan las elecciones de muchos viajeros, que ven en el turismo de proximidad una solución más simple y menos arriesgada. Se muestran interesados en una oferta local: una gran parte de las consultas en buscadores están relacionadas con productos turísticos de un entorno cercano.
- **Recuperación del turismo internacional:** el turismo inició un proceso positivo gracias a la demanda nacional, y en los próximos años será el turno de los visitantes extranjeros debido a tres factores: la retirada de las restricciones de movilidad, el avance global de la vacunación y la recuperación de la confianza en los viajes.
- **Seguridad:** los turistas pospandemia son aún más exigentes que en el pasado, por lo que buscan otros factores como la salud, el distanciamiento social o la libertad; pero disfrutando de sus vacaciones como anteriormente, respetando aforos, horarios, medidas de seguridad. El respeto de las normas higiénicas y la garantía de la implementación de medidas de seguridad eficaces son las nuevas prioridades que respaldan las decisiones de viaje de los consumidores.

Recuerda

Destinos y empresas turísticas tienen que conocer bien las nuevas tendencias de consumo y su reflejo en la forma de viajar de los turistas. Los frecuentes cambios auguran tendencias en constante evolución.

Actividad propuesta 7.7.

La pandemia ha supuesto un *crack* sin precedente en la economía. Los turistas han preferido buscar destinos seguros dando lugar a nuevas tendencias de consumo entre las que se encuentra el microturismo. Averigua el significado del término microturismo y busca ejemplos en tu comunidad.

7.5. Los nuevos consumidores en el sector turístico

Figura 7.23. Los nuevos consumidores están muy relacionados con la web.

La revolución digital en el sector turístico ha dado lugar a un nuevo escenario y a un nuevo tipo de consumidor *online*. Los nuevos consumidores están muy relacionados con la web. El nuevo escenario digital trae consigo un nuevo concepto de consumidor que, además de obtener información a través de internet sobre destinos y productos turísticos, genera contenidos que son utilizados por otros usuarios, tiene una actitud activa y colaborativa en la configuración de los productos y, tras comprarlos y experimentarlos, disfruta compartiendo sus vivencias y opiniones en redes sociales, blogs, etc. sobre todo a través de tecnología móvil.

El nuevo viajero digital se maneja perfectamente en internet. A partir del momento en que se inicia el viaje, pasando por la experiencia en destino y su vuelta, el viajero permanece conectado. Para él lo más importante al viajar es ser capaz de seguir en contacto con el mundo. El nuevo viajero es autosuficiente. Partiendo de la inspiración inicial hasta la vuelta el viaje es digital.

Así, se puede afirmar que el viajero digital es:

- Un amante de la tecnología.
- Usa todo tipo de *gadgets* (*smartphone*, tabletas, GPS, portátil, etcétera).
- Es autónomo a la hora de gestionar su viaje.
- Se documenta (suscriptor de *newsletter*, receptor de RSS).
- Abandona el papel a favor de las guías digitales, el GPS y las aplicaciones del móvil o las descargas de audio y de vídeo.
- Por supuesto, lo comparte todo, fundamentalmente a través del canal *online* (redes sociales, blogs, foros, fotos, vídeos, etcétera).

Figura 7.24. Viajero digital.

Entre los nuevos consumidores en el sector turístico destacan los que se muestran en la Figura 7.25.

CONSUMIDORES DIGITALES		
PROSUMER	*ADPROSUMER*	*PROKSUMER*
PROducer + conSUMER	*ADvertiser + PROducer + conSUMER*	*PROducer + broKer + conSUMER*

Figura 7.25. Consumidores que destacan en el sector turístico.

- El ***prosumer*** o *prosumidor*, término acuñado por Alvin Toffler, procede de la combinación de las palabras *producer* (productor) y *consumer* (consumidor):
  - Es un consumidor activo, que navega, que investiga, que además de producir información la consume, que busca mucha información antes de visitar un destino y hasta contrata alguno o todos los servicios turísticos que necesita. Visita páginas en internet que le puedan ser útiles; blogs, foros, redes sociales, comunidades sociales, páginas de opinión, etcétera.

Sabías que...

El gran cambio se produce ya que el cliente (consumidor inteligente) busca, se informa, compara, decide, planifica, comparte y prescribe *online*. Lo que es común a estos diferentes tipos de consumidores es que todos buscan un servicio personalizado y alejado del estándar. Internet ha jugado un papel fundamental en este hecho.

» Para él los demás turistas son una fuente de información tanto o más importante que los agentes turísticos.

» Crea el producto que va a consumir, tratando de evitar experiencias y paquetes turísticos estándar.

» Suele variar mucho en los destinos que visita, por lo que ya no se puede hablar de fidelidad en sentido clásico, como la repetición de compra del mismo turista, sino que se debe hablar de fidelidad diferida. Se entiende por **fidelidad diferida** la predisposición del viajero a la repetición de compra, pero que no le lleva a comprar a él mismo, sino que le lleva a recomendar, a fomentar o publicitar esa compra en otros, por lo que su grado de fidelidad es limitado. El *prosumidor* no es un creador de contenidos, sino que se limita a recopilar información creada por otros, por lo que la fidelidad diferida, aunque sea importante, tiene efecto limitado.

Figura 7.26. *Adprosumer:* consumidor que comparte su experiencia.

- El ***adprosumer*** o *adprosumidor* es un término acuñado por Tirso Maldonado, que procede de la combinación de las palabras *advertiser* (anunciante), *producer* y *consumer*:

» Es el *adprosumer* activo, el viajero que crea su propio producto y después de haber vivido la experiencia la comunica, generando información (comentarios, valoraciones, fotos, vídeos, *podcasts*, etc.) y compartiéndola con los demás. La información en este caso es bidireccional, de modo que, además de consultar las opiniones de otros, es prescriptor al publicitar las suyas.

» Suele también alejarse de paquetes y experiencias estándar, buscando la variedad. Tampoco es fiel al estilo clásico, pero sí aplica la fidelidad diferida, en este caso, con un fuerte impacto, ya que su carácter activo hace que sus opiniones sean escuchadas en la red, de modo que el tradicional «boca-oreja» o «boca a boca», WOM (*Word of Mouth*), ha pasado a convertirse en eWOM (*electronic Word of Mouth*), que son los comentarios, valoraciones y opiniones de usuarios a través de medios digitales (webs, blogs, redes sociales, etcétera).

» Crea contenidos que son seguidos por muchos consumidores.

» Su papel en el sector turístico es muy importante porque recomienda un destino o producto/servicio turístico concreto, favoreciendo que otros lo visiten o lo consuman.

» Como cliente satisfecho con un producto o servicio comparte su experiencia positiva con el resto de clientes convirtiéndose en su mejor prescriptor. Pero como prescriptor puede ser positivo o negativo, ya que sus opiniones pueden ir en los dos sentidos. Participa en blogs, redes sociales, comunidades, etc., multiplicando su poder de influencia. Se convierte en medio de comunicación turística no controlable, incluso con gran poder pues se trata de comunicación entre iguales, consiguiendo la confianza y fiabilidad de los mensajes.

- El ***proksumer,*** término introducido por Eduardo William que procede de la combinación de *productor* + *broker* + *consumer*. Este autor parte del hecho de que internet es un entorno natural para transmisión de la información y del conocimiento, y desde esta perspectiva crea su modelo.

Recuerda

El *adprosumer* es la combinación entre productor y consumidor activo que crea su propio producto y, una vez que lo ha experimentado, genera la información y la comparte con los demás a través de blogs, vídeos, *podcast*, etcétera.

Recuerda

En la figura del *proksumer*, la parte del *broker* es la que gestiona, interpreta y transmite la información y el conocimiento creado a partir de sus propias experiencias, por lo que puede convertirse en prescriptor del servicio turístico.

- Usuario y consumidor que, *PROduce* información y crea conocimiento nuevo a partir de sus propias experiencias y teniendo en cuenta la información ya existente.
- Actúa como *broker* de ese conocimiento al gestionarlo, interpretarlo y transmitirlo a otros clientes, pudiendo ser prescriptor del servicio turístico. Se trata de los *influencers* (*youtubers*, blogueros, etc.). Suelen hacerlo desde un canal propio desde el que interpretan o recomiendan contenido.
- Es *conSUMER* o consumidor de servicios personalizados a partir del conocimiento adquirido y gestionado.

Sabías que...

Cada vez son más las personas que antes de iniciar un viaje utilizan internet para obtener información y reservar o comprar los servicios y los productos necesarios. Para ello utilizan herramientas y visitan espacios como buscadores, blogs especializados, comunidades y redes sociales, agencias de viajes *online*, georreferenciadores, contenidos multimedia, etcétera.

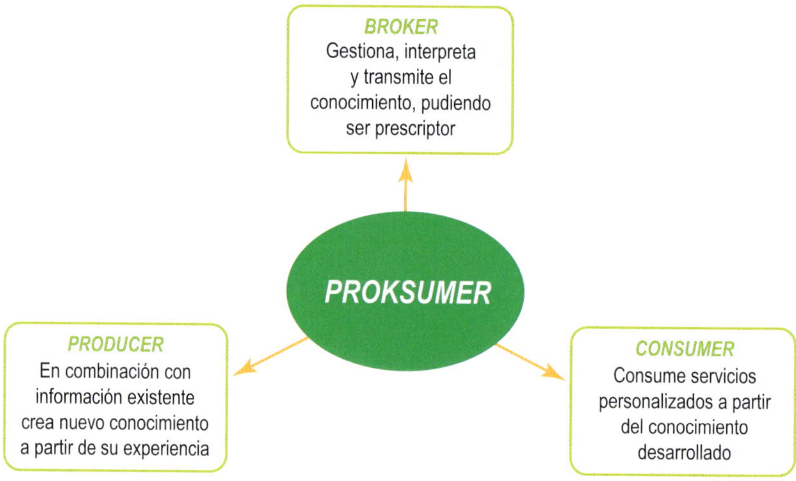

Figura 7.27. El *proksumer.*

El gran cambio se produce porque el cliente (consumidor inteligente-*smart consumer*) busca, se informa, compara, decide, planifica, comparte y prescribe *online*. Lo que es común a estos diferentes tipos de nuevos consumidores es que ya no se conforman con recibir lo mismo de siempre; quieren ser únicos, obtener un servicio personalizado acorde a sus necesidades y motivaciones, y alejado del estándar. Por eso, ya no basta con ofrecer el mismo producto a todo tipo de consumidores. El acceso masivo a la información que permite internet ha jugado un papel fundamental en este hecho.

Figura 7.28. El viajero crea su producto y, tras vivir la experiencia, la comparte con los demás.

Actividad propuesta 7.8.

Decimos que existe un viajero creador de contenido, que nos ayuda a preparar nuestros viajes con la información que produce en la red a partir de sus propias experiencias. Busca en la web un blog de viajes, entre los mejores, basándote en el contenido, la ética profesional y la transparencia, y del que puedas obtener toda la información que necesitas para tu próximo viaje. Indica cómo puede ayudarte.

Actividad propuesta 7.9.

Internet y las redes sociales han convertido lo que antes eran pequeños foros sociales, en un único espacio donde todas las conversaciones se mezclan, y donde el papel de prescriptor puede ser desempeñado por cualquiera.

Averigua la influencia del prescriptor (*influencer*) en la campaña de marketing de una empresa y cómo influye en el comportamiento social.

7.6. La calidad en el sector turístico

La calidad en el sector turístico es uno de los aspectos más importantes en la satisfacción de las necesidades y expectativas de los clientes y se ha convertido en una herramienta estratégica para sobrevivir en mercados altamente competitivos.

7.6.1. Concepto de calidad

Calidad es el grado de aceptación o satisfacción que proporciona un producto o servicio a las necesidades y expectativas del cliente. Tiene como objetivo la satisfacción del cliente y la mejora continua de los servicios y productos que se ofrecen al mismo. El concepto de **calidad total** en empresas de servicios turísticos, responde a la satisfacción plena de los usuarios en términos de atención, calidad de servicio, bienestar, seguridad y, a su vez, responde al mejoramiento continuo de la imagen y afianzamiento de la empresa.

Figura 7.29. Tres conceptos importantes en empresas turísticas.

7.6.2. Herramientas de control de la calidad y la satisfacción del cliente. Implementación en empresas del sector turístico

La calidad se ha convertido en uno de los elementos diferenciadores en el sector turístico, debido a la gran competencia existente en el mismo. Las empresas turísticas deben enfocarse en la cultura de la calidad, como estrategia de futuro. Cualquier empresa turística mantiene entre sus objetivos prioritarios ser líder en el mercado y fidelizar en la medida de sus posibilidades al mayor número de clientes.

La **implantación de un sistema de calidad** facilita herramientas de gestión a la dirección de la empresa turística. Se asocia a seguridad, a compromiso y, sobre todo, a competitividad. Asimismo, es una eficaz ayuda para la motivación del personal y el mantenimiento del servicio dentro de los estándares establecidos. Los estándares de calidad son normas, requisitos o puntos de referencia mínimos y objetivos, que una empresa debe cumplir para tener un correcto sistema de gestión de la calidad. Sirven para contrastar las acciones que se implementan, y los resultados que se alcanzan. Los estándares de calidad resultan muy útiles a las empresas turísticas por su reconocimiento y notoriedad internacional, y por favorecer las contrataciones entre empresas, alojamientos, aerolíneas, agencias de viajes, turoperadores, etcétera.

Para conseguir todo esto, la empresa necesita establecer unos **controles de calidad** que son todos los mecanismos, las acciones, y las herramientas que se utilizan para detectar errores y, por tanto, poder mejorar.

Figura 7.30. Las normas ISO 9001 se refieren a sistemas de gestión de la calidad.

Recuerda

En España existen otras certificaciones que solo se aplican al sector turístico. La Marca «Q» es el elemento más conocido de todo el Sistema de Calidad Turística Española.

Figura 7.31. Marca «Q» de Calidad Turística Española.
Fuente: Instituto para la Calidad Turística Española.

Mejora en la que deben estar involucrados todos y cada uno de los departamentos de una empresa turística.

Con el fin de homogeneizar la calidad en las empresas se han elaborado distintos sistemas de normas, dando lugar al concepto de estandarización y normalización. Debido a la importancia de la calidad en el sector turístico en el que se trabaja por y para el cliente se debe, por tanto, asegurar unos estándares mínimos de calidad.

Las herramientas de calidad son procedimientos o técnicas escritas y formalizadas que ayudan a las empresas a medir la calidad de sus servicios con respecto a la norma y la satisfacción de los clientes, y a planificar y llevar a cabo las estrategias de mejora que consideren oportunas. Entre las herramientas de calidad destacan las siguientes:

- Cuestionario de autoevaluación (herramienta básica).
- Sistema de encuestación.
- Sistema de quejas y sugerencias.
- Sistema de indicadores de calidad.
- Guía para el desarrollo del manual de calidad.
- Guía para el desarrollo del manual de procedimientos.
- Guía para el desarrollo de planes de mejora.

A través de un proceso de **auditoría externa de calidad** se comprueba y verifica si la empresa cumple las normas de calidad; si es así, se le concede a la empresa una **certificación.**

Una **certificación/certificado de calidad** es un documento emitido por una entidad autorizada e independiente a las partes interesadas, en el que se manifiesta que un servicio concreto se desarrolla conforme a lo especificado en una determinada norma. La empresa o destino certificado obtiene un distintivo o sello, de gran importancia en el sector turístico porque favorece el acceso a los mercados, comunica al turista el nivel de calidad y lo ayuda a realizar una selección entre los proveedores de productos y servicios turísticos que dispongan de certificación. El consumidor dispone de elementos de juicio para comparar productos y servicios entre sí y le asegura la obtención de un mejor producto o servicio.

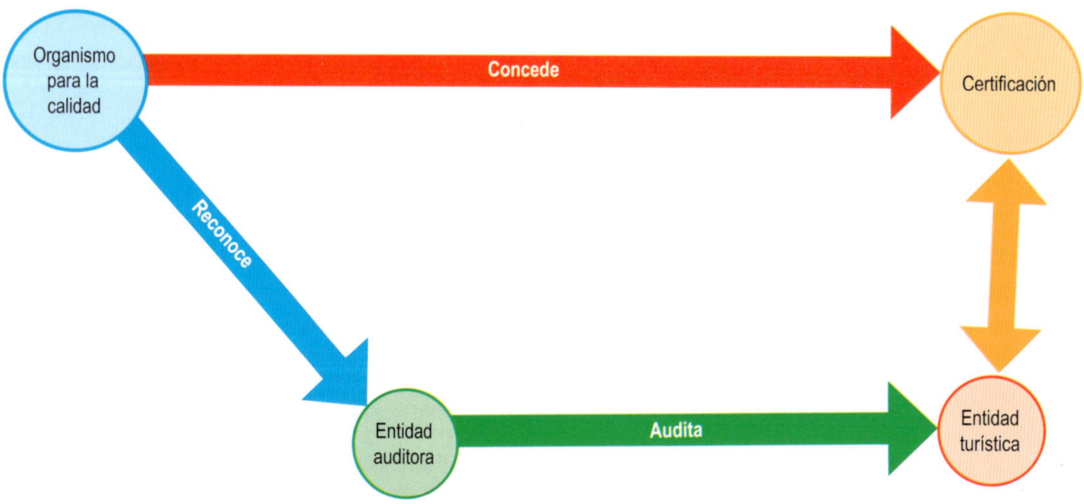

Figura 7.32. Proceso de certificación.

Para llevar a cabo la complicada tarea de medición, evaluación y control de la calidad existen **organismos,** tanto a nivel internacional como europeo y nacional, que gestionan los estándares de calidad:

1. **En el ámbito internacional:** la Organización Internacional para la Normalización (*International Organization for Standardization,* ISO). A partir de esta organización se han desarrollado las «Normas Internacionales ISO», que nacieron con el objetivo de asegurar la calidad de los productos, servicios y actividades desarrollados por la empresa bajo la idea de la mejora continua y con el objetivo final de alcanzar la satisfacción del cliente. En las empresas turísticas destacan, por su aplicación e implementación, las normas ISO 9001 y 14001. La primera, de gestión de la calidad total, genera una imagen positiva de la empresa, crea confianza y asegura la preferencia de los clientes por la misma; la segunda, de gestión de calidad medioambiental implica que con la aplicación de Sistemas de Gestión Ambiental (SGA) las empresas se posicionarán como socialmente responsables, diferenciándose de la competencia y reforzando, de manera positiva, su imagen ante clientes y consumidores, aumentando así la posibilidad de realizar ventas o prestar servicios.

2. **En el ámbito europeo** existe un Comité Europeo de Normalización (CEN). Las normas internacionales adaptadas a Europa se denominan EN (*European Norms/*Normas Europeas).

3. **En el ámbito nacional.** En cada país se han establecido entidades asociadas al CEN. En España, el organismo de normalización era AENOR (Asociación Española de Normalización y Certificación). En enero de 2017 comienza su naturaleza como empresa. En ese momento, la Asociación Española de Normalización y Certificación, creada en 1986, se desdobla en dos organizaciones:

    - Por un lado, la **Asociación Española de Normalización,** UNE, único Organismo de Normalización en España, legalmente responsable del desarrollo de la misma en este país. Las normas UNE (Una Norma Española) son un conjunto de normas e informes estándares. Es la adopción nacional de la Norma Europea (EN) más la Norma Internacional (ISO) 9001. Las normas UNE-EN son la versión oficial en español de las normas europeas.

    - Por otro, **AENOR,** empresa de gestión del conocimiento que ayuda a corregir brechas de competitividad a través de la evaluación de la conformidad (certificación, verificación, validación, inspección y ensayos), la formación y los servicios de información. AENOR es una sociedad de UNE.

    Además, en España existen otras certificaciones que solo se aplican al sector turístico. El **Sistema de Calidad Turística Española (SCTE)** está orientado a facilitar a las empresas del sector una herramienta metodológica que les permita mantener y mejorar su posición competitiva. Se trata de una metodología común para todos los subsectores turísticos que están implicados en la mejora de la calidad de sus productos y servicios, y el respaldo institucional a la implantación de la Marca de Calidad Turística Española. Sus objetivos son la mejora de la calidad en la prestación del servicio

Sabías que...

Las empresas del sector turístico también se esfuerzan por obtener certificación para la calidad medioambiental, de acuerdo a la norma UNE-EN ISO 14001.

Sabías que...

Las organizaciones que implantan un **sistema de gestión ambiental** se posicionan como socialmente responsables, se diferencian de la competencia y refuerzan su imagen ante clientes y consumidores. Los modelos de certificación a los que las empresas pueden adherirse voluntariamente son **EMAS** (modelo europeo) e **ISO 14001** (modelo internacional).

que recibe el turista y la mejora de la calidad de las entidades que participan en él. Se trata de una opción empresarial totalmente voluntaria.

El **ICTE** (Instituto para la Calidad Turística Española) es una organización española, privada, independiente y sin ánimo de lucro, encargado de certificar, administrar, gestionar y velar por el correcto uso de la Marca «Q» de Calidad Turística Española.

La **Marca «Q»** de Calidad Turística Española es el elemento más conocido de todo el Sistema de Calidad Turística Española, y es común a cualquier actividad relacionada con los servicios o productos turísticos. Presenta una serie de características y aporta prestigio, diferenciación, fiabilidad y rigor a los establecimientos turísticos certificados. La imagen de la Marca de Calidad Turística Española comienza a ser reconocida en los ámbitos nacional e internacional. Se trata de una certificación útil para cualquier entidad turística que decida aplicar un sistema de gestión y mejora continua para ofrecer a sus clientes un servicio de calidad acorde a sus expectativas.

Actividad propuesta 7.10.

Descubre qué tipo de establecimientos/subsectores pueden obtener la certificación «Q» de Calidad Turística Española.

Sabías que...

El Instituto para la Calidad Turística Española (ICTE) otorga cada año los Premios Q de Calidad Turística, que reconocen el compromiso, tanto del sector público como privado, por la calidad como herramienta fundamental de gestión en el ámbito turístico.

Otros modelos de gestión de la calidad conocidos y utilizados en el sector turístico son los siguientes:

1. **EFQM** (Modelo Europeo de Excelencia Empresarial, *European Foundation for Quality Management*): en realidad no se trata de un estándar de calidad, sino de un modelo *no normativo*, cuyo concepto fundamental es la *autoevaluación* basada en un análisis detallado del funcionamiento del sistema de gestión de la organización, usando como guía los criterios del modelo que permite analizar las personas, los procesos y los resultados de una organización para conocer qué nivel de calidad tiene.
2. **SERVQUAL** (*Service Quality Model*): es un instrumento para la medición de la calidad del servicio basado en un cuestionario con preguntas estandarizadas, desarrollado por Valerie A. Zeithaml, A. Parasuraman y Leonard L. Berry en Estados Unidos. Se basa en contrastar las expectativas que tienen los clientes antes de probarlo con las opiniones que comparten una vez que lo obtienen.

Figura 7.33. Modelo EFQM.

Actividad resuelta 7.5.

Según los últimos estudios que elabora el Instituto para la Calidad Turística Española (ICTE), el sector público, gestionado principalmente por las Administraciones local y la autonómica, es el que más está creciendo en certificaciones turísticas con la Marca «Q». Averigua los siguientes aspectos:

a) Cuáles son los sectores públicos con normas de calidad turística en España.

b) El nombre de las dos comunidades autónomas con más servicios certificados con la Marca «Q».

SOLUCIÓN

a) Los sectores públicos con normas de calidad turística son los siguientes: *Convention Bureau*, espacios naturales protegidos, oficinas de información turística, palacios de congresos y patronatos de turismo y playas.

b) Las dos comunidades autónomas con más servicios certificados son Galicia y Andalucía.

Actividad resuelta 7.6.

El sector de la intermediación turística cuenta con una nueva referencia al haberse publicado la última versión de la norma UNE 189001 que regula voluntariamente su actividad ligada directamente a la certificación con la Marca «Q» de Calidad Turística Española.

a) Averigua qué es la Norma de Calidad Turística UNE 189001.

b) Localiza la novedad más importante de esta norma.

SOLUCIÓN

a) La Norma de Calidad Turística UNE 189001 es una herramienta para gestión creada específicamente para los servicios turísticos de intermediación.

b) La novedad más importante de esta norma es la ampliación del objeto y campo de aplicación, pasando a establecer los requisitos que deben cumplir las empresas turísticas dedicadas a la intermediación como son las agencias de viajes y los organizadores profesionales de congresos. Los requisitos de la norma son aplicables, además, a las empresas turísticas de intermediación sin importar su tipo, tamaño, canales (presenciales y *online*) y productos suministrados.

Figura 7.34. Certificado de calidad.

Actividad propuesta 7.11.

La COVID-19 ha obligado a crear un protocolo sanitario único. Para la elaboración de este protocolo homogéneo que recoge los requisitos que cada subsector o actividad turística, se ha contado con el Instituto para la Calidad Turística Española, que ha desarrollado esta herramienta para ayudar al sector a identificar y analizar los riesgos inherentes en sus establecimientos, así como a implementar las mejores prácticas en el servicio, en sus instalaciones y con su personal para hacer frente al virus.

a) Averigua el nombre del nuevo sello.

b) Busca el distintivo identificativo del mismo.

c) Localiza empresas certificadas con el nuevo sello.

Actividad propuesta 7.12.

a) Averigua el nombre del Sistema de Calidad Turística Española para los destinos turísticos.

b) Localiza dos destinos que lo hayan obtenido.

c) Busca su distintivo.

Caso práctico RESUELTO

Trabajas en el departamento de marketing de una empresa turística. Te han solicitado implementar la metodología del *Inbound* marketing y a partir de esta definir el *customer journey* y sus fases.

Solución

El ***customer journey,*** también llamado *customer journey map* o *buyer journey,* es el proceso de decisión de compra. Es una referencia cada vez más importante para diseñar las estrategias de marketing digital de cualquier empresa. Se trata del viaje o camino que recorre un cliente a través de los diferentes puntos de contacto e interrelación que mantiene con las organizaciones/empresas/marcas. Esta estrategia, basada en la personalización, recopila la experiencia del consumidor/viajero (*buyer persona*) en todo momento, lo que significa que se tienen en cuenta sus expectativas y deseos, antes, durante y después de que finaliza la relación cliente-empresa. Al mapear el recorrido del cliente se pueden descubrir cuáles son los puntos de contacto más importantes entre empresa/organización/marca y cliente y mejorar las comunicaciones entre ellos. Al mejorar la experiencia de cliente, hay una mayor probabilidad de obtener su fidelidad. También será más probable que lo recomiende a otros clientes potenciales y, en conjunto, aumente la rentabilidad de esos clientes.

No existe un solo modelo de *customer journey* del cliente. Depende de cada sector y cada empresa. Existen tres fases generales, bien diferenciadas, que componen el viaje del cliente. Es importante conocer qué sucede en cada una para poder crear estrategias específicas. Dentro de estas tres fases se pueden encontrar hasta **seis etapas, todas de gran valor para la empresa.**

Fase 1: Antes de la compra

- **Descubrimiento (*Awareness*)**

Es la etapa del *customer journey* cuando las personas descubren su deseo o necesidad de viajar. Fase de vital importancia para la captación de nuevos clientes. Durante esta etapa los consumidores potenciales toman conciencia de que tienen una necesidad y quieren cubrirla. Entonces, comienzan con la búsqueda de información. En estos momentos, la marca debe aprovechar para llamar su atención e informarlos de que su producto o servicio cubriría su necesidad. Buscan información en los motores de búsqueda, en comunidades y foros, en guías de viaje, preguntan a personas conocidas, en redes sociales, en una conversación entre amigos o una publicidad, etcétera.

- **Consideración (*Consideration*)**

En esta etapa los consumidores ya saben lo que quieren comprar gracias al trabajo de búsqueda de la etapa anterior. En este momento es cuando la marca debe informar al cliente sobre las características y beneficios de su producto. Además de sus rasgos especiales, sus puntos fuertes o lo que lo diferencia de la competencia para que los clientes se interesen en él y así comiencen a evaluar las opciones de diferentes proveedores a través de redes sociales, artículos de internet, vídeos, fotos, foros, preguntando a conocidos, reseñas o comentarios positivos de otros visitantes, etcétera.

Fase 2: Compra

- **Compra (*Purchase*)**

Esta es la fase del *customer journey* marketing en la que el consumidor se plantea adquirir el producto o contratar/reservar el servicio. Por tanto, el enfoque debe consistir en facilitar que el proceso de compra concluya de forma satisfactoria y además, aprovechar el primer contacto con el cliente para generar un primer impacto positivo. Es el momento en el que ya se ha atraído al cliente.

- **Servicio (*Service*)**

Además del momento de la reserva, la etapa de servicio es quizá la más crucial. Es en esta fase del recorrido cuando el cliente decide si su experiencia ha sido satisfactoria para regresar nuevamente y para recomendar el servicio a otras personas. Para ello es esencial disponer de personal cualificado que haga que la experiencia del cliente sea excelente.

Fase 3: Después de la compra (poscompra)

- **Retención (*Retention*)**

Culminada la etapa de servicio, comienza la tercera fase que incluye la etapa de retención. Este es el momento en el que se deben poner en práctica las estrategias de fidelización con el fin de crear una relación duradera con el cliente para

Caso práctico RESUELTO

conseguir que regrese. Es en esta etapa cuando cobra mayor sentido la estrategia *customer centric*, porque el objetivo es venderle más de una vez.

- **Recomendación (*Advocacy*)**

Esta es la última etapa del viaje del cliente que ya no depende de acciones que la empresa pueda hacer en este momento, sino de lo que hizo durante todo el viaje del cliente. Si este ha tenido una experiencia de compra satisfactoria, es muy probable que recomiende el producto o servicio a otros consumidores. Para los mismos, las valoraciones de otros clientes son muy importantes y tienen una gran influencia en la decisión de compra.

Si los viajeros tienen **experiencias inolvidables**, lo comparten, sea en redes sociales, en plataformas de reseñas, foros, con el boca a boca, etc. Pero si tienen una mala experiencia, también lo contarán. Así que la empresa debe asegurarse de ofrecer la mejor experiencia posible.

Cada una de las fases del *customer journey* se corresponde a una situación diferente del usuario, tanto a nivel de predisposición como de interés.

Fase 1. Antes de la compra

Descubrimiento (*Awareness*)
↓
Consideración (*Consideration*)

Fase 2. Compra

Compra (*Purchase*)
↓
Servicio (*Servicie*)

Fase 3. Poscompra

Retención (*Retention*)
↓
Recomendación (*Advocacy*)

Caso práctico PROPUESTO

Una empresa turística, con la intención de mejorar sus niveles de servicio, ha decidido participar en el Proyecto Sistema Integral de Calidad Turística Española en Destino (SICTED). Formas parte del departamento de marketing de una empresa turística, y tienes conocimiento de que el Sistema de Calidad Turístico Español (SCTE), pone a disposición de los usuarios material formativo y manuales de buenas prácticas del SICTED. Te han pedido que averigües lo siguiente:

a) Cómo adherirse al SICTED.

b) Qué materiales se han publicado y qué organismo los ha proporcionado.

c) Qué es un manual de buenas prácticas y cuáles son sus funciones.

d) El nombre de los diferentes Manuales de Buenas Prácticas SICTED por oficio.

Proceso de decisión de compra

- Necesidades y motivaciones de los consumidores
- Fases del proceso de decisión de compra
- Poscompra y fidelización
- Tendencias de consumo
- Los nuevos consumidores en el sector turístico
- La calidad en el sector turístico
  - Concepto de calidad
  - Herramientas de control de la calidad y la satisfacción del cliente. Implementación en empresas del sector turístico

7 Proceso de decisión de compra

El turista es el núcleo de las decisiones comerciales de la empresa. El turista, como consumidor y usuario de productos y servicios turísticos dispone de numerosas alternativas entre las que escoger. Solo aquellas empresas que sean capaces de aportar el producto o servicio específico que el cliente desea serán las escogidas.

El objetivo prioritario de las empresas turísticas es la identificación y satisfacción de las **necesidades y motivaciones** de los consumidores y usuarios. La necesidad es el origen del impulso de compra. Una necesidad puede ser definida a partir de dos componentes: la carencia y el deseo.

Maslow desarrolla, en su **pirámide de jerarquía de necesidades humanas,** las necesidades, desde las más básicas del individuo hasta las más elevadas: necesidades fisiológicas, de seguridad, de aceptación o sociales, de estimación y de autorrealización.

La **motivación** es un proceso que comienza con una necesidad insatisfecha, la cual crea una tendencia que estimula al individuo intentando producir una respuesta para satisfacerla. Las motivaciones principales para consumir han variado considerablemente respecto a la etapa pre-COVID-19 por ello, las empresas deben considerar las **nuevas motivaciones.**

El **proceso de decisión de compra** es el que pasa un usuario desde que tiene la necesidad hasta la compra de un producto o servicio. La decisión de compra puede ser rutinaria o no rutinaria/compleja. Está formado por una serie de **fases** secuenciales que se relacionan a continuación:

1. Reconocimiento de una necesidad (necesidad de viajar).
2. Búsqueda de información.
3. Comparación y evaluación de las alternativas posibles para satisfacer la necesidad.
4. Decisión de compra (selección de una alternativa).
5. Sentimientos posteriores a la compra.

La mayoría de las decisiones se toman con base en las emociones, pero finalmente el cliente necesitará racionalizar las acciones *a posteriori*.

El *inbound* marketing, también llamado marketing de atracción, consiste en captar clientes aportando valor, con técnicas de marketing no intrusivas. Se puede resumir en cuatro palabras: crear, optimizar, dinamizar y convertir.

El consumidor llevará a cabo ciertas conductas y acciones **poscompra** y experimentará algún nivel de **satisfacción** o de **insatisfacción** y ciertos usos del producto que el responsable de marketing debe tener en cuenta.

El responsable de marketing debe evaluar el comportamiento del cliente tras la adquisición y consumo de un producto turístico, intentando conocer el valor percibido y los niveles de satisfacción del turista.

La **fidelización,** tal como se entiende en el marketing actual, se encuentra muy vinculada al marketing relacional. Esta implica el establecimiento de sólidos vínculos y el mantenimiento y desarrollo de relaciones estables y a largo plazo con los clientes más rentables para la empresa. El sector del turismo es un campo adecuado para aplicar buenas estrategias de fidelización.

Es esencial adaptarse a un **nuevo perfil de viajero:** más activo, más culto, más autónomo, más informado, más exigente, más experimentado, más autosuficiente, multiturista, etc. Desea y busca vivir nuevas experiencias y presenta nuevas motivaciones, expectativas, hábitos de consumo, etc., produciendo un cambio en las **tendencias de consumo.** Los frecuentes cambios auguran tendencias en constante evolución. Dentro de estas podemos distinguir las siguientes: relación calidad precio (*value for money*), búsqueda del precio más bajo, valoración de experiencias nuevas y personalizadas, sensibilidad selectiva al precio, el paquete turístico, el paquete dinámico, las agencias de viajes están de vuelta, las nuevas tecnologías, el mantenimiento de las escapadas, última hora y anticipación, medioambiente, recuperación del turismo urbano, turismo de compras o *shopping,* turismo de proximidad y viajes domésticos, recuperación del turismo internacional, seguridad, interés por diferentes culturas, segmento de negocios, auge de las plataformas de economía colaborativa, SoLoMo.

La revolución digital en el sector turístico ha dado lugar a un nuevo escenario y a un nuevo tipo de consumidor *online*.

Los **nuevos consumidores** están muy relacionados con la web. A partir del momento en que se inicia el viaje, pasando por la experiencia en destino y su vuelta, el viajero permanece conectado. En el nuevo escenario las personas además de obtener información a través de internet, generan contenidos que son utilizados por otros usuarios. Entre los nuevos consumidores en el sector turístico destacan los siguientes: el ***prosumer,*** el ***adprosumer*** y el ***proksumer.***

La calidad se ha convertido en uno de los elementos diferenciadores en el sector turístico.

La implantación de **un sistema de calidad** facilita a la dirección de la empresa turística herramientas de gestión.

Proceso de decisión de compra

Asimismo, es una eficaz ayuda para la motivación del personal y el mantenimiento del servicio dentro de los estándares establecidos, aportando prestigio, diferenciación, fiabilidad y rigor a los establecimientos turísticos certificados.

Con el fin de homogeneizar la calidad en las empresas, se han elaborado distintos sistemas de normas, dando lugar al concepto de estandarización/normalización.

Los estándares de calidad son normas, requisitos o puntos de referencia mínimos y objetivos, que una empresa debe cumplir para tener un correcto sistema de gestión de la calidad.

Mediante una **auditoría externa de calidad** se comprueba y verifica que la empresa cumple las normas de calidad; si es así, se le concede una **certificación.**

Una **certificación/certificado de calidad** es un documento emitido por una entidad autorizada en el que se puede ver que los servicios se desarrollan conforme a lo dictado en una norma de calidad.

Para llevar a cabo la complicada tarea de medición, evaluación y control de la calidad existen organismos tanto en ámbito internacional como europeo y nacional.

En España existen otras certificaciones que solo se aplican al sector turístico. La Marca «Q» es el elemento más conocido de todo el Sistema de Calidad Turística Española.

Otros modelos de gestión de la calidad conocidos y utilizados en el sector turístico son el EFQM y el SERVQUAL.

Actividades de comprobación

7.1. El turista actual:

a) Siempre busca el precio más bajo.

b) Busca una buena relación calidad-precio.

c) Su única motivación es el precio.

d) En su motivación no influye el precio.

7.2. Los dos componentes de la necesidad del consumidor son los siguientes:

a) Los bienes y los servicios.

b) La motivación y la personalidad.

c) La carencia y el deseo.

d) Ninguna de las respuestas anteriores es correcta.

7.3. Una de las tendencias del consumidor actual del sector turístico es la siguiente:

a) Solo busca las «gangas».

b) Es previsor y adelanta sus reservas.

c) Conviven las dos tendencias anteriores.

d) Ninguna de las respuestas anteriores es correcta.

7.4. Entre las estrategias de fidelización contamos con tres pilares fundamentales, comúnmente conocidos como la regla de las tres ces:

a) Conocer, captar y convencer.

b) Calidad, constancia y conocimiento.

c) Captar, convencer y conservar.

d) Consumir, comprar y cambiar.

7.5. Los estándares de calidad son:

a) Exclusivos de la ISO 9001.

b) Requisitos mínimos a cumplir.

c) Subjetivos.

d) Todas las respuestas anteriores son correctas.

7.6. Un consumidor insatisfecho:

a) Deja de adquirir el producto, el servicio o la marca.

b) Es un cliente que no reclama.

c) Mostrará una alta probabilidad de compra del mismo producto, servicio o marca.

d) Tenderá a comunicar a otras personas elementos positivos sobre el producto o servicio.

7.7. El acceso a internet:

a) Facilita la adquisición de los productos o servicios turísticos.

b) Propicia la transmisión de información y conocimiento y, por tanto, facilita la búsqueda de servicios personalizados.

c) No ha influido en el mercado turístico.

d) Las respuesdtas a) y b) son correctas.

7.8. El término *adprosumer* procede de la siguiente combinación de palabras:

a) *Adventaje + producer + consumer.*

b) *Advertiser + producer + consumer.*

c) *Added + producer + consumer.*

d) Ninguna de las respuestas anteriores es correcta.

7.9. El consumidor digital es:

a) Un consumidor que siempre viaja en pareja.

b) Es un programa que permite la creación de paquetes turísticos.

c) Es el consumidor que está muy relacionado con la web.

d) Es un buscador turístico en internet.

7.10. Publicidad, guías, vendedores e internet son fuentes de información del grupo de:

a) Informaciones públicas.

b) Informaciones comerciales.

c) Informaciones personales.

d) Informaciones sociales.

7.11. Dentro de la gestión de calidad, las herramientas de control:

a) Permiten tener siempre localizados todos los paquetes turísticos.

b) Ayudan a detectar errores y, por tanto, poder mejorar.

c) Son normas creadas por AENOR.

d) Solo son utilizadas por el auditor de calidad.

7.12. La Marca de calidad «Q»:

a) Se otorga a empresas que cumplen las normas UNE.

b) Del inglés *Quality*, es otorgada por el Comité Europeo de Normalización.

c) Es la marca de Calidad Turística Española.

d) Es la certificación de más prestigio de ámbito internacional.

Actividades de aplicación

7.13. Tomando como referencia la jerarquía de necesidades de Maslow, ¿qué tipo de necesidad crees que satisface un hotel de 5 estrellas en una gran capital? ¿Y un apartamento en la playa?

7.14. ¿Cuáles son los resultados poscompra que pueden producirse como consecuencia de una decisión de compra? ¿Qué consecuencias tiene cada uno de los resultados?

7.15. ¿Qué factor propicia el ascenso por los escalones o niveles de la jerarquía de necesidades de Maslow? ¿Estás de acuerdo con el orden en que se han establecido los niveles?

7.16. Nombra y desarrolla brevemente las cinco fases del proceso de decisión de compra.

7.17. Enumera características del consumidor actual.

7.18. Nombra y explica, al menos, cinco tendencias de consumo del consumidor actual.

7.19. Explica la diferencia entre *adprosumer* y *proksumer.*

7.20. ¿Cuáles son los organismos de ámbito internacional, europeo y nacional que se encargan de la medición, evaluación y control de la calidad? ¿Cuáles son las normas desarrolladas por cada organismo?

7.21. ¿Qué significan la «Q» de calidad turística y la ISO 9001? ¿Cuáles son sus principales diferencias?

7.22. ¿En qué consiste una auditoría de calidad en el sector turístico?

Actividades de ampliación

7.23. Una manera de adaptarse a la nueva sociedad del siglo XXI, con una mayor sensibilización por el entorno y muy preocupada por la sostenibilidad, es la apuesta por la calidad medioambiental por parte de todos los agentes implicados en la actividad turística. Deben procurar que el impacto medioambiental de las operaciones que realizan sea lo menos perjudicial posible, incluyendo la gestión ambiental dentro de la gestión global de la empresa.

Por eso, además de las certificaciones de calidad del servicio, también se han elaborado sistemas de normalización de gestión ambiental.

a) Investiga sobre las certificaciones de calidad medioambiental y realiza una descripción de cada una de ellas.

b) Averigua el nombre de un establecimiento turístico español que haya recibido las certificaciones ISO 9001 e ISO 14001.

7.24. El entorno que nos rodea nos ofrece múltiples opciones para un mismo producto o servicio. Esto se traduce para las empresas en que sea cada vez más difícil retener y fidelizar clientes. Por eso «premiarlos» aplicando la gamificación es una buena manera de conseguir aumentar el *engagement.* La gamificación consiste en aplicar las mecánicas de un juego, con soporte tecnológico, a situaciones empresariales para aumentar la participación e implicación de los usuarios.

Busca en internet ejemplos del uso de la gamificación para fidelizar al cliente en el sector turístico.

7.25. Cada día son más las empresas del sector turístico que utilizan la certificación como herramienta de competitividad y de mejora.

Averigua la norma de calidad para las Oficinas de Información Turística y los Servicios de Atención e Información Turística.

7.26. La economía colaborativa va más allá de cambiar el comportamiento del viajero, se convierte en un elemento disruptivo para toda la industria turística.

a) Averigua cómo está afectando al comportamiento de los turistas.

b) Localiza empresas turísticas de economía colaborativa.

c) ¿Pueden los hoteleros competir con ofrecer a los viajeros el mismo tipo de producto?

7.27. Desde el enfoque del marketing relacional, las organizaciones deben preocuparse por crear, mantener y fortalecer relaciones continuadas con los clientes con el objetivo de que dicha relación proporcione valor a todos los actores implicados en la misma. Averigua los siguientes aspectos:

a) ¿Qué se entiende por valor percibido de un producto turístico?

b) ¿Por qué las organizaciones deben ofrecer propuestas de valor a los clientes?

7.28. Con la expansión de internet y el comercio digital se desarrolló el eWOM. Se ha convertido en una de las fuentes de información más importantes en el sector turístico a la hora de tomar una decisión de compra. Ofrece características ventajosas tanto para la empresa o destino turístico como para los usuarios.

Averigua:

a) Las principales diferencias entre eWOM y el WOM tradicional.

b) Los principales exponentes del eWOM en turismo.

Enlaces web de interés

www.aec.es

www.aenor.es

www.calidadturistica.es

www.calidadturisticahoy.es/ESP/m/1/Inicio/Inicio

www.calidadendestino.es/Contenidos/MaterialesAbiertos.aspx

www.ostelea.com/actualidad/blog-turismo/tendencias-en-turismo/tendencias-en-turismo

www.revistas.um.es/turismo

www.une.org

www.inboundcycle.com

8

Introducción

En la actual sociedad de consumo, el mercado se ha convertido en una institución central como instrumento de gran calidad para el intercambio de bienes y servicios en muchas áreas de la vida económica y social. El análisis de las relaciones entre oferta y demanda, y en concreto entre productores y consumidores, es motivo de controversia. Así, la **soberanía del consumidor,** considerada como el principio rector de las relaciones de mercado establece, por un lado, que la capacidad de elección y compra de los consumidores viene exclusivamente determinada por sus gustos y preferencias, así como por los recursos que poseen para adquirir bienes y servicios y, por otro, que los productores se limitan a ofrecer sus bienes en el mercado procurando satisfacer las demandas de aquellos (Penz, 1986). Sin embargo, el análisis de la interacción entre productores y consumidores muestra que, en la práctica, no se guían por la soberanía del consumidor. Los consumidores vienen poniendo de manifiesto que el mercado, lejos de proporcionar **soberanía** al consumidor, se la proporciona al **productor.**

El **consumerismo** nace como un poder compensador ante la situación de poder que, en numerosas ocasiones, muestran las empresas ante el consumidor. Surgen tanto a iniciativa de los consumidores —bajo la forma de asociaciones— como a iniciativa de las Administraciones Públicas —a través de disposiciones legales— a favor de los consumidores.

El consumerismo

Contenidos

Objetivos

- Reconocer la importancia del consumerismo.
- Entender el concepto de consumerismo.
- Analizar la evolución del consumerismo en España.
- Valorar la reacción y respuesta de la empresa ante el consumerismo.
- Conocer los deberes y derechos de los consumidores.
- Manejar vocabulario bilingüe relacionado con el consumerismo.

Sabías que...

Según los argumentos de la crítica consumerista, las empresas usan el marketing para satisfacer las necesidades del consumidor en el corto plazo, en detrimento del bienestar en el largo plazo. Asimismo, señalan que las empresas privilegian su beneficio económico antes que la satisfacción de sus mercados y, para lograr este objetivo, privilegian el valor afectivo de los productos en detrimento de su valor funcional.

8.1. Origen y causas del consumerismo

Aunque el desarrollo legislativo en materia de protección al consumidor es reciente, sin embargo la preocupación por los abusos en la oferta de productos es tan antigua como la propia sociedad de consumo.

Figura 8.1. Intercambio de bienes y servicios.

8.1.1. Origen del movimiento consumerista

El **origen** de este movimiento se sitúa **a finales del siglo XIX** al surgir las primeras asociaciones de consumidores bajo el formato de cooperativas. Nace ligado a las diferentes teorías que cuestionaban o planteaban la reforma del sistema capitalista vigente en Europa en ese momento. Se puede decir que las primeras formas de organización de los consumidores como tales nacen en torno a las cooperativas y se cita como la primera a la formada en 1844 en la ciudad de Rochdale en **Inglaterra.** Dichas cooperativas estaban asociadas a los primeros movimientos socialistas y surgieron como protesta por las penosas condiciones del sector obrero.

En **Estados Unidos** se constituyen las primeras ligas de consumidores en la última década del siglo XIX, que reivindicaban la protección de los consumidores por medio de reglamentaciones apropiadas para los distintos productos o servicios que se ofertaban en el mercado. En 1891 se crea la Liga de Consumidores de Nueva York. Sin embargo, es en los años treinta del siglo XX cuando surgen las grandes organizaciones: *Consumers Union* y *Consumers Research*, para defender al consumidor individual de la práctica desleal de muchos comerciantes.

Figura 8.2. Las primeras ligas de consumidores se constituyen en Estados Unidos en la última década del siglo XIX.

Las **organizaciones de consumidores** como hoy se conocen aparecen en el **siglo XX**, junto con el proceso de industrialización y la aparición de la sociedad de consumo de masas que se desarrolla en **Estados Unidos** y en **algunos países de Europa** (consumismo, despilfarro, multinacionales, producción en masa y sofisticación). Dichas organizaciones, surgidas tras la Segunda Guerra Mundial, no adquieren un papel importante hasta la década de los sesenta. Es a partir de esa década, y una vez cubiertas las necesidades cuantitativas generales de los trabajadores, cuando surgen las nuevas aspiraciones o reivindicaciones de tipo cualitativo. Es el surgir del movimiento específico de los consumidores de una forma separada del movimiento sindical. Los consumidores toman conciencia de sus derechos.

Para atender las aspiraciones cada vez más sentidas de la sociedad europea y norteamericana, el presidente de los EE. UU., J. F. Kennedy, se ve obligado a promulgar la **Carta de los Derechos del Consumidor** en la década de los sesenta, fruto de un mensaje especial al Congreso estadounidense el **15 de marzo de 1962** y que incluye los siguientes derechos fundamentales, reflejados en la Tabla 8.1. Aparece el movimiento denominado **consumerista** y las organizaciones surgen y se desarrollan en todos los países industrializados, alcanzando un poder importante en cada país e insistiendo ante sus Gobiernos para mejorar las leyes de protección de los consumidores, utilizando diversas formas de presión a través de las revistas que publican y organizando boicots a productos o servicios, a la vez que comienzan a coordinarse internacionalmente.

Tabla 8.1. Carta de los Derechos del Consumidor

Derecho a la seguridad	Garantizar la protección del consumidor contra la comercialización de productos peligrosos que suponen una amenaza para la salud o la vida.
Derecho a la información	Garantizar la protección contra la publicidad, el etiquetado o cualquier otra práctica informativa de marketing llevada a cabo de forma fraudulenta, abusiva o engañosa. Supone, además, establecer las condiciones adecuadas para que el consumidor pueda efectuar una elección debidamente informado y que convenga a sus deseos y necesidades.
Derecho a elegir	Garantizar al consumidor, en la medida de lo posible, el acceso a una variedad de productos y servicios a precios competitivos y con una calidad satisfactoria. En aquellos sectores donde la competencia no pueda desarrollarse y deba ser sustituida por la regulación gubernamental, garantizar una calidad y un servicio satisfactorios a un precio justo.
Derecho a ser oído	Garantizar que el interés general de los consumidores será representado, escuchado y tenido en cuenta a la hora de formular las políticas gubernamentales que les afecten; supone asegurar que la Administración atenderá las quejas y un trato justo en el acceso del consumidor a los tribunales.

La Asamblea Constitutiva del Consejo de Europa aprueba la **Carta Magna del Consumidor en el año 1972,** en la cual establece los siguientes derechos:

1. A la protección de la salud y la seguridad.
2. A la protección de los intereses económicos.
3. A la reparación de daños.
4. A la información y a la educación.
5. A la representación.

La Comunidad Económica Europea (hoy Unión Europea) elabora un Programa Preliminar en el año 1975. Posteriormente, la Asamblea General

Sabías que...

Desde 1983, cada 15 de marzo se celebra el Día Mundial de los Derechos del Consumidor en conmemoración de la fecha en que J. F. Kennedy fijó las primeras directrices del movimiento consumerista.

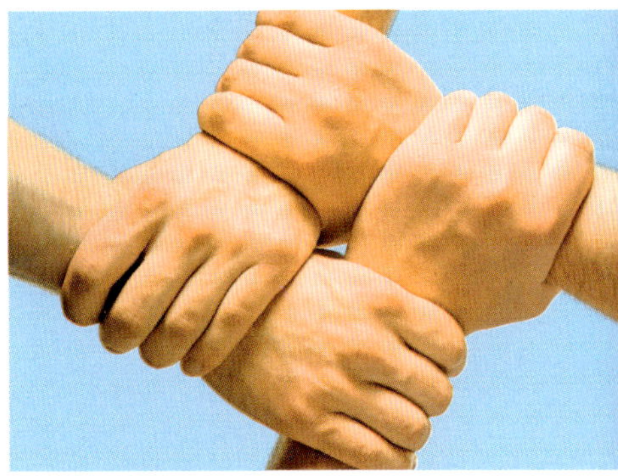

Figura 8.3. A partir de los años sesenta las uniones de consumidores promueven reivindicaciones de tipo cualitativo.

Recuerda

El derecho a la seguridad garantiza la protección del consumidor contra la comercialización de productos peligrosos que suponen una amenaza para la salud o la vida.

de la Organización de las Naciones Unidas establece, en 1985, los **Principios de Protección al Consumidor,** similares a los mencionados anteriormente y que suponen el primer reconocimiento de ámbito internacional de los derechos del consumidor.

En **España,** si bien el movimiento de defensa de los consumidores no comienza a desarrollarse y a cobrar cierto protagonismo hasta la década de los ochenta, se pueden citar como antecedentes del mismo al surgimiento de las asociaciones de amas de casa a finales de la década de los sesenta (que luego adoptarían también el nombre de Consumidores y Usuarios), a las asociaciones de vecinos surgidas masivamente en la década de los setenta, a la vez que en **1973** se comienza a publicar una revista especializada en temas de consumo con el nombre de *Ciudadano.* En 1975 surge la **Organización de Consumidores y Usuarios (OCU).** También se crea en dicho año el **Instituto Nacional del Consumo**, dependiente del Ministerio de Sanidad y Consumo.

En **América Latina** y en **Asia** el movimiento de protección y defensa de los consumidores surge y se desarrolla en una etapa más tardía y en consonancia con el desarrollo político y económico de dichos países, aunque como en el caso de México los primeros movimientos de defensa de los consumidores surgieron con bastante antelación al resto de los países de la zona. Sus leyes de protección a los consumidores se promulgan en la década de los noventa del siglo pasado y a principios de este siglo.

Sabías que...

El movimiento consumerista contribuye no solo a defender los intereses de los consumidores, sino, también, a generar transparencia y competitividad real en el mercado.

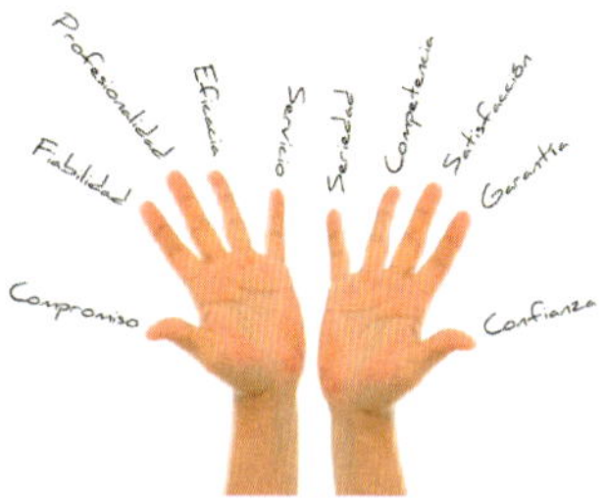

8.1.2. Causas del consumerismo

Una vez realizada esta referencia a los antecedentes históricos del movimiento consumerista, es importante recordar cuáles son las principales **causas o razones que lo impulsaron.** Según Engel y Blackwell, son las siguientes:

a) **Razones de naturaleza histórica:** un análisis histórico pone de manifiesto que el consumerismo se desarrolla con mayor rapidez en aquellas sociedades que han experimentado un incremento rápido en los ingresos de sus naciones y posteriormente sufrieron un incremento en los precios, que produjo una disminución real de la capacidad de compra de los mismos.

b) **Razones sociopsicológicas:** la alienación se ha convertido en causa fundamental del descontento de los consumidores, así como los factores sociodemográficos.

c) **Equivocaciones empresariales:** es fácilmente reconocible que las empresas cometen errores o no aciertan suficientemente en el momento y la forma de proveer productos al mercado. Los productos deben ser deseados por alguien; no deben ser fabricados sin una consulta previa a los consumidores. Las empresas deberían optar por un enfoque al consumidor.

d) **Desajuste de la información:** los mercados actuales son complejos y la información asequible a los consumidores, con frecuencia, bastante inadecuada. Estos no disponen de tiempo, no tienen interés o no poseen la capacidad para obtener información más ajustada a las ofertas del mercado ni para asimilar toda la información; requieren de alguien que les simplifique la labor.

e) **Restricciones económicas:** los presupuestos domésticos en época de crisis han de estar mejor utilizados. Por una parte, se estimula

Figura 8.4. La preocupación por los abusos en la oferta de productos es tan antigua como la propia sociedad de consumo.

el deseo de una vida mejor, y por otra, existen reducciones en el poder adquisitivo. Ambas circunstancias conducen a que el consumidor exija cada vez más una alta relación entre calidad y precio. Los consumidores desean optimizar sus presupuestos.

f) **Mayor nivel educativo:** los mejores niveles educativos alcanzados en muchos países han producido que los consumidores tengan un mayor conocimiento de sus derechos y se procura hacer valer estos derechos en las actividades de consumo de los individuos.

g) **Escasa atención empresarial:** normalmente los consumidores han estado muy alejados de las empresas, tanto en los procesos de decisión de los productos a fabricar como en la preocupación por los resultados obtenidos por ellos con posterioridad a su compra y consumo. Este alejamiento ha generado un elevado descontento y la formación de actitudes opuestas a los planteamientos empresariales.

Sabías que...

Los vendedores están obligados a dar toda la información sobre las características de los productos que venden: los precios, las etiquetas, las garantías, la asistencia posventa, etcétera.

Figura 8.5. La reducción del poder adquisitivo conduce a que la demanda exige cada vez más una alta relación entre calidad y precio.

Actividad resuelta 8.1.

¿Quién no se ha encontrado comprando un producto que ya tiene?, incluso sabiendo que tiene uno similar y con las mismas funciones, anhela y desea profundamente tener uno nuevo, más moderno, con más aplicaciones o, simplemente, que sea estéticamente más atractivo. Sin pensarlo demasiado, se anima y lo compra de una vez. Esta forma de actuar, conocida como principio del deseo y la obsolescencia, es aplicable a una serie de bienes de consumo masivo.

Esta imagen, a veces tan cotidiana para muchas personas, da cuenta del consumo como eje articulador de la producción y reproducción social, en tanto, realidad objetiva, material y simbólica, pues el consumo es en sí un fenómeno social total.

¿En qué escenarios ocurren estas situaciones?

SOLUCIÓN

El escenario en que ocurren situaciones como la señalada, suelen ser sociedades con una etapa avanzada de desarrollo industrial, o sociedades de consumo caracterizadas por la producción y el consumo masivo de bienes y servicios, con una rápida obsolescencia de los productos, y un acelerado proceso de reemplazo o sustitución y eliminación de los mismos, así como también con una cultura de consumo de masas, con usos, costumbres y procesos de socialización complejos en el marco del consumo.

Estas sociedades de consumo y sus características son las que mejor dan cuenta del rasgo social más relevante y típico de las sociedades industrializadas modernas, donde la sobreoferta de bienes requiere la producción de un nuevo consumo, más amplio, masivo y frecuente, pues necesita de una demanda que se amplíe en lo cuantitativo —adquiriendo con mayor frecuencia bienes y servicios, eliminando y remplazando con mayor rapidez— y también en lo cualitativo —a través de la creación constante de nuevas necesidades, deseos y valores de uso de los objetos—, donde estos ya no son reemplazados necesariamente por dejar de ser funcionales, sino por dejar de ser atractivos para quien los usa.

Figura 8.6. ¿Quién no se ha encontrado comprando un producto que ya tiene?

Actividad propuesta 8.1.

Busca en internet alguna asociación de consumidores española dedicada a las reclamaciones contra aerolíneas y otras empresas turísticas. Explica cómo realizar las reclamaciones.

Actividad propuesta 8.2.

Utiliza internet para investigar si existe alguna federación mundial de organizaciones de consumidores. Averigua cómo se llama, dónde tiene oficinas, sus objetivos, planes estratégicos, etcétera.

8.2. Concepto y características del consumerismo

El movimiento consumerista o de defensa de los consumidores es un movimiento de carácter social, cuyo objetivo básico es defender los derechos y el poder de los consumidores descontentos, respecto a los que ostentan los vendedores en cualquier momento del ciclo económico.

8.2.1. Concepto de consumerismo

Traducción directa del término inglés *consumerism*, usado por primera vez por ***Aaker y Day en 1974,*** quienes lo definieron como «el movimiento social que busca defender los derechos de los consumidores, a través de las asociaciones de consumidores y sus antecedentes, reequilibrando el lugar del consumidor frente a la soberanía del productor de bienes y servicios en el mercado».

Para **Peter Drucker (1980),** el consumerismo es la «vergüenza del marketing» y de las empresas que recurren a la publicidad y demás técnicas del marketing para imponer sus exigencias sobre la demanda, más por motivos emocionales que racionales. Se basa en que existe un desequilibrio entre los derechos del comprador y del vendedor.

Según **Kotler,** el consumerismo es un movimiento social que busca el incremento de los derechos y poder de los consumidores en su relación con los vendedores.

Para **Lambin (2003),** el consumerismo nació de la toma de conciencia de los excesos del marketing operativo, es decir, de las prácticas del **marketing salvaje** que tiende a doblegar la demanda a las exigencias de la oferta, más que adaptar la oferta a las expectativas de la demanda.

Sabías que...

Drucker no pretende descalificar el movimiento consumerista, sino hacer una crítica dura a aquellas empresas que interpretan el marketing no como una forma de satisfacer las necesidades del consumidor, sino como un método para imponerle sus exigencias y hacer que sea el consumidor el que satisfaga las necesidades de la empresa.

Figura 8.7. Marketing salvaje.

La teoría económica ha ido denominando como consumerismo a todo movimiento social de defensa del consumidor que lucha por incrementar y proteger los derechos y el poder de los consumidores en relación con los medios de producción y distribución, es decir, el mercado, en cualquier sistema económico.

8.2.2. Características del consumerismo

Entre las características del movimiento consumerista destacan las siguientes:

- Busca **resguardar los derechos de los consumidores,** limitando el poder de la oferta y generando una demanda más informada y activa.
- Trata de **evitar,** en un primer alcance, **el fraude en la relación de compraventa,** y, en un segundo nivel, **toda práctica de consumo que suponga un riesgo de cualquier tipo** para el comprador en particular y para la sociedad en su conjunto; impidiendo con ello el abuso de la posición de dominio en el mercado que puede tener un determinado productor o distribuidor.
- Engloba **un consumo crítico, responsable, ético** y **solidario,** en el que el consumidor (consumerista) tenga en cuenta la historia de los productos que compra y las repercusiones medioambientales y sociales de ese consumo. Se crea tras la puesta en práctica de un marketing empresarial agresivo que obliga al consumidor a adaptarse a la oferta, cambiando por completo las reglas básicas del libre mercado.
- Permite **abrir espacios de participación grupal** o colectiva, pero también abre importantes **canales de relación entre los sujetos individuales** y las **Administraciones Públicas,** por medio de un buen número de procesos de protesta, reclamación y demanda privada de indudable repercusión jurídica y en ciertas ocasiones, incluso, de modificación de la opinión pública.
- Ha dado lugar a una **sociedad de consumo** que ha cambiado y madurado, y a la formación de un **nuevo consumidor** o un «consumidor posmoderno», un consumidor responsable, demandante activo de mayores seguridades y prestaciones de los productos o servicios, la simplicidad, los efectos sobre la salud, la mejor relación calidad-precio, la información y el aprendizaje de los códigos de los mercados.
- Consigue erigirse, ya en la segunda mitad del siglo XX, en un poder **compensador de la oferta** (fabricantes y distribuidores) en el mercado. A ello han contribuido necesariamente internet, y la posibilidad de preparar una decisión informada de consumo, incluidas las experiencias de cientos de consumidores, antes de comprar.

Recuerda

El consumerismo busca resguardar los derechos de los consumidores, impidiendo el abuso de la posición de dominio que pueda tener en el mercado un determinado productor o distribuidor. Ha dado lugar a un nuevo consumidor responsable, demandante activo de mayores seguridades y prestaciones de los productos o servicios.

Figura 8.8. Consumo responsable.

8.3. La evolución del consumerismo en España

En España, el movimiento consumerista se inicia con notable retraso frente a otros países. Desde una perspectiva legal, se aprueban:

- En 1963, la Ley de Defensa de la Competencia.
- En 1964, la Ley de Asociaciones.

En la década de los 60 aparecen las primeras asociaciones de amas de casa y de consumidores y se crean:

- En 1968, la Federación Nacional de Asociaciones de Amas de Casa.
- En 1969, la Federación Nacional de Consumidores.

En el ámbito de la Administración se crean:

- En 1971, el Consejo de Comercio Interior y de los Consumidores.

Actividad propuesta 8.3.

Averigua la normativa que defiende a los consumidores en tu comunidad autónoma.

Sabías que...

En la actualidad hay asociaciones de consumidores en todos los países del mundo en los que existe una fuerte producción de bienes y servicios, y donde los consumidores disponen de un cierto poder adquisitivo. En los países del Tercer Mundo, el movimiento consumerista todavía está en una fase incipiente de desarrollo.

- En 1975, el INC (Instituto Nacional de Consumo).
- En 2014, la AECOSAN (Agencia Española de Consumo, Seguridad Alimentaria y Nutrición).

En España, las normas que amparan a consumidores y usuarios tienen el más alto rango, al estar recogidas en la **Constitución española de 1978:**

- El artículo 51 consagra el principio de defensa de los consumidores y usuarios.
- El artículo 54, además, recoge la figura del Defensor del Pueblo, supervisor de la actividad de la Administración y defensor de los derechos del ciudadano en general.

Las **asociaciones de consumidores** son entidades civiles, sin ánimo de lucro y no sometidas a los grupos de presión. La labor que desarrollan va dirigida a sus asociados y entre los servicios que ofrecen a sus miembros se pueden señalar los de:

- Información y asesoramiento.
- Defensa jurídica, tanto individual como colectiva.
- Publicaciones y estudios especializados.

Tendrán como **finalidad** la defensa de los intereses, incluyendo la información y educación de los consumidores y usuarios, bien sea con carácter general, bien en relación con productos o servicios determinados. Cualquier persona mayor de edad puede ser miembro de una asociación de consumidores. En general, para formar parte de una de estas organizaciones, además de inscribirse facilitando sus datos, se debe pagar una cuota.

El desarrollo del movimiento de consumidores español ha ido en consonancia al propio progreso de la democracia y hoy se encuentra con un amplio número de organizaciones que asumen entre sus fines la defensa y la representación de los intereses de los consumidores y usuarios, desde posiciones ideológicas o filosóficas diferentes, y que están reconocidas a través de su inscripción en el **Registro Estatal de Asociaciones de Consumidores y Usuarios.**

Recuerda

Las asociaciones de consumidores ofrecen a sus asociados servicios de información, asesoramiento, defensa jurídica, publicaciones y estudios especializados.

La gran cantidad de asociaciones de consumidores que en la actualidad tienen el reconocimiento como tales, mayoritariamente se encuentran integradas o aglutinadas en torno a un grupo formado por federaciones, confederaciones u organizaciones de ámbito estatal o nacional, que en su mayoría, aunque no todas, forman parte del **Consejo de Consumidores y Usuarios de España,** máximo órgano de representación y consulta de los consumidores españoles, al menos formalmente, según establece el texto refundido de la Ley General para la Defensa de los Consumidores y Usuarios (LGDCU). El Consejo se constituyó en 1991 y desarrolla una amplia actividad a favor de los consumidores:

- Elaborando informes, estudios y dictámenes sobre aquellas materias que afecten a la vida diaria de los consumidores y usuarios.
- Participando en foros, tanto nacionales como comunitarios, en representación de los consumidores y usuarios.

Sabías que...

Cada vez más, los consumidores tienen un mayor grado de conocimiento de las asociaciones de consumidores y participan en estas.

Las principales organizaciones de consumidores y usuarios son las siguientes:

- Organización de Consumidores y Usuarios (OCU, 1975).
- Confederación de Consumidores y Usuarios (CECU, 1983).
- Unión Cívica Nacional de Consumidores y Amas de Casa de España (UNAE, 1979), dando paso en 1985 a la Federación UNAE.
- Asociación de Consumidores en Acción (FACUA, 1981).
- Federación de Usuarios y Consumidores Independientes (FUCI, 1986).

A este listado hay que añadir la **Confederación Española de Cooperativas de Consumidores y Usuarios** (HISPACOOP), entidad que agrupa y coordina a las cooperativas de consumidores de España y las representa ante las distintas instituciones nacionales e internacionales y que también cuentan con el reconocimiento de ser asociaciones de consumidores.

Actividad resuelta 8.2.

Desde el inicio del estado de alarma por COVID-19, han sido muchos los viajes y vuelos que se han cancelado. Los viajeros tienen el derecho de recuperar su dinero, pero la realidad es que muchos no han podido optar al reembolso por parte de la compañía aérea en tiempo y forma. En algunos casos, las empresas han optado por ofrecer al cliente un bono compensatorio, cuya aceptación es voluntaria, nunca obligatoria. Organizaciones de consumidores y usuarios se han visto obligados a iniciar una mediación colectiva para buscar una solución.

Efectivamente, entre ellas, la OCU inició una mediación colectiva ante las compañías aéreas con más afectados siendo las plataformas que más quejas suscitan. Son miles los consumidores que no han obtenido el reembolso de los viajes cancelados a consecuencia de la pandemia.

a) Averigua qué derechos tienen estos consumidores.

b) En caso de que no pudieran ejercer sus derechos a través de la mediación colectiva, ¿a qué otra vía pueden acudir los consumidores?

SOLUCIÓN

a) **1. Si es la compañía la que cancela el vuelo.**

Los pasajeros afectados por cancelaciones de vuelos como consecuencia de la declaración de emergencia sanitaria mundial tienen derecho a: información, asistencia y reembolso del importe del billete, o si es posible, transporte alternativo hasta el destino final lo antes posible o en una fecha posterior a su conveniencia.

Como las cancelaciones obedecen a una circunstancia extraordinaria ajena a la compañía, tal como recoge el Reglamento Europeo, el pasajero no tiene derecho a la compensación económica entre 250 a 600 euros que prevé la ley para los supuestos de cancelación de vuelos que se producen por otras circunstancias y según el momento en el que se hubiera informado al pasajero de la cancelación.

En caso de que la compañía incumpla sus obligaciones y no respete sus derechos, el pasajero debe reclamar a la compañía, y en caso de no recibir respuesta, o esta no ser satisfactoria, puede presentar una reclamación ante AESA (Agencia Estatal de Seguridad Aérea).

2. Si es el viajero el que quiere cancelar el viaje.

Ante la declarada pandemia de coronavirus, muchos consumidores han decidido cancelar sus viajes. ¿Cómo actuar?

Lo primero es revisar las condiciones de cancelación del billete o del contrato.

- Si es una tarifa flexible, ofrecerá opciones de reembolso o cambio de fechas, por lo que no hay problema.
- Si es una tarifa *low cost*, no existe la posibilidad de recuperar el dinero, a no ser que la cancelación se deba a una causa que tenga la consideración de fuerza mayor (circunstancias extraordinarias imprevisibles e inevitables, ajenas al que las invoca). Para la OCU, esto es lo que se está produciendo en las actuales circunstancias de pandemia, pero quien la alega es quien debe probarlo.

b) Si la mediación colectiva (solución extrajudicial) no diera resultado, el consumidor puede acudir a la vía judicial para reclamar el reembolso de su dinero. Las organizaciones de consumidores y usuarios ponen a su disposición todo el asesoramiento y apoyo necesario para la presentación y tramitación de estos litigios.

Actividad resuelta 8.3.

En el caso de que los pasajeros de una compañía de cruceros se vieran obligados a desembarcar tres días antes de lo previsto debido a una avería eléctrica:

a) ¿Cómo crees que debe actuar la compañía naviera?

b) ¿Cómo suelen actuar las asociaciones de consumidores y usuarios ante situaciones como la planteada?

SOLUCIÓN

a) La compañía naviera está obligada a ofrecer varias alternativas a los pasajeros para solventar los daños ocasionados. Entre las alternativas habituales que estas suelen ofrecer se encuentran las siguientes: la reubicación en otros cruceros de la compañía con propuestas de salidas en otras fechas o la devolución del 100 % de los importes abonados.

b) Las asociaciones de consumidores y usuarios se encargan de solicitar a la compañía naviera información sobre las medidas que llevarán a cabo para garantizar los derechos de los pasajeros.

Por otro lado, informan a los afectados de que tienen derecho al reembolso de todas las cantidades pagadas, o bien a la realización de otro viaje combinado de calidad equivalente o superior, si el organizador o el detallista pueden proporcionárselo. En el supuesto de hacer otro viaje, si este fuera de calidad inferior al contratado, la asociación recomienda exigir el reembolso de la diferencia de precio. Además, suelen advertir a los afectados que si no considerasen suficientes las soluciones aportadas por la empresa, cabe la posibilidad de pedir una indemnización por los daños y perjuicios ocasionados.

Sabías que...

El movimiento consumerista moviliza la energía de los consumidores, la de los empresarios y la de los líderes políticos hacia la búsqueda de soluciones para los complejos problemas propios de una sociedad de tecnología avanzada.

8.4. La reacción de la empresa ante el consumerismo y su respuesta

Ya se ha hablado del origen, la evolución y las causas del consumerismo. Como se ha planteado anteriormente, este movimiento social pretende la mejora de los derechos y el incremento de poder de los consumidores en relación con las empresas; por tanto, las preguntas inevitables son: ¿cómo han respondido estas ante las iniciativas que suponen de alguna manera una agresión a sus posiciones tradicionales? ¿Cómo se han defendido y cuál ha sido su proceder?

La reacción de la comunidad empresarial ante el consumerismo y la de las empresas individuales ante problemas específicos que el mismo les plantea, ha seguido una serie de etapas bien definidas. Iñaki García, en un estudio sobre la afinidad del consumidor con los postulados consumeristas, cita un trabajo desarrollado en 1977 por Straver, que aún se encuentra vigente.

En este trabajo se identifican las **cuatro etapas** que se describen en la Tabla 8.2.

Sabías que...

Las asociaciones de consumidores garantizan una protección eficaz. Para ello, deben promover y reforzar el movimiento consumerista.

Tabla 8.2. Etapas de la reacción y respuesta de la empresa ante el consumerismo

Etapa	Características
1. Rechazo a creer que algo ha cambiado o la política de no hacer nada	• Oídos sordos ante las críticas. • Ausencia de respuesta o respuestas pasivas. • Confianza en que las propias fuerzas del mercado eliminen un movimiento que se considera pasajero.
2. Ataque frente a las acusaciones consumeristas o la política de confrontación	• Eliminación posible del consumerismo con respuestas agresivas y reaccionarias, comunicación contra las encuestas que los atacan, o los test comparativos. • Ataques contra la honestidad de los líderes consumeristas y contra la concentración de poder en manos de unos cuantos consumidores. • Reacciones solidarias y colectivas. • Consideración del consumerismo como un concepto antimarketing, un ataque a la economía de libre empresa y como una confabulación comunista.
3. Búsqueda de la concertación o la política de la negociación limitada	• Percepción de la esterilidad de ignorar o atacar al consumerismo. • Inicio de la búsqueda de la autorregulación de la actividad empresarial. • Intentos por pactar con el movimiento consumerista. • Continuación de las acusaciones y los enfrentamientos. • Resistencia a las iniciativas y actuaciones gubernamentales para regular los mercados y defender a los consumidores.
4. Integración de la realidad consumerista en la estructura de la empresa o la política de la resignación responsable o de la inteligencia obligada	• Cooperación con el desarrollo efectivo de programas de educación al consumidor. • Creación de líneas telefónicas directas para recoger quejas y reclamaciones. • Aparición de órganos internos de asistencia a la dirección en los asuntos específicos del consumidor. • Mejora en el suministro de información. • Desarrollo del marketing relacional. • Consideración del consumerismo como una maravillosa oportunidad para mejorar la competitividad de la empresa. • Cambios en la planificación estratégica empresarial a partir de una mayor consideración por los intereses y deseos de los consumidores. • Adopción de un concepto más social del marketing. • Desarrollo de sistemas de información que midan la satisfacción del consumidor con el programa de marketing de la empresa.

Evidentemente aún queda mucho camino por recorrer en este proceso imparable y se espera que las empresas terminen por comprender que el consumerismo es una magnífica oportunidad de mejorar la competitividad y, consecuentemente, sus resultados aumentarán la satisfacción de los consumidores.

Figura 8.9. Líneas telefónicas directas.

Actividad propuesta 8.4.

Si un organizador de viajes combinados realiza una modificación sustancial en este:

a) ¿Debe informar al consumidor previamente?

b) ¿Qué opciones tiene el consumidor ante esta variación?

Sabías que...

La UE mediante la Agenda del Consumidor 2020-2050, va a reformar la política sobre protección del consumidor para adaptarla a los nuevos retos, como las transiciones ecológica y digital.

8.5. Normativa que regula al consumidor y sus derechos en la UE y en España: legislación genérica y específica

La **legislación** sobre protección del consumidor aparece como consecuencia de las presiones de un movimiento social que hoy ya tiene carta de naturaleza con el nombre de consumerismo. El fomento de los derechos de los consumidores, así como su prosperidad y su bienestar constituyen valores fundamentales para el desarrollo de las políticas de la UE, ya que queda debidamente reflejado en su legislación.

Legislación en la Unión Europea

Los Estados miembros de la Unión Europea han ido adoptando progresivamente medidas dirigidas a defender los intereses específicos de los consumidores. A partir de mediados de los años setenta, la Unión Europea comienza a armonizar esas medidas nacionales, con objeto de garantizar a los europeos un mismo nivel de protección elevado en el mercado único. La política europea de los consumidores persigue los mismos objetivos de protección de los intereses, la salud y la seguridad de los consumidores que están enunciados en los artículos 153 y 95 del **Tratado Constitutivo de la Comunidad Europea,** mediante la promoción de la apertura, la equidad y la transparencia del mercado interior.

Figura 8.10. La Unión Europea vela por el bienestar de los consumidores.

Todo ciudadano es consumidor; de ahí que la Unión Europea vele por proteger a los consumidores al máximo por su salud, seguridad y bienestar económico, promueva sus derechos a la información y la educación, tome medidas para ayudarlo a defender sus intereses y lo anime a crear y gestionar sus propias organizaciones de consumidores.

La UE está comprometida a mejorar la calidad de vida de sus ciudadanos. Además de las medidas encaminadas a proteger directamente sus derechos, la Unión vela porque todas sus **normativas** contemplen los intereses del consumidor.

La protección de los consumidores de la UE se ha ido ampliando a medida que han ido evolucionando las necesidades y expectativas de sus ciudadanos, existiendo, por tanto, una extensa normativa en materia de protección de los derechos del consumidor.

Figura 8.11. El marco legal europeo de protección a los consumidores persigue amparar los intereses de estos y de sus organizaciones.

El organismo europeo encargado de esta misión es la **Comisión Europea,** que desarrolla una política activa para garantizar los mismos derechos de los consumidores europeos en cualquier Estado miembro de la Unión Europea. Para ello, además de establecer las diversas **Directivas, Reglamentos y Recomendaciones,** apoya la creación de la **Red de Centros Europeos del Consumido**r (Red CEC) o European Consumer Centres (ECC-Net) para que asista a los consumidores en cualquier luqar de Europa.

Legislación en España

La adhesión de España a la Unión Europea implica, entre otros, el compromiso de actualizar la legislación española en aquellas materias en las que ha de ser ajustada a la comunitaria.

Las normas nacionales de protección de los consumidores pueden, en ocasiones, garantizar a los españoles un nivel de protección incluso aún más elevado que el proporcionado por el marco regulatorio común europeo.

A continuación, en la Tabla 8.3, se muestra una relación de **normativas,** por orden cronológico, referentes a la protección de los consumidores en España.

Tabla 8.3. Normativas sobre protección de los consumidores en España

Normativa	Publicación
Constitución española, de 27 de diciembre de 1978.	BOE núm. 311, de 29-12-1978
Ley 44/2006, de 29 de diciembre, de mejora de la protección de los consumidores y usuarios.	BOE núm. 312, de 30-12-2006
Ley 22/2007, de 11 de julio, sobre comercialización a distancia de servicios financieros destinados a los consumidores.	BOE núm. 166, de 12-7-2007
Real Decreto Legislativo 1/2007, de 16 de noviembre, por el que se aprueba el texto refundido de la Ley General para la Defensa de los Consumidores y Usuarios y otras leyes complementarias.	BOE núm. 287, de 30-11-2007
Corrección de errores del Real Decreto Legislativo 1/2007, de 16 de noviembre, por el que se aprueba el texto refundido de la Ley General para la Defensa de los Consumidores y Usuarios y otras leyes complementarias.	BOE núm. 38, de 13-2-2008
Ley 3/2014, de 27 de marzo, por la que se modifica el texto refundido de la Ley General para la Defensa de los Consumidores y Usuarios y otras leyes complementarias, aprobado por el Real Decreto Legislativo 1/2007, de 16 de noviembre.	BOE núm. 76, de 28-3-2014
Ley 4/2012, de 6 de julio, de contratos de aprovechamiento por turno de bienes de uso turístico, de adquisición de productos vacacionales de larga duración, de reventa y de intercambio y normas tributarias.	BOE núm. 162, de 7-7-2012
Real Decreto-Ley 23/2018, de 21 de diciembre, de transposición de directivas en materia de marcas, transporte ferroviario y viajes combinados y servicios de viaje vinculados.	BOE núm. 312, de 27-12-2018

En el **sector turístico,** el Real Decreto-Ley 23/2018, de 21 de diciembre, de transposición de directivas en materia de marcas, transporte ferroviario y viajes combinados y servicios de viaje vinculados modifica el Libro Cuarto del Real Decreto Legislativo 1/2007, de 16 de noviembre, que regula todo lo relativo a los derechos del contratante de viajes combinados.

Actividad propuesta 8.5.

El Centro Europeo del Consumidor en España (CEC España) es un proyecto cofinanciado por la Unión Europea y por el Ministerio de Consumo. Forma parte de la red ECC-Net (*European Consumer Centre-Network*) integrada por los Centros Europeos de Consumidores de la UE, Islandia y Noruega. Cada uno de estos centros ofrece información, asistencia y asesoramiento gratuitos y personalizados a consumidores nacionales.

Localiza en la página web del **Centro Europeo del Consumidor en España** los derechos de los turistas en viajes combinados y servicios de viajes vinculados.

Recuerda

La adhesión de España a la Unión Europea implica el compromiso de actualizar la legislación española en aquellas materias en las que esta ha de ser armonizada con la comunitaria.

Sabías que...

Dada la apertura de las fronteras al comercio gracias al mercado único y la moneda única, y ante el creciente uso de internet, el auge del comercio electrónico y la expansión del sector de servicios, es tan importante que los casi 500 millones de ciudadanos de los Estados miembros gocen del mismo alto grado de protección.

Actividad propuesta 8.6.

En el Real Decreto-Ley 23/2018, de 21 de diciembre, de transposición de directivas en materia de marcas, transporte ferroviario y viajes combinados y servicios de viaje vinculados, se introduce el concepto de servicios de viaje vinculados. Averigua:

a) La definición de servicio de viajes vinculados.

b) Cuál es el papel de los empresarios con respecto a los viajeros en los servicios de viajes vinculados.

Figura 8.12. Día Mundial de los Derechos del Consumidor.

8.5.1. Instituciones que protegen al consumidor en España

En España, la defensa de los derechos de los consumidores se constituye en la parte esencial de la política de consumo llevada a cabo por las Administraciones Públicas. Existen instituciones y organismos que protegen a los consumidores, tanto de ámbito central como autonómico y local.

La **Administración central** coordina y establece la normativa básica de aplicación en todo el territorio nacional, pero son las **comunidades autónomas** las que tienen transferidas las competencias en materia de protección y defensa de los consumidores y usuarios. Finalmente, los **Ayuntamientos** tiene otras competencias más concretas, por ejemplo, a nivel de inspección. Las instituciones que protegen al consumidor en España son las siguientes:

En la Administración central

- **El Defensor del Pueblo,** que es nombrado por el Congreso de los Diputados para defender los derechos que la Constitución de 1978 recoge sobre la garantía de libertades y derechos fundamentales (arts. 51 y 54). Aparece como protector de los derechos del ciudadano en general, y como supervisor de la actividad de la Administración. Puede investigar, de oficio o a petición de parte, las actuaciones de la Administración. El Defensor como resultado de su actuación puede formular cuatro tipo de resoluciones a las Administraciones:
  1. **Recomendación:** se propone que se modifique la interpretación de una norma o incluso la creación de una nueva y tiene un alcance general.
  2. **Sugerencia:** se propone la modificación de una actuación concreta, que afecta únicamente a un ciudadano particular o a una comunidad concreta.
  3. **Recordatorio de deberes legales:** se recuerda la obligación de cumplir una exigencia legal.
  4. **Advertencia:** en la que comunica la existencia de una situación de hecho o práctica que precisa de mejora.
- **La Junta Arbitral Nacional de Consumo,** que coordina todas las juntas arbitrales del Estado. Su objetivo es solucionar los conflictos que surgen entre las empresas y los consumidores, sin someterse a la jurisdicción de los tribunales ordinarios, ya que previamente las partes han decidido someterse al arbitraje voluntariamente.
- **El Consejo de Consumidores y Usuarios**, que es el órgano de representación y consulta institucional, a escala nacional, a través de las

Sabías que...

El responsable de tomar decisiones de marketing en la empresa debe conocer y analizar las disposiciones y regulaciones que protegen y defienden a los consumidores, tanto para beneficio de los clientes y la comunidad como para beneficio y prestigio de la empresa.

organizaciones de personas consumidoras más representativas, para defender los intereses de los consumidores e incidir en la toma de decisiones, que se adopten por los poderes públicos en relación con la política de consumo.

Figura 8.13. Órgano de representación y consulta de las asociaciones de consumidores y usuarios ante la Administración estatal.

En la Administración autonómica

- **Las Direcciones Generales de Consumo:** son los órganos encargados de llevar a cabo las labores que marca la normativa de protección del consumidor, en su ámbito geográfico de actuación. Dependen de las consejerías competentes correspondientes. La mayoría de las comunidades autónomas tiene la total competencia en esta materia.

En la Administración local

- **Las Oficinas Municipales de Información al Consumidor (OMIC),** establecimientos abiertos al público, que prestan el servicio de asesoramiento e información al consumidor y usuario, y sirven de cauce para sus reclamaciones. Dependen de los Ayuntamientos. Sus funciones son:
    - Atención, defensa y protección a los consumidores.
    - Información y ayuda a los consumidores para el ejercicio de sus derechos.
    - Atención a las quejas y reclamaciones de los consumidores y usuarios.
    - Información a los consumidores y usuarios de las funciones y direcciones de los organismos públicos y privados relacionados con el consumo.
- **Las Juntas Arbitrales de Consumo** tienen como misión atender y resolver todas las solicitudes de arbitraje presentadas por los consumidores y/o usuarios atendiendo a las normas legales de aplicación del **Sistema Arbitral de Consumo.** Se trata de procedimiento extrajudicial de resolución de desacuerdos o conflictos entre los consumidores/usuarios y los empresarios o profesionales a través del cual, fácilmente y sin formalidades especiales y con carácter vinculante y ejecutivo para ambas partes (que deben mostrar su consentimiento por escrito), se resuelven las reclamaciones de los consumidores y usuarios, siempre que el conflicto no verse sobre intoxicación, lesión o muerte o existan indicios racionales de delito. Se tramita a través de las asociaciones de consumidores y usuarios o directamente ante la Junta Arbitral de Consumo que corresponda al domicilio del consumidor.

  El funcionamiento del Sistema Arbitral de Consumo es el siguiente:

  1. El consumidor solicita a la Junta Arbitral de Consumo.
  2. La Junta Arbitral notifica al reclamado la solicitud de arbitraje para iniciar el procedimiento.
  3. Se nombra Árbitro o se crea el Colegio Arbitral.
  4. Se da audiencia a las partes verbalmente o por escrito.
  5. Se emite el laudo o resolución final que tiene el mismo efecto que una sentencia judicial.

Sabías que...

Con el Sistema Arbitral de Consumo lo que se pretende es resolver las discrepancias entre la empresa vendedora y el consumidor sin pasar por el, casi siempre, largo y costoso juicio civil. La resolución de los árbitros es de obligado cumplimiento para las dos partes, tanto si beneficia al consumidor o a la empresa vendedora eximiéndolo de la queja del consumidor.

Actividad propuesta 8.7.

Averigua las ventajas del Sistema Arbitral de Consumo.

Figura 8.14. Distintivo del Sistema Arbitral de Consumo.

Los consumidores reconocen rápidamente si un establecimiento está adherido al Sistema Arbitral de Consumo porque dispone de un símbolo identificativo.

Actividad resuelta 8.4.

¿Sabes cuáles son los ámbitos de actuación de las Juntas Arbitrales de Consumo?

SOLUCIÓN

Los ámbitos de actuación de las Juntas Arbitrales de Consumo son los siguientes:

- Nacional/Estatal.
- Autonómico.
- Provincial.
- De mancomunidad de municipios.
- Municipal.

8.6. Derechos y deberes de los consumidores. Reclamaciones

Los consumidores y usuarios tienen una serie de **derechos** reconocidos por la legislación vigente. Existen tres posibles vías para defender sus derechos: la administrativa, la extrajudicial y la judicial. Sin embargo, antes de acudir a estas vías se debe intentar hablar con la otra parte, ya que con el diálogo es posible solucionar muchos problemas.

Sabías que...

El conocimiento de los derechos de los consumidores y los usuarios es un aspecto fundamental. Contribuye a desarrollar el concepto de marketing, ya que incentiva la consideración social del marketing.

8.6.1. Los derechos de los consumidores

Con la promulgación de la Constitución de 1978, la protección de los consumidores y usuarios se convierte en un principio básico que obliga al Estado a asegurar a los ciudadanos sus derechos y libertades en este ámbito, formulados en su artículo 51. Así, en dicho artículo se ordena a los poderes públicos que:

- Garanticen la defensa de los consumidores y usuarios.
- Protejan su seguridad, salud e intereses económicos.
- Promuevan la información y la educación de consumidores y usuarios.
- Fomenten las organizaciones de consumidores y usuarios, y las oigan en lo que pueda afectar a estos.

Cumpliendo con el mandato de la Constitución, las Cortes Generales aprobaron el Real Decreto Legislativo 1/2007, de 16 de noviembre, por el que se aprueba el texto refundido de la Ley General para la Defensa de Consumidores y Usuarios y otras leyes complementarias (publicado en BOE núm. 287, de 30 de noviembre de 2007).

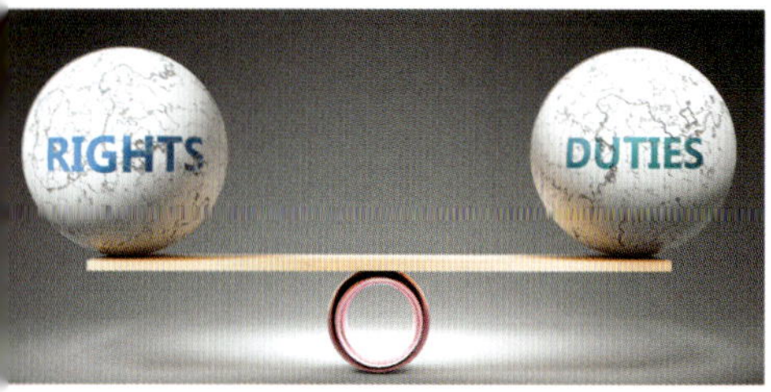

Figura 8.15. Los consumidores tienen tanto derechos como deberes.

Este texto, y las leyes promulgadas al efecto por las comunidades autónomas, constituyen las bases sobre las que se asienta la protección y defensa de los consumidores y usuarios, que no excluye ni suplanta otras actuaciones y desarrollos normativos derivados de ámbitos competenciales cercanos o conexos, tales como la legislación mercantil, penal o procesal y las normas sobre seguridad industrial, higiene y salud pública, ordenación de la producción y comercio interior.

Los **derechos básicos de los consumidores y usuarios** (según el artículo 8 del Real Decreto Legislativo 1/2007) son los que se detallan a continuación, en la Tabla 8.4.

Recuerda

Según la Constitución Española de 1978, la protección de los consumidores y los usuarios se convierte en un principio básico que obliga al Estado a asegurar a los ciudadanos sus derechos y libertades en este ámbito.

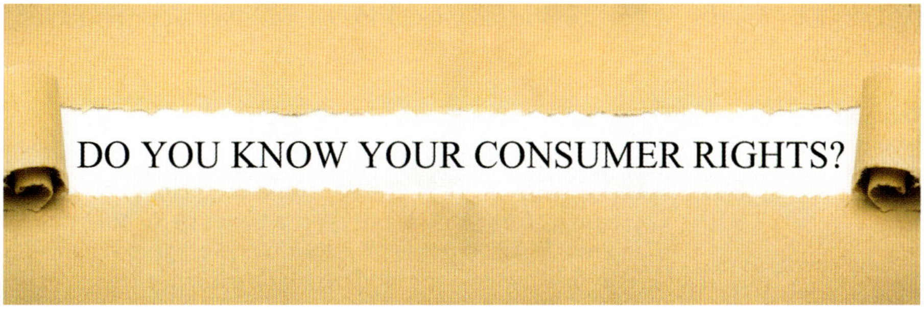

Figura 8.16. Es necesario que el consumidor conozca sus derechos.

Tabla 8.4. Derechos de los consumidores y los usuarios

Derecho	Características
a) La protección contra los riesgos que puedan afectar su salud o seguridad.	Derecho que se considera regla general. Por eso los empresarios tienen prohibido poner en el mercado productos que conlleven riesgos para la salud o seguridad de consumidores o usuarios.
b) La protección de sus legítimos intereses económicos y sociales; en particular frente a las prácticas comerciales desleales y la inclusión de cláusulas abusivas en los contratos.	Hay que respetar, en todo momento, tanto la oferta como la promoción y la publicidad, condiciones que serán exigibles aunque no figuren en el contrato de compraventa o prestación de servicios.
c) La indemnización de los daños y la reparación de los perjuicios sufridos.	Los consumidores o usuarios tienen derecho a ser indemnizados por los daños y perjuicios demostrados que el consumo o la utilización de bienes o servicios les ocasionen. La indemnización tiene la finalidad de eliminar el daño causado, siempre que la persona que lo cause sea responsable.
d) La información correcta sobre los diferentes bienes o servicios y la educación y divulgación para facilitar el conocimiento sobre su adecuado uso, consumo o disfrute.	Este derecho tiene como finalidad que las decisiones de compra se tomen con mayor libertad y racionalidad, se comprenda la información suministrada al consumidor, se difundan los derechos y deberes de los consumidores o usuarios y cómo se pueden ejercer, prevenir los riesgos que se puedan derivar del consumo, fomentar el consumo sostenible y formar a profesionales en este campo.
e) La audiencia en consulta, la participación en el procedimiento de elaboración de las disposiciones generales que les afectan directamente y la representación de sus intereses a través de las asociaciones, agrupaciones, federaciones o confederaciones de consumidores y usuarios legalmente constituidas.	Este derecho se materializa «oyendo» a las asociaciones de consumidores y usuarios, y consultándolas cuando se estén redactando normas que afecten directamente a los consumidores o usuarios.
f) La protección de sus derechos mediante procedimientos eficaces, en especial en relación con las personas consumidoras vulnerables.	Las Administraciones Públicas deben adoptar medidas que equilibren las relaciones entre las empresas que ofertan sus productos al mercado y los demandantes, eliminando abusos o situaciones de inferioridad que se puedan producir respecto a los consumidores.

8.6.2. Los deberes de los consumidores

El consumidor tiene **derechos,** pero también tiene **deberes.** Por ejemplo, tiene derecho a la información, pero también tiene el deber de estar informado.

El cumplimiento de sus deberes como consumidor es muy importante para un consumo muy responsable y respetuoso con el medioambiente.

Los deberes de los consumidores y usuarios se detallan a continuación, en la Tabla 8.5.

Figura 8.17. Beneficios del consumo responsable.
Fuente: Huertos Ecológicos.

Tabla 8.5. Deberes de los consumidores y usuarios

Deber	Características
1. Deber de solidaridad	Proteger y promover sus intereses, a través de su adhesión a una asociación, o por la organización de un grupo, para ejercer más fuerza y conseguir actuar de forma eficaz.
2. Deber de conciencia crítica	Criticar, cuestionar, dar opiniones, tomar postura sobre el precio, la calidad, la seguridad o las garantías de los productos y servicios que usa.
3. Deber de actuar	Hacer valer los intereses de los consumidores exige ser capaces de intervenir. Los consumidores tienen el deber de no ser pasivos, para no salir perjudicados.
4. Deber de preocupación social	Ser conscientes del impacto que su consumo individual provoca en los otros ciudadanos, en especial sobre los grupos más desfavorecidos (de ámbito local, nacional e internacional).
5. Deber de conciencia ambiental	Reconocer las consecuencias de su consumo en el ambiente. Esto es, saber cuál es su responsabilidad social e individual en la conservación de los recursos naturales.

8.6.3. Reclamaciones

Conocer la opinión del cliente es fundamental en el sector de la hostelería y el turismo, que es uno de los que más reclamaciones y quejas recibe. Por ello, es importante saber gestionarlas adecuadamente. Existen tres formas de conocer la opinión del cliente:

- **Sugerencia:** el cliente comunica posibles fórmulas de mejora.
- **Queja:** el cliente comunica su disconformidad o enfado.
- **Reclamación:** el cliente comunica su disconformidad formalmente, a través de un documento oficial, a la Administración competente.

Figura 8.18. Las primeras medidas para ejercer nuestro derecho como consumidores son la queja y la reclamación.

La **queja** y la **reclamación** son formas de contrarrestar la merma de soberanía del consumidor en un mercado frente a la soberanía del productor.

El tratamiento adecuado de las quejas evita reclamaciones oficiales por parte del cliente y facilita su fidelización.

Ejercer el derecho como consumidor ante un perjuicio en la compra de un bien o servicio es fundamental no solo para uno mismo, sino para toda la sociedad. Saber cómo se ha de proceder es otra cosa; en muchos casos depende del sector y la disposición de la empresa.

A continuación se dan unas pautas a seguir para resolver con éxito las incidencias de consumo, tal como se detalla en la Figura 8.19:

Figura 8.19. Pasos para reclamar.

1. La primera medida debe ser la queja o reclamación verbal, intentando llegar a un acuerdo amistoso con el vendedor, prestador del servicio o responsable de la empresa, exponiendo los hechos, con el propósito de solucionar la incidencia. También se puede acudir a los servicios de atención al cliente que tienen las empresas.

2. Cuando surja una controversia y no se ofrezca una solución, se recomienda al consumidor la **reclamación por escrito** (que debe ser clara y concisa, pero sin obviar ningún dato) y que todas las comunicaciones que tenga con el vendedor o el prestador del servicio las haga usando mecanismos que dejen constancia de su envío, incluso por burofax con acuse de recibo o telegrama, si se desconfía de la voluntad de la empresa. Igualmente, por imperativo legal, los establecimientos deben tener a disposición del consumidor un modelo específico de **hoja de reclamaciones**, que deben facilitar gratuitamente. Este instrumento facilita a los consumidores y usuarios la posibilidad de formular sus reclamaciones de manera presencial, en el propio establecimiento donde se producen los hechos, telemáticamente o por correo a la Dirección General de Consumo de la Comunidad Autónoma o a la Oficina Municipal de Información al Consumidor.

3. Si la medida anterior no funciona, habrá que recurrir a la **reclamación escrita,** solicitando **mediación,** que puede ser:

   a) **Pública,** ante las Administraciones de consumo competentes. Hay que dirigirse a la **Oficina Municipal de Información al Consumidor (OMIC)** de la localidad, o a la **Dirección General de Consumo de la comunidad autónoma.** La Administración de Consumo correspondiente estudiará el caso e intervendrá en calidad de mediadora, poniéndose en contacto con la empresa y facilitando un acuerdo. Si no lo consigue, la Administración comprobará si la empresa ha incumplido alguna normativa de

Figura 8.20. Queja.

Sabías que...

Las empresas turísticas deben incentivar la presentación y recogida de sugerencias y quejas, ya que la información proporcionada les permite saber en qué mejorar y satisfacer al cliente.

Actividad resuelta 8.5.

Cuando un cliente llega al hotel se encuentra con que la habitación reservada se ha ocupado y no tiene habitación en ese hotel. Indica si es posible reclamar tal situación ante algún organismo de defensa del consumidor.

SOLUCIÓN

Si dispone de confirmación por escrito del hotel, lo normal es que hayan respetado su reserva.

No obstante, si en el momento de la llegada el hotel está completo, tiene derecho a reclamar una indemnización al establecimiento, ya que no ha respetado sus compromisos (de hecho, así está previsto en la normativa de algunas comunidades autónomas, como la Comunidad Valenciana, si no se le ofrece otro alojamiento similar). Por lo general, esa práctica constituye una infracción administrativa.

Como el establecimiento no ha respetado su compromiso, usted tiene derecho a reclamar una indemnización para compensar el perjuicio sufrido. Pero si el hotel rehúsa indemnizarlo de forma amistosa, la única posibilidad de conseguir la indemnización sería presentar una reclamación ante la **Junta Arbitral de Consumo**, algo que, evidentemente, no es una buena solución para un turista de paso.

consumo y si es el caso, abrirá expediente iniciando un procedimiento sancionador que puede acabar en una multa.

b) **Privada**, ante **asociaciones de consumidores y usuarios**, que actúen en su nombre.

En algunos casos, la reclamación formulada servirá de punto de partida para el inicio de las actuaciones tendentes a determinar la existencia o inexistencia de supuestos de hecho sancionables administrativamente.

4. Si, pasado un tiempo prudencial, no se obtiene respuesta, el siguiente paso es acudir a Arbitraje de Consumo si existe voluntad por parte de la empresa o está adherida al Sistema Arbitral de Consumo. El trámite es gratuito, dura en torno a los seis meses y a diferencia de la vía administrativa, el reclamante puede recibir una indemnización económica.

5. Si la empresa se niega a un arbitraje, se puede acudir a la **vía judicial,** interponiendo una demanda. Ir a juicio suele ser lento y caro, pero es una opción si compensa económicamente. Antes de llegar a juicio, se puede solicitar una conciliación o proponer un acuerdo, con lo que la indemnización percibida estaría exenta de impuestos. También se puede dirigir a los organismos de protección del consumidor formulando una denuncia, en el caso de considerar que determinada actuación puede ser constitutiva de infracción, o llegado el caso, formular la pertinente denuncia ante la jurisdicción penal, si se entiende que la conducta reviste los caracteres de delito.

Actividad propuesta 8.8.

Según la web del Ministerio de Consumo del Gobierno de España, en caso de que se produzca una vulneración de los derechos del consumidor o usuario, el primer paso será reclamar ante el proveedor del bien o servicio, cumplimentando, si es necesario, la correspondiente **hoja de reclamaciones** que todos ellos deben tener a disposición de sus clientes. Si este no atiende su pretensión, se puede interponer una reclamación para tratar de reparar el daño sufrido, acudiendo a alguna de las instituciones nombradas en la web. Averigua cuáles son estas instituciones.

Actividad propuesta 8.9.

Hoy en día, los consumidores están cada vez más familiarizados e informados para dar su opinión y expresar sus reclamaciones, quejas o felicitaciones en el sector turístico. Es un comportamiento muy apoyado por el uso de redes sociales y portales web relacionados con la hostelería y el turismo, que invita a opinar sobre los servicios prestados de una manera fácil y cómoda.

¿Qué procedimientos debe seguir un establecimiento turístico para gestionar de manera efectiva los comentarios en las redes sociales?

Caso práctico RESUELTO

La actual normativa europea se ha adaptado a las nuevas necesidades del mercado y ofrece una mayor protección a los viajeros cuando reservan o contratan viajes combinados y servicios de viaje vinculados. Las empresas del sector turístico deben conocer la normativa europea y estatal sobre los viajes combinados y los servicios de viaje vinculados.

Formas parte del departamento de marketing de una agencia de viajes, que te solicita un informe que debe contener los siguientes elementos:

a) Normativa europea y estatal sobre viajes combinados y servicios de viaje vinculados.

b) Definición de viajes combinados y servicios de viaje vinculados.

Solución

a) La normativa europea es la Directiva (UE) n.° 2015/2302 del Parlamento Europeo y del Consejo, de 25 de noviembre de 2015, relativa a los viajes combinados y a los servicios de viaje vinculados.

La normativa estatal es el Real Decreto-Ley 23/2018, de 21 de diciembre, de transposición de directivas en materia de marcas, transporte ferroviario y viajes combinados y servicios de viaje vinculados.

Según el Real Decreto-Ley 23/2018, de 21 de diciembre, de transposición de directivas en materia de marcas, transporte ferroviario y viajes combinados y servicios de viaje vinculados, tanto en el caso de los viajes combinados como en el de los servicios de viaje vinculados, se exige la combinación de determinados servicios de viaje para que se puedan configurar como tales.

b) Las definiciones dadas en el Real Decreto-Ley 23/2018 son las siguientes:

- **«Viaje combinado»:** la combinación de, al menos, dos tipos de servicios de viaje a efectos del mismo viaje o vacación, si esos servicios: 1.° son combinados por un solo empresario, incluso a petición o según la selección del viajero, antes de que se celebre un único contrato por la totalidad de los servicios, o 2.° con independencia de la celebración de contratos distintos con diferentes prestadores de servicios de viaje, esos servicios: i) son contratados en un único punto de venta y seleccionados antes de que el viajero acepte pagar, ii) son ofrecidos, vendidos o facturados a un precio a tanto alzado o global, iii) son anunciados o vendidos como «viaje combinado» o bajo una denominación similar, iv) son combinados después de la celebración de un contrato en virtud del cual el empresario permite al viajero elegir entre una selección de distintos tipos de servicios de viaje, o v) son contratados con distintos empresarios a través de procesos de reserva en línea conectados en los que el nombre del viajero, sus datos de pago y su dirección de correo electrónico son transmitidos por el empresario con el que se celebra el primer contrato a otro u otros empresarios con quienes se celebra otro contrato, a más tardar veinticuatro horas después de la confirmación de la reserva del primer servicio de viaje.

- **«Servicios de viaje vinculados»:** al menos dos tipos diferentes de servicios de viaje adquiridos con objeto del mismo viaje o vacación, que, sin constituir un viaje combinado, den lugar a la celebración de contratos distintos con cada uno de los prestadores individuales de servicios de viaje, si un empresario facilita: 1.° con ocasión de una única visita o contacto con su punto de venta, la selección y el pago separado de cada servicio de viaje por parte de los viajeros, o 2.° de manera específica, la contratación de al menos un servicio de viaje adicional con otro empresario, siempre que tenga lugar a más tardar veinticuatro horas después de la confirmación de la reserva del primer servicio de viaje.

El concepto de servicios de viaje vinculados se introduce por primera vez en una normativa. En los mismos el papel que desempeñan los empresarios consiste en facilitar a los viajeros, de manera presencial o en línea, la contratación de servicios de viaje, llevándolos a celebrar contratos con distintos prestadores, inclusive mediante procesos de reserva conectados. Dichos servicios constituyen un modelo empresarial alternativo a los viajes combinados, por lo que el Real Decreto-Ley establece también cuáles son las obligaciones para estos empresarios, si bien estas son de menor calado que las exigibles en el caso de los viajes combinados.

Caso práctico PROPUESTO

Una empresa turística desea obtener el sello del Sistema Integral de Calidad Turística en Destinos (SICTED). Para ello le pide al departamento de marketing que investigue qué programa de formación es el idóneo para su personal y una vez averiguado lo anterior, elabore un informe en el que figure:

a) Nombre del programa de formación que debe realizar el personal de la empresa en lo que concierne a la gestión de sugerencias, quejas y reclamaciones.

b) En qué consiste el sistema de sugerencias, quejas y reclamaciones.

c) Por qué la empresa debe tener un sistema para la gestión de sugerencias, quejas y reclamaciones.

Figura 8.21. Formación del personal en la gestión de sugerencias, quejas y reclamaciones.

8 El consumerismo

- Origen y causas del consumerismo
  - Origen del movimiento consumerista
  - Causas del consumerismo
- Concepto y características del consumerismo
  - Concepto de consumerismo
  - Características del consumerismo
- La evolución del consumerismo en España
- La reacción de la empresa ante el consumerismo y su respuesta
- Normativa que regula al consumidor y sus derechos en la UE y en España: legislación genérica y específica
  - Instituciones que protegen al consumidor en España
- Derechos y deberes de los consumidores. Reclamaciones
  - Los derechos de los consumidores
  - Los deberes de los consumidores
  - Reclamaciones

8 El consumerismo

El **consumerismo** es el movimiento social que lucha por incrementar los derechos y el poder de los consumidores en relación con los medios de producción y distribución.

El **origen** de este movimiento se sitúa a finales del siglo XIX en Inglaterra, al surgir las primeras asociaciones de consumidores bajo el formato de cooperativas. En Estados Unidos se constituyen las primeras ligas de consumidores en la última década del siglo XIX. Las **organizaciones de consumidores** aparecen en el **siglo XX**, junto con el proceso de industrialización y la aparición de la sociedad de consumo de masas que se desarrolla en **Estados Unidos y en algunos países de Europa** (consumismo, despilfarro, multinacionales, producción en masa y sofisticación). El **movimiento consumerista** y las **organizaciones** surgen y se desarrollan en todos los países industrializados, alcanzando un poder importante en cada país e incidiendo ante sus Gobiernos para mejorar las leyes de protección de los consumidores. Para atender las aspiraciones cada vez más sentidas de la sociedad europea y norteamericana, el presidente de los EE. UU., J. F. Kennedy, se ve obligado a promulgar la **Carta de los Derechos del Consumidor,** el 15 de marzo de 1962.

En **España** el movimiento de defensa de los consumidores no comienza a desarrollarse y a cobrar cierto protagonismo hasta la década de los ochenta.

En España el desarrollo del movimiento de consumidores ha ido parejo, en general, al propio progreso de la democracia y hoy se encuentra con un abanico muy amplio de organizaciones que asumen entre sus fines la defensa y representación de los intereses de los consumidores y usuarios.

Las **causas que impulsaron el consumerismo** son las siguientes:

a) Razones de naturaleza histórica.
b) Razones sociopsicológicas.
c) Equivocaciones empresariales.
d) Desajuste de la información.
e) Restricciones económicas.
f) Mayor nivel educativo.
g) Escasa atención empresarial.

El consumerismo nace como un poder compensador, tanto a iniciativa de los consumidores —bajo la forma de asociaciones— como a iniciativa de los poderes públicos —a través de disposiciones legales a favor de los consumidores—.

El movimiento consumerista o de defensa de los consumidores es un movimiento de carácter social, cuyo objetivo básico es defender los derechos y el poder de los consumidores descontentos, respecto de los que ostentan los vendedores en cualquier momento del ciclo económico.

La **legislación** sobre protección del consumidor aparece como consecuencia de las presiones del consumerismo. En España, las normas que amparan y protegen a consumidores y usuarios tienen el más alto rango, al estar recogidas en la **Constitución española de 1978**, convirtiéndose en un principio básico que obliga al Estado a asegurar a los ciudadanos sus derechos y libertades en este ámbito. Cumpliendo con el mandato de la Constitución, las Cortes Generales aprobaron el Real Decreto Legislativo 1/2007, de 16 de noviembre, por el que se aprueba el texto refundido de la Ley General para la Defensa de Consumidores y Usuarios y otras leyes complementarias.

Entre las características del movimiento consumerista destacan las siguientes:

- Busca resguardar los derechos de los consumidores.
- Trata de evitar, el fraude en la relación de compraventa y toda práctica de consumo que suponga un riesgo de cualquier tipo para el comprador en particular y para la sociedad en su conjunto.
- Engloba un consumo crítico, responsable, ético y solidario.
- Permite abrir espacios de participación grupal o colectiva.
- Ha dado lugar a una sociedad de consumo que ha cambiado y madurado, y a la formación de un nuevo consumidor.
- Consigue erigirse en un poder compensador de la oferta en el mercado.

A partir de mediados de los años setenta, la **Unión Europea** comenzó a armonizar las medidas nacionales de sus Estados miembros, con objeto de garantizar a los europeos un mismo nivel de protección elevado en el mercado único. Además, la UE está comprometida a mejorar la calidad de vida de sus ciudadanos con medidas encaminadas a proteger directamente sus derechos, velando porque todas sus normativas contemplen los intereses del consumidor.

En el sector turístico, el Real Decreto-Ley 23/2018, de 21 de diciembre, de transposición de directivas en materia de marcas, transporte ferroviario y viajes combinados y servicios de viaje vinculados modifica el Libro Cuarto del Real Decreto Legislativo 1/2007, de 16 de noviembre, que regula todo lo relativo a los derechos del contratante de viajes combinados.

En **España** existe una serie de Instituciones que protegen al consumidor, tanto desde **la Administración central como**

8 El consumerismo

desde la autonómica y local. La **Administración central** coordina y establece la normativa básica de aplicación en todo el territorio nacional, pero son las **comunidades autónomas** las que tienen transferidas las competencias en materia de protección y defensa de los consumidores y usuarios. Finalmente, los **Ayuntamientos** tiene otras competencias más concretas, por ejemplo, a nivel de inspección.

La reacción de la comunidad empresarial ante el consumerismo ha seguido cuatro etapas bien definidas.

1. Política de no hacer nada.
2. Política de confrontación.
3. Política de negociación limitada.
4. Política de resignación responsable.

Los **derechos básicos de los consumidores y usuarios** se recogen en el artículo 8 del Real Decreto Legislativo 1/2007, de 16 de noviembre, por el que se aprueba el texto refundido de la Ley General para la Defensa de Consumidores y Usuarios y otras leyes complementarias. Los consumidores deben ejercer sus derechos ante un perjuicio en la compra de un bien o servicio. El consumidor tiene derechos, pero también tiene **deberes.** El cumplimiento de los mismos como consumidor es muy importante para un consumo responsable.

La **queja** y la **reclamación** son formas de contrarrestar la merma de soberanía del consumidor en un mercado, frente a la soberanía del productor. El tratamiento adecuado de las quejas evita reclamaciones oficiales por parte del cliente y facilita su fidelización.

Conocer la opinión del cliente es fundamental en el sector de la hostelería y el turismo, que es uno de los que más reclamaciones y quejas recibe.

Las **pautas** a seguir para resolver con éxito los problemas de consumo son:

1. Reclamación verbal. Intentar llegar a un acuerdo amistoso.
2. Reclamación por escrito. Hojas de reclamaciones.
3. Mediación, pública o privada.
4. Arbitraje de consumo.
5. Vía judicial.

Actividades de comprobación

8.1. El origen del movimiento llamado consumerismo se sitúa:

a) A finales del siglo XX.

b) Nace en 1844 en Inglaterra.

c) En EE. UU., en la última década del siglo XIX.

d) Nace con la Carta de los Derechos del Consumidor de J. F. Kennedy.

8.2. El concepto de «garantizar la protección del consumidor contra la comercialización de productos peligrosos que suponen una amenaza para la salud o la vida», se corresponde con el derecho:

a) A la información.

b) A ser oído.

c) A la seguridad.

d) A elegir.

8.3. La Asamblea Constitutiva del Consejo de Europa aprobó la Carta Magna del Consumidor en el año:

a) 1972.

b) 1968.

c) 1985.

d) 1975.

8.4. Entre las principales causas que impulsaron el movimiento consumerista, según Engel y Blackwell, se hallan algunas de las citadas a continuación:

a) Razones de naturaleza histórica.

b) Razones sociológicas puras.

c) Aciertos empresariales.

d) Menor nivel educativo.

8.5. ¿Quién dijo que el consumerismo es «la vergüenza del marketing»?

a) Kotler.

b) Lambin.

c) Engel.

d) Drucker.

8.6. Las entidades civiles sin ánimo de lucro y no sometidas a grupos de presión y que ofrecen servicios a sus asociados son:

a) Las Oficinas Municipales de Información al Consumidor.

b) Las Direcciones Generales de Consumo.

c) El Consejo de Consumidores y Usuarios.

d) Las asociaciones de consumidores y usuarios.

8.7. El Sistema Arbitral de Consumo:

a) Es un procedimiento judicial.

b) Es un procedimiento extrajudicial.

c) No es vinculante para las partes.

d) Es una institución privada.

8.8. Las asociaciones de consumidores se consideran:

a) Sociedades anónimas.

b) Sociedades de responsabilidad limitada.

c) Entidades de carácter social.

d) Entidades civiles, sin ánimo de lucro.

8.9. Cuando la empresa integra la realidad consumerista en su estructura:

a) Hace oídos sordos a las críticas.

b) Desarrolla el marketing relacional.

c) Se resiste a las actuaciones gubernamentales para regular los mercados.

d) Todas las respuestas anteriores son correctas.

8.10. El órgano de representación y consulta para defender los intereses de los consumidores en España es:

a) La Organización de Consumidores y Usuarios.

b) El Consejo de Consumidores y Usuarios de España.

c) La Unión de Consumidores de España.

d) La Unión de Consumidores europeos.

8.11. Señala la respuesta correcta:

a) Consumerismo busca el incremento de los derechos y el poder de los vendedores en su relación con los consumidores.

b) El consumerismo no es relevante en la sociedad actual.

c) El consumerismo se refiere al movimiento social que busca defender los derechos de los consumidores.

d) Ninguna de las respuestas anteriores es correcta.

8.12. Señala la respuesta correcta:

a) El consumerismo busca resguardar los intereses de los consumidores.

b) El consumerismo ha dado lugar a un consumidor irresponsable.

c) El consumerismo no abre espacios de participación grupal o colectiva.

d) Ninguna de las respuestas anteriores es correcta.

Actividades de aplicación

8.13. Completa la tabla siguiente con los datos estudiados en la Carta de los Derechos del Consumidor de J. F. Kennedy:

Carta de los Derechos del Consumidor	

8.14. ¿Por qué decimos que el consumerismo abre canales de relación entre sujetos individuales y las Administraciones Públicas? Expón las razones a tu grupo y razonad una respuesta conjunta.

8.15. Averigua las funciones del Consejo de Consumidores y Usuarios.

8.16. Entre las nuevas formas de consumo que se están poniendo de manifiesto en los últimos años y que están alterando las relaciones hasta ahora habituales entre oferentes y consumidores, se encuentra el consumo colaborativo. Analiza el impacto que pueda tener en los derechos del consumidor para pensar en ampliaciones legislativas que acojan las nuevas relaciones.

8.17. Averigua la Directiva de la UE sobre viajes combinados que pretende mejorar los derechos de los viajeros respondiendo a los cambios que internet ha provocado en el mercado de los viajes.

8.18. Realiza una pequeña guía-esquema que contenga la normativa que regula el consumo en España.

8.19. Indica si en tu provincia existe alguna Junta Arbitral de Consumo para atender temas específicos de reclamaciones de consumidores descontentos.

8.20. Completa la tabla con los derechos básicos de los consumidores:

a)	
b)	
c)	
d)	
e)	
f)	

8.21. Los deberes de los consumidores son los que se enumeran a continuación:

1.	
2.	
3.	
4.	
5.	

8.22. Establece las cuatro etapas por las que han pasado las empresas en su reacción ante el consumerismo. ¿En qué etapa se encuentran las empresas españolas en su reacción ante el consumerismo?

8.23. ¿Cuáles son las principales causas que impulsaron el movimiento consumerista?

Actividades de ampliación

8.24. Una de las obligaciones de las agencias de viajes es el conocimiento de la regulación que las afecta. Para ello, realiza una búsqueda en internet de la regulación legal de los viajes combinados y los derechos que le reconoce al viajero, tanto en España como en la Unión Europea.

8.25. Entre los servicios que ofrecen las asociaciones de consumidores a sus miembros podemos señalar los de información y asesoramiento, defensa jurídica, tanto individual como colectivamente, y las publicaciones y los estudios especializados. Realiza la siguiente actividad: tienes que llevar a cabo un estudio sobre dos asociaciones de consumidores en España. Busca en internet información sobre las mismas y realiza un pequeño informe comparativo sobre:

- Los principales objetivos.
- Publicaciones.
- Acciones colectivas relacionadas con el sector turístico.

8.26. Consulta las revistas o las páginas web de varias asociaciones de consumidores y usuarios, y localiza incidentes que hayan tenido lugar con empresas relacionadas con el sector turístico.

8.27. La UE va a reformar la política sobre protección del consumidor para adaptarla a los nuevos retos. La **Nueva Agenda del Consumidor** («la Agenda») presenta una visión de la política europea de consumidores de 2020 a 2025.

Tiene como finalidad abordar las necesidades inmediatas de los consumidores ante la actual pandemia de COVID-19 y aumentar su resiliencia. La pandemia ha planteado retos significativos que afectan la vida cotidiana de los consumidores, sobre todo, en relación con la disponibilidad y la accesibilidad de productos y servicios, así como los viajes hacia, desde y dentro de la UE.

Averigua que ámbitos prioritarios cubre la citada Nueva Agenda del Consumidor.

Enlaces web de interés

www.defensordelpueblo.es

www.consumo.gob.es/es/consumo/informacion-consumidor

www.mscbs.gob.es/consumo/pec/derechos/home.htm

www.consumo.gob.es/en/consumo/sistema-arbitral-de-consumo

www.cec.consumo.gob.es/CEC/web/secciones/Noticias_eventos.htm

www.eccnet.eu

www.eccnet.eu/consumer-rights/what-are-my-consumer-rights/travel-and-passenger-rights/air-passenger-rights

www.cec.consumo.gob.es/CEC/web/secciones/viajes_combinados.htm

www.boe.es/buscar/act.php?id=BOE-A-2007-20555&b=14&tn=1&p=20210120#a3

www.cecu.es

www.consumersinternational.org

www.ocu.org

www.ec.europa.eu/info/policies/consumers_en

www.seguridadaerea.gob.es

Bibliografía

Altés, C. *Marketing y turismo. Gestión turística.* Síntesis. Madrid, 1997.

Armstrong, G. y Kotler, P. ***et al.*** *Introducción al marketing.* Pearson Educación. Madrid, 2011.

Bayón Mariné, F. y Martín Rojo, I. *Operaciones y Procesos de producción en el sector turístico.* Síntesis. Madrid, 2004.

Bigné, J. E.; Font, X. y Andreu, L. *Marketing de destinos turísticos. Análisis y estrategias de desarrollo.* Esic Editorial. España, 2000.

Campo, S. y Yagüe, M. J. *Publicidad y promoción en las empresas turísticas.* Síntesis. Madrid, 2016.

Casado, A. B. y Sellers, R. *Introducción al Marketing.* Editorial Club Universitario. San Vicente, 2010.

De la Ballina Ballina, F. J. *Marketing turístico aplicado.* Esic Editorial. Madrid, 2017.

De la Encarnación Gabín, M. A. *Políticas de marketing.* McGraw-Hill. Madrid, 2005.

Espino Rodríguez, T. F. *Operaciones y procesos de producción,* Colección: Manuales docentes de Turismo. Universidad de Las Palmas de Gran Canaria, Vicerrectorado de Planificación y Calidad. Las Palmas de Gran Canaria, 2007.

Fernández-Villarán Ara, A.; Rodríguez Zulaica, A. y Pastor Ruiz, R. *Distribución turística.* Síntesis. Madrid, 2019.

Gómez Vieites, A. *Marketing: relacional, directo e interactivo.* Ra-Ma. Madrid, 2006.

Grande Esteban, I. *Marketing de los servicios.* Esic Editorial. Madrid, 2005.

Iglesias Tovar, J. R.; Talón, P. y García-Viana, R. *Comercialización de productos y servicios turísticos* (2.ª ed.). Síntesis. Madrid, 2007.

Kotler, P.; Bowen, J. y Makens, J. *Marketing para Turismo.* Prentice-Hall. Madrid, 2004.

Kotler, P.; Bowen, J.; Makens, J.; García de Madariaga, J. y Flores Zamora, J. *Marketing turístico,* 5.ª ed. Pearson Educación. Madrid, 2011.

Milio Balanzá, I. y Cabo Nadal, M. *Comercialización de productos y servicios turísticos* Paraninfo. Madrid, 2000.

Moreno Gil, S. *Marketing turístico,* Colección: Manuales docentes de Turismo. Universidad de Las Palmas de Gran Canaria, Vicerrectorado de Planificación y Calidad. Las Palmas de Gran Canaria, 2006.

Muñoz, F. *Marketing Turístico.* Centro de Estudios Ramón Areces. Madrid, 1997.

Rey Moreno, M. *Dirección de marketing turístico.* Pirámide. Madrid, 2014.

Rey Moreno, M. *Marketing turístico. Fundamentos y dirección.* Pirámide. Madrid, 2017.

Rey Moreno, M.; Revilla Camacho, M. A.; Gil Jiménez, J. y López Bonilla, J. M. *Fundamentos de Marketing Turístico.* Síntesis. Madrid, 2008.

Rodríguez Antón, J. M. y Alonso Almeida, M. M. *Nuevas tendencias y retos en el sector turismo: un enfoque multidisciplinar.* Delta Publicaciones. Madrid, 2009.

Sainz de Vicuña Ancín, J. M. *El plan de marketing digital en la práctica.* Esic Editorial. Madrid, 2018.

Santesmases Mestre, M. *Marketing: conceptos y estrategias,* 5.ª ed. revisada. Pirámide. Madrid, 2007.

Santesmases Mestre, M.; Merino Sanz, M. J.; Sánchez Herrera, J. y Pintado Blanco, T. *Fundamentos de marketing.* Pirámide. Madrid, 2009.

Serra Cantallops, A. *Marketing turístico.* Pirámide. Madrid, 2008.

Solé, L. B. y Gomis, J. M. *El nuevo paradigma de la intermediación turística.* Pirámide. Madrid, 2009.

Vázquez, R. y Trespalacios, J. A. *Marketing: estrategias y aplicaciones sectoriales.* 2.ª ed. Civitas. Madrid, 1998.

Vogeler, R. C. y Hernández, A. E. *El mercado turístico. Estructura, operaciones y procesos de producción.* Centro de Estudios Ramón Areces. Madrid, 2000.